KB253706

프랑수아 비용

그 生涯와 詩 世界

FRANÇOIS VILLON

sa vie et ses poésies

宋 勉

東文選
文藝新書
107

첫머리에

　이 글을 세상에 내놓으면서 제일 먼저 머릿속에 떠오르는 생각이 있습니다. 그것은 나와 프랑수아 비용의 첫만남이 내 자신의 의사와는 직접적 관계가 없는 타의에 의하여 이루어졌다는 점입니다. 그러니까 그 첫만남은 나에게는 일종의 악연이라면 악연이라고 할 수 있는 일이지요.

　지금 생각하면 퍽 오랜 일입니다만, 프랑스 문학을 본격적으로 공부해 보려고 대학원에 진학하여 〈플로베르 美學硏究〉를 시작할 무렵, 나는 지도 교수(비용 연구의 권위자)로부터 〈비용 시〉 공부를 권유받은 적이 있습니다. 우리 세대가 대학을 다닐 때의 교수의 권위란 기의 절대적이었지요. 그러므로 그 권유는 일종의 명령을 의미합니다. 물론 거절할 수도 있었습니다. 그러나 그것은 그 지도 교수의 문하에서 떠나는 것을 의미합니다. 그때 나는 적지 않은 당혹감을 느낀 것으로 기억합니다. 왜냐하면 그것을 눈치챈 한 선배(비용 연구가)가 거기에는 어떤 특별한 배려가 숨어 있음이 틀림없다고 부연해 주기까지 했으니까요. 그리하여 나는 본의 아니게 그분의 〈비용 詩講義〉를 듣게 되었습니다. 그때 그것은 나에게는 뜻밖의 일일 뿐만 아니라 그 강의를 이해하기 위해서는 주어진 텍스트를 철저히 준비해야 하는 부담으로 여간 고통을 느끼지 않았습니다. 중세 불어의 공부는 많은 시간을 요하는 까닭에 내 예정에는 없었던 만큼 더욱 고통이 되었지요. 사실 주어진 텍스트의 철저한 준비라고는 하지만, 그것은 〈비용 시〉가 현대 불어와는 전혀 다른 중세 불어로 쓰여져 있어서 단지 열의나 의욕만으로 되는 일이 아니었습니다. 그리하여 나는 중세 불어를 기초부터 공부해야만 했고, 〈비용 시강의〉의 전날에는 텍스트의 말미에 수록되어 있는 글로쌔르(glossaire, 古語 풀이)에 기대어 몇 절의 시를 어설프게나마 이해하는 데 하룻밤을 꼬박 지새워야 하는 고통스러움을 겪어야 했습니다. 그러니까 나와 프랑수아 비용의 첫만남은 결국 악연이라고 할 수밖에 없는 일입니다.

그후에 안 사실입니다만 그분은 한국 불어불문학계에는 아직 중세 문학을 연구하는 사람이 없을 테니까 나로 하여금 그 분야의 공부를 소홀히 하는 일이 없도록 〈비용 시〉 공부를 권유하는 것이 좋으리라 생각했다고 합니다. 참으로 고마운 배려가 아닐 수 없었습니다. 그 고마운 배려를 다만 고맙다는 것으로 지나칠 수는 없는 일이었습니다. 그후 나는 언젠가 〈비용 시〉 연구의 기회가 주어지면 철저히 공부하여 그 고마움에 보답하리라 굳게 다짐하면서 우선 그분의 강의를 5,6년간 거의 빠지지 않고 열심히 들은 것으로 기억합니다. 그리하여 〈비용 시〉 공부는 비록 타의에 의하여 시작한 것이기는 하지만 어느 사이에 나의 부전공이 되어 버린 셈이지요.

그리고 귀국. 귀국 후의 어려운 일들의 연속은 여기에서 굳이 말할 필요를 느끼지 않습니다. 그것은 나로 하여금 〈비용 시〉를 멀리한 채로 10년이라는 세월을 흘러보내게 했습니다. 그러던 중 다행히 나는 〈비용 시〉에게로 다시 다가서게 되었습니다. 1976년 渡佛의 기회가 주어진 것입니다. 그때 나는 그것을 〈비용 시〉 공부의 절호의 기회로 생각했습니다. 말하자면 그 기회를 전적으로 〈비용 시〉 공부에 할애하기로 한 것입니다.

파리 생활이 시작되었습니다. 그것은 나에게는 〈비용 시〉 공부의 시작을 의미합니다. 사실 이번의 공부는 타의에 의해서가 아니라 어디까지나 자의에 의하여 시작된 셈이지요. 나는 우선 자료 수집에 착수하기로 했습니다. 바로 그 첫날 이제는 절판되어 손에 넣을 수 없다고 하는 피에르 샹피옹의 명저 《프랑수아 비용, 그 생애와 시대》 상·하권을 어느 고서점에서 발견하는 행운이 주어졌습니다. 나는 그 책이 없이는 〈비용 시〉 연구는 거의 불가능하다는 것을 알고 있었던 만큼 여간 기쁘지 않았습니다. 곧 그 책의 독서가 시작되었습니다. 나는 밤늦도록 몇 페이지를 읽고 다음날에는 그것의 실지 답사에 나섰습니다. 그리하여 프랑수아 비용이 그토록 사랑하고 배회한 550년 전의, 그러나 지금은 거의 그 모습을 찾아볼 수 없는 파리와 그 변두리의 거리를 방황하는 것이 나의 하루 일과가 되었지요. 라탱 구의 대학가를 중심으로 그 좌안 일대를 거닐면서 시인의 〈젊은 시절〉과 학생 시대의 종적을 더듬어 보기도 하고, 생 미셸 가에서 바로 다리를 건너 샤틀레 가로 접어들면서 시인이 한때 갇혀 있었던 〈감옥〉을 추적해 보기도 하고, 생 자크 탑 근처에 발을 멈추고 이제는 옛날의 흔적을 찾아볼 수 없는 레 지노쌍 묘지를 바라보면서 시인의 「묘비명」을 떠올려 보기도 하고, 시청 앞의 옛 클레브 광장에서부터 노트르담 일대에 이르는 산책 길에서 시인과의 남모르는 대화를 나누기도 했습니다. 그리고 그 옛날에는 반나절이나 걸어야 갈 수 있었다는 브르 라 렌느가 지금은 파리의 중심지로 변해 있을 뿐만 아니라, 거기에서 시인이 〈푸라의 수녀원장〉과 의심스러운 관계를 맺었다고 고백하는 그 여인숙 거리의 그림자를 찾을 수 없어서 다소 실망을 느끼기도 했습니다.

그리하여 이듬해 귀국하게 되는데, 귀로에 와세다 대학에 들러 전년에 제출한 박사학위 청구논문 「플로베르 美學研究」의 수트낭스(soutenance, 학위논문 공개심사)를 끝내고, 그후부터는 본격적으로 〈비용 시〉 공부를 시작하여 우선 그 시를 조금씩 우리글로 옮기기 시작했습니다. 그 결과, 1980년 12월에는 《비용 詩全集 遺言詩》(문학과 지성사)를 독자 여러분 앞에 내놓을 수 있었습니다. 그 책머리에 『나는 지금 이 《비용 詩全集》이 단지 그것을 독자 여러분에게 소개하여 그 기쁨을 나누어 가진다는 데 그치지 않고, 조금 과장된 표현 같지만 내 자신의 앞으로의 생을 떠받쳐 줄 지주가 되는 것이며, 동시에 뒤늦게나마 그처럼 나를 아껴 주던 지도 교수에 대한 조그만 보은이 되는 것이라 생각한다』고 쓴 바 있습니다.

그로부터 다시 10여 년이라는 세월이 흘러갔습니다. 그동안 나는 프랑수아 비용과의 친교리기보다는 수수께끼에 싸인 그의 시아이 고독한 격투를 계속해 왔습니다. 고독한 격투라고 말했습니다만, 실제로 그후 나는 지병을 구실로 주위의 친구들과의 만남을 거의 의도적으로 끊어 버리고 그 고독한 격투를 즐기기까지 한 셈이지요. 그것은 분명 정상적인 생활이라고는 할 수 없습니다. 그러나 그것이 결국 비정상적 생활로까지 나아가지 않은 점은 역설적으로 말하여 〈비용 시〉라는 예의 지주가 나를 떠받쳐 주고 있었기 때문일는지 모릅니다. 어쨌든 지금 나는 그간의 암중모색의 고독한 격투의 결과가 마침내는 이 글로 결실을 맺게 된 것을 여간 다행한 일이라 여기지 않으며, 그리고 프랑수아 비용이 그 시 작품에서 표현한 그의 정신과 심정을 어느 정도 밝혀낼 수 있게 된 것을 아주 기쁘게 생각합니다.

나도 이제는 60의 고개를 훨씬 넘어서 버리고 말았습니다. 그러니까 지금 나는 이 글과 더불어 나의 생의 마지막 계절이 서서히 끝나간다는 감회를 지울 수가 없습니다. 10여 년 전의 일입니다만, 나는 어떤 글에서 이렇게 쓴 것을 기억합니다. 『앞으로의 10년간도 지금처럼 단지 꿈으로 지나가 버린다면 나의 생은 결국 제자리걸음으로 끝나는 것이 아닌가 하는 생각이 요즈음 머릿속을 가득 채우는데, 그러나 그렇다고 하여 자기 자신을 한정하고 싶지는 않습니다. 그것은 꿈이 커서가 아닙니다. 오히려 그 반대입니다. 자기의 가난한 정신에 주어진 작은 꿈과 몇 푼어치 되지 않는 가능성을 되도록 살리고 싶은 절실한 바람뿐입니다. 그런데 그 결과가 하나의 되풀이에 지나지 않고 한 장소에서의 제자리걸음에 지나지 않는다고 하더라도 그것으로 족하다고 생각합니다. 그처럼 주어진 한부분을 적극적으로 사랑하고 그것을 성실히 추구하고 싶을 따름입니다. 우리의 주위에는 크게 발전하고 성장하는 데 꽤나 시간이 바쁜 소위 빼어난 재사들이 많은 것 같습니다만, 그러한 재주를 부릴 수 없어 시간이 남아도는 어리석은 자도 자기의 성향에 따라서 성실히 살 수 있는 자유는 있을 테니까, 나는 그러한 어리석은 자의 성실한 삶의 자유를 자신에게 허용하고자 합니다』라고. 실제로 나는 그렇게 한 장소에서의 제자리걸음을 계속하고 어리석은 자의 삶의 자유를 자신에게 허용하면서 그후 10여 년이라는 세월을 보낸 셈이니까, 이 글과 더불어 나의 생의 마지막 계절이 서서히 끝나간다는 감회를 지울 수가 없다고 하더라도, 이제는 조금도 후회나 미련 같은 것을 느끼지 않습니다. 다만 긴 문학의 역사, 아니 인간의 역사에 있어서, 한낱 포말에 지나지 않을 그 10여 년간의 작은 결실이 포말로서 사라지기 전에, 프랑수아 비용을 전공하는 후학이 나타나서 이 책을 활용하고 크게 발전하기를 바라며, 그리고 프랑스 문학을 좋아하는 독자 여러분이 이 책을 읽고 조금이라도 〈비용 시〉의 즐거움을 느껴 주기를 바랄 뿐입니다.

그러한 의미에서 《비용 詩全集 遺言詩》에 이어 이 글을 세상에 내놓게 된 것을 여간 기쁘게 생각하지 않습니다.

1991년 가을　宋 勉

목　차

Ⅳ

I

머리말

프랑수아 비용의 位相

우리는 19세기의 대시인 보들레르와 베를렌에 대해서는 잘 알고 있다. 그러나 이 두 대시인을 이미 연상하게 하는 15세기(중세 말)의 대시인 프랑수아 비용에 대해서는 다만 아는 사람만 알고 있을 뿐이다.

비용은 그 시대(중세 말, 약 550년 전)에 있어서는 그렇게 흔하지 않은 이른바 대학을 나온 〈학사님〉(maître)이요, 절도·살인 등의 죄를 범하여 쫓기거나 추방되어 비참한 방랑생활을 거듭한 그 사회의 아웃사이더이다. 그런데 그는 백년전쟁(1338-1453)으로 국토는 온통 폐허가 되고 인심은 극도로 거칠어진 시대에 성장한 파리의 한 시민으로서, 그리고 그 시대의 고통·분노·불행이나 즐거움·기쁨·행복 등을 글로 표현할 수 없는 많은 동포들의 대변자로서, 아름다운 프랑스어를 풍부한 음율에 실어 생생하게 살리며 주옥 같은 시를 쓰고 그것을 유산으로 남긴 유니크한 시인이다.

그 시의 날카로운 풍자와 해학은 모든 계층 사람들의 흥취를 자극하고 그들의 심금을 울리고 남음이 있다. 그러한 대시인을 낳은 시민계층 사람들은 그들의 모습을 사회면에 충분히 나타내고 있는 셈이다. 실제로 같은 시대의 뛰어난 宮廷詩人 샤를 도를레앙이 블루아 성에 은거하여 호화로운 생활을 하며 귀족적인 시의 마지막을 장식하는 이른바 白鳥의 노래를 읊고 있던 바로 그 시기에, 비용은 市井詩人의 〈가난〉한 한 시민으로서 비참한 생을 살며 현실의 배덕과 무질서, 죽음의 공포와 회한의 심연에서 자란 강력한 개성을 그리고 적나라한 인간의 심정에 호소하는 소박한 서정을 절묘하게 표현하고 있다.

그러나 비용 시는 현대 프랑스어와는 그 면모를 달리하는 550년 전의 언어(중세어)로 쓰여져 있어서 그 이해를 위해서는 우선 특별한 전문적인 어학 지식이 필요하다. 그리고 그 시는 전문적인 어학 지식만으로는 해결할 수 없는 그 밖의 많은 어려운 문제들을 안고 있다. 그것은 위대한 시 작품으로서는 극히 예외적인 사실이라고 할 수 있다. 비용 시는 〈신랄한 고백시〉라고 불리는 것처럼 거기에는 시인의 생애와 작품의 내용이 유기적으로 결부되어 불가분의 관계를 가지며, 중세 말의 파리 생활에의 암시가 빈번히 나타날 뿐만 아니라 그것이 반어적·풍자적이거나 해학적·외설적인 표현에 의하여 시의 중요한 부분을 이루고 있다. 그렇기 때문에 비용 시는 그 시대의 인물·장소·사건 등에 대한 상세한 지식의 도움 없이는 이해하기 어렵다. 그런데 그 상세한 지식을 떠받쳐 줄 많은 사실들은 이미 16세기 중엽에 이르기도 전에 사람들의 기억에서 거의 희미하게 사라져 버린 것들이다. 그리하여 그것들은 오랫동안 그대로 매몰되어 있다가 겨우 19세기 말엽 혹은 20세기 초엽에 이르러 비로소 소위 발레리가 말하는 〈찾는 천재〉와 〈읽는 천재〉라고 하는 극소수의 학자들[1]에 의하여 그 많은 부분이 밝혀지고 있기는 하다 그러나 아직도 여전히 밝혀지지 않은 부분이 적지 않다. 그것은 아마도 영원히 밝혀지지 않을는지도 모른다. 비용과 그 시에 관한 논의가 거의 가정·추측 등의 가설로 이루어지고 있는 것은 바로 그 때문이다.

그 천재의 한 사람인 뤼시앙 풀레는 비용을 『프랑스 최초의 근대시인이며 최대 시인의 한 사람』[2]이라고 말하고 있는데, 그 말에 대하여 이의를 제기하는 문학사가는 지금까지 한 사람도 없다. 문학사가는 모두가 다 비용에게 프랑스 시 창조의 명예를 부여하고 그를 프랑스 최대 시인으로 미는 데 추호도 주저하지 않는다. 근대시라고 할 때, 문학사가는 그것을 여러 가지 의미로 사용한다. 넓은 의미로는 르네상스 이후의 시, 좁은 의미로는 19세기 로맨티시즘 이후의 시, 그리고 가장 좁은 의미로는 보들레르 이후의 현대시를 가리키는데, 비용은 어느 의미에 있어서도 근대 시인이라고 불릴 수 있는 그야말로 프랑스 유일의 시인이다. 그렇기 때문에 비용을 닮는다는 것은 많은 시인들의 한결같은 바람이며 그것이 클로델·페기·아폴리네르 등에 대한 두드러진 찬사의 하나로 되어 있다.

비용의 그와 같은 화려한 성공은 근대 내지는 현대 프랑스 문학이 그의 《유언시》

속에 그 시적 이상의 하나를 발견한 사실을 의미한다. 바꾸어 말하면 근대 내지는 현대 프랑스 문학의 추이가 점점 이 중세 시인을 위대하게 하고 또 그 위대함을 밝히는 데 편리한 방향으로 나아가고 있다는 것이다.

실제로 이 중세 시인은 새로운 시대를 맞이하기 위하여 중세 문학의 마지막을 청산하는 사명을 띠기나 한 것처럼 그의 정신과 감수성도, 언어와 표현법도 그대로 중세적이면서 그 시대의 시적 전통의 관념에서 벗어나 낡은 중세적인 주제를 일신하고 거의 유니크한, 인간적이며 개성적인 서정시를 창조하여 느닷없이 〈중세 문학〉을 멀리 과거의 시간 속으로 떠밀어 버린 것이다. 그리고 그는 실로 놀라울 만큼 정묘한 시법을 구사하여 달리 비길 데 없는 형식미를 완성하고 때로는 古典詩를 방불케 하는 완벽함을 가지고 지식인을 대상으로 하는 이른바 고급시를 만들어 내고 있다. 비용 시는 그러한 예술 창조의 자각이라는 점에서 중세 문학과 구별되고 근대시에 연결된다. 여기에 바로 비용 시가 그 영원한 생명을 가지고 새로운 첫걸음을 내딛게 된 원인이 있다.

그런데 이 중세의 〈惡童〉 시인이 개척한 예술의 독창적인 길을 계승하여 역으로 그의 이름을 높인 것은 다름 아닌 19세기 로맨티시즘 시인들이다. 18세기의 선배 루소의 《고백록》에 의하여 개막된 새로운 시대(19세기 로맨티시즘 시대)의 시인들이 구하고 있던 것은 전부 이 중세의 〈악동〉 시인에게서 발견되는 분방함·방랑·모험·범죄·회한·애수·공포, 그리고 종교성·관능성·회화성·환상성 등이다. 그리하여 새로운 시대에 풍미한 중세 취미의 氣運과 더불어 비용은 재발견되고 로맨티시즘 시인들의 선조로서 존경을 받게 된다.

그러나 그 성과가 결정적인 것이 되기 위해서는 다시 보들레르의 《악의 꽃》이 나타나기를 기다리지 않으면 안 된다. 19세기 파리 시인 보들레르의 영광이 증대하고 그의 시가 현대시의 원천으로서 움직일 수 없는 자리를 차지함에 따라서 이 15세기 파리 시인 비용의 영광도 공고히 다져지게 된다. 그리고 〈근대의 비용〉이라고 불리는 베를렌의 출현에 의하여 그 빛을 더욱더 강하게 발휘하게 된다. 여기에서 굳이 말하면 우리는 〈근대의 비용〉이라는 이름을 베를렌보다는 오히려 보들레르에게 부여해야 옳을 줄 안다. 그것은 보들레르가 보다 더 비용에 가까우며, 그리고 비용에 이어 제2의 근대시 창조자로 불리고 있기 때문이다.

어쨌든 이 근대의 두 대시인은 비용 속에 잠재하고 있는 근대성을 끌어내어 그 위대함을 밝히고 재인식시키는 역할을 다한 것으로 보인다.『그때까지 3세기는 비용을 읽을 수는 있었으나 그를 느끼지는 못했다』고 하는 학자들의 한결같은 말은 오늘날 비용 시가 근대시로서 읽히고 있다는 바를 의미한다. 따라서 비용은 현대에도 살아 있다. 시의 正道가 서정시에 있는 한, 이 중세 시인은 어느 시대에 있어서도 현대인으로서 살아남을 것임에 틀림없다.

그러면 우리는 이 중세 시인을 현대인으로서 읽고 느끼기 위하여 그의 시 세계로 들어가야 한다. 그러나 그의 시 세계로 들어가기 전에 우리는 앞에서 본 바와 같이 시인의 생애와 작품의 내용이 유기적으로 결부되어 불가분의 관계를 가지고 있다는 점을 떠올리고, 여기에서 우선 시인의 생애를 살펴볼 필요가 있다. 즉, 비용이 백년전쟁과 그후의 혼란하고 살벌한 분위기 속에서 어떻게 그 한많은 생을 살고, 어떻게 그 강력한 개성을 지니게 되었는가 하는 그의 생애에 관한 가능한 한의 지식 말이다. 그것은 작품의 내용과 불가분의 관계를 가지고 있는 만큼 때로는 작품의 내용에서 찾아야 하는 경우가 적지 않음은 물론이다. 그의 시에 등장하는 인물들은 전부 가공의 인물들이 아니라 실재한 사람들이며, 그들을 비꼬고 야유하는 표현도 허구의 사실이 아니라 실제의 고백이기 때문에 그것이 가능하다

1) 가스통 파리스 · 오귀스트 롱뇽 · 뤼시앙 풀레 · 마르셀 슈옵 · 피에르 샹피옹 등.
2) Lucien Foulet, t.I, p.36.

1

소년 프랑수아

가정 환경, 그리고 생 브누아 경내 생활

프랑수아 비용은 1431년에 파리에서 태어난다.

1431년이라는 해는 물론 어떤 기록에도 분명히 적혀 있는 것은 아니다. 그것은 1461년 말, 혹은 1462년 초에 쓰여진 작품으로 보이는 《유언시》 첫머리에 시인 자신이 〈이 몸이 태어나서 30년이 되는 해〉라고 표현하고 있는데, 그 해를 역으로 계산하여 그렇게 추정하고 있는 데 지나지 않다.

이 몸이 태어나서 30년이 되는 해
온갖 수치를 맛보아 왔거니와
수많은 신산과 고초를 겪었거늘
지금 나는 어리석지도 슬기롭지도 아니하도다.

En l'an de mon trentième âge
Que toutes mes hontes j'eus bues,
Ne du tout fol, ne du tout sage,
Non obstant maintes peines eues.[1]

그런데 그 추정은 아마도 틀림없는 것 같다. 왜냐하면 역시 1461년 여름에 쓰여진 것으로 보이는 「비용의 마음과 몸의 논쟁시」에서 시인이 자기 자신에게 〈자네 나이

30일세)[2]라고 말하고 있는 점으로 미루어 보아도 1431년이라는 해의 계산이 나오기 때문이다. 그리하여 오귀스트 롱뇽 이후 모든 비용 학자들은 1431년을 프랑수아 비용이 태어난 해로 믿고 추호도 의심하지 않는다.

1431년이라고 하면, 피비린내나는 백년전쟁의 살벌한 열기가 성벽으로 둘러싸인 중세의 파리 시가에 여전히 짙게 감돌고, 무장한 영국군의 말발굽 소리가 그 오랜 옛 포석 위에 울려퍼지고 있던 무렵이다. 그때 거리의 집들은 불에 타고, 들녘의 밭들은 군마의 발에 짓밟힌다. 그 뒤에는 많은 배신과 죽음, 그리고 많은 공훈과 승리, 그러나 그것은 있되 빵도 없거니와 평화도 없다. 거기에는 오직 전쟁의 상흔과 농작물의 흉작, 추위와 허기, 그리고 페스트의 공포뿐이다. 그리하여 길가에는 시체가 뒹굴고, 도둑이 무리를 지어 거리를 누비며, 늑대가 떼를 지어 마을을 배회한다. 그런데 재판관은 속결주의로 사형을 선고하고 집행인은 신속히 처형을 해 버린다. 그리고 네거리에는 교수대가 설치되어 교수형에 처해진 주검들이 밧줄에 주렁주렁 매달려 있다.

그 교수형 밧줄에 매달린 주검들의 무서운 광경은 이후 비용이 그의 시 속에서 자기 자신의 운명적인 예감으로 전환하여 표현하게 될 만큼 강력한 공포의 이미지로 남는다.

　　나는 프랑수아, 그 때문에 고생인지고
　　퐁투아즈 근처의 파리 태생
　　여섯 자의 밧줄에 매달리어
　　내 목은 엉덩이의 무게를 알게 되리로다.

　　Je suis François, dont il me poise,
　　Né de Paris emprès Pontoise,
　　Et de la corde d'une toise
　　Saura mon col que mon cul poise.[3]

그것은 참으로 무서운 파괴의 세기의 단면이다.

백년전쟁은 영국 왕 에드워드 3세가 프랑스 국왕의 왕위 계승권을 요구한 데에서 일어난 싸움인데, 프랑스의 운명을 건 아쟁쿠르 전투(1415)는 프랑스군의 완전한 패배로 끝난다. 그때 프랑스 영주들은 남부의 아르마냐크가 이끄는 군대와 북부의 부르고뉴가 인솔하는 군대로 나뉘어지고, 남군은 프랑스 국왕 샤를 6세 쪽에, 북군은 영국 왕 헨리 5세 쪽에 서서 이른바 전란의 시대를 맞이한다. 그 싸움에서 남군은 참패하고 샤를 6세가 죽자, 헨리 5세는 프랑스 국왕을 僭稱한다. 샤를 6세의 뒤를 이어 국왕에 오른 샤를 7세는 남부의 부르주를 國都로 정하고 아르마냐크의 옹호를 받아 루아르 강 일대까지 진격한다. 남부 세력의 북진은 1429년 오를레앙 포위를 격파하여 해방시킴으로써 한층 더 그 사기를 높인다. 그 포위와 해방에 있어서 선두 지휘를 하여 저 기적이라고 불리는 승리를 가져오게 한 것은 바로 〈성처녀〉 잔 다르크이다.

오를레앙 성당들의 종소리가 잔 다르크에 의한 승리를 알리자, 과부 시인 크리스틴 드 피장은 〈1429년 햇빛이 다시 비치기 시작하였도다〉라고 노래하여, 오랫동안 프랑스 국토 위에 드리운 먹구름을 누비고 섬광이 빛나는 기쁨을 표현한다. 그러나 그것은 순간적인 일이다. 잔 다르크는 비용이 태어난 바로 그해(1431년 5월 29일) 영국군에 의하여 세워진 루앙 옛 광장 한복판의 화형대에서 불꽃으로 화해 버린다. 먹구름은 다시 무겁게 드리워진다. 크리스틴 드 피장을 그렇게 기쁘게 한 〈햇빛〉이 진정으로 프랑스 국토 위에 비치기 시작할 때까지는 이후 70년이라고 하는 암흑과 파괴의 세월을 보내지 않으면 안 된다.

그런데 그때 수줍은 처녀의 몸으로 강인한 적군 앞에 나타나 백합을 수놓은 백기를 휘날리면서 오를레앙 탈환을 감행한 잔 다르크, 그 〈성처녀〉의 죽음을 애도하고 자기 자신의 탄생을 기념하기라도 하는 것처럼 이후 비용은 저 불멸의 시라고 불리는 「그 옛날의 귀부인을 노래하는 발라드」에서 그 여자를 노래하고 있다.

　　　그리고 루앙에서 영국군에게 화형당한
　　　용감한 로렌 아가씨 잔 다르크,
　　　어디에 있는가? 그들은, 성모 마리아는?
　　　그런데 작년에 내린 눈은 지금 어디에 내리는가?

　　　Et Jeanne, la bonne Lorraine

Qu'Anglois brûlèrent à Rouen;
Où sont-ils, où, Vierge souvraine?
Mais où sont les neiges d'antan?[4]

비용이 태어나서 살다가 죽기까지의 프랑스는 그러한 암흑과 파괴, 혼란과 무질서의 그야말로 무서운 난세이다.

비용은 스스로 자기가 〈파리 태생〉임을 밝힌다.

그러니까 그는 파리지앵(parisien), 즉 파리 사람이다. 그러나 그는 어느 구의 파리지앵인지는 밝히고 있지 않다. 당시 파리지앵이라고 할 때 어느 구의 파리지앵인지를 반드시 구별하는 것이 일반적인 관습이었다고 하는데, 그는 단지 〈파리 태생〉이라고 말하고 있을 뿐이다.

우선 우리는 앞에서 본 《잡시》 「13. 四行詩」에서 시인이 〈퐁투아즈 근처의 파리 태생〉이라고 말한 점에 주목하게 된다. 그러나 그것은 그가 〈파리〉를 〈퐁투아즈 근처〉의 마을이라고 역설적으로 표현하여 멋을 부리고 있는 데 지나지 않다. 따라서 〈퐁투아즈〉는 그가 태어난 파리이 〈어느 구〉를 가리키는 말이 아님은 물론이다

그리고 그는 《유언시》에 있어서도 〈나는 그에게 파리 출신으로서 가지는 관리의 피선거권을 물려 주나니〉[5] 운운하고 있다. 그러므로 비용이 파리에서 태어난 사실에 대해서는 추호도 의심하지 않는다. 그러나 그것이 어느 구인지는 여전히 확실하지 않다.

우리는 그것이 아마도 〈셀레스텡 구〉가 아닌가 추정해 볼 수 있다. 이후 시인은 「성모에게 기도하는 발라드」에서 성모상 앞에 무릎을 꿇고 기도하는 어머니의 모습을 그려내고 있는데, 그것은 비용의 어머니가 셀레스텡 구에 살며 그 교구의 신도였을지도 모른다는 추정을 가능하게 한다.

저는 아무것도 모르는, 낫 놓고 기역자도 모르는
불쌍한 늙은 여자외다.
제가 속하고 있는 성당에는
竪琴과 琵琶가 그려진 천국의 그림과
죄인들이 업화에 타는 지옥의 그림이 있는데

하나는 저를 무섭게 하고 하나는 저를 기쁘고 즐겁게 하나니.

Femme je suis pauvrette et ancienne,
Qui rien ne sais; oncques lettre ne lus.
Au moutier vois, dont suis paroissienne,
Paradis peint où sont harpes et luths,
Et un enfer où damnés sont boullus:
L'un me fait peur, l'autre joie et liesse.[6]

그런데 이 발라드에 나오는 천국과 지옥의 그림은 셀레스텡 성당의 그림과 똑같은 것이라고 하는 사실이 당시의 기록[7]에 의하여 밝혀져 있다.

그렇다면 아주 가난하고 불쌍한 그들 모자는 일찍부터 그들에게는 어울리지 않는 셀레스텡 구의 귀족적인 환경에서 살았을는지도 모르며, 혹은 거기에서 비용이 태어났을는지도 모른다는 추정을 해 볼 수 있다.

비용은 〈어렵고 불쌍한 집안에서 태어나 어린 시절부터 가난했다〉고 말한다. 그러나 그는 그 밖의 어린 시절에 대한 추억은 일체 밝히지 않는다. 그렇기 때문에 우리는 그의 〈어린 시절〉을 잘 모른다. 이후 그는 그의 시 속에서 이따금 어머니를 회상하고 깊은 은혜와 한없는 연민의 정을 가지고 그 〈불쌍한 여자〉를 표현하게 되지만, 아버지에 대해서는 극히 간단한 언급을 할 뿐 굳게 입을 다물고 있다.

나는 어렵고 불쌍한 집안에서 태어나
어린 시절부터 가난하고
내 아버지도, 오라스라 불리는 할아버지도
큰 부자는 아니었도다.

Pour ce que je suis, de ma jeunesse,
De pauvre et de petite extrace.
Mon père n'ont onc grand richesse,
Ne son aïeul nommé Orace.[8]

이 표현만을 가지고서는 비용이 어떤 집안에서 태어났는지 그 출신을 알 수 없다. 다만 여기에서 분명한 것은 그의 〈아버지도, 오라스라 불리는 할아버지〉도 姓이 비용이 아니라는 점이다. 시인의 본명은 지금 얼마 남아 있지 않은 고문서[9]에 의하여 프랑수아 비용이 아니라 프랑수아 드 몽코르비에[10]라는 사실이 밝혀져 있다. 그의 아버지와 할아버지의 성은 비용이 아니라 몽코르비에인 셈이다. 따라서 시인은 어린 시절이나 학생 시절에 공식적으로는 프랑수아 드 몽코르비에로 불리었음에 틀림없다.

그런데 이 몽코르비에라는 성은 프랑수아의 아버지와 할아버지가 옛 부르보네 출신이 아닌가 하는 추측을 낳게 한다. 그것은 그 지방에 많은 영지를 가진 귀족의 성 부르봉(Bourbon)에서 나온 지명이다. 물론 시인 자신이 그의 아버지와 할아버지에 대하여 극히 간단히 언급한 표현으로 미루어 보아서는 그가 부르보네 귀족의 分家의 피를 이은 것으로 생각되지는 않는다. 기껏해서 몽코르비에라는 마을이 그의 아버지와 할아버지의 조상의 출신지였을는지 모른다는 추측을 가능하게 할 뿐이다.

그 마을 출신의 많은 사람들은 아마도 샤를 5세와 잔 드 부르봉의 결혼 후 파리로 상경하는 기회를 가지게 된 것으로 보이는데, 그때 프랑수아의 아버지와 할아버지의 조상도 그 마을 사람들과 함께 파리로 올라오게 된 것이 아닌가 한다. 여기에서 우리는 시인 자신이 〈나의 전하이시며 황공스러운 군주〉[11]라고 부르고 있는 부르봉 공작과의 관계에 주목하게 된다. 그러니까 프랑수아 드 몽코르비에는 왕비의 하인의 후예일 가능성도 없지 않다.

그렇다면 그의 어머니가 셀레스텡 구에 살며 그 교구의 신도였다고 하더라도 조금도 이상하지 않다. 셀레스텡 구는 생 폴 저택(hôtel Saint-Paul)이 있는 아주 귀족적인 곳인데, 프랑수아의 아버지와 할아버지의 조상이 왕비의 하인이었다면, 그 후예가 귀족적인 곳에 묻어 살 수 있는 가능성은 얼마든지 있다.

그런데 우리는 그의 아버지와 할아버지에 대해서는 그들이 〈큰 부자는 아니었고〉, 그의 아버지는 이미 죽었다는 사실밖에는 아무것도 알지 못한다.

　곰곰이 생각해 보아도
　나는 日月星辰의 왕관을 쓴
　천사의 후예는 아니로다.

내 아버지도 죽었으니 신이여, 그 영혼을 가호하소서!
육체는 지하에서 잠들고 있도다.

Si ne suis, bien le considère,
Fils d'ange portant diadame
D'étoile ne d'autre sidère.
Mon père est mort, Dieu en ait l'âme!
Quant est du corps, il gît sous lame…….[12]

　시인이 그의 아버지에 대하여 언급한 것은 단지 이것뿐이다. 그의 어머니도 그에
게 아버지에 관한 이야기를 하지 않았을는지 모른다. 그리하여 그에게는 가난한 아
버지에 대한 막연한 기억밖에는 남아 있지 않았으리라. 그리고 그가 이후 몽코르비
에를 비용이라는 성으로 바꾸어 버림에 따라서 아버지에 대한 막연한 기억도 그 성
과 함께 그의 생활 내지는 의식 권외로 밀려 나가 마침내는 버려지거나 잊혀지게
되었을 것이다.

　그리고 우리는 그의 어머니에 관해서도 몇 가지 사실밖에는 그렇게 많은 것을 알
고 있지 않다. 우선, 그의 어머니는 〈낫 놓고 기역자도 모르는〉 무식한 여자였다는
점이다. 그 불쌍한 여자는 일자 무식한 만큼 더욱더 깊은 신앙심을 가지고 지옥을
두려워하며 천국의 기쁨을 동경하여 성실히 성모 마리아를 믿고 의지한 것으로 보
인다. 그렇다면 그 어머니는 오직 소박하고 겸허한 그리스도 교도로서 독실한 신앙
을 가지고 착하게 살다가 죽는다는 자그마한 꿈밖에는 생각하지 않은 여자였음에
틀림없다. 다음, 그의 어머니는 어린 프랑수아를 데리고 셀레스텡 구에 살며 그 교구
의 교도였다는 점이다. 그것은 교회의 교구가 아니라 수도원(옛 수도원)의 교구인데
어쨌든 그 교구의 성당에는 천당을 그려놓은 벽화가 있다. 그 불쌍한 어머니는 거기
에서 열심히 성모 마리아에게 기도를 하고 있던 것으로 보인다. 그렇다면 그 여자는
분명히 저 아름답기로 유명한 셀레스텡 수도원 교구의 교도였음에 틀림없다.

　따라서 우리는 일단 비용이 셀레스텡 구의 파리지앵이라고 해도 무방할 것이다.

　어린 프랑수아는 어머니에게서 재미있는 이야기를 들으며 상상의 나래를 편다.

　그의 어머니는 〈낫 놓고 기역자도 모르는〉 무식한 여자였기 때문에 어린 ·프랑수

아에게 글을 읽고 쓰는 법을 가르쳐 주지는 못했을 것이다. 그러나 그대신 다른 모든 어머니들처럼 그의 어머니도 자기가 알고 있는 여러 가지 재미있는 동화를 어린 프랑수아에게 들려 주었으리라. 그것은 이후 시인이 아주 익살스러운 시 속에서 자기는 〈선녀의 후예〉[13]이며, 마법에 의하여 사람의 모습을 바꿀 수 있다고 말하고 있는 사실로 미루어 보아도 알 수 있다. 옛날의 선녀는 신비롭고 숙명적인 성격을 띠고 있었지만 그 시대에는 전부 인간화하고 있다. 그리하여 그 〈선녀〉는 인간의 사업에 간여하기도 하고 騎士나 무법자를 사랑하기도 하며, 그리고 늙은 여자나 순박한 아가씨에게 말을 건네기도 한다. 그렇다면 그의 어머니도 그러한 선녀였을지도 모른다. 그런데 그의 어머니가 어린 프랑수아에게 전해 준 것은 다른 마법이다. 그것은 사랑하는 힘이 아니라 상상하는 힘, 말하자면 그의 꿈에 위력을 발휘하는 힘이다. 그렇기 때문에 그의 꿈은 오늘날에도 우리의 마음 속에서 현실 자체보다 더 생생하게 되살아나는 마력을 가진다.[14]

그러나 그 어머니 자신은 시인이 그렇게 부르고 있는 것처럼 참으로 〈불쌍한 여자〉이다. 이 불쌍한 여자는 앞으로 아들 때문에 얼마나 많은 고통과 슬픔을 겪어야 하는지 모른다. 그런데 아들은 〈신상에 재난이 생길 때마다〉 불쌍한 어머니의 품안으로 되돌아온다. 그리하여 그는 그 어머니에게 〈성〉(château)이라고 하는 아름다운 이름을 부여하고 거기에 몸을 피한다. 사실 그에게는 어머니의 부드러운 가슴과 연약한 두 팔, 그것은 하나의 안전한 피난처이며 함공불락의 성이었으리라.

그 어머니는 신도 아는 바와 같이 나 때문에
쓰디쓴 고통과 많은 슬픔을 겪었도다.
나는 신상에 재난이 생길 때마다
몸과 마음을 피할 수 있는 곳은
내 어머니밖에는 성도 성채도 없나니,
불쌍한 여자인지고!

Qui pour moi ot douleur amère,
Dieu le sait, et mainte tristesse:
Autre châtel n'ai ne fortresse

Où me retraye corps et âme,
Quand sur moi court male détresse,
Ne ma mère, la pauvre femme![15]

어린 프랑수아는 그 불쌍한 어머니의 손을 잡고 그가 태어났을지도 모르는 셀레스텡 구를 떠나지 않으면 안 된다.

실제로 그 불쌍한 어머니는 일찍 셀레스텡 구에서 살고 있기는 했을 테지만, 아주 가난한 데다가 어느날 갑자기 남편을 잃고 과부가 되자, 세상에서 버림받은 것 같은 외로움을 느꼈으리라. 어린 프랑수아의 손을 잡고 센 강을 건너 생 브누아 르 베투르네(Saint-Benoît-le Bétourné) 공동 신도단 소속 사제 기욤 드 비용을 찾아간다. 그러니까 기욤 드 비용은 아마도 프랑수아의 불쌍한 어머니의 친척이었을는지도 모른다.

기욤 드 비용은 랑그르(Langre) 사교구의 톤네르에서 50리 떨어진 지점에 자리한 비용(Villon)이라는 마을 출신이다. 그러므로 그는 부르고뉴의 성직자인 셈이다. 그는 늦어도 1400년 이전에 태어난 것으로 보인다. 당시의 많은 시골 사람들처럼, 그는 공부하기 위하여 파리로 상경한다. 그리고 그는 생 장 드 보배(Saint-Jean-de-Beauvais) 고등학교에서 법률을 공부하여 바슐리에(bachelier) 자격을 따고 1421년 메트르 에스 아르(maître es arts), 즉 문학사 학위를 취득한다. 그리하여 그는 〈메트르〉(maître)라고 불리고, 출신학교에서 법률을 가르친다. 그후 그는 파리 근교 장티이의 노트르담 소속 예배당 사제가 되고, 1431년에는 생 브누아 공동 신도단 소속 사제의 자격을 취득하여 파리 돈 8리브르의 연금으로 〈빨간 문의 집〉(maison de la Porte Rouge)을 받는다. 그 집은 소르본 가로 통하는 작은 길 모퉁이에 세워져 있는데, 생 브누아 교회 경내의 정문이 바라보이는 위치에 자리하고 있다. 그가 거기에서 조용히 생활하고 있는 어느날 아마도 그의 친척으로 보이는 한 가난하고 불쌍한 여자가 프랑수아라고 불리는 어린 아들의 손을 잡고 찾아온 것이다.

그는 의지할 데 없는 그 불쌍한 모자를 반가이 맞아들였으리라. 그렇다면 프랑수아가 어머니의 손에 이끌리어 〈신중하고 학구적인 인물〉이며, 훌륭한 성직자인 기욤 드 비용의 집을 찾은 것은 실로 알 수 없는 기이한 인연이라고 할 수밖에 없다. 기욤 드 비용은 선량한데다가 재산도 있어서 그 불쌍한 모자를 자기 집(빨간 문의 집)

2층에 기거하게 하고, 어린 프랑수아에 대해서는 그의 아버지 역할을 대신하기로 결심한 것으로 보인다. 그리하여 그 불쌍한 어머니는 그것을 여간 기쁘게 생각하지 않고 일단 안도의 숨을 내쉬었을 것이다.

이후 시인이 그의 시 속에서 자기 자신도 그렇게 부르고 다른 사람들도 그렇게 부르게 되는 〈비용〉이라는 성은 그러니까 생 브누아 사제 기욤 드 비용, 〈아버지보다 더 큰 은인〉의 성에서 나온 것임은 물론이다.

　　나에게는 아버지보다 더 큰 은인
　　메트르 기욤 드 비용,
　　그는 유모의 품에서 떠난 아기에 대한
　　어머니보다 인자하셨던 분이라,
　　많은 어려움에서 나를 구해 주곤 하셨는데

　　(…) et à mon plus gue père,
　　Maître Guillaume de Villon,
　　Qui m'a été plus doux que mère
　　A enfant levé de maillon :
　　Dejeté m'a de maint bouillon.[16]

시인이 그 〈은인〉에 대하여 이렇게 회상하고 있는 내용이 단지 비교적인 표현이라고 할인하여 생각해 보더라도, 그것은 그가 아주 어린 시절의 일이었음에 틀림없다. 그때까지 그들 모자는 백년전쟁 말기의 살기등등한 혼란과 무질서 속에서 다른 모든 가난한 사람들처럼 〈어렵고 불쌍한〉 생활을 할 수밖에 없었으리라. 그리하여 〈늑대도 바람을 먹고 산다〉[17]고 하는 파리, 그것도 센 강 右岸의 당시 국왕 저택이 있었다고 하는 귀족적인 한적한 셀레스텡 구에서 갑자기 左岸의 학생들이 우글거리는 시끄러운 서민적인 라탱 구로 옮겨온 후, 그들 모자의 생활이 퍽 나아졌으리라는 것은 상상하기 어렵지 않다. 그들에게는 따뜻한 방도 주어졌으리라. 서로 부둥켜안고 바람을 먹고 살던 그들에게는 간단하지만 하루 세 끼의 식사도 제공되었으리라. 그리고 인자한 사제 기욤 드 비용은 프랑수아에게 책을 읽고 글을 쓰는 법도 가르쳐 주었음에 틀림없다. 그리하여 프랑수아는 비교적 안정된 어린 시절을 보내게 된다.

그런데 우리는 프랑수아가 생 브누아 경내에 있는 기욤 드 비용의 〈빨간 문의 집〉 2층에서 살게 된 것은 그가 몇 살 때의 일인지 그 확실한 것은 모른다. 그것은 아마도 그가 4세 때쯤, 그러니까 1435년경이 아니었던가 한다. 아니면 그보다 더 이전이었을는지도 모른다. 당시 일반적으로 어머니의 젖을 뗀 어린애가 자기의 나쁜 짓들을 어렴풋이 이해하기 시작할 시기부터 7세 전후까지를 유년기로 보았다[18]고 하니까, 그때 프랑수아는 그러한 어린 시절이었던 것만은 확실하다.

어린 프랑수아는 생 브누아 경내에서 기욤 드 비용에게서 직접 초등 교육을 받는다.

어린이 교육은 교회의 경내에서 행해지는 것이 옛부터의 관례이다. 그렇기 때문에 당시 초등 교육기관인 문법학교(école de grammaire)는 거의 대사원에 부속되어 있고 어린이들은 참사원의 집에 기숙하며 학교에 다닌다.[19] 그런데 당시 일반적으로 그러한 초등 교육을 받는다는 것 자체가 여간 어려운 일이 아니었던 것 같다. 그렇다면 그 불쌍한 어머니가 일찍 기욤 드 비용의 선의에 기대려고 서둔 것도 아마 프랑수아의 교육 때문이었을는지도 모른다. 그러나 프랑수아가 그러한 문법학교에 다닌 흔적은 없다. 따라서 그의 초등 교육은 기욤 드 비용이 직접 맡아한 것임에 틀림없다. 그것은 이후 시인이 〈아버지보다 더 큰 은인〉에게 자기의 장서를 허구적으로 물려 주는 아주 진지한 유증[20]을 하고 있는 점으로 미루어 보아도 알 수 있다.

그리하여 기욤 드 비용은 어린 프랑수아에게 우선 어려운 종교적 敎義 따위는 되도록 피하고 어린이에게 알맞는 아주 기본적 지식을 가르쳐 주었을 것이다. 바꾸어 말하면 프랑수아는 먼저 알렉산데르 드 빌르디외의 〈도나〉(Donat)와 〈독트리날〉(Doctrinal) 같은 라틴어 문법과 통사법을 배웠을 것이다. 우리는 그 흔적을 찾아볼 수 있다. 그것은 이후 시인이 그의 시 속에서 〈불쌍한 세 고아〉[21]를 교육시키고자 할 때, 물론 반어적 표현이기는 하지만 무엇보다도 먼저 〈도나〉를 떠올리고 있는 점이다.

〈도나〉는 그들에게 너무 어려워
그 때문에 고생시키고 싶지 아니하나니
너무 학문을 시키지 아니하고
아베 살뤼스 티비 데퀴스[22]를 가르쳐 주는 것이
더 좋을 터인즉

학문을 한 자 반드시 우두머리가 된다는 법은 없도다.

Le *Donat* est pour eux trop rude:
Je ne les y veuil empêcher.
Ils sauront, je l'aime plus cher,
Ave salus, tibi decus
Sans plus grands lettres ensercher:
Toujours n'ont pas clercs l'audessus.[23]

그리고 그는 성서의 아름다운 이야기, 특히 성자와 성녀의 전설에 관한 설명도 들었을 것이다. 그리하여 이후 그는 그의 시 속에서 그러한 지식들을 빈번히 보여 주게 된다.

그뿐만 아니라, 그는《아버지의 아들에 대한 교훈》의 설교도 들었을 터이고,《작금의 어린이들에 대한 새 교훈》의 이야기도 들었을 것이다.[24] 그러나 그러한 설교와 이야기가 어린 프랑수아에게 유익한 교훈으로 작용한 것으로는 보이지 않는다. 그것은 이후 그가 절도·살인 등의 무서운 죄를 범하여 〈큰 은인〉에게 적지 않은 상처와 슬픔을 안겨 준 사실이 입증해 준다.

어린 프랑수아는 그 시대의 분위기와 환경의 영향을 민감하게 받으며 자란다.

우리는 어린 프랑수아가 생 브누아 경내에서 어떤 어린 시절을 보냈는지 그 확실한 것은 모른다. 그러나 그 환경이 보여 주는 많은 광경과 사건들이 다감하고 예민한 어린이에게 적지 않은 영향을 미쳤으리라는 것은 상상하기 어렵지 않다.

1435년(그가 4세 때)부터 몇 년간의 시기라고 하면, 파리는 아직 영국군과 부르고뉴군에게 지배되어 있던 무렵이다. 그러나 남군이 서서히 프랑스 북부로 진격함에 따라서 루앙·샤르트뢰·라니 근처에서는 남북 양군의 충돌이 빈번히 계속되고, 파리에서도 이따금 무서운 아르마냐크군이 공격을 가해 오는 그러한 상황이다. 그러니까 프랑수아의 어린 시절의 파리는 온통 전쟁의 혼란, 도둑의 횡행, 질병의 유행, 물자의 부족, 치안의 부재 등 공포와 불안의 상태인데, 설상가상으로 극심한 추위와 폭설 아니면 모진 더위와 심한 홍수의 天災, 그리고 늑대의 출현과 그 위험까지 겹쳐서 어수선한 분위기였던 관계로 매일 들려오는 것은 무서운 이야기들뿐이다. 그러한

異變에 대한 추억은 이후 그의 시 속에 그대로 나타나게 된다.

　어린 프랑수아의 상상력에 너무나 인상적이었을 광경은 그것뿐만이 아니다. 우선 교회의 생활에 있어서 여러 가지 의식들, 성직자들의 의상들, 제사의 집전들, 그리고 그것들의 신비로움이 있다. 가령 이후 시인이 「고어조로 노래하는 발라드」에서 그 옛날의 영주들을 환기시킬 때 사도들의 초상을 마치 생 브누아의 성직자들처럼 〈백의를 입고 흰 천을 어깨에 걸치며〉라고 표현하고 있는 것은 그러한 어린 시절의 인상에 다름 아니다.

　　사실, 白衣를 입고
　　흰 천을 어깨에 걸치며
　　악의에 불타는 악마의 목에 걸어 쫓는다는
　　領帶를 목에 걸어 늘어뜨린
　　교황이라 하더라도
　　그에게 종사하는 사제와 마찬가지로
　　이 세상에서 쫓기어 죽어가나니
　　마치 바람에 불리어 가는 것 같도다.

　　Car, ou soit ly sains appostolles
　　D'aubes vestuz, d'amys coeffez,
　　Qui ne seint fors saintes estolles
　　Dont par le col prent ly mauffez
　　De mal talant tous eschauffez,
　　Aussi bien meurt que filz servans,
　　De ceste vie cy brassez:
　　Autant en emporte ly vens.[25]

　또 크리스마스 축제의 즐거움이 있다. 그 시대의 어린이들은 크리스마스 12일 전부터 12절로 된 찬송가를 불렀다고 하는데, 그것은 아마도 대단한 소요였으리라. 어린 프랑수아도 거기에 끼어 찬송가를 소리 높이 불렀음에 틀림없다. 이후 시인이 〈크리스마스도 부르면 찾아오도다)[26]라고 하는 반복구가 붙은 격언 형식의 발라드를 쓰게 되는데, 그 표현도 그러한 어린 시절의 인상 이외의 다른 것이 아니다.

어린 프랑수아의 순진한 마음에 강력한 인상을 주었을 또 다른 광경이 있다. 그것은 집집마다 건물 정면에 걸려 있는 형형색색의 간판들의 모습이다. 〈빨간 문의 집〉이 있는 생 브누아 경내에서 멀리 나가지 않더라도 프랑수아는 〈작은 탑〉(Tournelle)·〈암사슴〉(Biche)·〈백합꽃〉(Fleur de lys)·〈사슴뿔〉(Corne de Cerf) 등의 간판을 볼 수 있다. 그리고 그 건너편에는 〈주석 접시〉(Plat d'Etain)·〈도마〉(Tranchoir)·〈성 에티엔느 像〉(Image Saint Etienne)·〈숟가락〉(Cuiller)·〈성모상〉(Image Notre Dame) 등의 간판이 즐비하게 있다.[27] 그가 그러한 경건하고도 익살스러운 간판들의 온갖 그림에 주목하지 않을 리 없다. 그 간판들은 지금은 유실되고 없는 그의 초기 작품 「악마의 방귀 이야기」의 주제가 될 뿐만 아니라 《유증시》·《유언시》에서 보여 줄 수 많은 해학의 계기를 제공하고 있다.

그리하여 소년 프랑수아는 기욤 드 비용의 슬하에서 직접 초등 교육을 받고 교회 생활의 감화를 받으며, 한편 그 밖의 거리의 광경과 사건들이 부여하는 인상을 잊지 않고 자랐으리라.

그리고 마침내 그는 파리 대학에 등록할 준비를 하게 된다.

1) 《유언시》 1절.
2) 《잡시》 「11. 비용의 마음과 몸의 논쟁시」 12행.
3) 《잡시》 「13. 四行詩」.
4) 《유언시》 「그 옛날의 귀부인을 노래하는 발라드」 3절 5-8행.
5) 《유언시》 103절 5-6행.
6) 《유언시》 「성모에게 기도하는 발라드」 3절.
7) Guillebert de Mets, p.192.
8) 《유언시》 35절.
9) n° I. fol. 155r. 파리 대학 학적부라든가 1456년 1월의 사면장 등.
10) 또는 프랑수아 데 로쥬.
11) 《잡시》 「10. 부르봉 전하에게 보내는 탄원시」 1절 2행.
12) 《유언시》 38절.
13) 《유언시》 167절 2행.
14) Champion, t.I, p.16.
15) 《유언시》 89절.
16) 《유언시》 87절.

17) 《유증시》2절 2행.
18) Champion, t.I, pp.21-22.
19) Champion, t.I, pp.21-22.
20) 《유언시》88절 1행.
21) 반어적 표현. 《유증시》26절, 《유언시》127절에 등장하는 인물들.
22) 『축복하도다 황금이여 그대에게 정의를!』이라는 뜻인데, 여기서는 풍자적 표현.
23) 《유언시》128절.
24) Champion, t.I, p.33.
25) 《유언시》「古語調로 노래하는 발라드」1절.
26) 《잡시》「2. 속담의 발라드」의 반복구.
27) Champion, t.I, p.28.

2

대학 시절

파리 대학의 메트르 에스 아르, 그리고 방황

프랑수아 비용은 드디어 파리 대학의 학예대학에 등록한다.

우리는 비용이 언제 파리 대학에 등록하고 어떻게 공부를 하며 대학 시절을 보냈는지 그 구체적이고 정확한 것을 모른다. 그 시대의 파리 대학은 오늘날의 그것과는 전혀 달라서 문자의 읽기·쓰기와 라틴어 문법의 기초 지식만 있으면 12세에 그 하급 대학인 학예대학(faculté des arts)에 등록이 허용되고 그 대학 소정의 학과를 이수할 수 있게 되어 있다. 당시 파리 대학은 신학(Théologie)·종법학(Décret)·의학(Médicine) 및 학예(Arts)의 네 개 단과대학으로 나뉘어져 있는데 앞의 세 단과대학이 상급 대학을 이루고 뒤의 한 단과대학, 즉 학예대학이 하급 대학으로서 상급 대학의 예비과정의 역할을 맡고 있다. 그러나 학예대학은 상급 대학의 예비과정의 역할을 맡고 있기는 하지만 독립된 단과대학임은 물론이다. 그러니까 학예대학에 등록한 후 2년간 재학하여 소정의 학과를 이수하고 시험에 합격하면 바슐리에 자격(대학 입학 자격)이 주어지며, 그리고 다시 3년간 재학하여 소정의 학과를 이수하고 시험에 합격하면 제2의 학위라고 불리는 〈학사학위〉(licencia docendi), 즉 메트르 에스 아르(문학사) 칭호가 주어져 〈메트르〉라고 불리게 된다. 그런데 그것은 최단 코스이다. 보통은 14세에 바슐리에 자격을 따고 21세에 메트르 에스 아르 학위를 취득하게 되어 있다.

그러면 비용의 경우는 어떠한가. 파리 대학 소장의 고문서에 의하면, 프랑수아 드 몽코르비에는 1449년에 바슐리에 자격을 따고 1452년에 메트르 에스 아르 학위를 취득하고 있다.[1] 그러니까 그가 12세에 학예대학에 입학한 것이라면 바슐리에 자격을 따는 데 7년이 걸린 셈이 되고, 그렇다면 그것은 공부의 기간이 너무 길었다고 할 수 있다. 그러나 메트르 에스 아르 학위 취득은 단기간이었으므로, 아마도 그는 12세를 훨씬 넘어 학예대학에 등록한 것일는지도 모른다. 어쨌든 분명한 것은 그가 1449년에 바슐리에 자격을 따고 3년 뒤인 1452년(만 21세)에 메트르 에스 아르, 즉 문학사 학위를 취득하여 〈메트르〉라고 불리게 되었다는 점이다. 그리하여 그는 다른 어느 상급 대학에도 진학할 수 있는 자격을 갖추게 된다.

　여기에서 우리는 그가 그러한 자격이 주어진 한장의 증명서 이외에 어떤 특권을 손에 넣을 수 있었는가, 다시 말하면 그의 문학사 학위에는 과연 베네피스(bénéfice)라고 하는 특권이 부여되어 있었는지를 밝혀볼 필요가 있다. 그의 문학사 학위에는 〈규정에 따르는 유자격자〉(gradué en forme)라고 하는 표현이 못박아 있는 점으로 미루어 보아, 그는 勅諭에 의한 특권을 손에 넣고 있는 셈이다.[2] 당시의 학사학위는 특권이 부여되지 않는 〈단순 유자격자〉(gradué simple)와 특권이 부여되는 〈敍任 유자격자〉(gradué nominié)로 구별되어 있다. 전자는 재학 연한의 증명서만 붙은 학위 증서를 소지하는 자를 말하고, 후자는 그 밖의 대학 기록에 그 이름이 기재되는 특권뿐만 아니라 특권 수여증서(lettre de nomination)를 소지하는 자를 말한다. 비용은 후자에 속한 것임은 물론이다. 그는 이후 《유증시》에서 가난한 두 성직자(실은 부유한 교회 참사원)에게 그 증서를 해학적으로 유증하고, 《유언시》에서는 한 불쌍한 이 도시의 성직자에게 그것을 역시 해학적으로 유증[3]하고 있다.

　　내가 대학에서 받은
　　성직 취득 증서는,
　　유증 목록 속에 인정하는
　　이 도시의 두 불쌍한 성직자의
　　빈곤을 구제하기 위하여
　　그 성직의 祿을 포기하고 남겨 주는도다.

　　…… ma nomination
　　Que j'ai de l'Université

Laisse par régination
Pour seclure d'adversité
Pauvres clercs de cette cité
Sous cet *intendit* contenus:[4]

    그런데 우리는 비용이 파리 대학에 있어서의 5개년 과정(quinquiennium)을 통하여 주로 어떤 학문을 공부하고 있었는지 그 정확한 것을 모른다. 다만 당시의 학예대학 교과과정에 의하여 그가 공부했으리라고 생각되는 과목의 이름을 들 수 있을 뿐이다. 한 학자는 『어떤 정신의 소유자도 그의 정신만큼 책 냄새가 나지 않는 자는 없다. 메트르 프랑수아는 학문을 좋아하지 않았다』고 말하고, 그 이유로서 그가 그의 시 속에서 인용하고 있는 아리스토텔레스를 비롯하여 많은 고대에 관한 지식에는 적지 않은 부분이 잘못되어 있다고 지적하며 그 실례를 일일이 들고 있다.[5] 그러나 그것은 반드시 그렇다고만 단정할 수 없는지 모른다. 시인이 그의 시를 쓴 것은 거의 방랑생활 아니면 영어생활을 하고 있을 때이며, 그리고 어딘가 남모르는 곳에 숨어지내고 있을 때인 까닭에 〈책〉하고는 거리가 먼 환경이었을 터이고, 시 속에서 인용하고 있는 고대에 관한 지식도 오직 그때의 기억에 의거한 것일 뿐 문헌에 의한 확인이 불가능한 처지였을 것이다. 실제로 그가 〈학문을 좋아하지 않았다〉고 하더라도 그것은 단지 그만의 일이 아니었던 것으로 보인다. 그것은 오히려 그 시대 학생들의 일반적인 경향이 아니었던가 한다.

    파리 대학은 노트르담 참사회의 감시하에 놓인 성당 부속학교로부터 출발한 것이며, 12세기 초엽에는 피에르 아벨라르가 자기를 따라 모여든 학생의 일단을 생트 준비에브(Sainte-Geneviève) 언덕 위에 모아놓고 신학과 철학을 강의하여 그 성황을 자랑한 바 있는 그러한 유서와 전통을 가진 학당이다. 그러나 비용이 거기에서 공부할 때에는 사람들은 파리 대학의 진정한 창립자는 샤를마뉴라고 막연히 생각하기는 했지만 저 불행한 교수에 대한 추억은 완전히 잊고 있었다고 한다.[6]

어디에 있는가? 저 박식한 엘로이즈는?
그녀 때문에 피에르 아벨라르 去勢되어
생 드니의 수도사 되고

그 사랑 때문에 그런 고통 겪었도다.

Où est la très sage Héloïs,
Pour qui fut châtré et puis moine
Pierre Esbaillart à Saint-Denis?
Pour son amour ot cette essoine.[7]

그리하여 중세 말기에 이르러서는 대학 자체도 백년전쟁이라고 하는 시대적인 혼란과 사회적인 무질서의 여파를 받아 아주 부패하고, 비용의 학생 시절에 있어서는 극히 반동적인 색채를 띠기 시작하면서 당시의 反國粹黨인 부르고뉴 파에 가담하여 마침내는 救國의 〈성처녀〉 잔 다르크의 화형을 승인할 만큼 타락해 버린다. 이미 대학 자체가 그러하니까 대학에 적을 둔 학생들의 타락은 두말할 나위가 없다. 당시 1만 8천이나 되는 학생에다가 수많은 가짜 학생까지 끼어, 그들은 라탱 구 일대에서 마치 왕자처럼 행동하고, 〈학생보다 더한 악당은 없다〉고 하는 격언이 증언하듯이 온갖 못된 짓을 다한다. 그렇기 때문에 샤를 7세는 학생들의 그러한 타락한 생활을 개선하기 위하여 대학에 간섭하게 되고, 대학과 학생들은 국왕의 개혁안에 반대하고 나선다. 그들은 대학 총장을 앞세워서 격렬한 반대 시위를 벌이고 동시에 밤을 틈타서 드 브뤼예르 부인 저택(hôtel de Mademoiselle de Bruyère) 앞에 놓여 있는 〈악마의 방귀〉(Pet-au-Diable)라고 불리는 경계석을 생트 준비에브 언덕 위로 옮겨놓고 그 위에서 축제를 벌이며 소요를 일으킨다. 대학 강의가 중단되었음은 물론이다. 그리고 성당의 설교와 미사도 중지되고, 학생 대 검찰의 충돌이 도처에서 일어난다. 그것이 1449년부터 52년까지의 저 유명한 파리 대학 소동이다.

그때 비용은 바슐리에 자격을 따고(1449), 이어 문학사 학위를 취득(1452)하고 있으니까 표면상으로는 열심히 공부만 하고 있던 것으로 보인다. 그런데 사실은 그렇지만은 않은 것 같다. 물론 그가 파리 대학 소동에 있어서 어떤 역할을 하고 있었다는 확실한 증거는 없다. 그러나 그의 시에서 보듯이 풍자적인 재치와 해학적인 취미를 가지고 그 때문에 많은 학우들의 갈채를 받았을 그가, 그 절호의 기회를 놓치면서 다만 〈빨간 문의 집〉 2층 자기 방에 조용히 앉아 독서에 탐닉하고 있었으리라고는 도저히 생각되지 않는다. 그는 오히려 그 와중에 스스로 몸을 던지며 뛰어들어

갔음에 틀림없다. 지금은 유실되어 존재하지 않는 그의 최초의 작품 「악마의 방귀 이야기」는 파리 대학 소동에 관한 해학적인 기록이라고 한다. 그는 이후 그 작품을 예의 〈장서〉와 함께 〈큰 은인〉 기욤 드 비용에게 유증하고 있다.

그분에게는 내 장서와
「악마의 방귀 이야기」를 남겨 주나니
사실을 다 불어 버린 놈
메트르 귀 타바리가 정서한 것이로다.

Je lui donne ma librairie
Et le Roman du Pet au Diable
Lequel maître Guy Tabarie
Grossa, qui est hom véritable.[8]

이 「악마의 방귀 이야기」는 옛 형식으로 쓰여진 일종의 이야기 시일 것이라고 추정되는 작품이다. 시인은 그 〈이야기〉에서 드 브뤼예르 부인 저택 앞에 놓여 있는 경계석 이름 〈악마의 방귀〉의 유래라든가, 군인을 가장한 학생들이 그 경계석을 마치 헬레나(Hélène)이기라도 한 것처럼 빼앗아 생트 준비에브 언덕 위로 옮겨놓고 축제를 벌인 난동이라든가, 야경대 경관들이 그 경계석을 탈환하여 법원 뜰 안으로 옮겨놓은 것을 학생들이 재탈환하기 위하여 거리로 몰려간 일이라든가, 여러 가지 재미있는 삽화를 엮어놓았으리라. 그리고 그 〈이야기〉 속에는 몇 편의 재치 있는 발라드도 끼워 놓았을 것이다. 그것은 말을 잘하고 수다를 떠는 〈파리 여자에 대한 발라드〉일는지 모르고, 또 당시 학생들이 찬양하는 〈파리의 거리 간판의 결혼 이야기〉[9]에 대한 발라드일는지도 모른다. 사실 「악마의 방귀 이야기」는 시인 자신이 말하고 있듯이 그 〈내용이 너무 유명한 것〉[10]이었음에 틀림없다. 그리고 동시에 그 작품은 시인의 천재성을 일찍 인정받게 한 계기가 된 것이었음에 틀림없다. 그렇다면 1449년부터 1452년까지의 파리 대학 소동은 비용의 생활을 크게 뒤흔들어 놓았다고 할 수 있을 것이다. 그러나 한편 그 와중에서도 학예대학에서 공부를 계속하여 바슐리에 자격을 따고 이어 문학사 학위를 취득하고 있는 점은 주목할 만하다.

　　그러면 그후 비용은 무엇을 했는가. 그는 아마도 우선은 그 상급 대학인 종법대학에 진학한 것이 아닌가 한다. 물론 그 확증이 있는 것은 아니다. 그러나 그는 일생 동안 자기의 신분을 〈학생〉이라고 부르고 있는 점으로 미루어 보아 종법대학에 적을 두고 만년 학생을 자처한 것으로 보인다. 1456년 12월 크리스마스 날 밤에 쓰여진 것으로 추정되는 《유증시》 첫머리에서 시인은 자기의 신분을 〈학생〉이라고 분명히 밝히고, 1461년 말 내지는 1462년 초에 쓰여진 것으로 추정되는 《유언시》 마지막의 「묘비명」에서도 시인은 자기를 〈가난한 어린 학생〉[11]이라고 묘사하고 있다.

　　　　지금은 450 하고 6년
　　　　나는 프랑수아 비용이라는 학생,
　　　　조용히 앉아 이를 악물고
　　　　마음 가다듬어 생각해 본즉,

　　　　L'an quatre cent cinquante et six,
　　　　Je, François Villon, écolier,
　　　　Considérant, de sens rassis,
　　　　Le frein au dents, franc au collier,[12]

　　1456년이라고 하면 비용이 문학사 학위를 취득하여 메트르라고 불린 지 4년이 경과한 시점이다. 그 4년의 경과는 그를 크게 변화시키고 그의 생활을 놀랄 만큼 바꾸어 놓고 만다. 그러나 그가 문학사 학위를 취득하여 메트르라고 불릴 때까지만 해도 그의 생활은 그렇게 문란해지고 있지 않았으리라. 사실 그는 양부라고 할 수 있는 기욤 드 비용의 성실한 생활을 본보기로 삼아 그도 역시 성직에 일생 몸담을 생각을 하고 있었음에 틀림없다. 그러므로 그는 분명히 종법대학에 진학하고 있었을 것이다.

　　비용은 마침내 학교를 등지고 〈악동〉처럼 행동한다.
　　그리하여 그의 생활도 서서히 문란해지는데, 그것은 아마도 그가 문학사 학위를 취득하여 메트르라고 불린 이후부터의 일이 아닌가 한다. 그는 이제 22세의 당당한 어른이다. 술도 마실 줄 알고 연애도 할 줄 알았으리라. 그는 「악마의 방귀 이야기」
의 시인으로서 학우들 사이에서는 그 천재성을 인정받은 처지이다. 사람의 의표를
찌르는 표현으로 주위의 갈채도 받고 환호도 받았으리라. 그는 여전히 〈빨간 문의
집〉에서 기거하고 있어서 하루 세 끼의 식사에는 부족함이 없는 몸이다. 그러나 이
제는 많은 친구들이 생기고 그들과 사귈 때마다 용돈의 궁핍을 느끼며 고통도 받았
으리라. 그에게는 〈가난〉이란 어떻게 해 볼 수 없는 숙명적인 것이다. 그리하여 용돈
을 벌기 위하여 생 자크 성당 탑 곁에 대를 늘어놓은 대서점에서 한때 필경 같은
일도 하고 있었으리라. 실제로 그러한 추측을 가능하게 하는 흔적이 없지는 않다. 그
의 시 도처에는 너무나 전문적인 법률 용어가 빈번히 사용되어 있을 뿐만 아니라,
《유증시》에는 〈대서점〉을 하나 사서 로베르 발레에게 물려 주고 싶다고 고백하고
있다.

  그 돈으로, 아니 조금은 써도 좋거니와
  부활제가 되기 전에
  이 개[13]를 위히여 생 자크 성당 곁에
  창문[14] 하나만을 사 주기 바라노라.

  Et que l'argent, ou la plus part,
  Soit employé, dedans ces Pâques,
  A acheter à ce poupart
  Une fenêtre emprès Saint-Jacques.[15]

  당시 많은 학생들이 가장 좋아한 도락과 방탕은, 밤이 되면 술집에 모여서 술잔을
앞에 놓고 농담을 하거나 거리로 몰려나와서 여자를 유인하고 떠들어대는 일이었다
고 한다.[16] 실제로 대학 소동과 강의 중단이 빈번한 까닭에 학생들은 그때마다 학교
를 빠져 나와서 흉기를 숨기고 거리를 배회하거나 타락한 친구들과 어울려 다니며
싸움을 하거나 하는 일은 그렇게 보기 드문 광경만은 아니었던 것 같다. 그리고 그
들은 술집과 갈보집을 드나들고, 용돈이 떨어지면 〈책〉을 저당하여 돈을 마련하기도
하고, 심지어는 입은 옷을 벗어 술값으로 저당잡히는 일도 서슴지 않는다.

비용도 대서점에서 필경으로 번 돈을 가지고 그러한 학생들과 어울리기 위하여 술집으로 뛰어갔을 것이다. 그것은 이후 시인이 그의 시 속에서 종종 암시하고 있는 바이지만 특히 「나쁜 생활을 하는 자에 대한 좋은 교훈의 발라드」의 반복구에서 〈전부 술집과 여자의 호주머니로〉라고 시닉한 어조로 말하고 있는 것은 아마도 그러한 학생들의 생활 내지는 자기 자신의 생활 경험임에 틀림없다.

짧은 바지랑 장식끈이 붙은 저고리랑
가운이랑 그리고 모든 옷이랑을
아직 더러워지기 전에 가져갈지어다
전부 술집과 여자의 호주머니로.

Chausse, pourpoints aiguilletés,
Robes, et toutes vos drapilles,
Ains que vous fassiez pis, portez
Tout aux tavernes et au filles.[17]

그리하여 비용은 돈이 생기면 그러한 학생들 앞으로 나서고, 돈이 떨어지면 뒤로 물러서며 그들과 어울려 술집과 갈보집을 드나들고 있었을 것이다.

기유베르 드 메쓰의 증언에 의하면 당시 파리에는 4천이 넘는 술집이 있었고, 그 술집에서 매일 7백 통의 포도주가 팔렸다고 한다.[18] 그레브(Grève)·생 장 묘지(cimetière Saint-Jean)·중앙시장(Halles)·보드와이에 광장(place Beaudoyer)·생 마르텡 가(rue Saint-Martin)·생 드니 가(rue Saint-Denis)·쥬이브리 가(rue de la Juivrie)·생 자크 가(rue Saint-Jacques) 등의 술집 간판에는 전나무 가지나 송악 화관 등이 걸려 있어서 일반 집 간판과 구별되고, 특히 그것은 술 취한 사람의 기억 속에 깊이 아로새겨져 한층 더 화려하게 보였으리라. 이후 시인이 그의 시 속에서 해학적으로 유증하는 간판의 대부분은 거의 그러한 술집 간판들이다. 그는 특히 간판 이름의 字句에 흥미를 가지고 그것을 일일이 들고 있다. 이를테면 〈솔방울〉(pomme de pin)·〈투구〉(Heaume)·〈백마〉(Chevale blanc)·〈암노새〉(Mule)·〈큰 술잔〉(Grand Godet)·〈작은 통〉(Bareiller) 등이 그것이다. 그는 거기에 때로는 외설스러운, 때로는 익살스러운 의미를 부여하여 웃음을 만들어 내고 있다.

> 나는 움직이지 아니하는 백마에 대하여
> 젊은 암말을
> 암노새에 대하여는
> 빨간 털의 당나귀를 바꾸어 주리라.

> Me mit ou rang de caïmant,
> Pour *le Cheval Blanc* qui ne bouge
> Lui changeai à une jument,
> Et *la Mule* à un âne rouge.[19]

　오늘날에도 일정한 장소 내지는 일정한 정신상태에 있어서만이 재미를 느끼는 해학이 있다. 우리는 그러한 속성을 가지는 해학을 그의 시 속에서 많이 발견하게 되는데, 그때 그것은 이미도 술집에 모인 학생들과 성직자들에게서 갈채와 환호를 받은 광언적 頌酒歌였으리라. 왜냐하면 술집에 모인 학생들과 성직자들이 그러한 광언적 송주가를 좋아하는 것은 너무나 당연하기 때문이다. 사실 지금 그의 그러한 시를 읽고 있노라면 우리는 마치 그들이 그 조잡하고 익살스러운 표현을 되풀이하며 떠들어대는 소리를 듣고 있는 것 같은 착각에 사로잡힌다. 아마도 시인 자신이 그러한 분위기의 주인공 역할을 하고 있었음에 틀림없다.

　우리는 바로 앞에서 성직자들이라고 지적했는데, 여기에서 오해를 피하기 위하여 그 실체를 간단히 밝혀둘 필요가 있다. 옛 종법학자는 교회의 사제는 물론 主를 위하여 일생 동안 예배를 하는 사람을 전부 성직자라고 정의한다. 그러나 그러한 좁은 의미의 정의는 비용이 생을 산 시대에 있어서는 그 가치를 가지지 않는다. 당시 삭발한(tonsuré) 사람들은 전부 성직자로 불리고 있다. 그리고 성직자의 특권, 말하자면 법정 밖에서는 재판받지 않는 권리도 일찍이 수도사나 학생에게까지 널리 주어져 있다. 따라서 성직자의 범위는 거의 무제한이라고 할 만큼 아주 넓어 모든 지식인을 포함한다.[20] 실제로 당시 성직자들은 방탕자나 방랑자들로 하나의 계층을 형성하고 있다. 그들의 행동은 왕왕 타락한 학생들의 그것과 구별되지 않는다. 그들도 타락한 학생들처럼 도박을 하거나, 여자를 유인하거나, 밤거리를 몰려다니며 떠들어대거나, 광언을 연출하여 싸움을 거는 따위의 짓을 보통으로 일삼는다. 그러나 그럼에도 불구하고 그들은 특권을 누린다. 성직자들이 신분을 밝히거나 성직자를 자칭하는 경우 사교는 그들에 대한 극형을 면제해 주어야 하고, 성직자들이 먹을 것이 없어서 교회로 구걸하러 올 때에는 사교는 그들을 먹여 살려야 할 의무가 있다. 그리하여 삭발한 성직자의 머리는 왕자의 관으로 비유되기까지 한다. 그렇기 때문에 자기 아들이 성직자나 종교가가 되기를 바란다는 것은 그 시대의 선량한 모든 어머니의 한결같은 꿈이었다고 한다.

그것은 아마도 어린 프랑수아를 생 브누아의 사제 기욤 드 비용에게로 데리고 갔을 때 그의 어머니의 남모르는 꿈이기도 했으리라. 그러나 그 아들은 그러한 성직자가 되기 위하여 종법대학에 적을 두었을 터인데 소수의 성실한 학생들처럼 열심히 공부는 하지 않고, 거리를 무리지어 다니며 못된 짓을 하는 타락한 학생들의 일단 속으로 끼어들어 가고 만다.

그 결과, 그에게는 이전처럼 〈빨간 문의 집〉 2층 자기 방에서 조용히 책을 읽는 생활은 거의 할 수 없게 된다. 그는 이후 그때의 일을 떠올리며 회한의 눈물을 흘리고 있다.

아, 미칠 듯한 젊은 시절에
공부를 열심히 하며
예의범절 익히고 있었으면
나는 집도 있고 부드러운 침상도 있을 것을.
그런데 어찌 되었는가? 악동처럼
학교를 등지고 떠났으니
지금 이 글을 쓰면서
가슴이 터질 듯하는고야.

Bien sais, se j'eusse étudié
Ou temps de ma jeunesse folle,
Et à bonnes moeurs dédié,

J'eusse maison et couche molle.

Mais quoi? je fuyoie l'école,

Comme fait le mauvais enfant.

En écrivant cette parole

A peu que le coeur ne me fend.[21]

그런데 비용의 〈미칠 듯한 젊은 시절〉에는 거리에 나가기만 하면 어디에서나 유혹의 눈길에 부딪친다. 여간 의지력이 강하지 않고서는 그 유혹의 눈길을 피하지 못한다. 실제로 파리의 거리에는 젊은 여자들이 우글거리고 있다. 파리 교외의 여자는 별도로 하고도 그 수가 3천이 넘었다고 하니까[22] 파리는 어느 거리로 가든지 여자들이 없는 곳이 없다는 계산이 나온다. 그 여자들은 〈거리의 여자〉(filles)·〈매춘부〉(femme de joie)·〈사랑을 파는 아가씨〉(fillettes amoureuses)·〈음탕한 여자〉(bordelières)·〈방탕한 여자〉(dissolues) 등으로 불린다. 물론 그 여자들은 거의가 다 창녀들이지만 그 중에는 가정주부들도 끼어 있다는 것은 주목할 만하다. 그러니 술을 먹고 거리를 배회하며 떠들어대는 타락한 학생들과 성직자들의 발이 그러한 여자들에게로 향하지 않을 리 없다.

그러니까 비용이 그러한 여자들과 사귀었다고 하더라도 조금도 놀랄 것은 없다. 사실 그는 카트린느 드 보셀르, 혹은 마르트와 같은 정숙한 미인을 진정으로 사랑하면서도 〈가난〉하기 때문에 냉정하게 거절당하는 불행을 맛보기도 한다. 그러나 뚱보 마르고나 마리옹 리돌르와 같은 〈돈으로 산〉 여자에게서는 그가 그렇게 좋아하지 않은 반면 따뜻한 대우를 받고 아픈 마음의 위안을 받는다. 그리하여 그의 아픈 마음에는 파리의 〈거리의 여자들〉, 〈학생들의 꾀임에 빠진 하녀들〉, 〈귀여운 사랑을 파는 아가씨들〉이 차례로 머물다가 떠나갔을 것이다. 이후 시인이 그의 시 속에서 파리 여자에 대하여 묘사하고 있는 것은 다름 아닌 그러한 여자들의 초상임에 틀림없다.

바라볼지어다, 파리 여자들이 이삼 명

수도원이나 성당 안에서

드레스의 긴 자락 주름을 깔고 앉은 모습을.

가까이 다가서서 움직이지 말지어다

그러면 그대 마크로브도 옛날에 하지 못한
훌륭한 판단을 거기에서 들으리라.

Regarde m'en deux, trois, assises
Sur le bas du pli de leurs robes,
En ces moutiers, en ces églises;
Tire-toi près, et ne te hobes
Tu trouveras là que Macrobes
Oncques ne fit tels jugements.[23]

　실제로 비용은 그러한 여자들을 많이 사귄 것으로 보인다. 그리고 그는 그것을 숨김없이 고백하고, 그때까지 누구도 감히 말하지 못한 여자의 부드러운 육체를 적나라하게 표현하고 있다. 그렇기 때문에 그의 시 세계에 있어서는 그만큼 여자가 아주 중요한 자리를 차지한다.

　그런데 그 시대의 혼란과 사회의 무질서가 계속됨에 따라서 타락한 학생들과 성직자들의 행동도 대담해지기 시작한다. 그들은 무리지어 파리의 거리를 배회한다. 물론 그것은 성당이나 수도원에서 저녁을 알리는 종소리가 울려퍼지는 시각, 어두움이 짙게 깔리기 시작할 무렵이다. 그때가 되면 어두움 속에서 여기저기 사람들의 이야기하는 낮은 목소리가 들려온다. 사람들은 서로 마주쳐도 아는 척을 하지 않는다. 그리고 문을 두들기는 소리와 초인종을 누르는 소리가 요란하게 들린다. 간판이 내려지고 이따금 그것이 큰소리를 낸다. 그리하여 타락한 무리들은 누구나 단검을 숨기고 있고, 사람들은 곤봉 같은 무기를 가지고 있어서 서로 말을 건네지 못할 만큼 살벌한 분위기로 변한다. 이윽고 칼부림이 일어난다. 결국 타락한 무리들이 서로 맞붙은 것이다. 그러한 무리들은 대개 타락한 학생들과 성직자들일까, 아니면 집털이를 상습으로 하는 도둑떼들일까, 그것은 확실하지 않다. 그러나 밤이 되면 학교를 빠져 나와서 거리를 배회하는 학생들이 급증하고 있다는 것 그리고 대학 소동 이후 검찰이 그러한 학생들을 전부 방랑자(vagabonds)로 규정하여 단속하고 있다는 것만은 확실하다. 그리하여 그러한 밤의 소요는 검찰청 경호대와 야경대 경관들의 간섭을 유도하고 만다. 우리는 그 경관들이 이후 비용의 생활과 그의 시 속에서 적지 않은 자리를 차지한다는 것을 보게 될 것이다.

그 상황에서 가장 고통을 받는 것은 죄없는 여자들이다. 그 여자들은 소위 방랑자들을 기다리고 있다. 이윽고 그들이 나타난다. 그들은 콧노래를 부르며 사랑하는 여자들의 집 창문 아래로 다가서서 서성이는데, 그때 그들이 부르고 있는 샹송(chanson)은 아주 애매모호하고 재미있는 것들이다. 물론 비용도 그러한 샹송을 알고 있고, 또 부르고 있던 것으로 보인다.

> 그 목가는 마리옹 라 포타르드를 위하여 쓰여진
> 「마리오네트」[24]의 곡조이거나
> 「귀유메트여, 네 문을 열어라」의 곡조로 불린다면
> 겨자를 이기러 가는[25] 콧노래에 안성맞춤이로다.

> S'elle eût le chant *Marionnette*
> Fait pour Marion la Peautarde,
> Ou d'*Ouvrez votre huis, Guillemette,*
> Elle allât à la moutarde:[26]

비용은 그러한 노래를 알고 또 부르고 있었을 뿐만 아니라, 스스로도 그러한 노래를 만들어 부른 것으로 보인다. 우리는 그의 시 속에서 그러한 흔적을 찾아볼 수 있다. 그는 카트린느 드 보셀르의 배신에 대한 노래를 만들어 부른 까닭인지, 아니면 그를 어느 연적이 모함한 탓인지는 모르지만 어쨌든 〈나도 사랑 때문에 발가벗은 채로 시냇가의 빨래처럼 얻어맞았으니 그것은 숨김없는 사실〉[27]이라고 솔직히 고백하고 있다.

그리하여 파리의 하룻밤은 피비린내나는 칼부림이나 달콤한 사랑의 아방튀르(aventure) 같은 많은 사건들을 일으키고, 새벽을 알리는 종소리와 함께 악몽에서 깨어나듯이 다시 그 어두움에서 벗어난다. 그리고 파리의 거리를 배회하던 소위 방랑자들도 그 모습을 감추어 버린다. 그때 비용도 남의 시선을 피하며 생 브누아 경내의 〈빨간 문의 집〉 2층 자기 방으로 숨어들어 왔을 것이다.

1) nº I. fol. 155r.
2) Champion, t.I, p.41.
3) 《유언시》 172절.
4) 《유증시》 27절.
5) Champion, t.I, pp.43-49.
6) Champion, t.I, p.34.
7) 《유언시》「그 옛날의 귀부인을 노래하는 발라드」 2절.
8) 《유언시》 88절.
9) 간판의 결혼이란, 가령 〈백마〉라는 간판과 〈암노새〉라는 간판을 허구적으로 결혼시킨다는 해학을 말한다.
10) 《유언시》 88절 7행.
11) 《유언시》「묘비명과 롱도」 1절 4행.
12) 《유증시》 1절.
13) 로베르 발레.
14) 대서점.
15) 《유증시》 15절.
16) Champion, t.I, p.67.
17) 《유언시》「나쁜 생활을 하는 자에 대한 좋은 교훈의 발라드」 마지막 절.
18) Ed. Fournier, *Histoire des Enseignes*, pp.138-39.
19) 《유언시》 97절.
20) Champion, t.I, p.65.
21) 《유언시》 26절.
22) Champion, t.I, p.89.
23) 《유언시》 145절.
24) 당시 유행한 샹송인데, 그 고유명사는 창녀 이름.
25) 여자를 사러 간다는 뜻.
26) 《유언시》 166절.
27) 《유언시》「이중의 발라드」 5절 2-3행.

3

교우관계

〈은근한 멋쟁이 친구들〉, 그리고 수많은 사람들과의 관계

프랑수아 비용은 〈빨간 문의 집〉 2층 자기 방으로 돌아오면서 자기 자신의 화려한 꿈과 〈가난〉한 현실을 생각하며 생에 대한 깊은 고뇌에 빠진다.

사람은 누구나 꿈을 가지고 산다. 젊음은 꿈 많은 시절인 까닭에 특히 그렇다. 그러나 꿈 많은 젊음이라고 하더라도 현실적으로 꿈만 먹고 살 수는 없다. 사람은 최소한 하루 세 끼의 식사와 휴식을 취할 수 있는 집과, 그리고 그것을 뒷받침하는 일정한 돈 내지는 일이 없이는 정상적인 생활을 해나가지 못한다. 그것은 예나 지금이나 조금도 다름 없는 일이다. 비록 시를 쓰는 사람이라고 하더라도 꿈에서 그것들을 꺼낼 수 있는 재주는 없다.

비용도 그러한 꿈만 먹고 사는 방랑자는 아니었으리라. 그리하여 그는 생 브누아 경내의 〈빨간 문의 집〉 2층 자기 방을 결코 버리지 않고 언제나 거기로 되돌아온다. 그곳을 버리지 않는 한 거기에서는 최소한의 생활은 보장되어 있다. 그렇기 때문에 그는 파리를 떠나지 않을 수 없는 부득이한 일 외에는 마지막까지 그 방을 떠나지 않고 〈학생〉으로서의 간소한 것들을 그대로 놓아두었으리라. 거기에는 몇 권의 책과 책상·걸상·침대·촛대 등이 갖추어져 있었으리라. 그리고 간단한 옷과 신발도 놓여 있었을 것이다. 그것은 그 시대의 〈가난〉한 학생으로서는 그나마 대단한 행운이라고 하지 않을 수 없다. 그러나 그때 그는 그렇게 생각하고 있지만은 않은 것 같다. 언제나 머릿속에는 과거의 영웅들의 모습을 떠올리고 마음 속에는 아름다운 여자와의 사랑을 느끼며, 그리고 일상적으로는 부유한 귀족적인 학우 내지는 친구들과 사

귀는 20대 초반의 젊은 비용에게 있어서 그것은 형편없는 〈가난〉의 상징으로 생각되었을는지 모른다.

그리하여 그는 조금씩 비틀어지기 시작하고, 마침내는 질이 좋지 않은 습관에 젖어들어 간다. 때때로 그는 방을 비우고 밤에 돌아오지 않는다. 그것은 이후 시인이 그의 시 속에서 그 방의 〈거미집이 쳐진 내 창틀〉을 허구적으로 자선병원에 유증하고 있는 사실이 입증해 준다.

> 자선병원에는
> 거미집이 쳐진 내 창틀을 남겨 주고,
> 가게의 대 밑에서 잠자는 놈들에게는
> 각각 눈 위에 주먹 한대씩을 먹여 주는도다.

> …… je laisse aux hôpitaux
> Mes chassis tissus d'arignée;
> Et aux gisants sous les étaux
> Chacun sur l'oeil une grongnée.[1]

그러나 그가 처음으로 인간을 알게 되는 것도 생 브누아 경내에서이고, 처음으로 벗들과의 친교를 맺게 되는 것도 그 경내에서이며, 그리고 처음으로 애인에 대한 꿈을 키우게 되는 것도 그 경내에서이다. 그것은 그의 인간관계가 전부 생 브누아 경내라는 환경을 중심으로 이루어지고 점점 원심원적으로 확대되어 나간 사실을 의미한다.

우선 우리의 시선을 끄는 것은 이후 시인이 그의 시 속에서 그 이름을 밝히고 있는 수많은 인물들의 대부분이 포함되는 생 브누아 경내라고 하는 환경의 가정적인 유대관계이다. 그들은 같은 관직에 있는 몇 사람의 인물들을 중심으로, 마치 가족들이 가정을 중심으로 모이듯이 긴밀하게 결속되어 친분관계를 맺는다. 따라서 그들 중의 한 사람의 관계는 다른 모든 사람의 그것으로 극히 자연스럽게 연결된다. 그들 중에는 성직자들도 있고 법원관계 사람들도 있으며 재무관계 사람들도 있다.

비용은 일찍부터 그들을 거의 알게 되었음은 물론이다. 그것은 아마도 그에게는 좋은 의미의 인간관계였으리라. 그런데 언제 어디에서나 좋은 의미의 인간관계만 있는 것은 아니다. 그 반대의 경우도 있다. 이후 시인은 거의 이 반대의 경우에 연결될 것이다.

그 중에서 제일 먼저 등장한 인물이 있다. 그것은 〈귀족 르네〉(René)라고 불리는 레니에 드 몽티니이다. 그는 1429년생이니까 시인보다 1,2세 연장자인 셈이다. 그의 아버지 장 드 몽티니와 작은아버지 에티엔느 드 몽티니가 생 브누아 교회 참사원으로서 기욤 드 비용의 생활에 깊숙이 관계하고 친분을 맺고 있던 까닭에, 레니에와 프랑수아는 어린 시절부터 자연히 알게 되고 교우관계를 가지게 된다. 그리하여 레니에는 연장자로서 어린 프랑수아를 인도하고 자기의 많은 친구들을 소개해 주었을 것이다. 그리고 그는 의지력이 약한 어린 친구에게 적지 않은 영향력을 행사한 것으로 보인다. 실제로 그는 시인을 악의 세계로 끌어들인 장본인이다.

이 〈귀족〉이라고 불리는 레니에 드 몽티니는 그의 아버지가 갑자기 파산하는 바람에 유산을 상속받지 못하게 되지만 자기의 유력한 가문의 힘을 빌려 화려하고 당당한 생활을 해 보려는 꿈을 꾼 것 같다. 그러나 그것은 어디까지나 꿈에 지나지 않고, 그 꿈은 현실적으로 이루어지지 않는다. 그리하여 그는 악우들과 사귀게 되고, 도박에 손을 대어 속임수를 익히거나 싸움을 걸어 칼부림을 벌이며 소동을 일으키는 등 악의 세계로 깊숙이 발을 들여놓는다. 그것은 〈젊음과 가난〉 때문이었다고 할 수 있을는지 모른다. 그러나 그렇다고 그것이 그의 못된 짓의 변명은 될 수 없다. 우리는 그가 얼마나 못된 짓을 하고 있었는지 그 한 예를 알고 있다.

그는 19살 때 기욤 르 모완느라는 체형 집행인을 상대로 소송을 제기한다. 그것은 〈르 모완느가 레니에 드 몽티니의 신체에 가한 모종의 구타·상해를 이유〉로 한 소송이다.[2] 그런데 사실은 그것과는 정반대이다. 오히려 레니에와 장 드 로재가 공무 집행중의 두 경관을 구타하고 상해를 입힌 것이다. 5월 어느날, 밤이 깊은 시각에 두 경관이 〈뚱보 마르고〉의 집 문 앞에서 서성이고 있는 레니에를 만난다. 그 경관 중의 한 사람이 그에게 이 밤에 이런 곳에서 무엇을 하는가라고 심문하고 그를 나무란다. 그러나 레니에는 경관의 말을 듣지 않고 느닷없이 단검을 꺼내어 반항한다. 두 경관이 그 단검을 빼앗으려고 하자 그는 소리를 지른다. 그때 장 드 로재와 타이유 민느가 근처에서 홀연히 나타난다. 그들 셋은 두 경관을 마구 구타하고 상해를 입힌다. 그런데 3일간이나 그들의 파리 검찰장관에의 출두가 지연된다. 그동안 레니에 드 몽티니는 몽마르트르 수녀원장 관할 고등재판소에 자기가 체포되도록 일을 꾸민다. 그리고 그 고등재판소에서 그의 대소인은 레니에 드 몽티니가 경관을 구타했다고 하는 날 밤, 두 경관 중의 한 사람 티보 사레는 경관의 마크를 달지 않았고, 반대로 경관이 단검으로 레니에 드 몽티니를 찌르려고 하여 그것을 빼앗으려고 하다가 정당방위로 경관의 머리에 일격을 가한 것임에 틀림없다고 주장하며, 역으로 죄를 상대방에게 뒤집어씌워 버린다.[3]

어쩌면 그의 대소인의 주장이 사실일는지 모른다. 그렇다면 명문 출신의 레니에 드 몽티니가 깊은 밤에 〈뚱보 마르고〉와 같은 여자의 집 문 앞에서 대체 무엇을 하고 있었는가, 그리고 그때 바로 로재와 타이유민느라고 하는 두 친구를 어떻게 불러낼 수 있었는가 하는 의문이 생긴다. 그 의문은 그가 타락한 친구들과 밤거리를 배회하고 있다는 것, 그리고 그가 이미 악의 세계와 깊은 관계를 맺고 있다는 것에 다름 아니다.

저 귀족 레니에 드 몽티니에게는
개 세 마리를 남겨 주고,
장 라기에에게는 내 전재산에서 꺼낸
일금 1백 프랑을 남겨 주는도다.

…… je laisse à ce jeune homme,
Régnier de Montigny, trois chiens;
Aussi à Jean Raguier la somme
De cent francs, pris sur tous mes biens.[4]

우리는 시인이 이후 그에게 〈개 세 마리〉를 유증하고 있는 그 이유를 잘 모른다. 《은어시》에서도 그러한 유증을 하고 있는 점으로 미루어 보아 아마도 거기에는 그럴 만한 이유가 있었으리라.

시인이 여기에서 레니에 드 몽티니와 함께 회상하고 있는 장 라기에뿐만 아니라 재무관계 사람들과 법원관계 사람들을 많이 알고 있는데 그들도 레니에 드 몽티니를 통해서 사귀게 된 것임은 물론이다. 그리하여 그는 돈 많은 고관들을 알게 된다.

이티에 마르샹도 안다. 장 르 코르뉘도 안다. 그리고 피에르 드 생 타망도 안다. 그들은 부유한 계층의 작은 집단을 형성하고 있는 사람들이다. 그는 그들과 사귀기는 했지만 그들의 힘으로 어떤 정규의 일을 맡아한 것으로 보이는 흔적은 없다. 그러나 그가 그들과의 친교를 통하여 부유한 계층의 작은 집단의 생리와 내용을 완전히 알게 된 것만은 확실하다. 그리고 그는 한걸음 더 나아가 그들을 통하여 역시 부유한 계층의 또 다른 많은 사람들을 사귀게 된다. 로비네 트라카이유·드니 에슬렝·미셸 쥬브넬·니콜라 드 루비에·라기에 가 사람들·브뤼예르 가족들·장 및 프랑수아 페르드리에·기욤 샤류오·필리프 브뤼넬 등 이루 손꼽기 어려울 정도이다. 이후 시인이 그의 시 속에서 〈은근한 멋쟁이 친구들〉이라고 부르고 있는 것은 아마도 그들임에 틀림없으리라.

> 지난날에 함께 놀던
> 은근한 멋쟁이 친구들은 지금 어디에 있을까?
> 노래도 잘 부르고 말도 잘하여
> 무슨 짓 무슨 이야기를 해도 재미있는 놈들이었는데.

> Où sont les gracieux galants
> Que je suivoie ou temps jadis,
> Si bien chantant, si bien parlant,
> Si plaisant en faits et en dits?[5]

비용은 그가 회상하고 있듯이 젊은 시절에는 그들과 함께 재미있는 시간들을 보내며 젊음을 구가했으리라. 그리하여 그는 그들의 사랑의 아방튀르도 알고 있었으리라. 그들도 그가 쾌락을 좋아하고 여자를 사랑한 일을 알고 있었으리라. 그러나 그는 그들이 귀공자와 같은 모습을 하고 많은 돈을 가지고 있었다는 것만은 일생 잊지 않을 것이다.

우리는 언제 그가 그들과 사귀기 시작했는지 그 확실한 것은 잘 모른다. 그것은 각각 전후관계는 있을 테지만, 어린 시절부터의 일일는지 모른다. 확실한 것은 그가 그들을 레니에 드 몽티니를 통하여 알게 되었다는 점뿐이다. 레니에 드 몽티니는 앞

에서 본 바와 같이 명문 출신이면서 이른바 〈젊음과 가난〉 때문에 결국은 무뢰한·
노름꾼·도둑으로 전락하고, 마지막에는 코퀴유 당원(Compagnons de la coquille)이
되어 1457년에 처형당하지만, 그때는 명문 출신에 연장자라는 힘으로, 생 브누아 교
회 사제의 손에서 귀여움을 받고 자란 어린 프랑수아에게 무서운 영향을 발휘한다.
그리하여 그는 아마도 어린 프랑수아의 숭앙의 상징이었을는지 모른다.

　비용은 샤틀레 검찰관계의 많은 사람들을 알고 사귄다.

　샤틀레라고 하면 이후 시인이 가장 싫어하고 가장 두려워할 곳일 터인데, 그는 어
떻게 그곳 사람들을 알고 사귀게 되었는지 우리는 그 확실한 바를 모른다. 그것은
아마도 그가 어린 시절부터 생 브누아 경내의 성직자들을 통하여 알게 된 재무 내
지는 법원관계 사람들과의 친분 때문에 극히 자연스럽게 이루어진 인간관계일는지
모른다.

　그러나 그렇다고 하더라도 그가 파리 검찰장관 로베르 데스투트빌르와 그의 아름
다운 아내 앙브루아즈 드 로레 부인을 개인적으로 알고 있다는 것은 놀라운 일이
아닐 수 없다. 우리는 역시 그가 그러한 고관 부부를 어떻게 알고 사귀게 되었는지
그 확실한 것은 모른다. 그는 이 두 연인이 만나게 된 로마네스크한 상황이라든가,
그리고 이 두 부부가 사이좋게 지낸 다정한 가정생활이라든가, 아주 자세한 것까지
알고 있다. 그뿐만 아니라 그는 검찰장관이 자기와 같은 또래의 아들을 두고 있다는
것, 생 크리스토프에 대한 깊은 신앙을 가지고 있다는 것, 그리고 장관의 측근 모탱
과 바자니에에 대한 편애, 혹은 의혹을 품고 있다는 것까지도 알고 있다.

　그 시대에 있어서는 현실 내지는 가공의 인물에 대하여 초인간적인 사랑을 해 보
이는 일, 알랭 샤르티에에게서 그 전형을 찾을 수 있는 그러한 연인에 대하여 눈물
을 글썽이는 모습을 보이는 일, 그리고 샤를 도를레앙이 블루아에서 한 것처럼 자기
의 감정을 과장하여 표현해 보이는 일이 유행하고 있었다고 한다.[6] 그렇다면 그러한
일에 관해서는 둘째가라면 서러워할 비용이 가만히 앉아 있지는 않았으리라. 실제로
이후 시인은 「로베르 데스투트빌르를 위한 발라드」를 쓰고 있다. 그가 로베르 데스
투트빌르를 위하여 앙브루아즈 드 로레 부인을 찬양하고 있는 그 발라드는 반드시
뛰어난 시라고는 할 수 없지만, 그러나 그 시대의 시인들이 만든 모든 시에 비하면
수준 높은 것임에는 틀림없다.

새벽, 새매가 환희에 무르익어
고귀한 본능에 움직여 날뛰는 시간,
지빠귀가 지저귀고 기쁨에 젖어 파닥거리며
짝을 찾아 날개 포갤 때,
나는 욕망에 몸을 불태우며 그대에게 기꺼이
저 연인들이 달콤하다 생각하는 것을 바치고자 하는데
사랑의 신이 그것을 책에 쓰고 있음을 알기 바라나니
바로 거기에 우리가 함께 사는 목적이 있도다.

Au point du jour, que l'éprevier s'ébat,
Mû de plaisir et par noble coutume,
Bruit la mauvis et de joie s'ébat,
Reçoit son pair et se joint à sa plume,
Offrir vous veuil, à ce Désir m'allume,
Ioycuscment ce qu'aux amants bon semble.
Sachez qu'Amour l'écrit en son volume,
Et c'est la fin pour quoi sommes ensemble.[7]

　오늘날 우리는 그렇게 감탄할 수밖에 없는 이 발라드도 복잡한 도치법이라든가, 〈새벽, 새매가 환희에 무르익어 고귀한 본능에 움직여 날뛰는 시간〉이라고 하는 대목의 새매의 비유라든가가 내포되어 있어서 그 시대의 우아한 풍류의 분위기에서는 아주 뛰어난 시로 인정되었을 것이다. 그가 그와 같은 발라드를 쓸 만큼 그들 두 연인의 결합에 따르는 자세한 상황을 알고 있는 점으로 미루어 보아 그는 검찰장관 데스투트빌르의 집을 드나들고, 그들 부부와 깊이 사귄 것임에 틀림없다.

　검찰장관은 12인조 경관들에 의하여 호위되는 것이 관례였다고 한다. 그렇다면 그때 그가 12인조 경관들과 어떤 인간관계를 가지게 되었다고 하더라도 그것은 아주 자연스러운 일이었으리라. 그리하여 그는 그들과의 인간관계를 통하여 또 장 라기에·라 바르의 사생아라고 불리는 페르네 마르샹·마르텡 드 벨르페·피에르 바자니에·장 모탱·니콜라 로넬·장 드 뤼에이유·장 드 칼래 등도 알게 된다.

그리고 그는 이미 생 브누아 교회의 샤틀레 대소인 피에르 푸르니에를 알고 있었
으므로, 한편으로는 그를 통하여 적지 않은 샤틀레 관계 사람들을 알게 되었을 것이다.

그렇다면 우리는 그가 자기 자신은 물론 학생들이 그렇게 적대시하고 있는 많은
샤틀레 관계 사람들을 알고 사귀었다고 하더라도 이제는 놀랄 것은 없다. 그리고 이
후 시인이 그의 시 속에서 그들에 관하여 말하게 될 때, 경우에 따라서는 그렇게 신
랄하지만 않는 것도 이해할 만하다. 실제로 시인이 들고 있는 인물들은 거의 다 의
심스러운 자들인데, 그때 그는 그들과 서로 쉽게 이해하고 어울릴 만한 어떤 숨겨진
데가 있었을는지 모른다. 우리는 그가 그들 중에서 가장 가까이 지낸 것으로 보이는
두 인물을 알고 있다. 장 르 루와 카젱 숄레가 그렇다.

르 루 형제 장과 로뱅은 당시 파리 시의 한 地代 징수관과의 우정을 이용하여 그
들이 고발하는 자의 벌금 3분의 1을 그에게 바치고, 나머지 3분의 2는 착복한다. 그
런데 그들은 말하자면 별볼일 없는 자들로 어떤 일을 맡아 해낼 만한 능력이 없다.
때로는 그들은 자기들을 생선장수라고 하기도 하고 뱃사공이라고 하기도 한다. 또
때로는 그들은 센 강의 감시를 맡고 거기에 오물을 버리지 못하게 단속을 하기도
한다. 누가 그들에게 그런 일을 맡겼는지 아무도 모른다. 그리고 그들은 입이 험하고
대담하여, 가령 드리에트 수녀원장에 대해서는 서방을 둔 매춘부 갈보라고 마구 욕
을 퍼붓는다. 그리하여 보다 못한 사람들은 그들을 잡아 가두고 벌금형에 처하지만
그들의 어머니가 보증을 서서 석방시키고 만다. 그런데 나중에는 누가 장 르 루와
같은 인물을 경관으로 임명하였는지 아무도 모른다. 그리고 그뿐만 아니라 카젱 숄
레도 마찬가지 인물이다. 그도 나중에 경관으로 임명되는데 누구의 추천인지 알 수
없다.[8]

르 루와 숄레에게는
여느 때처럼 깊은 밤에
호 곁의 벽 위에서 훔쳐낸
오리 한 마리와
발꿈치까지 내려오는
성 프란체스코 파 수도사의 긴 망토와
장작과 숯과 돼지 기름으로 튀긴 완두콩과

앞 끝이 닳아빠진 내 장화를 남겨 주는도다.

　…… au Loup et à Cholet

　Je laisse à la fois un canard

　Pris sur les murs, comme on souloit,

　Envers les fossés, sur le tard;

　Et à chacun un grand tabart

　De cordelier jusques au pieds,

　Bûche, charbon, des pois au lard,

　Et mes houseaux sans avant-pieds.[9]

이 시의 내용으로 미루어 보아 시인은 장 르 루와 카젱 숄레와 깊은 관계를 가지고 어떤 비밀스러운 일을 한때 한 것으로 보인다.

비용은 서기 내지는 필경들과 어울리고 깊은 인간관계를 가진다.

샤틀레 검찰 당국은 물론 대소인·변호인·공증인 주위에는 일단의 서기 내지는 필경이 있어서 하나의 계층을 이루고 있다. 그것은 〈바조슈〉(Basoches)라고 불리는 일종의 서기 조합과 같은 모임이며, 학생들과 표리관계에 있다.

그들은 온순한 젊은이들로 해학을 좋아하여 서로 비꼬거나 공격을 하며 웃음을 만들어 낸다. 그리고 그들은 고등법원의 고관이나 집달리와 같은 이웃들을 웃음의 대상으로 삼기도 한다. 실제로 그들은 재치 있는 젊은이들이며, 따라서 그들의 모임은 바로 비용의 취미에 아주 걸맞는 집단이다. 그가 비교적 외부와 격리되어 있는 그러한 집단을 너무 잘 알고 있는 점으로 미루어 보아, 그는 일시적이지만 그들과 깊이 사귀고 어떤 인간관계를 가지고 있었음에 틀림없다. 그렇다면 그는 반드시 〈무전향연〉이나 〈시의 갈채와 환호〉로 시간을 허송하고 있던 것만은 아닌 것 같다. 그는 소요와 싸움으로 얼룩진 생활을 하기는 했지만 한때 우리가 알지 못하는 일정한 일을 하고 있었을는지도 모른다. 그것은 어느 대소인의 서기이거나 재무관계의 징수인이거나, 아니면 어느 유명한 집의 임시 비서의 일일 수도 있다. 그 확실한 증거는 없다. 그러나 그때의 인간관계로 미루어 보아 그러한 냄새가 짙다.

시를 쓰는 일은 그러한 서기 내지는 필경들이 몸담고 있는 환경에 있어서는 하나의 전통이 되어 있다. 사실 서기와 필경들은 대부분 시를 쓰고 있는데, 그들은 귀족 시인들이 풍류를 위하여 우아한 시를 쓰고 있는 것과는 대조적으로 자기들의 내면 생활을 위하여 풍자적인 고백시를 쓰고 있다. 그것은 그들이 일상적으로 대하는 회계장부나 법령집 표지의 여백에 쓰여져 지금도 보존되어 있는 흔적으로 알 수 있다. 그때 비용에게 있어서도 시를 쓰는 일은 기껏해서 주위 사람들의 갈채와 존경, 그리고 그의 시를 듣고 좋아하는 사람들에게서 약간의 술과 용돈을 얻어내는 구실에 지나지 않았을 것이다.

　이후 시인이 그의 시 속에 등장시키고 있는 수많은 인물들 중에는, 지금까지 우리가 추적한 바와 같이 그가 어린 시절부터 아주 자연스럽게 직접적으로 교우관계를 맺은 사람도 있을 것이고, 또 간접적으로 듣고 알게 된 사람도 있을 것이다. 전자를 상호적 인간관계라고 하면 후자는 일방적 인간관계라고 할 수 있다. 그렇다면 우리는 시인의 일방적 인간관계도 가능한 한 추적할 필요가 있다. 그러나 그것은 그렇게 쉬운 일이 아니다. 우리는 그것을 우선 그의 파리 생활을 통해서 알아볼 수밖에 없다.

1) 《유증시》 30절.
2) Bibl. Nat. Clair. 763, p.212.
3) Champion, t.I, pp.170-71.
4) 《유증시》 17절.
5) 《유언시》 29절.
6) Champion, t.I, pp.182-83.
7) 《유언시》 「로베르 데스투트빌르를 위한 발라드」 1절.
8) Champion, t.I, p.170.
9) 《유증시》 24절.

4

파리 생활

사랑 그리고 배회

프랑수아 비용은 파리를 사랑한다.

우리는 비용만큼 파리를 사랑한 시인을 떠올릴 수 없다. 그는 파리에서 태어나 파리의 공기를 호흡하고, 요람을 떠나면서 파리의 말과 억양을 배우며, 파리지앵의 정신을 터득하고 있다. 그리하여 그는 무엇에도 압도당하지 않는 서정적이고 동시에 이지적인 파리지앵으로서 존엄성과 저속성을 함께 지니고, 인간을 한없이 숭상하면서도 가차없이 비꼬는 기질을 가진다. 그 결과 그는 파리를, 그리고 파리의 시민들을 사랑하고, 사랑하면서 비꼰다. 우리는 파리에서 태어난 사람의 특권이 상상을 초월하는 것임을 알고 있으며, 그 점에 대해서는 추호의 의심도 하치 않는다.

나는 그에게 파리 출신으로서 가지는
관리의 피선거권을 물려 주나니
내가 푸아투 사투리를 조금 쓴다 하더라도
그것은 두 귀부인이 나에게 가르쳐 준 데 지나지 아니하도다.

Le droit lui donne d'échevin,
Que j'ai comme enfant de Paris:
Se je parle un peu poitevin,
Ice m'ont deux dames appris.[1]

파리에서 태어난 사람은 누구나 관리(échevin)가 될 권리를 가진다. 실제로 이후 시인이 그의 시 속에 유언 수령자로 등장시키고 있는 인물들 중에 그러한 관리가 된 사람들이 없지 않다. 파리 시장이 된 드니 에슬렝이나 제르맹 드 마를르 같은 사람들이 바로 그렇다. 그리고 동시에 파리지앵은 저 〈경호대장〉[2]과 같은 당당한 사람을 비꼬고 야유하는 권리도 가진다. 그것은 아마도 사랑하면서 동시에 대상을 뒤집어 보이는 파리지앵 특유의 기질에서 나온 힘임에 틀림없다.

비용은 파리를 사랑하고, 사랑하기 때문에 그 거리를 배회한다.

그가 그 거리를 배회하고 있던 시대의 파리는 앙토니오 다스티라는 이탈리아 사람이 말하는 〈세계에서 가장 아름다운, 왕자의 도시〉[3]로까지는 아직 복구되어 있지 않았으리라. 따라서 그의 눈에 비친 파리는 샤를 6세 시대 상인의 아름다운 아낙들 중에서 단지 〈투구장수 아낙〉[4]이라고 불리는 늙은 갈보밖에 남아 있지 않은, 말하자면 옛 영화의 도시의 잔해에 지나지 않았을 것이다. 그러나 분명한 것은 그동안 샤를 7세의 과감한 개혁이 실효를 거두고 평화의 움직임이 싹트기 시작함에 따라서, 문란한 사회 질서가 서서히 회복되고 황폐한 건물들이 점점 복구되어 가고 있었다는 점이다. 그 결과 전쟁을 피하여 파리를 떠났던 부유한 부르주아들, 법원 및 재무 관계 고관들이 돌아온다. 그리하여 파리는 옛날 같은 규모는 아니지만 그러나 한층 더 섬세하고 우아하며 세련된 미화 작업으로 역시 프랑스 제일의 매력적이고 활기에 찬 도시로 바뀐다. 파리의 시민들은 이제까지 너무 전란에 시달려 불행한 까닭에 그때는 다소 휴식과 환락을 희구했을 터이고, 오랫동안 듣지 못하던 평화의 아름다운 종소리에 귀를 기울였을 것이다. 실제로 그 종소리는 몽트르 점령과 크레이유 점령의 기쁨을 전하고, 루앙에 있어서 프랑스군의 승리와, 카스티용에 있어서 영국군의 패배를 알린다. 그리하여 파리는 온통 환희의 등불로 밝혀지고 시민들의 행렬로 메워진다.

비용도 그 행렬 속에 끼어 있었으리라. 그렇다면 그는 거리의 광경에 눈을 굴리며 사람들의 이야기에 귀를 기울이고 있었음에 틀림없다. 그것은 이후 시인이 그의 시 속에서 콧노래를 부르며 겨자를 이기러 가는[5] 젊은이의 모습뿐만 아니라 배라든가 치즈에 이중의 의미를 부여하고 있는 점으로 미루어 보아도 알 수 있다. 그리고 그는 파리지엔, 즉 파리 여자의 입(bon bec)이 얼마나 능란한지 〈수다 상〉을 추천할 만큼 감탄하고 있다.

제일인자여, 파리 여자들에게
수다 상을 주기 바라나니
비록 이탈리아 여자에 대하여 뭐라 하건
파리 여자의 입에는 당하지 못하도다.

Prince, aux dames Parisiennes
De bien parler donnez le prix;
Quoi que l'on die d'Italiennes,
Il n'est bon bec que de Paris[6]

당시 파리 여자의 상냥하고 쾌활하며 멋있는 모습에 대하여 앙토니오 다스티는 『그 여자들에게 걸리면 프리암이나 네스토르 영감도 홀딱 반해 버렸을 것이다』[7]라고 말한다. 물론 그때 비용은 프리암이나 네스토르 영감과 같은 나이도 아니며 아직 그들과 같은 경험도 하고 있지 않다. 그러나 그는 그러한 파리 여자의 매력에 대하여 결코 무관심하지 않은 것만은 확실하다. 그리고 그는 동시에 파리 여자의 매력 뒤에 숨어 있는 저속성을 뒤집어 보이는 데 오히려 더 관심을 가진다. 실제로 파리 여자의 입은 능란하고 잘 돌아가며 빠를 뿐만 아니라, 서로 욕을 하는 경우에는 서슴없이 〈개 같은 여자〉(filles de chien), 〈음탕한 년〉(paillarde), 〈갈보〉(ribaudes)라고 마구 지껄여대거나, 자기 남편과 함께 있는 여자를 발견하는 경우에는 큰 소리로 〈네가 섬기는 사제는 죽었으니까 너를 먹여 살릴 놈은 없어. 어서 꺼져!〉라고 외쳐대거나 하기 일쑤이다.[8] 그가 그러한 파리 여자들의 험담을 노칠 리는 만무하다. 그리하여 그 험담은 이후 시인의 시 속에 거의 그대로 표현되어 나온다.

우리는 지금 단순히 파리지앵(내지는 파리지엔)이라고 말하고 있지만, 당시 파리지앵이라고 하면 〈어느 구의 파리지앵〉이라는 의미로서 그렇게 불리었다는 것은 이미 앞에서 본 바와 같다.[9] 그렇다면 그때 비용은 〈셀레스텡 구의 파리지앵〉에서 〈라탱 구의 파리지앵〉으로 바뀌어져 있는 셈이다. 따라서 그가 파리의 거리를 배회하는 경우, 그는 생 브누아 경내의 정문을 나와서 일단 걸음을 멈추고 그날 가고자 하는 곳으로 방향을 잡으며 서서히 발을 옮겨놓았으리라. 그리하여 그의 걸음이 생 자크 가

를 지나 데 노아이에 가에 이르게 되면 그의 앞에는 모베르 광장이 펼쳐지고, 그의
눈에는 그 광장 곁에 서 있는 화려한 카르므 수도원의 정경이 비치었을 것이다. 그
리고 그때 그의 머리에는 수도사 보드의 늙은 모습이 떠올랐을는지도 모른다.

카르멜회의 수도원에 살며
혈색이 좋고 대담한 모습을 하고 있는
수도사 보드에게는
투구 한 개와 갈고리 달린 창 두 개를 남겨 주는도다.

…… je donne à frère Baude,
Demeurant en l'hôtel des Carmes,
Portant chère hardie et baude,
Une salade et deux guisarmes,[10]

이것은 샤틀레 경관이 〈파란 새장〉, 즉 창녀를 빼앗아 가려고 하는 경우 그것을
막도록 대비해 주기 위한 무기의 유증인데 물론 반어적·풍자적 표현이다. 그런데
우리는 비용이 언제 어떻게 수도사 보드가 여자와의 싸움을 좋아하는 악마 같은 인
물이라는 이야기를 자세히 듣고 알게 되었는지 그 확실한 것을 모른다. 다만 확실한
것은 비용이 대학 관계 사람들과 마찬가지로 카르므 수도원의 수도사들을 몹시 미
워하고 있었다는 사실뿐이다.

한 행실이 좋지 않은 여자가 카르므 수도원의 늙은 〈수도사 보드〉의 시중을 든다.
그런데 그 여자는 몇 명의 젊은 수도사와 관계를 맺고 그 때문에 수도원에서 쫓겨
난다. 그러자 그 여자는 바로 카르므 수도원 앞에 양초 가게를 연다. 그런데 그 여자
가 창녀들과 연결되어 있다는 사실이 알려진다. 수도원에서는 그 여자의 파렴치한
행위를 중지시킬 수 없다. 그리하여 샤틀레 경관이 그 여자를 잡아가 주기를 바란다.
시인은 그러한 사실을 잘 알고 있기 때문에 늙은 〈수도사 보드〉에게 무기를 선물하
고, 그를 반어적으로 비꼬고 있는 것이다.

만약 비용의 걸음이 대학 구, 즉 라탱 구의 한끝에 자리한 넬르 저택(hôtel de
Nesle)까지 옮겨지게 되면 그의 시야에는 슬픈 〈전설〉을 간직하고 있는 넬르 탑이

들어왔으리라. 그때 그의 머리에는 그 슬픈 〈전설〉이 바로 현실의 사건처럼 떠올랐을는지도 모른다.

블랑슈 혹은 나바르라고 불리는 프랑스 국왕의 왕비가 저택으로 파리 대학의 젊은 교수와 학생들을 차례차례로 불러들인다. 그런데 그들은 일단 불리어 가면 한 사람도 돌아오지 않는다. 그리하여 뷔리당(Buridan)이라는 재치가 있고 대담한 교수가, 왕비와 정사 후에 저택에서 센 강 물속으로 던져지는 젊은 교수들과 학생들의 익사를 막을 결심을 한다. 그리고 그는 일부러 왕비에게로 불리어 가서 밤낮으로 미식과 정사를 즐긴다. 3일이 지나자 그 파렴치한 왕비는 『그러한 즐거움을 겪었으니까, 연인이여 그대는 이제 마지막 순간이 되었다고 당황할 건 없어요. 그 길은 그대만 가는 건 아닌걸요. 그대보다 나이가 어린 99명의 젊은이가 내 입맞춤을 받은 후에는 센 강의 물결을 피할 수가 결코 없었던 거예요』라고 그의 죽음을 재촉한다. 뷔리당은 그것을 이미 예측하고 뛰어내리면 바로 그 속으로 떨어질 수 있도록 배 한 척을 기하학적으로 배치시켜 놓고 있다. 그는 태연히 『고귀하신 왕비여, 죽음이 아무리 두려운 것이라고 하더라도 나는 당신에 대한 사랑이라면 마음을 비우고 죽음을 받아들일 가오가 되어 있사옵니다』라고 대답하고, 이어 만약 누군가가 센 강에서 자기 시체를 발견하는 경우 장례와 미사를 지낼 수 있을 만큼 황금을 넣은 부대와, 왕비의 목에 걸고 있는 사슬을 요구한다. 그리하여 그는 그것을 가지고 센 강으로 몸을 던진다. 그때 배에서 기다리고 있던 제자들이 그를 받아안는다. 그리고 동시에 그들은 큰 돌을 강물 속으로 던져넣는다. 그리하여 왕비는 뷔리당의 몸이 떨어진 것으로 믿고 그의 죽음을 추호도 의심하지 않는다. 그후 뷔리당이 친구들에게 왕비의 추행을 밝히자 그 이야기는 곧 널리 퍼져 버린다.

그리고 어디에 있는가, 저 왕비는?
그녀는 뷔리당을 부대에 넣어
센 강에 던져 버리라 하였도다.
그런데 작년에 내린 눈은 지금 어디에 내리는가?

Semblablement, où est la roine
Qui commanda que Buridan

Fût jeté en un sac en Seine?
Mais où sont les neiges d'antan?[11]

　그 시대의 학생들, 특히 나바르 신학대학(collège de Navare) 학생들은 술집에서 술을 마실 때 그 전설을 빗대어 『이러저러한 행위를 한 블랑슈 내지는 나바르 왕비를 위하여 건배!』라고 하며 그 프랑스 국왕의 왕비를 비꼬는 습관이 있었다고 한다.[12] 그 경우 그들의 상상력은 자유로운 나래를 펴고 그 왕비의 파렴치한 행위에다가 다시 새로운 비행을 만들어 덧붙이게 된다. 〈뷔리당의 지혜〉도 그러한 경우의 하나일는지 모른다. 그러니까 그것은 어디까지나 전설에 지나지 않다. 물론 비용도 그것을 전설로 받아들였을 터이지만, 그러나 시인은 이후 그의 시 속에서 그것을 현실의 사건으로 전환하여 묘사하고 있다.

　또 비용의 걸음이 〈빨간 문의 집〉을 나와서 곧장 〈작은 다리〉(Petit pont)를 통하여 센 강을 건너가게 되면 그의 시야에는 시테 뒤쪽에 우뚝 솟은 노트르담 대성당의 종각이 들어왔으리라. 그리고 남쪽으로 발을 옮겨놓으면 그의 눈에는 하나의 〈권력의 상징〉이 비치었을 것이다. 그것은 센 강변에 그 저택과 정원이 있는 사교의 청사이다. 그리고 그 저택 곁에는 고색창연한 사교 재판소 건물이 서 있다. 그때 그는 대성당 경내에서 거행된 여러 가지 종교 행사에 참가했던 일이며, 친구들과 뛰놀던 추억을 떠올리고 감회에 젖었으리라. 그러나 그가 이후 사교 재판소 법정에 소환되어 가혹한 검사와 마주 서게 되리라고는 추호도 상상하지 못했으리라. 그리고 그는 이후 자기를 악의 세계로 끌어들인 레니에 드 몽티니·콜렝 드 카이외·귀 타바리 등의 학우들이 거기에서 재판을 받고 처형되리라고는 더욱 상상하지 못했을 것이다.

　그런데 그는 드니즈라는 여자가 〈모욕을 당했다〉[13] 운운하며 고소하는 바람에 소환되어 바로 그 법정에 서게 된다. 우리는 그가 〈사소한 소송〉(chicane)이라고 가볍게 생각하고 넘겨 버린 그 사건의 내용을 잘 알지 못한다. 그런데 그는 사교 청사 둥근 천장의 고풍스러운 넓은 법정에 소환되어, 높은 의자에 앉은 재판관과 양쪽에 앉은 종법 검사 및 날인계를 앞에 하고, 화를 내고 있는 드니즈라는 여자와 마주 선다. 그때 그는 재판관 피에르 개에 대하여 어떻게 생각하고 있었는지는 모르지만 종법 검사 프랑수아 드 라 바크리와[14] 날인계[15]에 대해서는 적지 않은 원한을 품고, 이후 그의 시 속에서 그에 상응하는 유증을 하고 복수하고 있다. 그러나 그때 그의 대

소인이었던 장 코타르에 대해서는 이후 「추모의 발라드」를 써서 남겨 줄 만큼 그
은의를 잊지 않는다.

> 교회 재판에서 내 대소인이었던
> 메트르 장 코타르에게는
> 1파타르 정도의 빚을 지고 있거니와
> (사실 지금에야 그 생각이 난 것이지마는)
> 드니즈라는 여자가 모욕을 당했다고 운운하며
> 나를 고소한 때의 변호료인데
> 나는 그의 영혼이 천국에 갈 수 있도록
> 여기에서 추도시를 써 남겨 주는도다.

> …… à maître Jean Cotard,
> Mon procureur en cour d'Eglise,
> Devoie environ un patart
> (Car à présent bien m'en avise)
> Quand chicaner me fit Denise,
> Disant que l'avoie maudite;
> Pour son âme, qu'ès cieux soit mise,
> Cette oraison j'ai ci écrite.[16]

　장 코타르는 시인의 노트르담 대성당 관계 사람들에 대한 노골적인 공격 비난에
서 면제된 유일한 인물이다.

　그리고 비용은 노트르담 대성당 경내를 배회하고 돌아오면서 문득 꿈과 현실에서
고민하는 대시인 아르눌 그레방의 모습을 떠올렸으리라. 그레방은 1451년 이후 노
트르담 대성당 大祭 때 출연하는 마쉬코(machicot)라고 불리는 어린이 대성가대를
지도하고 있다. 그는 〈시의 대성당〉을 꿈꾼다. 그런데 그는 그러한 대작품을 만들기
에 가장 걸맞는 대성당이라는 환경 속에서 지내면서도 그의 의사와는 반대로 매일
번거로운 잡무로 시달리며 고통을 받고 있다.

우리는 그때 비용이 거기에서 그를 만나 어떤 이야기를 나누었는지 그 확실한 것은 모른다. 그러나 분명한 것은 그때 그는 그 시대의 민중적·종교적 예술의 가장 뛰어난 대표자의 이야기를 떠올리고, 자기 자신의 예술적인 꿈과 현실의 생을 깊이 생각해 보며 또 어디론가 발을 옮겨놓았다는 점이다.

그것은 파리 교외로 나가는 길이었을는지도 모른다. 파리 시내에 사는 사람들이 교외로 나가려면 흔히 몽마르트르의 큰길을 지나가는 경우가 많다.

비용도 종종 거기를 지나 교외로 나갔을 테지만, 그때에도 거기를 지나며 멀리 몽마르트르 산정에 세워진 수녀원을 바라보면서 느닷없이 그 특유의 해학 취미에 빠져들었으리라.

아주 유서 깊은 장소라 하는
몽마르트르 산에는
발레리앙 산이라 불리는 언덕을 붙여 주어
둘을 하나로 되게 하거니와
그 밖에 내가 로마에서 받아가지고 온
免罪符 3개월분을 남겨 주나니
그러면 남자가 들어가지 못하는 이 수녀원으로
많은 선남 신도가 밀려 들어가게 되리로다.

…… et au mont de Montmartre,
Qui est un lieu mout ancïen,
Je lui donne et adjoins le tertre
Qu'on dit de mont Valérien;
Et, outre, plus d'un quartier d'an
Du pardon qu'apportai de Rome:
Si ira maint bon chrétïen
En l'abbaye où il n'entre homme.[17]

수녀원이 세워져 있는 몽마르트르 산과 수도원이 있는 발레리앙 산을 결합시킨다는 시상은 분명히 죄없는 장난이며 재치 있는 야유이다. 그 수녀원에는 남자들이 들어갈 수 없다는 것을 전제로 한 해학과 풍자는 비용이 당시의 수녀원이 얼마나 타락해 있는지 잘 알고 있다는 증거이다. 그러나 그것은 뤼트뵈프 시대까지 거슬러 올라가는 파리지앵의 심술궂은 해학과 풍자의 전통의 한 단면을 비용이 대표하여 표현하고 있는 데 지나지 않다.

비용이 파리 교외의 이름을 들고 있는 것은 단지 몽마르트르뿐만이 아니다. 그는 종종 파리 교외를 배회한 흔적이 있다. 가령 그는 몽포콩의 이름을 한번도 들고 있지는 않지만, 그 刑場에 와서 5,6명씩 매달린 처형자의 모습을 바라본 사실은 추호도 의심할 수 없다. 이후 시인은 그가 그 중의 한 사람이 될는지도 모른다는 예감 같은 것을 느꼈음일까, 그 처형자의 모습을 아주 감동적으로 묘사하고 있다.

그대들은 여기 오륙 명씩 매달린 우리 모습 보나니
포식으로 살찐 육체도
이미 야위고 썩어
앙상한 뼈는 이제 재와 먼지로 변하는도다.

Vous nous voyez ci attachés cinq, six :
Quant de la chair que trop avons nourrie,
Elle est piéça devorée et pourrie,
Et nous, les os, devenons cendre et poudre.[18]

그리고 비용은 생 드니의 정기적으로 열리는 큰 장도 구경했을 터이고, 마르느 강가의 생 모르까지 발을 옮겨놓았음에 틀림없다.

우리는 비용이 젊은 시절에 파리 생활을 하며 소요와 활기에 찬 파리의 거리와 교외의 여기저기를 배회한 상황들을 간단히 추적해 본 셈이다. 그것은 비용의 해학과 풍자가 파리의 거리와 교외에 그대로 결부되어 있는 그 성격을 다소나마 밝히고자 함이다. 사실 우리는 그의 해학과 풍자가 너무나 파리의 냄새와 색깔을 짙게 담고 있다는 점을 아무리 강조해도 지나치지 않는다. 그 말은 결국 시인이 이후 그의 시 속에서 표현해 보이는 적지 않은 내용들이 그 자신의 젊은 시절에 경험한 파리

그 生涯와 詩 世界 65

생활의 이모저모와 직접적 혹은 유기적인 관계를 가지고 있다는 의미이다.

1) 《유언시》 103절.
2) 《유언시》 112절 1행.
3) Antonio d'Asti, p.531.
4) 《유언시》 47절 1행.
5) 여자를 사러 간다는 뜻.
6) 《유언시》「파리 여자에 대한 발라드」 마지막 절.
7) Antonio d'Asti, p.545.
8) Champion, t.I, p.202.
9) 같음.
10) 《유언시》 120절.
11) 《유언시》「그 옛날의 귀부인을 노래하는 발라드」 2절.
12) Champion, t.I, p.216.
13) 《유언시》 125절 5행.
14) 《유언시》 123절.
15) 《유언시》 121절.
16) 《유언시》 125절.
17) 《유언시》 146절.
18) 《잡시》「14. 비용의 묘비명」 5-8행.

5

도피 행각

세르무아즈 살해사건, 그리고 제1 방랑

　프랑수아 비용은 자기 자신도 전혀 예상하지 못했을 한 위기의 순간을 맞이한다. 그 위기의 순간은 아마도 비용의 인생을 전적으로 지배하고 그의 생활을 갑자기 바꾸어 놓은 결정적인 계기가 된 것으로 보인다. 그때까지 그의 〈뚱보 마르고〉라는 여자와의 관계가 어떤 것이었건 아직 그에게는 악의 세계가 그렇게 크게 열려 있던 것으로는 보이지 않는다. 실제로 그가 악의 세계로 깊숙이 발을 들여놓게 된 직접적인 계기는 소위 필리프 세르무아즈라는 수도사와의 언쟁과 칼부림의 순간이다. 그것은 그가 만 24세 때의 일이다.

　1455년 6월 5일 그리스도 성체의 축제일 해질 무렵, 거리는 온통 축제 분위기에 싸여 있고 시민들은 다소 기쁨과 흥분으로 들떠 있다. 그러한 분위기 속에서 더위를 식히면서 지나가는 행렬을 바라보는 것은 즐거운 일이다. 비용도 질르라는 성직자와 이자보라는 여자와 함께 셋이 〈빨간 문의 집〉 바로 앞 생 자크 가로 향한 곳의 시계탑 밑에서 더위를 식히면서 그 축제의 광경을 바라보고 조용히 이야기를 나누고 있었다. 때는 밤 9시경이 되었을까, 그곳에 흥분한 세르무아즈라는 수도사가 갑자기 나타나서 비용에게 싸움을 건다. 비용은 세르무아즈에게 자리를 양보하고 일어서며 그의 흥분을 진정시키려고 한다. 그러나 격앙한 세르무아즈는 듣지 않고 비용을 거칠게 떼밀어 버린다. 그리고 비용이 제자리로 돌아와 앉으려고 하는 순간 세르무아즈는 단검을 빼어 비용의 얼굴을 향하여 일격을 가한다. 비용의 입술이 찢어지고 선혈이 흘러내린다. 사태의 심상치 않음을 직감한 비용은 망토 속에 가지고 있던 단검을 빼어 한손에 쥐고, 다른 손에는 돌을 주워 들어 상대자를 경계하면서 도망치려고 한다. 그러나 상대자는 계속 욕설을 퍼붓고 위협을 가하며 추격해 온다. 비용은 그 추격을 피하려고 하다가 순간 단검을 상대자의 머릿속에 깊숙이 찔러 버리고 만다. 세르무아즈는 그 자리에 쓰러져 실신해 버린다. 그러자 비용은 실신한 자의 머리 위로 한손에 들고 있던 돌을 던진다. 질르와 이자보는 벌써 그 자리를 피하고 없다.

그리하여 비용은 시테의 푸케라는 이발사에게로 가서 상처의 치료를 받는다. 당시 이발사는 검찰 당국의 條例에 따라서 가해자와 피해자의 이름을 확인하게 되어 있다. 비용은 미셸 무통이라는 가명을 사용하고, 가해자는 필리프 세르무아즈라는 수도사이므로 내일 신고하여 체포하도록 부탁한 후 거기에서 몸을 피해 버린다. 그러나 그럴 필요는 없게 된다. 세르무아즈는 사람들의 도움으로 응급치료를 받고 시테의 자선병원으로 옮겨졌으나, 3일째 되는 날 자기에게 상처를 입힌 자를 용서한다는 말을 남겨놓고 죽는다.

그것은 비용이 국왕에게 보낸 탄원서가 2통 남아 있는데 그 속에 분명히 쓰여져 있는 사실이다.[1] 실제로 세르무아즈 살해사건에 있어서 비용의 행위는 분명히 정당방위라고 할 만하며, 상대자의 단검으로 입술에 상해를 입은 만큼 그에게 냉정을 바란다는 것은 무리한 일이었으리라. 그런데 세르무아즈는 왜 싸움을 걸고 칼부림을 한 것일까. 그리고 왜 죽으면서 자기에게 상처를 입힌 가해자를 용서한다는 말을 남긴 것일까. 한편 비용은 왜 가명을 사용하는 어리석은 짓을 한 것일까. 그리고 왜 거기를 피하여 몸을 숨길 정도로 두려움을 느낀 것일까. 거기에는 분명히 어떤 수수께끼 같은 비밀이 감추어져 있는 것으로 보인다. 그러나 우리는 불행하게도 그 비밀을 알지 못한다. 아마도 그 비밀의 열쇠를 쥐고 있는 사람은 그 자리를 피해 버린 이자보라는 여자였을는지도 모른다.

비용은 파리를 떠나 어디론가 몸을 숨겨 버린다.

그리하여 그는 7개월간 남의 눈을 피하며 도피 행각을 한다. 그것은 그가 처음으로 파리를 떠난 방랑생활이다. 우리는 그것을 비용의 제1 방랑 내지는 일시적 도피 행각이라고 부르기로 한다.

그러면 그는 파리를 떠나 어디에 몸을 숨기고, 어떻게 도피 행각을 하고 있었는가가 의문이다. 그것은 어디에도 기록되어 있지 않다. 그렇기 때문에 우리는 그 확실한 것을 모른다. 만약 그것을 추적해 본다고 하더라도, 우리는 어디까지나 가정과 추측의 영역을 벗어나지 못할 것이다.

비용은 파리를 떠나면서 누구에게도 작별을 고할 여유를 가지지 못한 만큼 점점 멀어져 가는 파리를 자꾸 몸을 돌리며 바라보았을 것이다. 그때 그는 머릿속에서 위스타슈 데샹이 노래한 이별의 발라드를 문득 떠올렸을는지도 모른다.

> 잘 있거라, 내 사랑이여, 다정한 아가씨들이여,
> 잘 있거라, 큰 다리여, 시장이여, 한증탕이여, 온탕이여,
> 잘 있거라, 저고리여, 바지여, 깨끗한 옷이여, ……
> 잘 있거라, 파리여, 맛있는 파이여!

> Adieu m'amour, adieu douces fillettes,
> Adieu Grant Pont, Hales, estuves, bains,
> Adieu pourpoins, chauces, vestures nectes, ……
> Adieu Paris, adieu petiz pastez![2]

그리하여 그는 그저 막막한 생각을 하면서 정처없는 길을 재촉하고 있었으리라. 그런데 그는 어디를 향하여 발을 옮겨놓고 있었을까. 그것은 모른다. 그러나 그는 잠시 몸을 숨길 생각을 했을 테니까 그것은 파리에서 그렇게 멀지 않은 곳이었음에 틀림없다. 그렇다면 그곳은 아마도 파리에서 오를레앙 가도를 따라 반나절 걸으면 갈 수 있는 부르 라 렌느 근처였을 것이다. 사실 그가 포르 루아얄의 가시덤불로 싸인 계곡에 몸을 숨기지 않은 한, 적어도 부르 라 렌느 근처야말로 분명히 그의 최초의 은신처로서는 최적의 장소라고 할 수 있다. 그것은 거의 확실한 것 같다. 이후 시인은 그의 시 속에서 부르 라 렌느의 이발사 페로 지라르라는 인물을 회상하고 있다.

> 지금부터 6년 전에
> 그는 자기 집에 나를 재워 주고
> 1주일간 살찐 돼지 고기 먹여 주었는데
> 푸라의 수녀원장이 그 증인이었도다.

Des ans y a demi-douzaine

Qu'en son hôtel de cochons gras

M'apâtela une semaine,

Témoin l'abbesse de Pourras.[3]

　여기에서 〈푸라〉(Pourras)라고 하는 것은 포르 루아얄의 속칭이며, 그리고 당시 〈푸라의 수녀원장〉은 위게트 뒤 아멜이라는 여자이다. 우리가 그 여자와 시인과의 관계에 대하여 알고 있는 것은 그 여자가 거기에서 시인이 생활하는 데 필요한 〈무전향연〉의 관대한 목격자 내지는 유쾌한 공범자였으리라고 하는 점뿐이다.

　그 여자는 생 리키에 수도원장 위그 키유렐의 딸이라고 하는데, 1439년경 종교계에 입문하여 1454년 아니면 1455년 미셸 드 랑그르의 사후 포르 루아얄 수녀원장이 된다. 그때 그 수녀원은 새로 들어온 수녀 1명밖에 없을 만큼 텅 비고 가난했다고 한다. 그리고 그 수녀원장이라는 여자의 행실도 좋지 않아서 사람들은 그 여자가 이미 음탕한 죄로 몸이 더럽혀져 있다고 생각한다. 그 여자는 그러한 행위를 사람들의 눈을 피해 교묘히 하는 바람에 누구에게도 목격당하지 않는다. 실제로 그 여자는 보드 르 메스트르라는 사나이를 그 수녀원의 대소인으로 채용해 놓고, 자기의 침대 속으로 끌어들이거나 함께 목욕탕 속으로 들어가 파렴치한 짓을 행한다. 그리하여 시토 종단의 샤알리스 수도원장에게 견책을 당하지만, 그 여자는 기껏해서 2주일 정도밖에는 보드에게서 떨어져 있지 않았다고 한다.[4]

　〈푸라의 수녀원장〉이라는 사람은 그와 같이 타락한 여자이다. 그리고 〈페로 지라르〉라는 이발사도 직업상 어딘가 수상쩍은 데가 없지 않은 사람이다. 거기에 칼부림을 하여 사람을 죽이고 도망해 온 인물, 비용이 끼어 있다. 사실 그러한 세 사람이 공모하여 버렸을 〈무전향연〉은 비용이 도피 행각의 시기에 있어서 겪은 것으로 보이는 생활의 한면을 분명히 엿보이게 한다.

　물론 시인이 그의 시 속에서 표현하고 있는 것은 반드시 명확하다고만 할 수 없는지도 모른다. 그리고 시인은 그의 시 어느 곳에서도 세르무아즈 살해사건에 대해서는 일체 언급하고 있지 않다. 기껏해야 암시 같은 것이 있다면 그것은 《유증시》에 나오는 〈저 버릇 없는 악마 같은 놈 무통〉이라는 인물뿐이다.

그리니 영주와의 소송을 제기하는
저 버릇 없는 악마 같은 놈 무통에게는
가죽 채찍을 세 대 얻어맞고 쇠사슬로 발이 묶여
편안히 잠자는 권리를 남겨 주는도다.

Et à ce malotru changeon,

Mouton, qui le tient en procès,

Laisse trois coups d'un escourgeon,

Et coucher, paix et aise, ès ceps.[5]

　여기에서 우리는 비용이 가명으로 사용한 그리고 그의 사면장에 나오는 미셸 무통과 이 시에 등장하는 〈무통〉이 동일 인물이 아닌가 하는 추측을 해 볼 수 있다. 물론 그것이 동일 인물이라고 밝힐 수 있는 증거는 없다. 그러나 시인은 〈그리니 영주〉와 무통이 소송을 일으키고 법정에서 흑백 논쟁을 한 사실을 잘 알고 있을 뿐만 아니라 〈그리니 영주〉 편을 들고 무통을 아주 미워하고 있는 점으로 미루어 보아, 무통이라는 인물은 실재하는 인물이며 따라서 비용이 그의 이름을 가명으로 사용하여 일단 몸을 피했을 가능성은 얼마든지 있다.

　그런데 그것과는 별도로 시인이 그의 시 속에서 지나간 과거를 회상하는 추억은 실로 천금의 무게를 가진다. 《유언시》가 쓰여진 것으로 추정되는 〈1461년〉으로부터 역산하여 〈6년 전〉은 바로 1455년이 되고, 거기에 등장하는 〈푸라의 수녀원장〉도 앞에서 소상히 밝힌 바와 같이 포르 루아얄 수녀원장 위게트 뒤 아멜이라는 실재하는 인물이며, 그 여자의 타락한 생활 태도도 오늘날 거의 전부 고증되어 있다. 따라서 비용은 부르 라 렌느 근처의 어딘가에 일단 몸을 숨기고 도피 행각의 고독을 달래기 위하여 타락한 〈수녀원장〉과 수상쩍은 〈이발사〉와 관계를 맺고 일시적인 위안을 얻으려고 한 것이 아닌가 생각된다.

　그리고 만약 거기에서 〈1주일간〉 머물고 다른 곳으로 떠났다고 하면, 비용은 그 〈1주일간〉에 다른 곳으로 떠날 어떤 연락을 취하고 있었을는지 모른다. 그렇다면 그는 7개월간의 도피 행각에 있어서, 당시 부르고뉴의 디종을 중심으로 동북 프랑스 일대를 주름잡고 있다가 전국 각지로 분산되어 나간 도적단 코퀴유 당과 어떤 깊은 관계를 가지고 있었을 것이다. 그가 가까이 지내고 있는 〈은근한 멋쟁이 친구들〉 중에는 어린 시절부터의 우상 같은 친구 레니에 드 몽티니와 절친한 학우 콜랭 드 카이외가 이미 어엿한 코퀴유 당원들이며, 그래서 그가 그들과의 연락을 취하여 합류하거나 아니면 그들의 편의를 제공받거나 하여 어딘가를 숨어다녔으리라는 것은 상상하기 어렵지 않다.

실제로 1455년 2월에 디종 검찰 당국은 코퀴유 당원의 명단과 그들의 절도 수법 등을 조사하고, 6월에는 일당의 소탕 작전을 편다. 그러나 그 근절은 이루어지지 않고 오히려 그들을 그 밖의 다른 지방으로 분산시키는 결과만을 가져온다. 그리하여 일당들은 파리 주변에까지 준동하게 된다. 비용이 코퀴유 당원이었다는 증거는 없다. 그러나 그가 일단 부르 라 렌느 근처에 몸을 숨기고 앞으로 다른 곳으로 떠날 어떤 연락을 취하고 있었다면, 그때 그는 그 근처에까지 숨어들었을 코퀴유 당의 친구들과의 연락이 그렇게 어렵지 않았을 것이라고 하는 점, 이후 코퀴유 당의 은어를 가지고 《은어시》를 쓴 것으로 미루어 보아 여전히 그들과의 친교를 계속하고 있었을 것이라고 하는 점, 그리고 뒤에서 보게 될 〈나바르 신학대학 절도사건〉에 가담하고 있다는 점 등으로 미루어 보아, 그는 비록 코퀴유 당원이 아니라고 하더라도 어떤 형식으로든 그들과 굳게 연결되어 있었던 것만은 거의 확실하다. 따라서 그가 7개월간의 도피 행각에 있어서 코퀴유 당과 어떤 관계를 가지고 있었을 가능성은 얼마든지 추측할 수 있다.

그러나 그것도 확실한 증거가 있어서 하는 말은 물론 아니다. 적어도 확실한 것은 친구들과 보호자들이 그를 그대로 내버려 두지 않았다는 점이다. 그들은 국왕 직속 고등법원에 대하여 그의 입장이 유익하게 운동을 벌인 것으로 보인다.

1456년 1월, 당시 망명자에게 부여한 것 같은 〈사면장〉이 비용에게도 사적으로 교부된다. 그것도 세르무아즈의 살해자에게, 1통은 프랑수아 데 로쥬 혹은 비용 명의로, 또 1통은 프랑수아 드 몽테르비에(몽코르비에Montcorbier의 잘못) 명의로, 용어가 거의 같은 2통의 〈사면장〉이 국왕 직속 고등법원으로부터 교부된다.[6]

비용의 친구들과 보호자들이 세르무아즈의 살해자에 대해 아주 유리한 어떤 구실을 만들어 낸 것 같기도 하고, 또 비용 자신이 그러한 일을 꾸며낸 것 같기도 하다. 당시 감금되어 있던 자인 경우에는 그 가족이, 그리고 도피자인 경우에는 본인 자신이 탄원서를 내게 되어 있었으므로 아마도 비용 자신이 그렇게 한 것으로 보인다.

어느 경우이건 세르무아즈의 살해자에 대하여 그러한 〈사면장〉이 교부되었다고 하는 것은 오늘날 우리를 적지 않게 놀라게 한다.

우리는 그 〈사면장〉에서 만 25세의 메트르 프랑수아 비용이 『그 밖의 어떤 잘못한 죄목에 의해서도 결국 체포·감금 내지는 죄가 인정된 바 없고, 마치 어진 사람처럼 비방·견책도 받은 바 없으며, 선하고 착하게 몸가짐을 해 온 바』 운운하는 문구를 읽을 수 있다. 여기에서 비로소 그는 원래의 『선량하고 명예로운 상태로 되돌려지고 재산이 몰수되는 일이 없는 몸』으로 되돌아온 것[7]이라고 할 수 있다. 바꾸어 말하면 그것은 비용이 세상에서 처음으로 손에 넣은 유일무이한 승리이며, 그가 선량한 사람임을 입증하는 증명서라는 의미이다.

그리하여 비용은 국왕의 〈사면장〉 2통을 가지고 파리로 되돌아온다. 그는 그리운 생 브누아 경내의 〈빨간 문의 집〉 2층 자기 방에서 보호자인 기욤 드 비용과 불쌍한 어머니를 오랜만에 다시 만난다. 그것은 그야말로 감격적인 순간이었으리라.

그러나 예의 7개월간의 도피 행각은 이미 허물어지기 시작한 그의 생활을 근본적으로 뒤흔들어 버린 것으로 보인다. 그는 파리로 되돌아오기는 했지만 이전처럼 기욤 드 비용의 감시하에서 조용히 책을 읽는 생활을 참지 못한다. 〈무정한 여인〉과 〈은근한 멋쟁이 친구들〉과의 교제는 갈수록 빈번해진다. 그리하여 그는 악의 세계로 발을 점점 깊숙이 들여놓고 결국 거기에서 빠져 나오지 못한다.

1) Arch. Nat., JJ. 187 et 183.
2) Eustache Deschamps, v. p.51.
3) 《유언시》 115절.
4) Champion, t.II, p.14.
5) 《유증시》 18절.
6) Arch. Nac., JJ. 187, fol. 76 v° ; JJ. 183, fol. 49°.
7) Champion, t.II, pp.15-6.

6

실연의 고배

실연, 그리고 나바르 신학대학 절도사건

프랑수아 비용은 카트린느 드 보셀르라는 깜찍한 아가씨를 사랑한다.

그것은 언제의 일인지 확실하지 않다. 아마도 1456년이거나 아니면 그 이전의 일일는지 모른다. 실제로 시인은 그의 시 속에서 그 여자에 대한 사랑으로 보이는 실연의 아픔을 표현하고 있는데, 그 시는 〈1456년〉 말에 쓰여진 것으로 추정되고 있다.[1]

1456년이라고 하면 비용이 도피 행각을 마치고 파리로 돌아온 바로 그 해이다. 그때 그는 만 25세라고 하는 무르익은 청춘의 절정기에 접어들고 있다. 그는 비록 〈가난〉하기는 하지만, 신체는 건강하여 생의 즐거움을 느끼고 많은 친구들과의 교제를 통하여 여러 가지 아방튀르를 알며, 그리고 재치는 발랄하여 주위의 웃음과 흥취를 자아내는 그러한 능력을 자랑한다. 그런데 그는 이따금 죽음의 상념에 사로잡히고 있는 까닭에, 그 능력을 배가하는 관능적인 욕구를 느끼며 여성의 부드러운 육체를 사랑했으리라. 그는 여성의 부드러운 육체를 사랑한 만큼 모든 사람들이 나타내 보이는 몸짓도 좋아했으리라. 그리고 그는 그러한 일체의 인상을 냉소적으로 바라보거나 본능적으로 포착하는 정확한 표현의 솜씨도 발휘했을 것이다.

그런데 비용은 우리가 아는 바로는 몸이 마르고 얼굴이 까만 아주 못생긴 〈학생〉에 지나지 않은 것 같다. 그리하여 그는 여자 앞에 나가면 그 대담한 언동과는 반대로 주눅이 들어 버리는 소심함을 드러내 보였으리라. 그는 좋아하는 여자에게는 거절을 당하고 〈돈으로 산 여자〉의 안이한 애무와 위안으로 만족하지 않으면 안 되었으리라. 그리고 그는 일찍 그러한 〈순간적인 사랑의 행위〉[2]밖에 하지 않는, 돈지갑을 노리는 여자들의 허위의 사랑을 통하여 육체의 쾌락을 경험했을 것이다.

그리하여 그는 〈뚱보 마르고〉를 안다. 그 옛날 니콜라 도르쥬망의 애첩으로 절세의 미를 자랑하는, 그러나 이제는 〈빈약하고 메마르고 여위고 가느다랗고 이루 말할 수 없이 변해 버린〉[3] 〈투구장수 아낙〉도 안다. 그러나 그러한 여자들과의 만남 뒤에 이어지는 것은 과연 무엇이었을까. 그것은 참으로 표현할 수 없는 환멸의 비애였음에 틀림없다.

그때 비용은 카트린느 드 보셀르라는 아가씨를 알게 되고 열렬한 사랑에 빠진다. 그는 그 여자의 다소곳한 모습에 그만 그 여자도 진실한 마음으로 대해 주는 것으로 착각하여 더욱더 열렬한 사랑을 쏟는다. 그러나 그 여자는 그의 열렬한 사랑을 받아들이는 체하면서 결국 마음을 주지 않는 깜찍한 아가씨에 지나지 않다. 그리고 그 여자는 나중에는 등을 돌리고 모든 여자와 마찬가지로 다른 남자들에게 몸을 맡겨 버리는 그러한 아가씨이다.

> 그러나 그러한 사랑도 깨어져 버리고 마는데
> 한 연인밖에 사랑하지 아니한 여자가
> 그에게서 멀어지고 헤어지면
> 누구든지 기꺼이 사랑하게 되기 때문이로다.

> Toutefois, celle amour se part:
> Car celle qui n'en avoit qu'un
> De celui s'éloigne et départ,
> Et aime mieux aimer chacun.[4]

비용은 여기에서 여성 일반의 본성을 지적하고 싶었을 뿐이라고 말하는지도 모른다. 그런데 그와 같은 모호한 표현으로 그의 마음이 진정될 리는 만무하다. 그렇기 때문에 그는 카트린느 드 보셀르를 미워하고 저주의 노래를 만들어 퍼뜨린 것으로 보인다. 그러나 그것은 그가 〈발가벗은 채로 시냇가의 **빨래처럼**〉[5] 얻어맞는 형벌로 다시 되돌아오고 만다.

우리는 비용의 카트린느 드 보셀르에 대한 사랑의 경위를 그렇게 자세히 알고 있

는 것은 아니다. 그것은 기껏해야 이후 시인이 그의 시 속에서 막연히 언급하고 있
는 표현을 추적하여 그 편린을 감지하는 정도에 지나지 않다. 그들 둘이 언제 어떻
게 알게 되었는지 그 확실한 것은 모른다. 다만 확실한 것은 만약 둘의 관계가 시작
되었을 무렵 그 여자의 본심을 눈치챘다고 하면 아마도 그는 일찍 그 여자의 그물
에서 벗어날 수 있었을 것이라고 하는 점뿐이다. 그러나 사랑에 빠진 사람이 어떻게
상대자를 의심해 보는 여유를 가질 수 있을 것인가. 더구나 상대자가 깜찍한 여자임
에 있어서랴. 그 여자는 언제나 상대자의 이야기에 다소곳이 귀를 기울이고 무엇이
건 전부 듣고 있는 체하면서 실제로 그것을 받아들이지 않고 거절해 버린다. 그 여
자는 처음에는 스스로 상대자를 자기에게로 가까이 다가오도록 유인하기도 하고, 상
대자의 뜻에 따라서 그에게로 접근해 가기도 한다.

그리하여 그녀는 나에게 희망을 주고
모든 것을 이야기하도록 하고 있었거늘
그러나 그것은 다만 나를 속이기 위함이었도다.

Et ainsi m'alloit amusant,
Et me souffroit tout raconter;
Mais ce n'étoit qu'en m'abusant.[6]

그렇게 사랑은 나를 속이고
여자의 문 닫힌 집 앞을 방황하게 하였도다.

Ainsi m'ont Amours abusé
Et pourmené de l'huis au pêle.[7]

나는 사랑을 무시하며 경멸하고
불에 타거나 피를 흘려도 도전하리라.

Je renie Amours et dépite

Et défie à feu et à sang.[8]

비용이 우리에게 카트린느 드 보셀르에 대한 사랑을 이야기한 얼마 되지 않은 시의 내용을 간추리면 대체로 이상과 같은 것에 지나지 않다.

그 여자는 아마도 생트 준비에브 산 위의 나바르 신학대학 근처에 살고 있었을 것이라고 하며, 그리고 보셀르라는 姓은 파리에서 그렇게 유명하다고는 할 수 없지만 당시 흔히 접할 수 있는 것이었다고 한다.[9] 그런데 그 여자는 어떤 집안의 출신이었든지간에 멋을 부리고, 매력이 있으며, 상냥하고 깜찍한 아가씨였던 것만은 확실하다. 그리고 동시에 진정으로 사랑을 하는 남자를 실컷 괴롭혀 놓고 결국에는 가혹하게 등을 돌리는 무정한 여자였던 것으로 보인다. 그러나 그렇다고 하더라도 다만 그것만 가지고서는 왜 비용이 그렇게 오랫동안 쓰디쓴 추억으로 남을 형벌을 받아야 했는가, 왜 그가 그렇게 〈발가벗은 채로〉 얻어맞아야 했는가의 설명은 되지 않는다. 그것은 아마도 그가 〈사랑을 무시하며 경멸하고 불에 타거나 피를 흘려도 도전하리라〉고 하는 각오처럼 카트린느 드 보셀르의 이름을 들어 그 여자를 모욕하고, 명예를 훼손하는 어떤 행동을 취했기 때문이 아닌가 한다. 그렇다면 그가 당한 형벌은 합법적인 것이라고 할 수 있다.

당시 〈발가벗은 채로 얻어맞는다〉(batu tout nud)는 말은 원래 일반적인 관용어로 쓰인 문체상의 표현이며, 실제로 남의 부인을 풍자하여 노래를 만들고 퍼뜨린 사람이 법정에 소환되어 바로 그 여자의 집 앞에서 〈발가벗은 채로 얻어맞는〉 형벌을 선고받은 일이 있을 뿐만 아니라, 고등법원은 개인의 명예를 훼손하는 노래를 만들어 퍼뜨리는 일을 금지하고 만약 위반하면 〈추방 또는 체형에 처한다〉[10]고 공포하고 있다.

물론 비용은 이후 파리의 체형 집행인 앙리 쿠쟁에게 그 사건에 관련된 것으로 보이는 노엘 졸리를 체벌에 처해 주기를 요구하고 있기는 하다. 그러나 그가 카트린느 드 보셀르를 빗대어 비방하는 말이나 노래를 만들어 퍼뜨린 것은 거의 틀림없으리라. 그는 앞에서 본 바와 같이 이미 드니즈라는 여자가 〈모욕당했다고 운운하며〉 고소하는 바람에 법정에 불리어 간 일이 있다. 그리고 이후 시인은 그의 시 속에서 이따금씩 그와 유사한 표현을 하고 있는데, 그의 그러한 심술궂은 비방은 실제로 그가 좋아하는 일종의 범법적인 행위에서 나온 것으로 보인다. 그러나 그럼에도 불구하고 그는 스스로 〈사랑의 순교자〉 내지는 완벽한 연인으로 가장한다.

비용은 또 〈내 사랑의 장미 아가씨〉[11]로 부르는 마르트라는 여자를 사랑한다.

그것은 이미 〈사랑을 무시하며 경멸〉한다는 그의 결의와는 반대되는 행위이다. 그렇기 때문에 사랑이란, 특히 남자의 사랑이란 그의 의사나 결의에 반하는 것일는지도 모른다. 어쨌든 그는 그 여자에 대한 사랑에 있어서도 카트린느 드 보셀르에 대한 그것과 마찬가지로 별로 좋은 추억을 남기고 있지 않다. 그런데 이후 시인이 그의 시 속에서 어머니 다음으로 등장시킬 만큼 그 여자는 시인의 생애에 있어서 큰 자리를 차지한다. 물론 부정적 의미에 있어서 그렇다. 그는 그 여자에게서 어떤 희망의 편린도 찾아낼 수 없음에도 불구하고 여전히 희망을 걸고 가진 정열을 다 쏟았으리라. 반대로 그 여자는 그를 가혹하게 괴롭혀 놓고 나중에는 파렴치하게도 돈지갑을 노려 다른 남자에게 몸을 맡기고 말았으리라. 그렇다면 그때 그는 다시 한번 실연의 아픔을 겪은 셈이 된다.

그리하여 그는 자기에게 실연의 아픔을 겪게 한 마르트를 위하여 한 편의 발라드를 만들고, 그 속에서 때로는 모욕적인 표현을 곁들이며 그 여자로 하여금 청춘을 잘 이용하라고 풍자적인 충고를 한다.

그렇게 비싸게 군 사이비 미인이여,
친절한 체하면서 실은 냉정한
씹기에는 쇠보다도 딱딱한 연인이여,
그대는 나를 파멸로 모는 데 안성맞춤의 여자라 할 수 있나니
가련한 마음을 배반하고 죽이는 매력 하며
사람을 죽음으로 모는 감추어진 오만 하며, 비정한 눈 하며
법은 바라지 아니하는가? 그 가혹함 대신에
불쌍한 남자를 더 괴롭히지 아니하고 구해 줄 것을.

Fausse beauté qui tant me coûte cher,
Rude en effet, hypocrite douleur,
Amour dur plus que fer à mâcher,
Nommer que puis, de ma défaçon seur,
Cherme félon, la mort d'un pauvre coeur,

Orgueil mussé qui gens met au mourir,

Yeux sans pitié, ne veut Droit de Rigueur,

Sans empirer, un pauvre secourir?[12]

이것이 마르트에 대한 사랑이 시인에게 가져다 준 실연의 아픔이다. 그리고 그는 그 아픔에 대하여 〈이 더러운 갈보, 어디에서 오는 길인가?〉[13]라고 하는, 별로 듣기에 거북한 노골적인 말로 복수한다. 그런데 여기에서 과연 시인이 실연의 아픔을 진정으로 아파하고 있는지, 아니면 아파하고 있는 체하고 있는지 확실하지 않다. 다만 확실한 것은 그가 실연의 아픔을 그 시대의 유행에 따라서 시로 표현하고, 그 실연의 아픔을 가져다 준 여자를 원망하고 있다는 점이다.

비용은 카트린느 드 보셸르와 마르트라는 두 아가씨를 하나의 對稱으로서 때로는 모호하게 암시하고, 때로는 분명하게 드러내며 오래도록 그 원한을 품는다.

그 여자들이 모호하게 암시되는 경우 두 여자가 하나로 비치고 누가 문제의 인물인지 구별되지 않기 때문에 가끔씩 혼선이 생긴다. 사실 비용은 예의 실연의 아픔을 샤를 도를레앙 같은 감상성으로가 아니라 그 특유의 해학과 풍자로 바꾸어 놓으며 표현하고 있다. 그런데 그때 그는 〈더 이상 살지 말기를 바라며 명하는〉[14] 무정한 여인이 카트린느 드 보셸르인지 마르트인지 확실히 밝히려고 하지 않는다. 그는 단지 실연의 아픔만을 고백하는 한 편의 장시를 쓰고 거기에서 벗어나려고 할 뿐이다.

그리하여 그는 그 실연의 아픔에서 벗어나기 위해서는 〈도망갈 수밖에 달리 길이 없다〉[15]고 생각하고 파리를 떠나 앙제로 간다고 고백한다.

그러한 궁지를 모면하기 위하여

떠나는 것이 최선의 길이리라.

잘 있거라! 나는 앙제로 간다.

그녀는 나에게 정을 주기는 고사하고

정의 그림자도 보이지 아니하는도다.

그녀 때문에, 멀쩡한 四肢를 하고 나는 죽는다.

요컨대 나는 순교자 연인이요

사랑의 聖人의 일원이로다.

Pour obvier à ces dangers,

Mon mieux est, ce crois, de partir.

Adieu! Je m'en vais à Angers:

Puis qu'el ne me veut impartir

Sa grâce, ne me départir,

Par elle meurs, les membres sains;

Au fort, je suis amant martyr

Du nombre des amoureux saints.[16]

한 편의 장시, 이것이 1456년 12월 크리스마스 날 저녁 때부터 쓰기 시작하여 바로 그날 밤에 마친 것으로 추정되는, 8행시 40절로 구성되어 있는 비용의 첫 작품 《유증시》이다. 여기에서 시인은 일종의 유언 형식에 따라서 결별의 이야기를 하고, 그가 가지고 있는 것을 허구적으로 유증한다. 그리하여 그는 은인·친구·친지뿐만 아니라 그가 좋게 생각하지 않는 자와 그를 적대시하는 자, 그리고 그를 배신한 여자 등의 이름을 열거하거나 혹은 암시하면서 그들에게 〈천막〉이라든가, 술집의 〈간판〉이라든가, 〈잔돈〉이라든가, 심지어는 자기의 〈심장〉과 〈머리카락〉 따위를 허구적으로 유증한다.

우리는 여기에서 중세적인 전통이 허물어져 가는 기사도 정신 및 연애시에 대한 市井詩人 비용의 풍자와 스콜라 철학에 대한 現實詩人 비용의 해학을 본다. 사실 자기를 〈사랑의 순교자〉로 믿고 여인의 무정함을 원망하는 시인의 모습은 가련하다. 우리는 15세기 초엽의 宮廷詩人 알랭 샤르티에의 「무정한 미인」 속에 등장하는 저 까만 옷을 입은 기사를 떠올리지 않을 수 없다. 그러나 비용의 까만 옷을 입은 실연의 가련한 기사는 은근히 그의 시의 독자를 조소하고 있지 않은가.

그리고 만약 오장육부까지 파고드는

저 부드러운 시선과 다정한 미소를,

그토록 깜찍한 애교로 말미암아

나에게 유리하게 생각하는 날에는

그것은 나에게는 휜 다리의 말[17]이요
결정적인 순간에 나를 외면하는 놈이로다.
다른 밭에 옮겨 심고[18]
새 鑄型으로 찍어야 하리라.

Et se j'ai pris à ma faveur

Ces doux regards et beaux semblants

De très décevantes saveur,

Me tréperçant jusques aux flancs,

Bien ils ont vers moi les pieds blancs

Et me faillent au grand besoin.

Planter me faut autres complants

Et frapper en un autre coin.[19]

만약 알랭 샤르티에의 기사라고 하면 〈다른 밭에 옮겨 심고 새 주형으로 찍어야 하리라〉고 하는 생각을 결코 말하지 않을 것이다. 그러나 비용의 기사는 이후 그의 시 속에서 여전히 풍자·해학·조소를 마음껏 발휘한다. 그리고 그 뉘앙스는 다르다고 하더라도 《유언시》에 있어서는 그것이 더욱더 서슴없이 전개되어 나간다.

우리는 여기에서 비용이 파리를 떠나 앙제로 가는 데에는 《유증시》에서 밝히고 있는 이유와는 다른 현실적인 동기도 있을 수 있다는 점에 주목할 필요가 있을 것이다.

1456년 12월 크리스마스 날 밤, 그러니까 《유증시》를 쓴 바로 그날 밤, 비용은 콜렝 드 카이외·당 니콜라·프티 장·귀 타바리와 함께 나바르 신학대학에 침입하여 금궤의 자물쇠를 열고 공금과 사금을 합한 5백 에퀴를 턴다.

물론 그때 비용은 일당의 길잡이 노릇을 한 데 지나지 않다. 그리고 귀 타바리도 밖에서 망을 보는 역할을 했을 따름이다. 그러니까 실제로 돈을 턴 것은 자물쇠를 여는 명수 프티 장과 자물쇠 장수의 아들 콜렝 드 카이외, 그리고 타락한 수도사 당 니콜라인 셈이다. 어쨌든 그 절도 수법이 여간 교묘하지 않아서 나바르 신학대학 사람들이 눈치챈 것은 그로부터 3개월이 지난 후의 일이며, 그 수법이 밝혀진 것은 1

년 반이 지난 후의 일이다. 그것은 1458년 6월 25일 귀 타바리가 체포되어 일체를 자백해 버렸기 때문에 밝혀진 일이다. 그리고 그 수법도 길잡이 노릇, 망을 보기, 사다리를 이용한 침입, 열쇠를 이용한 금궤털이라는 점에서 코퀴유 당의 그것과 완전히 일치한다는 것이다. 우리는 여기에서 비용이 코퀴유 당에 직접 가입하고 있지 않았다고 하더라도 그 어엿한 당원의 길잡이 노릇을 적극적으로 한 나바르 신학대학 절도사건의 공모자라는 사실로 미루어 보아, 그때 그가 어떤 인생의 내리막길로 접어들어 가고 있었는가 하는 추정은, 앞에서 본 〈푸라의 수녀원장이 그 증인〉이라고 하는 도피 행각의 생활을 아울러 생각하는 경우 그렇게 어렵지 않다.

따라서 비용이 〈앙제로 간다〉고 할 때 거기에는 숨겨진 어떤 현실적인 이유도 있을 수 있다는 짐작이 간다. 실제로 귀 타바리의 공술[20]에 의하면 비용에게는 앙제의 어느 수도원에 사는 한 친척이 있어서 나바르 신학대학 절도사건 직후 『그는 그 친척을 찾아 그곳으로 갔는데, 그 목적은 같은 수도원에 있는 어떤 늙은 수도사가 5천 6백 에퀴나 되는 돈을 모으고 있다는 소문이 나 있기 때문에 그 동정을 살피는 것이었다』고 한다. 그러나 비용 자신은 그의 시 속에서 앙제로 가는 목적을 실연의 아픔을 달래기 위한 것이라고 극히 감상적인 동기를 내세운다.

그리하여 학자들 중에는 그것을 나바르 신학대학 절도사건의 범행에 대한 교묘한 알리바이로 보는 사람도 있다.[21] 그것은 비용이 아무리 뛰어난 시인이며 비상한 솜씨를 가진 악당이라고 하더라도 3백20행의 장시와, 아마도 몇 시간은 족히 걸렸을 나바르 신학대학의 금궤털이를 같은 날 밤에 실행하는 일은 도저히 생각될 수 없기 때문이라고 한다. 그렇다면 알리바이를 꾸미면서 행선지를 밝히는 따위의 어리석은 짓을 왜 해야만 했는가 하는 의문이 생긴다. 그 의문에 답하기 위하여 비용이 앙제로 간 사실 자체를 부정하는 의견도 나오고 있다.

우리는 원래 《유증시》의 창작과 나바르 신학대학 절도사건은 별개의 것이며, 따라서 분리하여 생각하지 않으면 안 된다고 믿는다. 그 시는 시인이 선천적으로 가지고 있는 풍자적·해학적 기질과 취미를 발휘하여 狂言을 꾸미고 독자의 폭소를 자아내기 위하여 쓴 것이다. 그렇기 때문에 그것은 그 이전부터 구상되었거나 쓰여진 시라고 볼 수 있다. 그렇다면 그때 실연의 아픔에서 벗어나고 싶은 충동에다가 마침 현실적인 동기도 있어서 일단 정리해 둘 필요를 느꼈을는지도 모른다.

실제로 비용이 파리를 떠나 앙제로 간 것은 그 동기가 시적인 감상에 있건 현실적인 이유에 있건간에 의심의 여지가 없다. 실연의 아픔을 달래기 위한 감상이라고 하면 그것은 가련한 기사의 모습일 터이고, 그때 그는 비록 프랑스의 어느 가도를 방황하더라도 악당하고는 거리가 먼 아주 다른 걸음을 옮겨놓을 수 있었으리라. 그러나 그의 머릿속에는 실연의 아픔을 가져다 준 무정한 여인에 대한 원한과 그 원한을 보복하는 말이나 노래를 만들어 퍼뜨린 행위에 대한 법적 제재가 동시에 떠올랐으리라. 그렇다면 그것은 그에게는 심리적으로 일종의 법적 추방이 되는 셈이다. 그리고 거기에 현실적인 이유가 가해진 것이라고 하면 그것은 체포의 위협이 집요하게 뒤따르는 불안의 길이 될 터이며 그때 그는 한층 더 법적 제재의 공포를 느꼈으리라. 그렇다면 그것은 그에게는 퇴로가 막혀 버린 진정한 법적 추방이 되는 셈이다.

사실 그는 나바르 신학대학 절도사건의 고발에 따르는 수사가 확대된 까닭에 일시적인 여행으로 예정한 앙제에의 출발이 그 귀로가 완전히 막힌 것을 안다. 그리하여 그는 파리로 돌아올 생각을 일단 단념하고 프랑스의 어느 가도를 가련한 기사로서 방황할 수밖에 없었을 것이다.

우리는 그것을 제2 방랑 내지는 앙제에의 방랑이라고 부르기로 한다. 그것은 뒤에서 보게 될 본격적인 대방랑의 전단계임은 물론이다.

1) 《유증시》 1절 1행.
2) 《유언시》 59절 2행.
3) 《유언시》 51절 6-7행.
4) 《유언시》 62절.
5) 《유언시》 「이중의 발라드」 5절 2행.
6) 《유언시》 66절.
7) 《유언시》 69절.
8) 《유언시》 70절.
9) Champion, t.II, p.5.
10) Bibl. Nat., Dupuy 250. 3 sept 1484.
11) 《유언시》 90절 1행.
12) 《유언시》 「연인에게 보내는 발라드」 1절.
13) 《유언시》 93절 8행.
14) 《유증시》 5절 5행.
15) 《유증시》 5절 6행.
16) 《유증시》 6절.
17) 믿을 수 없다는 격언적인 표현.

18) 다른 여자를 만든다는 의미.
19) 《유증시》 4절.
20) Arch. Nat., Carton M.181.
21) Lucien Foulet, t.I. p.185.

7

방랑의 시련

선과 악의 경계선에 서서, 그리고 감금과 석방

프랑수아 비용은 앙제에서 파리로 돌아갈 생각을 일단 단념하자 곧 본격적인 방랑의 길로 접어든다.

그 방랑의 길은 그에게 이루 말할 수 없는 시련을 겪게 한다. 우리는 그것을 편의상 제3 방랑 내지는 본격적인 대방랑이라고 부르기로 한다.

그런데 우리는 불행하게도 1457년 초부터 1461년 말까지 5년간의 그 방랑생활에 대한 극히 막연한 지식밖에는 없으며 그에 관한 확실한 자료는 더더구나 가지고 있지 않다. 따라서 그동안에 그가 어떠한 방랑의 과정을 밟고 있었는지, 그리고 어떠한 생활의 고통과 시련을 겪고 있었는지 그 확실한 것을 모른다. 다만 확실한 것은 그 시기의 사회적인 분위기뿐이다.

우리는 앞에서 비용이 어린 시절을 보낸 1430년대와 40년대의 프랑스를, 파리를 중심으로 살펴본 바 있는데, 그후 샤를 7세의 여러 면에 걸친 경륜에 의하여 프랑스가 아쟁쿠르 전투의 참패에서 겪은 무서운 혼란으로부터 서서히 벗어나 1450년대에는 파리도 옛날의 활기를 다소간 되찾는다. 그것은 역시 아탈리아의 앙토니오 다스티가 당시의 파리를 세계에서 가장 아름다운, 그야말로 왕자의 도시라고 말하고 있는 점으로 미루어 보아도 알 수 있다. 그러나 파리에서 밖으로 한 발자국이라도 나가기만 하면 거기에는 혼란과 파괴의 그림자가 여전히 사람들을 기다리고 있다. 아니 파리에도 그러한 그림자가 완전히 걷힌 것은 아니다. 비용 자신이 관계한 나바르 신학대학 절도사건이 그것을 여실히 입증해 준다.

그 혼란과 파괴의 그림자를 던진 위험한 분자들에 관해서는 지금 우리에게 남겨진 고문서에 의하여 그 자세한 내용이 밝혀져 있거니와, 비용 자신도 그의 시 속에서 그러한 분자들을 열거하고 있다.

　　사실 그대가 교황의 免罪符를 파는 자
　　주사위의 속임수를 쓰는 사기꾼·노름꾼
　　그리고 화폐 위조자라 하자
　　그대는 마치 信義 없는 배반자가
　　끓는 물에 데어 죽는 것처럼 불에 타 죽게 되리로다.

　　Car ou soies porteur de bulles,
　　Pipeur ou hasardeur de dés,
　　Tailleur de faux coins et te brûles
　　Comme ceux qui sont échaudés,
　　Traîtres parjurs, de foi vidés;[1]

시인은 그러한 분자들을 〈방탕 무뢰한의 도배들〉[2]이라고 부르고 있는데, 그것은 다름 아닌 코퀴유 당원들을 지칭한 말이다.

그렇다면 비용이 앙제에서 파리로 돌아갈 수 없다고 판단했을 때 우선 그는 그러한 분자들과 어울릴 수밖에 없었을 것이다. 물론 확실한 증거는 없다. 그러나 그는 나바르 신학대학 절도사건에 자기를 끌어들인 코퀴유 당원 콜렝 드 카이외를 추억하고 있지 않은가.

　　홍안의 미소년들이여, 그대들의 모자를 장식하는
　　가장 아름다운 장미꽃[3]을 잃어버리리라.
　　새 잡는 끈끈이처럼 무엇이건 빼앗는 성직자[4]들이여,
　　만약 몽피포나 뤼엘로 가게 되면
　　그대들의 피부에 주의하기 바라나니,
　　체포되면 재판에 호소할 수 있으리라 믿고

거기에서 뛰노는 바람에
콜렝 드 카이외는 생명의 꽃을 잃었기 때문이로다.

Beaux enfants, vous perdrez la plus
Belle rose de vo chapeau;
Mes clercs près pernant comme glus,
Se vous allez à Montpipeau
Ou à Ruel, gardez la peau:
Car, pour s'ébattre en ces deux lieux,
Cuidant que vausît le rappeau,
Le perdit Colin de Cayeux.[5]

이 콜렝 드 카이외는 《은어시》에서는 콜렝 에스칼리에라는 이름으로 등장하고 있는 인물이기도 하다. 그는 1460년 몽피포에서 체포되어 마침내는 시인이 그의 시에서 밝히고 있듯이 〈생명이 꽃〉을 잃는다.

비용은 방랑생활의 고통과 시련을 겪지 않으면 안 되었을 때, 파려에서의 우정을 끊을 수 없어서 그와의 연락이 닿자 곧 그와 만나고 때로는 그와 행동을 같이했을는지도 모른다. 방랑생활 중의 시인에게서 〈악의 냄새〉가 풍긴다고 하는 것도 그러한 추측에서 나온 말이리라.

그러한 위험한 분자들과의 관계를 일단 유보해 본다면 떠돌이들이라고 하더라도 그 행동에서 〈악의 냄새〉가 풍기지 않는 비교적 소수의 친교도 생각할 수 있다. 시인은 그의 시 속에서 연극을 하며 돌아다니는 종글뢰르(jongleur), 즉 떠돌이 광대들을 열거하고 있다.

수치를 모르는 철면피 어릿광대처럼
그대가 시를 쓰고 풍자를 하고 심벌즈를 치고 비파를 튕기고
곡예를 하고 재담을 늘어놓고 플루트를 불고
시골과 도시를 돌아다니면서
속극·희극·교훈극을 공연한다고 하자

그리고 카르타 화투 九柱戲의 노름으로 돈을 번다고 하자
그것이 어디로 가게 되는가, 귀를 기울일지어다!

Rime, raille, cymbale, luthes,
Comme fol feitif, éhontés;
Farce, brouille, joue des flûtes;
Fais, ès villes et ès cités,
Farces, jeux et moralités,
Gagne au berlan, au glic, aux quilles,
Aussi bien va, or écoutez![6]

시인이 여기에서 열거하고 있는 자들은 거의 성직자가 되려고 하다가 결국 되지 못한 종글뢰르임에는 틀림없지만 그들의 생활이 언제나 반드시 선하거나 또는 악한 것만은 아니며, 말하자면 선과 악의 경계선에 서서 프랑스 전국 방방곡곡을 누비고 돌아다닌 떠돌이들이다. 그때 비용은 아마도 그러한 떠돌이들의 틈에 끼어 방랑생활을 하고 있었을는지도 모른다.

그런데 실제로 비용이 코퀴유 당원들과 종글뢰르의 떠돌이들 어느 쪽에 끼어 방랑생활을 하고 있었는지 그 확실한 증거가 없는 만큼 알 길이 없다. 그것은 아마도 영원히 알 수 없는 일이리라. 그것이 바로 그 방랑생활에 있어서 비용의 숨겨진 비밀의 일면이다.

한편 비용의 그러한 모호하고 분명하지 않은 방랑생활 중에서 적어도 거의 확실한 것이 이따금 그 편린을 드러내 보이는 경우들도 적지 않다.

첫째의 경우는 비용이 파리를 떠나 앙제로 간 사실인데, 그것은 앞에서 본 바와 같이 시인이 그의 시 속에서 고백하고 있는 일이며, 나바르 신학대학 절도사건의 공범자 귀 타바리의 공술이 분명히 밝히고 있는 일이기도 하다. 그러나 비용이 앙제로 간 목적은 시인의 고백과 귀 타바리의 공술이 전혀 다르다. 시인의 고백, 즉 실연의 아픔에서 벗어나기 위함이라고 하는 것이 너무나 감상적이며 시적이라고 한다면, 귀 타바리의 공술, 즉 그 희생자가 될 수도 있었을 한 성직자의 동정을 살피기 위함이라고 하는 것은 너무나 현실적이며 산문적이다. 그것에 대하여 제3의 가설이 있다.

비용이 앙제로 간 목적은 시인 왕이라고 불린 앙제 영주 르네의 성에 그의 측근 시인으로 초청되기 위함일는지도 모른다는 것이다. 그 가설은 언뜻 보기에는 너무 당돌한 억측으로 생각되지만 반드시 그렇지만은 않다. 그것은 뒤에서 보는 바와 같이 그가 블루아에서 샤를 도를레앙을 알현하고, 그의 측근 시인들 사이에 끼어 시를 쓰고 있는 점으로 미루어 보아 얼마든지 있을 수 있는 일이다.

그런데 르코아 드 라 마르슈의 표현을 빌면, 르네는 1457년 3월 앙제를 떠나 그 성안에 없었기 때문에, 비용이 그를 알현하는 기회를 가졌다고 하더라도 그것은 3월 이전의 일일 터이며, 따라서 그들의 해후는 시간적으로 다소 일러야 한다는 계산이 나온다. 그렇다면 비용은 나바르 신학대학 절도사건 직후 아니면 적어도 그 다음달에는 앙제로 가 있어야 한다. 그러나 그는 르네를 알현하는 기회를 가졌다고 하더라도 그의 측근 시인으로 초대되는 꿈은 결코 실현시키지 못한 셈이 된다.

둘째의 경우는 비용이 방랑생활을 한 과정인데, 그것은 앙제·블루아·오를레앙 그러니까 루아르 강의 비교적 협소한 유역을 중심으로 한 지방이다. 그리고 그는 이따금 그 밖의 지방으로 발을 옮겨놓았을 가능성도 있다. 그의 시 속에 산재하고 있는 지명, 이름테면 앙제·부르 라 렌ㄴ·부르주·생 사튀르·생 쥘리앙 드 부방트·루시용·물랭 등으로 미루어 보아서는, 비용은 앙제에서 브르타뉴와 푸아투 쪽으로, 또 거기에서 동쪽으로 벨리와 도피네로 방랑한 것으로 보인다. 그런데 그 지명 중에는 시인이 좋아하는 말의 장난이나 이중의 의미를 담은 말의 멋으로 쓰이고 있는 표현이 적지 않아서, 그곳이 반드시 그가 방랑한 곳이라고 단정할 수 있는 증거는 되지 않는다. 그렇다면 그는 앙제에서 블루아와 오를레앙으로 방랑하며 루아르 강의 비교적 협소한 유역에서 때로는 몸을 숨기고 때로는 밖으로 나와 다녔을 것이라고 하는 편이 더 진실에 가깝다.

당시 앙제는 브르타뉴로 들어가는 입구로서 또는 푸아투로 가는 통로로서 프랑스 중에서도 가장 왕래가 빈번한 지점이었다고 한다.[7] 그러니까 비용은 우선 앙제를 떠나 브르타뉴로 접어들어 푸아투의 변경을 향하여 발을 옮겨놓고, 생 쥘리앙 드 보방트 근처를 지나 생 제느루로 간 것으로 보인다.

> 그녀들은 대단한 미인이며 친절한 부인이거니와
> 브르타뉴와 푸아투의 변경

생 쥘리앙 드 보방트 근처의
생 제느루에 살고 있도다.

Elles sont très belles et gentes,
Demeurant à Saint-Génerou,
Près Saint-Julien-de-Voventes,
Marche de̊ Bretagne à Poitou.[8]

그리고 그는 생 제느루에서 렌느로 다시 발을 옮겨놓은 것이 아닌가 한다. 렌느는
거기에서 그렇게 먼 곳이 아니며, 시인이 그의 시 속에서 자기 자신을 〈불쌍한 렌느
의 행상〉이라고 부르고 있는 점으로 미루어 보아, 그가 렌느로 간 것만은 거의 틀림
없는 것 같다. 그렇다면 그는 브르타뉴와 푸아투의 변경을 행상을 하며 돌아다녔다
고 하더라도 그렇게 틀리지는 않을 것이다. 그리고 당시 렌느에는 행상인 조합이 있
었다고 한다.[9] 그러나 그가 그 조합에서 임시로 일을 하고 있었는지 그 확실한 것은
모른다.

만약 비용이 그 지방에서 행상을 하고 있었다면 그는 브르타뉴와 푸아투의 변경
을 자주 돌아다닐 기회를 가졌으리라. 사실 시인은 그의 시 속에서 생 제느루라는
지명을 브르타뉴와 푸아투의 경계선에 너무나 정확히 위치시키고 있다. 그것은 뒤집
어 말하면 그가 그 지방을 잘 알고 있다는 의미이며, 따라서 그가 거기에서 행상을
한 사실은 거의 확실하다고 할 수 있다. 그러나 그것이 언제인지는 전혀 알 길이 없다.

그리하여 그는 거기에서 행상을 하며 잠시 시간을 벌고 동정을 살피다가 블루아
로 발을 옮겨놓은 것이 아닌가 한다.

셋째의 경우는 비용이 블루아로 가서 샤를 도를레앙을 알현한 일인데, 그것은 그
가 블루아의 詩試合에 참가하고 도를레앙의 측근 시인들 사이에 끼어 시를 쓸 기회
를 제공해 준다. 그리하여 그는 비록 르네의 측근 시인으로 초대되는 기회를 가지지
는 못했지만 이번에는 도를레앙의 측근 시인들 사이에 끼어 시를 쓰는 꿈을 실현시
킨 셈이다. 실제로 그때 그는 거기에서 한 편의 발라드를 쓰고 있는데 그것은 도를
레앙 애용의 「잡기첩」 속에 적혀 있다.

나는 샘물 곁에 있으되 목말라 죽으며
불처럼 뜨거운데 이를 덜거덕거리면서 떨고
내 고향에 있으되 먼 타향에 와 있으며
숯불에 몸을 태우면서 오한을 느끼고
환영은 받지마는 누구에게도 푸대접받는고야.

Je meurs de seuf auprès de la fontaine,
Chaud comme feu, et tremble dent à dent;
En mon pays suis en terre lointaine;
Lez un brasier frissonne tout ardent; ……
Bien recueilli, débouté de chacun.[10]

그 詩試合에 참가한 때가 언제인지 그것은 확실하지 않다. 확실한 것은 이 발라드가 마지막 절의 〈내가 맡긴 것을 되돌려 받음〉이라는 반어적 표현으로 미루어 보아 두 번째 방문 때 쓰여진 시라고 하는 점이다. 따라서 그는 첫번째 방문 때 이미 한 번의 재정적인 원조를 받고 있는 셈이다. 그렇다면 그것은 언제의 일인가. 우리는 여기에서 어쩌면 시인이 처음으로 도를레앙을 찾아간 것이 언제인지 밝힐 수 있지 않을까 한다. 1456년 말 아니면 1457년 초 시인은 파리를 떠나 앙제로 급히 달려가서 다행히 르네를 만날 수 있었을는지도 모른다. 만약 만날 수 없었다면 그는 아마도 4월 초에 도를레앙을 찾아갔을 것이다. 왜냐하면 르네는 3월에 앙제를 떠나 리용에 가 있었기 때문이다. 그러나 거기까지 어떻게 정확히 말할 수 있겠는가.

그리고 도를레앙 애용의 「잡기첩」 속에는 또 한 편의 발라드가 적혀 있다. 그것은 8행시 10절과 그 사이에 삽입한 「이중의 발라드」로 되어 있는 1백32행의 장시이다.

아, 높은 하늘에서 이 지상에 보내어진
영광스러운 孕胎
고귀한 백합의 훌륭한 혈통
예수의 지극히 소중한 선물
우아하여라 그 이름은 마리

연민의 샘이요 은총의 원천
내 눈의 기쁨이요 위안
그대 우리의 평화를 마련하고 다지는도다!

O louée conception
Envoyée ça jus des cieux,
Du noble lys digne scion,
Don de Jésus très précieux,
Marie, nom très gracieux,
Font de pitié, source de grâce,
La joie, confort de mes yeux,
Qui notre paix bâtit et brasse![11]

이 발라드는 1460년 7월 17일 샤를 도를레앙의 딸 마리가 오를레앙 성으로 첫 입성했을 때 시인이 그것을 기념하기 위하여 쓴 頌歌라고 한다. 시인은 거기에서 〈가혹한 법에 의하여 죽음이 선고된 자〉라고 밝히고 〈나에게 생명이 있음은 신의 덕택이요 그대의 덕택〉이라고 하여, 자기를 죽음에서 구해 준 은혜에 대하여 감사하는 표현을 하고 있다. 그러나 그것은 아주 막연한 표현이기 때문에 그 은혜가 구체적으로 무엇을 의미하는지 알 수 없다.

그런데 1460년 여름, 비용은 어떤 이유인지는 모르지만 오를레앙 감옥에 갇힌 적이 있다. 우리는 그 무렵 오를레앙 근처에는 도둑이 들끓었고, 같은 해 9월에 처형된 콜렝 드 카이외도 몽피포에서 절도 행위를 하고 있었다는 것을 잘 기억한다. 그렇다면 비용도 콜렝 드 카이외의 절도 행위에 관계한 것일는지도 모른다. 그때 그의 감금은 아주 무거운 죄 때문이었던 것 같다. 그것은 사형 선고를 받을 정도이기 때문이다. 그러나 그는 다행히 〈공주 마리〉가 오를레앙 성으로 첫 입성하는 것을 기념하는 의미에서 발포된 특사령에 의하여 죽음 일보 직전에서 구제된 것으로 보인다.

그렇다면 시인이 그의 시 속에서 표현하고 있는 감사는 그때 감옥에서 석방된 기쁨과 그 은혜를 의미하는 것이라고 할 수 있다. 그것이 아니라면, 시인이 방랑생활 도중에 물질적인 궁핍으로 아사 직전에서 도를레앙의 재정적인 원조에 의하여 생명이 구제된 일일 터이며, 그때 그는 그 은혜에 보답하기 위하여 〈공주 마리〉의 탄생을 전해 듣고 그 탄생을 축하하는 頌歌를 써서 보낸 것이라고 할 수도 있다.

넷째의 경우는 비용이 물랭으로 여행한 일인데, 그것은 그가 보즈 지방을 지나간 사실을 말해 준다. 그러나 그것이 언제인지는 역시 확실하지 않다. 확실한 것은 그가 부르봉 공작에게 〈6에퀴〉[12]의 재정적인 원조를 받고 있다는 점이다.

물랭은 인가가 부르봉 성을 중심으로 모여 있고 알리에 강의 모래사장으로 경사진 아름다운 자그만 도시이다. 그곳은 앞에서 본 바와 같이 비용의 선조인 몽코르비에 家의 출신지이기도 하다. 그렇기 때문에 그는 거기로 접어들었을 때 아마도 고향으로 돌아가는 것 같은 감회에 젖었으리라. 그리고 그는 거기에서 부르봉 공작이 관대히 대해 주면 줄수록 더욱더 고향의 따뜻한 정을 느끼고 한때 감사하는 마음을 가졌을 것이다.

내가 불행의 절정에 서서
동전 한푼 없이 방랑의 길을 헤매일 적에,
복음서에도 있거니와
엠마오의 순례자에게 용기를 주신
신은 나에게 선량한 도시가 있음을 가르치시고
희망이라는 선물을 주셨으니,

Combien, au plus fort de mes maux,
En cheminant sans croix ne pile,
Dieu, qui les pèlerins d'Emmaus
Conforta, ce dit l'Evangile,
Me montra une bonne ville
Et pourvue du don d'espérance;[13]

그리하여 이후 시인은 재차 「부르봉 전하에게 보내는 탄원시」[14]를 쓰게 되는데 그는 거기에서 〈나의 전하〉라는 점을 강조하고, 전하께서는 이미 〈6에퀴〉의 재정적인 원조를 해 준 바 있거니와, 다시 한번 〈약간 은총의 대여〉를 해 준다면 이번에는 원금은 물론 이자까지 붙여서 반제할 터인즉 전하께서는 단지 기다리는 것뿐이라고 눈물 젖은 미소로 호소하며 다급한 탄원을 하고 있다. 그것은 뒤에서 보는 바와 같이 1461년 10월 초순, 그가 묑 쉬르 루아르 감옥의 토굴에서 해방되어 동전 한푼 없이 지친 몸을 이끌고 어딘가를 헤매어 다닐 때 절박한 심정으로 써보낸 시로 보인다. 그러나 그 탄원은 이루어지지 않은 것 같다.

다섯째의 경우는 비용이 물랭으로 여행하는 도중 상세르 산기슭을 굽어보는 생 사튀르를 지나간 일인데, 그것은 그가 그곳의 男根崇拜 기념 묘비를 확인하는 기회를 가졌다는 사실을 말해 준다. 그는 아마도 그 남근숭배 기념 묘비를 확인할 때 지난날 사랑을 하고 여자놀이를 하던 파리 생활을 추억하며 지금의 자기의 처참한 몰골을 응시하고 있었으리라.

나의 가장 큰 슬픔도 벌써 과거지사가 되어 버렸은즉
이제는 아랫부분이 화끈 다는 일은 없으리로다.
그러므로 그 짓은 오입쟁이라는 별명을 가진
미쇼의 후계자들에게 맡기나니
그의 무덤까지 뛰어가서 기도하고 올지어다.
그는 지금 상세르 산기슭 생 사튀르에 묻혀 있도다.

Mes plus grands deuils en sont passés,
Plus n'en ai le croupion chaud.
Si m'en démets aux hoirs Michaut
Qui fut nommé le bon Fouterre;
Priez pour lui, faites un saut:
A Saint-Satur gît, sous Sancerre.[15]

그리고 비용은 그 긴 여행 도중 부르봉 공작의 영지가 있는 루시용까지 발을 옮겨놓는다. 그것은 그 여행 중에서 가장 먼 행선지가 된다. 그때 그는 루아르 강의 굴곡이 심한 유역을 헤매며 지나간 것인지, 아니면 손 강과 론 강의 물줄기를 따라 뻗어나간 왕래가 많은 가도를 걸어간 것인지 그 확실한 것은 모른다. 확실한 것은 만

약 그 여행이 조금이나마 여유 있는 것이었다면 그의 눈앞에 전개되는 풍경은 아마
도 그를 크게 놀라게 할 만큼 아름다운 절경으로 비치었을 것이라고 하는 점이다.
그러나 불행하게도 그때 그에게는 그렇게는 비치지 않았으리라. 그는 루시용까지의
방랑의 길에서 가시덤불에 누더기옷은 찢기고, 가진 것이 없어 허기진 배를 움켜쥐
고 걸어가야만 하는 처참한 몰골을 하고 있던 것으로 보인다.

　　　여기에서 루시용까지의 방랑의 길에는
　　　수풀이건 덤불이건
　　　그의 누더기옷 조각이 떨어지지 아니한 곳은 없다고
　　　거짓 없는 고백을 하였기 때문이로다
　　　이 세상을 하직하고 떠나려 할 때.

　　　Tant que, d'ici à Roussillon,
　　　Brosse n'y a ne brossillon
　　　Qui n'eût, ce dit-il sans mentir,
　　　Un lambeau de son cotillon,
　　　Quand de ce monde vout partir.[16]

　이것은 시인이 「마지막 발라드」에서 임종을 앞두고 자기를 3인칭화하여 그 여행
의 처참한 몰골을 회상한 〈거짓 없는 고백〉인데, 여기에서 우리는 그가 루시용까지
의 방랑의 길에서 얼마나 고통과 시련을 겪었는지 상상하기 어렵지 않다.

　여섯째의 경우는 1461년 여름 3개월 동안 오를레앙 대사교구 사교 티보 도씨니가
관장하는 묑 쉬르 루아르 감옥의 토굴에 감금된 일인데, 그것은 시인이 그의 시 속
에서 표현한 고백에 의하여 알려진 사실이다. 그러나 그는 어떤 죄를 범하여 거기에
감금된 것인지 그 이유는 밝히려고 하지 않는다.

　그것은 아마도 아주 무거운 죄이거나 어떤 특수한 사정에 의한 감금이었으리라고
추정될 뿐이다. 어떤 사람은 비용이 비콩 교회의 성찬용 잔을 훔쳤다고 하는 전설을
믿고 있는데[17] 그러한 전설이 과연 어떤 근거를 가지는지 아직 확인된 일이 없다. 그
리고 어떤 사람은 비용이 콜렝 드 카이외의 몽피포 절도사건에 관련한 결과 체포되

어 감금되었을는지도 모른다고 생각하고 있는데, 그것은 몽피포가 오를레앙에서 30 리밖에 떨어져 있지 않고 그 일부가 오를레앙 대사교구 사교의 지배권과 재판권의 소재지인 묑에 소속되어 있기 때문이라고 한다.[18] 그러나 그것도 어디까지나 하나의 추정에 지나지 않다.

> 그놈은 약간의 빵과 냉수를
> 여름 내내 나에게 먹였는데
> 후한 놈인지 인색한 놈인지 모르지마는 나에게는 째째한 놈이었도다.
> 신이여, 그놈이 나에게 한 만큼의 보복을 내리소서.

> Pu m'a d'une petite miche
> Et de froide eau tout un été.
> Large ou étroit, mout me fut chiche:
> Tel hui soit Dieu qu'il m'a été.[19]

비용은 감옥에서 받은 취급이 〈약간의 빵과 냉수〉라고 하는 아주 지독한 것이었던 만큼 감옥의 책임자 티보 도씨니와 그 하수인에 대하여 정상을 넘는 원한을 품는다. 실제로 그는 그 감옥의 토굴에서 비인간적인 학대를 받고 이루 말할 수 없는 고통과 시련을 겪은 것으로 보인다.

감옥의 토굴은 그의 말대로라면 〈번개도 선풍도 들어오지 아니하고 두터운 벽으로 눈이 가려져 있는〉[20] 암흑과 같은 곳이다. 거기에서 그는 일요일에는 단식을 하지 않으면 안 되고, 그 때문에 〈이는 쇠스랑보다 더 길게〉 되어가고 평일에는 딱딱한 빵에다가 냉수를 퍼마시는 처참한 생활을 한다. 그러나 그의 정신력은 대단히 강하여 죽음의 일보 직전에 놓인 상황에서도 아주 쾌활한 어조로 친구들에게 〈이 불쌍한 비용〉을 위하여 〈사면장〉을 얻어내라고 호소한다.

> 내가 젊은 늙은이라 부르던 제일인자들이여,
> 나를 위하여 옥새 찍은 사면장을 얻어내고
> 바구니 속에 넣어 나를 건져내다오

돼지들도 서로 그렇게 한다는데
한 마리가 울면 무리를 지어 뛰어가는도다.
이 불쌍한 비용을 여기에 버려두려 하는가?

Princes nommés, anciens, jouvenceaux,
Impétrez-moi grâces et royaux sceaux,
Et me montez en quelque corbillon.
Ainsi le font, l'un à l'autre, pourceaux,
Car, où l'un brait, ils fuient à monceaux.
Le laisserez là, le pauvre Villon?[21]

비용이 「벗들에게 보내는 서간시」에서 호소하고 있는 그러한 바람은 이루어지지
않고, 그럴 필요도 없게 된다. 그가 거기에서 표현하고 있는 가련하고도 쾌활한 절규
는 일종의 예언적인 무게를 가진 것이었으리라. 1461년 9월 30일, 샤를 7세의 뒤를
이어 즉위한 루이 11세는 파리의 축제가 끝난 다음 지방 행차를 하게 되는데 그 행
차 도중 그곳을 지난다. 당시 국왕이 지방 행차를 하면 그것을 축하하는 의미에서
그곳에 감금된 죄인들을 석방하는 것이 관례가 되어 있다. 그리하여 그때 특사령이
발포된다. 물론 거기에는 비용도 포함된다. 그리하여 그는 감옥의 토굴에서 석방의
기쁜 소식을 듣는다. 그리고 1461년 10월 2일 그는 석방된다.
　우리는 그 석방이 비용을 얼마나 기쁘게 해 준 것인지 상상하기 어렵지 않다.

온갖 고난에서 나를 지켜 주시며
악마의 더러운 힘에서 나를 풀어 주신
신에게 그리고 성모와 프랑스의 어진 왕
루이에게도 영광이 있으소서.

Qui m'a préservé de maint blâme
Et franchi de vile puissance,
Loué soit-il, et Notre Dame.

Et Loïs, le bon roi de France.[22]

이것은 감옥의 책임자 티보 도씨니에 대한 잊을 수 없는 원한의 폭발과 동시에 거기에서 자기를 구해 준 〈프랑스의 어진 왕 루이〉에 대한 무한한 감사와 그리고 기쁨의 표현이다.

당시의 관례에 의하면 석방된 죄인에게는 석방 증명서가 교부되어 〈사면장〉이 나올 때까지 일정한 유예 기간이 주어지고, 죄인의 신병이나 재산에 대해서도 일체 위험을 가하지 못하게 금지되어 있다. 따라서 그 관례에 따르는 수속이 끝나면, 비용은 드디어 5년간의 긴 방랑생활의 고통과 시련에 종지부를 찍고 마침내는 그리운 파리로 돌아갈 수 있게 되는 셈이다.

대체로 이상의 여섯 가지 경우가 방랑생활 중에서 비용의 감추어진 비밀의 일단이 거의 분명하게 드러난 것이라고 할 수 있다. 그러나 그후 그가 파리로 돌아갈 때까지 계속되었을 방랑의 고통과 시련은 다시 비밀의 베일 속에 감추어져 있다.

비용은 앞에서 본 바와 같이 「벗들에게 보내는 서간시」에서 감옥생활의 참상을 표현하며 구원을 호소하고 있는데, 그 호소가 아주 유쾌하고 익살스러울 만큼 정신적인 여유를 보이고 있는 점으로 미루어 보아 어쩌면 그의 생애에 있어서 어려웠던 시기는 반드시 그 감옥생활이 아니라고 할 수 있을는지도 모른다. 그것은 오히려 감옥에서 풀려난 후 다시 방랑의 고통과 시련을 계속하고, 마침내는 파리로 돌아와서 또 어딘가 몸을 숨기지 않으면 안 될 때까지의 시기가 아니었던가 한다. 물론 감옥 밖에는 자유가 있다. 그러나 그 자유는 누릴 수 있어야 하는 것이다. 그때 그에게는 그 자유를 누릴 수 있는 여유가 없다. 먹을 것도 없거니와 몸을 쉴 잠자리도 없다. 그것은 그때만의 새삼스러운 일이 아니라고 할는지 모른다. 그러나 그때의 사정은 그전의 방랑생활의 고통과 시련과는 전혀 다르다. 감옥에서는 아무리 자유가 없고 규율이 엄하다고 하더라도 그날그날 최소한의 끼니와 잠자리는 제공되기 때문에 아사와 그 불안의 공포는 없을 수 있다. 그러나 한푼 가진 것도 없거니와 거기에다가 건강이 극도로 악화된 상태에 있어서, 그날그날 노상에서 지낼 수밖에 없다고 하면 인간으로서 그 이상의 어려움은 없을 것이다.

우리는 비용이 「부르봉 전하에게 보내는 탄원시」를 쓰고 거기에서 다시 한번 〈약간 은총의 대여〉를 호소하고 있는 사실을 잘 기억한다. 물론 그때 그가 그러한 어려운 방랑의 길에서 부르보네의 물랭까지 다시 발길을 옮겨놓았으리라고는 생각되지 않으며 그 확실한 증거도 없다. 그리고 그 시가 언제 쓰여진 것인지도 확실하지 않다. 다만 그가 〈어려움〉의 절정에 놓인 자기 자신의 처참한 상황을 응시하며 그것을 눈물 젖은 미소로 꾸미고 우스꽝스럽게 묘사하고 있는 점으로 미루어 보아, 그「탄원시」는 묑 쉬르 루아르 감옥의 토굴에서 석방된 후 어디를 어떻게 방황하고 있었는지는 모르지만 1461년 가을도 깊어가는 어느날(혹은 10월부터 1462년 초까지의 기간의 어느날) 쓰여진 것으로 추정되고 있을 뿐이다. 어쨌든 그때 비용은 꿈에도 잊지 못한 그리운 파리를 향하여 지칠 대로 지친 몸을 이끌며 움직이지 않는 더딘 걸음을 재촉하고 있었을 것이다.

1) 《유언시》「나쁜 생활을 하는 자에 대한 좋은 교훈의 발라드」 1절.
2) 《유언시》 159절 2행.
3) 머리, 즉 생명의 꽃.
4) 타락한 성직자.
5) 《유언시》 156절.
6) 《유언시》「나쁜 생활을 하는 자에 대한 좋은 교훈의 발라드」 2절.
7) Champion, t.II, p.89.
8) 《유언시》 104절.
9) Champion, t.II, p.90.
10) 《잡시》「7. 블루아 詩試合의 발라드」 1절 1-4행 및 10행.
11) 《잡시》「8. 마리 도를레앙에게 보내는 서간시」 1절.
12) 《잡시》 10. 2절 3행.
13) 《유언시》 13절.
14) 《잡시》 10.
15) 《유언시》 91절.
16) 《유언시》「마지막 발라드」 2절.
17) Prosper Marchand, *Dictionnaire historique*, Le Haye, 1758, - 〈비용 項〉.
18) Champion, t.II, p.10.
19) 《유언시》 2절.
20) 《잡시》 9. 2절 8-9행.
21) 《잡시》 9. 마지막 절.
22) 《유언시》 7절.

8

만년의 비운

사형 언도와 상고, 그리고 10년간의 파리 추방

프랑수아 비용은 드디어 5년간의 방랑생활을 마치고 파리로 돌아온다.

그것은 1461년 가을도 깊어갈 무렵(혹은 10월부터 1462년 초까지의 기간)의 어느날의 일이다. 그는 파리로 돌아오자마자 곧 어디론가 몸을 숨겨 버린다.

파리 샤틀레 검찰청에서는 나바르 신학대학 절도사건으로 말미암아 아직 비용의 파리 출현을 기다리고 있다. 나바르 신학대학 학감의 상속자 로랑 푸트렐은 기욤 드 비용과 아주 가까운 사이이기 때문에, 비용이 〈빨간 문의 집〉에 나타나기만 하면 곧 알려져서 그는 언제든지 샤틀레로 소환될 처지에 놓여 있다. 한편 그는 묑 쉬르 루 아르 감옥에서 석방될 때 〈사면장〉을 받기는 했을 터이지만 그것은 티보 도씨니에 의하여 체포된 사건에 대한 특사일 뿐 나바르 신학대학 절도사건의 금전적인 책임 까지 면해 주는 특사는 아니었으리라. 그리고 그 사면장에는 그가 그대로 파리에 나 타날 수 없는 어떤 법적 수속의 하자도 있었던 것으로 보인다.

그리하여 그때 그는 어딘가 숨어 있는 곳에서 그러한 법적 수속의 완료를 기다리 면서 《유언시》를 쓴 것이 아닌가 생각된다.

《유언시》는 형식적으로 보면 첫작품 《유증시》의 연속이며, 2천23행이나 되는 장시 로 이루어진 작품이다. 그러나 그 작품은 비록 형식은 같다고 하더라도 그 내용은 전혀 다른 것이다. 그것은 〈유언 수령자〉에 대한 시인의 분노·야유·조소가 《유증 시》에 비하여 훨씬 신랄하고 통쾌할 만큼 치열하다. 그리고 그것은 《유증시》에 등장 하는 62명의 인물 중에서 몇 명은 제외시켜 버리고, 그 대신 30명이나 되는 새로운 인물을 더 등장시키고 있다. 그런데 《유증시》가 파리를 떠나는 기념의 유증(선물)이기 때문에 단지 그 배분에 그치고 있는 데 반하여 《유언시》는 죽음에 임하는 유언이기 때문에 당시의 유언 서식에 따르는 유언은 물론 유언 판정·집행인을 비롯하여 묘소·묘비명·장례 등에 관한 만단의 준비를 하고, 그리고 임종의 결별·사망·통보까지도 배려하고 있다. 그뿐만 아니라 시인이 기회 있을 때마다 써두었던 것으로 보이는 독립한 발라드의 시편들이 《유언시》의 적절한 곳에 극히 자연스럽게 삽입되어 있어서 그것이 오히려 작품 전체의 분위기를 살리고 있다. 따라서 《유언시》는 시인의 사상을 유언이라고 하는 큰 테두리 속에 짜넣은, 그야말로 프랑스 시에 있어서 유니크한 詩華集이라고 할 수 있다.

그리고 시인은 독립한 시편들 중에서 《유언시》에 적합하지 않다고 생각되었거나 아니면 그후에 쓰여진 것으로 보이는 시들을 남기고 있는데, 그것은 《잡시》로 묶어 《유언시》의 補遺 같은 구실을 하게 된다.

그것은 말하자면 시인의 변모를 의미한다. 그가 《유언시》를 쓴 것은 그의 나이 서른하나 아니면 서른둘일까, 《유증시》를 가지고 파리를 떠날 때에 비하면 크게 변하고 있다.

이성을 잃고 비틀어져서
지혜도 없고 양식도 없는
사악한 마음에 찬 인생의 패배자들이여,
무지몽매하고 비겁하여
인간으로 태어난 이치에 반하여 살다가
가증스러운 죽음에 몸을 맡기는 패륜의 광인들이여,
아, 어찌하여 그대들은 수치로 인도하는 소행을 두려워하고
자기의 마음을 뉘우치려 하지 아니하는가?

Hommes faillis, bertaudés de raison,
Dénaturés et hors de connoissance,
Démis du sens, comblés de déraison,
Fous abusés, pleins de déconnoissance,

Qui procurez contre votre naissance,
Vous soumettant à detestable mort
Par lâcheté, las! que ne vous remord
L'horribleté qui à honte vous mène?[1)]

여기에서 우리는 시인이 〈인생의 패배자〉로서, 그리고 〈패륜의 광인〉으로서 과거를 반성하는 진정한 마음을 읽을 수 있다. 비용은 원래 경험의 시인이다. 〈악동처럼 학교를 등지고〉 떠난 후 그는 책 같은 것을 거의 읽지 않았으리라. 아니 책 같은 것을 읽을 기회가 별로 주어지지 않았으리라. 그러나 경험은 그에게 많은 것을 가르쳐 주었음에 틀림없다. 경험이란 말하자면 같은 과오를 되풀이하지 않는다는 의미이다. 따라서 그것은 〈자기의 마음을 뉘우치려〉고 하는 반성과 불가분의 관계를 가지는 말이다.

그리하여 그는 지나간 젊음은 일련의 긴 오욕이요, 너무나 오랜 광기였다고 생각한다. 그의 방랑생활의 수많은 날들은 좋거나 싫거나 그에게 많은 것을 배우게 하고 많은 생각을 하게 했으리라. 그리고 밖으로 보기에는 돼지만큼도 못한 처참한 생활을 하면서도 안으로는 남모르게 자기 자신을 응시하는 맑고 깨끗한 詩 정신을 가지고 있는 까닭에, 그는 행동이 의식 위에 던지는 뉘앙스에서 무엇인가를 터득하는 일을 게을리하지는 않았을 것이다.

[몸] 누구 소리인가? [마음] 나야! [몸] 누구? [마음] 자네 마음이야.
겨우 한올의 가느다란 실에 이어져서
힘도 없거니와 영양도 수분도 없이
구석에 몰린 개처럼
그렇게 홀로 웅크리고 있는 자네 몰골을 보니까.
[몸] 왜 이렇게 되었을까? [마음] 자네의 어리석은 도락 때문이지.
[몸] 그게 어떻다는 건가? [마음] 불쾌하단 말야.
[몸] 가만히 내버려 두게나. [마음] 왜? [몸] 생각해 볼 테니까.
[마음] 그게 언젠가? [몸] 철이 들 때일까.
[마음] 그럼 이젠 아무 말 하지 않겠네. [몸] 나는 그게 좋거든.
Qu'est ce que j'oi? - Ce suis-je! - Oui? - Ton coeur

Qui ne tient mais qu'à un petit filet:

Force n'ai plus, substance ne liqueur,

Quand je te vois retrait ainsi seulet

Com pauvre chien tapi en reculet.

　- Pour quoi est-ce? - Pour ta folle plaisance.

　- Que t'en chaut-il? - J'en ai la déplaisance.

　- Laisse-m'en paix. - Pour quoi? - J'y penserai.

　- Quand sera-ce? - Quand serai hors d'enfance.

　- Plus ne t'en dis. - Et je m'en passerai.[2]

시인은 「비용의 마음과 몸의 논쟁시」에서 몸, 즉 행동이 마음, 즉 의식 위에 던지는 뉘앙스에서 자기 자신의 상황을 확인해 보려고 시도하고 있다.

실제로 법과 질서를 위배하여 사회의 아웃사이더로 밀려나고, 광명의 세계에서부터 몸을 숨기며 암흑의 세계를 방황하지 않을 수 없었던 그의 젊음의 경험은 이제 그로 하여금 자기 자신을 응시하게 하고 지난날의 〈어리석음〉을 깊이 반성하게 한다. 그리고 그의 젊음의 경험이 그를 그렇게 크게 변하게 한 것은 너무나 당연한 일이며 어쩌면 그를 위하여 다행한 일일 수도 있었는지 모른다. 그러나 그의 과거에 대한 성실한 반성과 미래에 대한 〈평화롭게 살고〉자 하는 다짐은 현실적으로는 반드시 그대로 실현되지만은 않는다.

비용은 1462년 12월의 어느날 그 이유가 밝혀지지 않은 어떤 절도사건에 다시 관련되어 결국 그렇게도 두려워하던 샤틀레에 수감되어 버리고 만다. 그런데 그 절도사건은 그렇게 대단한 죄에 해당되지는 않은 것 같다. 그것은 곧 그의 석방이 결정되었기 때문이다. 그러나 그때 나바르 신학대학측에서 그의 석방에 대하여 항의를 제기한다. 그리하여 그는 석방되는 대신에 그가 무엇보다도 두려워한 책임을 이행하지 않으면 안 된다. 그것은 나바르 신학대학 절도사건 때 자기 몫으로 받아쓴 1백20에퀴를 3년간 연부로 반환해야 한다는 부대조건의 이행이다. 그는 1년에 40에퀴씩 갚아나가야 한다. 그것은 그에게는 그야말로 〈압도당하는 짐이며, 그 때문에 의지가 꺾이지 않을까 염려될 만큼의 무거운 짐〉[3]이 아닐 수 없다. 오랜 방랑생활, 〈약간의 빵과 냉수〉만의 모진 감옥의 감금, 그리고 도둑질이라도 하지 않으면 안 되는 궁핍,

그러한 과거의 공포와 현재의 불안에서 벗어나지 못하고 있는 그에게 있어서 연부 40에퀴의 대금은 사실 의지가 꺾이는 큰 부담이었으리라. 그러나 나바르 신학대학 학감 로랑 푸트렐이 의외로 쉽게 비용의 석방에 동의한 이면에는 아마도 기욤 드 비용이라는 확실한 보증인이 있었기 때문이 아닌가 한다. 그렇다면 그는 석방되면서 곧 〈빨간 문의 집〉 2층 자기 방으로 돌아와서 이전처럼 살게 되었을 것이다.

그런데 운명의 여신은 비용으로 하여금 그처럼 안온하고 평화로운 〈빨간 문의 집〉 2층 자기 방에서의 생활을 하게 내버려 두지는 않는다. 그때부터 얼마 되지 않은, 그러니까 1462년의 해도 다 저물어가는 어느날 밤의 일이다. 그는 원하지도 않은 싸움에 자기 의사와는 관계 없이 말려들고 만다. 그는 아마도 파리로 돌아온 후에 새로 사귄 것으로 보이는 별로 질이 좋지 않은 로뱅 도지라는 자의 집에서 저녁 식사를 한다. 그 식탁에는 그들 두 사람 이외에 로지에 피샤르와 위텡 뒤 무티에라는 역시 싸움을 좋아하는 두 사람도 자리를 같이한다. 그들 일행은 저녁 식사를 마치고 밖으로 나와서 아마도 비용이 살고 있는 〈빨간 문의 집〉으로 가기 위하여 생 자크 가로 향하고 있던 것으로 보인다. 도중 로지에 피샤르가 마르탱 성당 곁에 있는 로마 교황의 공증인 프랑수아 페르부의 대서점에서 밤늦게 일하고 있는 필경들에게 싸움을 거는 바람에 일대 소동이 일어난다. 그때 로뱅 도지는 단검으로 공증인 프랑수아 페르부를 찔러 버린다. 그런데 싸움을 건 로지에 피샤르와 칼부림을 한 로뱅 도지는 몸을 피하고 본의 아니게 말려든 비용과 위텡 뒤 무티에 둘만이 체포되고 만다. 그리하여 비용은 석방된 지 얼마 되지 않아 또다시 샤틀레에 감금된다. 그것은 그에게는 본의 아니게 말려든 일이며, 그 싸움에서 어떤 역할도 하지 않은 만큼 여간 억울하지 않았으리라.

그 위에 설상가상으로 불운이 겹친다. 그 무렵의 샤틀레는 비용이 방랑생활을 하기 전에 알고 있던 그러한 곳이 아니다. 루이 11세의 등극에 의하여 비용이 잘 알고 또 그를 보호해 주던 것으로 보이는 샤틀레 검찰장관 로베르 데스투트빌르는 좌천되어 자크 드 빌리에라는 자가 그 자리에 임명되어 있고, 학생들에게 비교적 관대한 것으로 알려진 형사부 대관 마르텡 드 벨르페도 피에르 드 라 드오르라는 자와 교체되어 있다. 이 피에르 드 라 드오르라는 자는 여간 엄하지 않아 특히 행실이 좋지 않은 타락한 성직자들을 미워하고 있었다고 한다. 그렇다면 비용도 타락한 성직자의 부류에 속하기 때문에 그의 미움을 면할 수는 없었을 것이다. 실제로 그의 비용에

대한 재판은 여간 가혹하지 않아 물을 먹이는 고문을 한 후에 간단히 〈교수형에 처
한다〉는 사형 언도를 내려 버린다.

　그리하여 비용은 어린 시절부터 자주 목격하고 그 환영에 놀란 적이 있는, 밧줄에
매달린 신세가 되어야 한다. 그때 죽음의 그림자가 그를 집요하게 따라다니고 있었
으리라. 그렇기 때문에 그는 여간 괴로워하지 않은 것 같다. 이제 그는 일체를 단념
하고 죽음에 임할 각오를 하지 않으면 안 된다.

　　우리 뒤에 살아남을 동포들이여
　　우리에게 무정한 마음일랑 품지 마오
　　가엾은 것들이라 불쌍히 여기시면
　　신은 그대들에게 이내 은총을 주리로다.

　　Frères humains qui après nous vivez,
　　N'ayez les cœurs contre nous endurcis,
　　Car, se pitié de nous pauvres avez,
　　Dieu en aura plus tôt de vous mercis.[4]

　그러나 비용은 그렇게 죽을 수만은 없었으리라. 그는 검찰장관과 그 대관의 잔인
함뿐만 아니라 그의 언도의 부당함을 생각하고 반항한다. 그리하여 그는 자기의 무
력함과 불리함을 잘 알면서도 고등법원에 상고한다. 그때 샤틀레의 간수 에티엔느
가르니에는 그의 상고를 승산이 없다고 반대한 것으로 보인다. 그러나 비용이 상고
한 것은 반드시 승산이 있어서 한 일은 물론 아니다. 그것은 마지막까지 〈있는 힘을
다하여 벗어나려고 하는〉 인간의 자연적·본능적인 몸부림에 지나지 않다.

　그런데 어찌 된 일인가. 반드시 이루어지리라고는 기대하지 않던 상고가 비용이
그렇게도 바라던 절실한 꿈을 실현시킨다. 마침내 그는 교수형을 면하고 생명이 구
제된다.

　　가르니에여, 그대는 내 상고를 어떻게 생각하는가?
　　내가 영리하였는가 어리석었는가?

짐승도 자기 가죽을 소중히 하나니
억지로 구속하고 억제하며 묶는다면
있는 힘을 다하여 벗어나려 하는 법이로다.

Que vous semble de mon appel,
Garnier? Fis-je sens ou folie?
Toute bête garde sa pel;
Qui la contraint, efforce ou lie,
S'elle peut, elle se délie.[5]

　1463년 1월 5일 고등법원은 비용에 대하여 〈교수형에 처한다〉는 검찰장관 내지는 그 대관의 사형 언도를 파기한다. 그 판결문에 의하면 『고등법원은 파리 검찰장관 내지는 그 대관에 의하여 행한 메트르 프랑수아 비용에 대한 교수형에 처한다는 판결을 심의하고, 그 고소 및 이에 의하여 고발된 해당사건을 최종적으로 심의한 결과 제1심을 파기하는 바, 상기 비용의 행실이 좋지 않음을 감안하여, 파리 시와 파리 검찰청 관할 구역, 그리고 파리 백작 영지에서 이후 10년간 추방을 명한다』[6]는 것이다.
　그리하여 그는 거기에서 태어나 자라고 그리고 사랑하며 즐긴 그리운 파리에서부터 다시 쫓겨나지 않으면 안 된다. 그것은 자의건 타의건 그의 세 번째 파리 추방이며 그리고 네 번째 방랑생활이 되는 셈이다.
　그러나 이번의 고등법원의 최종 판결은 그를 여간 기쁘게 하지 않은 것 같다. 그는 파리를 떠나 5년간 오랜 방랑생활의 신산과 고초를 겪은 바 있다. 그것은 생각만 해도 지긋지긋한 일이었으리라. 그러나 아무리 방랑생활의 신산과 고초가 지긋지긋한 일이라고 하더라도 결코 죽음에 비교될 수는 없는 일일 터이다.
　그때 비용은 친척과 친지들에게 작별을 고하고 약간의 노자를 마련하는 시간을 얻기 위해서였을까, 고등법원에 대하여 3일간의 형 집행 유예를 탄원하는 「법정찬가」라는 시를 쓰고 있는데, 거기에서 그는 넘쳐 흐르는 기쁨과 감사의 숨김없는 심정을 토로하고 있다.

　지금 여기에 우리를 살아 있게 해 주시는 지고의 법정이여,

그대 우리를 파멸에서 구해 주었도다
혀끝만으로는 그대에게 충분한 찬사를
표현할 수 없나니
우리 모두 말하리로다, 국왕 폐하의 딸이여,
착한 자의 어머니여, 어진 천사의 자매여!

Souvraine Cour, par qui sommes ici,
Vous nous avez gardé de déconfire.
Or la langue seule ne peut souffire
A vous rendre suffisantes louanges;
Si parlons tous, fille du Souvrain Sire,
·Mère des bons et soeur des benoîts anges![7]

　그리하여 만약 비용이 〈3일간〉의 유예를 얻었다고 하면 아마도 1463년 1월 8일이 되리라. 결국 그는 아들의 되풀이되는 불행 때문에 초췌해져 버린 불쌍한 늙은 어머니, 아들처럼 사랑하는 양자의 좋지 않은 행실이 드러날 때마다 상처를 입은 기욤 드 비용, 그리고 몇몇의 친지들이 지켜보는 가운데 삭풍이 휘몰아치는 생 자크 가를 등지고 남으로 향하여 그 초라하고 무거운 발길을 옮겨놓았으리라. 그는 그 정처없는 발길을 옮겨놓으면서 다시 〈악동처럼 학교를 등지고〉 떠난 젊음의 어리석음을 후회하고, 기약 없는 미래의 불안에 가슴 조이고 자기의 슬픈 운명을 한탄하며 뜨거운 눈물을 흘렸으리라. 그리고 이번의 추방은 자기의 의사와는 관계가 없는 일로 말미암은 만큼 더욱더 자기의 어쩔 수 없는 불운을 저주했을 것이다.

1) 《잡시》 1. 1절.
2) 《잡시》 11. 1절.
3) Champion, t.II, p.238.
4) 《잡시》 14. 1절.
5) 《잡시》 16. 1절.
6) Bibl. Nat., Dupuy 250, fol. 59.
7) 《잡시》 15. 1절.

맺음말

프랑수아 비용의 전설

프랑수아 비용은 그렇게 하여 파리를 떠난 후 홀연히 그 모습을 전설 속에 감추어 버린다.

그리하여 그후 비용의 소식은 단절되고, 어디에서 어떻게 살다가 죽었는지 알 길이 없다. 그렇다면 그는 파리를 떠나 어딘가를 방황하다가 건강을 해치고, 가난과 굶주림에 고통을 받은 후 결국 일찍 세상을 하직했을는지 모른다. 아니면 그는 요행히 친절한 은인을 만나 도움을 받고, 무엇인가 일을 하며 노후를 지내다가 임종을 맞았을는지도 모른다. 그러나 그것은 어디까지나 추측에 지나지 않다. 확실한 것은 〈10년〉이 지나도 그는 파리로 되돌아오지 않았다는 점이다.

그런데 그로부터 80년이 지난 뒤, 프랑수아 라블레가 비용의 소식을 전하고 있다. 그것은 라블레가 자기의 작품 《팡타그뤼엘》「제4의 서」 속에 담은 비용에 관한 전설 같은 이야기이다. 그는 그 이야기를 두 삽화 형식으로 전한다.

제1의 삽화는 비용이 프랑스에서 추방되자 영국으로 건너가 국왕 에드워드 5세의 비호를 받았다는 것이다.[1] 그러나 이 삽화는 거의 믿기 어렵다. 그것은 비용이 프랑스에서 추방된 일이 없을 뿐만 아니라, 에드워드 5세는 1470년에 태어나 1483년 런던 탑 속에서 피살된 〈어린 에드워드〉(les enfants d'Edward)의 한 사람이며, 그렇게 오래 산 인물이 아니라고 하는 점 등으로 미루어 보아 거의 진실성이 없다.

제2의 삽화는 비용이 푸아투의 생 메크상이라는 곳에서 어떤 인자한 수도원장의 도움을 받아 착실한 생활을 하고, 푸아투 사투리로 그리스도 수난극을 써서 그것을 상연하며 여생을 보냈다는 것이다.[2] 이 삽화는 일단 수긍이 가는 데가 없지 않다. 그 것은 앞에서 본 바와 같이 비용이 이미 방랑생활을 하고 있을 때 브르타뉴와 푸아 투의 변경을 돌아다닌 적이 있을 뿐만 아니라, 생 제느루에 살고 있는 두 귀부인에 게서 푸아투 사투리를 배운 바 있다고 말하고 있는 점으로 미루어 보아, 전혀 가능 성이 없는 일만은 아니다. 그러나 그것이 사실인지 아닌지 그 확실한 증거는 없다.

그렇다면 우리는 라블레의 두 삽화 속에서 그 이후의 비용에 관한 확실한 소식을 꺼낸다는 것은 무의미한 일이라고 할 수밖에 없다. 물론 라블레의 삽화는 일종의 口 傳으로서 전설적 가치가 없는 것은 아니다. 사실 비용이 영국으로 건너갔다는 이야 기는 전혀 믿을 수 없는 것이지만, 그러나 푸아투의 생 메크상에서 여생을 보냈다는 이야기는 결코 믿을 수 없는 것이라고만은 할 수 없다. 실제로 그가 거기에서 그리 스도 수난극을 써서 상연하고 있었을는지도 모르는 일이다. 그런데 여기에서 간과해 서는 안 되는 것은 라블레가 그러한 삽화를 자기 작품 속에 담은 시기에는 이미 비 용은 전설적인 인물이 되어 있었다는 점이다. 따라서 라블레는 그러한 전설을 수집 하여 자기 작품의 성격에 알맞게 각색하거나 과장하여 재미있는 삽화로 만들어 냈 을 가능성이 있고, 또 그러한 냄새가 짙다.

중세에 있어서는 조금만 빼어난 사람이면 곧 전설적인 인물이 되기 쉬웠던 만큼, 비용의 경우도 그의 소식이 단절되자마자 그의 시를 좋아하고 사랑한 사람들의 이 야기를 통하여 혹은 그 시의 사본을 직접 읽은 독자들의 감동을 통하여 널리 퍼져 나가서 곧 전설적인 인물이 되어 버린다. 그리고 1489년 그의 시가 인쇄되어 발표되 자마자 사람들은 그것을 다투어 읽었으며, 시인은 더욱더 전설적인 인물로서 자리를 굳히게 된다.

그리고 비용은 그의 시 속에서 자기 자신과 자기에 관련된 일 외에는 말하고 있 지 않기 때문에, 독자가 거기에 묘사되어 있는 내용을 시인에 비추어 보는 것은 그 렇게 어려운 일만은 아니다. 그리하여 사람들은 그를 명예로운 어릿광대, 위대한 익 살꾼, 전설적인 주정뱅이, 이를 데 없는 가난뱅이, 사기꾼의 두목 내지는 그 전형(이 경우는 私錢(billon)과 비용(Villon)의 아름다운 脚韻을 맞춘 것) 등으로 생각한다. 그의 그 러한 전설은 날이 갈수록 퍼지고 확대되어 간다. 그리고 심지어는 저 파블리오 (fabliaux)까지 거슬러 올라가는, 재치 있는 이야기들을 연대적으로 아주 새로운 것 으로 보고 그 이야기들도 비용이 만들어 낸 것으로 생각하게 된다.[3]

그러한 비용의 전설을 낳게 한 것은 어느 의미에 있어서는 《무전향연》이라는 책
인데, 그것은 1500년(혹은 그 이전)에는 프랑수아 비용이라는 이름과 〈설교〉라는 표
제가 붙여져 유포되거나, 《무전향연 이야기 모음》 또는 《프랑수아 비용과 그 도당의
무전향연 이야기 모음》이라는 표제로 바뀌어져 유포되거나, 1532년에는 《메트르 프
랑수아 비용의 재치 있는 언동》이라는 표제로 재판되거나 한다. 그러한 자그마한 책
들은 파리 시장, 특히 리용 시장에서 잘 팔리어 상인들의 인기를 모은다.[4]

그리하여 어떤 사람은 그것을 읽고 그대로 행동에 옮긴 일까지 있었다고 하니, 그
때 비용이 얼마나 인기가 있었는지는 그리 상상하기 어렵지 않다. 그러나 그것은 어
디까지나 전설적인 인물로서의 프랑수아 비용의 모습일 뿐이다.

비용 시는 앞에서 본 바와 같이 그것을 좋아하고 사랑한 사람들의 이야기를 통하
여 또는 그 시의 사본을 읽은 독자들의 놀라움을 통하여 널리 퍼져서 많은 사람들
에게 읽히고 있다가 비로소 1489년 파리의 서점상인 피에르 르베가 그것을 묶어
《비용의 대유언·소유언·유언 부속시 및 은어의 발라드》[5]라는 표제로 발간한다. 그
것이 지금 한 권 남아 있는데,[6] 비용으로 보이는 인물과 그리고 한 미인의 그림이
곳곳에 삽입되어 있는 8절형 사슴가죽 장정의 예쁜 책이다.

그러므로 그 책의 출현과 동시에 실제로 프랑수아 비용의 생애는 마침내 닫히고,
거기에서부터 그의 시는 비로소 새로운 생을 살기 시작한다.

1) 라블레, 《팡타그뤼엘》 「제4의 서」 67장.
2) 라블레, 《팡타그뤼엘》 「제4의 서」 13장.
3) Champion, t.II, pp.260-1.
4) Champion, t.II, p.261.
5) 여기에서 《대유언시》는 《유언시》를 《소유언시》는 《유증시》를, 《유언 부속시》는 《잡시》를 가
   리키는데, 이전에는 그렇게 부르고 있었다.
6) Bibl. Nat., Res. Ye 245.

Ⅱ

머리말

《유증시》[1]는 단적으로 말하여 우선 쾌활한 학생 기질의 문학 표현이라고 할 수 있다. 거기에는 1452년의 파리 대학 소동이라든가 「악마의 방귀 이야기」[2]의 여파가 샤틀레[3] 경찰관에 대한 야유와 조소로 나타나고, 그러한 학생 기질이 간판·주색·분뇨 취미로 바뀌어 마침내는 전통적인 종교에 대한 혐오 감정으로 화하여 그 극에 달하고 있다. 그뿐만 아니라 거기에는 당시 학생과 표리관계에 있는 법원 서기라든가, 생 자크 드 라 부슈리에 사무실을 두고 있는 필경이라든가 이른바 바조슈[4]에 속한 사람들의 기질인 해학 취미가 진하게 나타나고 있다.

그러므로 《유증시》는 학생 기질과 서기 기질의 양면이 그 기조를 이루고 있고, 그들의 패러디가 그 본질을 형성한다. 그리고 《유증시》는 문학사의 관점에서 보면 13세기 이후의 전통적인 음유시인, 즉 종글뢰르의 계보를 잇는다.

그러면 시인 프랑수아 비용은 어떤 청중(독자)을 겨냥하여 그러한 문학을 만들어 내고 있는가. 종글뢰르의 문학인 이상 시인은 반드시 대상으로 하는 청중을 예상하고 있을 터인데 그것은 누구인가. 시인은 무엇 때문에 그러한 문학을 만들어 내고 있는가. 그리고 《유증시》의 문학 풍토는 무엇인가.

여기에서 문제가 되는 것은, 사랑의 패배자·순교자로서 등장하여 〈무정한 여인〉을 원망하고 그 때문에 파리를 떠나지 않을 수 없다고 하는 《유증시》의 비련의 주인공이, 어떻게 그처럼 자유분방하고 익살의 극치를 보여 줄 수 있는가 하는 점이다. 날이 바뀌면 사랑과 증오의 추억으로 얼룩진 파리를 떠나 이역만리의 타향에서 마음의 상처를 달래야 하는 주인공에게서 만약 독자가 기대하는 것이 있다면, 그것은 아마도 사랑의 순교자로서의 감상과 비련의 노래일 것이다. 그런데 시인은 독자의 그러한 기대와는 달리 정반대의 익살을 부리고 있다.

학생 기질의 문학 표현, 특히 그 주색 취미의 그것은 원래 즉흥적일 수밖에 없다. 주색 취미의 표현은 주점의 소란한 분위기 속에서 느닷없이 사람들의 의표를 찌르고, 그것이 그 분위기에 어울릴수록 그만큼 더 성공하고 사람들의 환영을 받게 마련이다. 시인은 그러한 역효과의 문학 표현을 발표하지 않고 파리를 떠날 리 없다. 그렇다, 그는 친구들의 폭소·갈채·환호를 겨냥하여 《유증시》를 썼음에 틀림없다. 그것은 비용의 詩才가 이미 「악마의 방귀 이야기」 등에 의하여 친구들 사이에는 널리 알려져 있기 때문이다. 그러므로 《유증시》는 청중(독자)을 예상하고 그 즐거움을 겨냥하여 만들어진 문학이다. 그 점에 있어서 『비용 시만큼 독자를 예상하지 않은 문학은 없으며, 그것은 시인 자신을 위하여 쓰여져 있다』[5]고 하는 쥘르빌의 비평은 빗나간 것이라고 할 수 있다. 그렇다면 우리는 반대로 《유증시》만큼 독자를 예상하고 쓰여진 문학은 없다고 해야 할 것이다.

그리고 《유증시》의 문학 풍토를 이루고 있는 공간은 파리라고 하는 화려한 도시이다. 그것도 파리의 좌안 지구 라탱 구의 주점이다. 라탱 구에는 성당과 수도원, 주점과 갈보집이 즐비하고, 수많은 학생과 성직자가 함께 모여 사는 곳이다. 따라서 《유증시》의 문학 풍토의 시민은 라탱 구의 학생과 성직자인 셈이다. 당시 성직자라고 하면 단지 성직에 몸담고 主에게의 예배에 생애를 바치는 사람을 가리키는 그러한 좁은 의미의 개념이 아니다. 물론 그것이 주체가 되고 있기는 하지만, 삭발한 사람은 전부 성직자라고 불리고 있다. 따라서 그것은 위는 왕국의 고급 관리·법원관계자·재무 담당자에게서부터 아래는 그들 밑에서 일하는 서기·필경에 이르기까지 (그리고 학생을 포함한) 일체의 지식인이라는 뜻이다.[6] 그 성직자라고 하는 지식 계급은 세속사회로부터 독립하고 재판상의 치외법권을 가지고 있다. 그러한 특권 때문에 얼마나 많은 가짜 성직자와 가짜 학생이 생겼는지 모른다. 그리고 성직자의 생활도 그 시대의 사회적인 혼란에 편승하여, 전부가 반드시 근엄한 것이라고는 할 수 없다. 아니 오히려 대부분은 교회와 주점의 이중적인 생활을 한 것으로 생각하면 된다.

그런데 그러한 생활에 있어서 신분·계급·연령의 차이는 오늘날 우리가 상상하는 것처럼 별로 문제가 되지 않은 것 같다. 거기에는 어떤 차별도 없고 다만 酒神

(Bacchus)이 지배하는 공동 신도적인 분위기가 조성되어 있을 뿐이다. 《유증시》 속에 등장하는 인물들 중에는, 〈가난〉한 학생에 지나지 않은 시인이 어떻게 알고 사귀게 된 것일까 하고 다소 기이하게 생각되는 신분이 높은 사람들이 끼어 있다. 그러한 인물들과 시인과의 관계는 아마도 주점이라고 하는 분위기 속에서 극히 자연스럽게 맺어진 것일는지 모른다.

시인은 라탱 구의 한복판에서 어린 시절을 보내고, 학생들이 준동하는 대학에서 공부를 하고 그 소요 속에서 학창 시절을 보내며, 그 시대의 진정한 성직자의 한 사람 밑에서 그 생활을 몸소 체험하고 있다. 그러므로 그는 순수한 파리지앵이다. 파리지앵으로서의 자랑은 사물을 정확히 보는 눈을 가지고 있다는 점이다. 시인의 그러한 눈은, 이후에는 자기의 내면으로 향하게 되지만 그때에는 오직 밖으로만 열리고 있다. 그는 어린 시절부터 파리의 거리를 돌아다니고, 그 돌아다닌 거리가 보여 주는 광경을 세부에 이르기까지 정확히 바라보고 있다.[7] 아름다운 첨탑들이 드높이 솟아 있는 많은 성당과 수도원, 그 속에서 미사를 집전하고 성가를 지휘하는 신부와 사제, 진귀한 간판이 붙어 있는 수많은 점포와 주점, 그리고 그 거리를 활보하는 고급 관리·재계 인사·귀부인·상인·경관·고리대금업자·갈보 등의 파리 광경이 시인의 예리한 눈에 저촉하지 않은 것은 없다. 특히 주점과 醜漢의 모습은 여지없이 시인의 눈에 포착되어 있다.

그러한 환경과 시민 사이에서 시인은 당시 현실적으로 어떤 생활을 하고 있는가. 그것은 이미 앞에서 본 바와 같거니와, 그는 생 브누아 경내의 〈빨간 문의 집〉 2층 자기 방에서 기거하며 거기를 떠나지 않는다. 《유증시》가 쓰여진 것도 시인의 증언을 믿는다면 그 집이고, 그후 방랑생활을 하고 돌아올 때마다 몸을 의지한 곳도 그 집밖에는 없을 터이므로, 우리는 지금 문제삼고 있는 1452년부터 1456년까지 시인이 기거한 〈빨간 문의 집〉에 특히 주목하게 된다. 그리고 그는 《유증시》 첫머리에 자기의 신분을 〈학생〉(écolier)이라고 밝히고 있는데, 그는 1452년 학예대학(Faculté des Arts) 소정의 과정을 마치고 〈메트르 에스 아르〉, 즉 문학사 학위를 취득하여 그 상급의 종법대학(Faculté de Décret)에 진학하고 있을는지도 모르기 때문에 실제로 학생이었으리라. 그러나 그는 학업을 중단하고 《유증시》를 쓴 1456년 말까지 이따금 용돈을 벌기 위하여 법원 서기나 대서소 필경 같은 일을 한 것으로 보인다.

당시 법원 서기나 대서소 필경은 학생과 함께 라탱 구 시민의 전형적인 존재이다.

그들은 재치가 있고 낙천적인데에다가 무관심할 정도로 쾌활하고 익살스러우며, 어느 의미에 있어서는 중세 희극의 전통을 계승하여 그 전개에 크게 이바지하고 있다. 관찰이 날카롭고 입이 가벼우며, 남의 실수를 꼬집고 야유하기 좋아하는 것이 프랑스 사람의 기질의 일면이다. 중세 전성기에 있어서는 그러한 기질의 일면이 〈파블리오〉(fabliaux) 문학 형식으로 표현되어 있다. 이 파블리오 작자 종글뢰르의 역할을 중세 말기에 계승한 것이 바로 여기에서 말하는 서기와 필경이다.

시인은 그러한 환경에 적응함으로써 자기의 타고난 기질에 현실적으로 걸맞는 문학 풍토를 부여한 것이라고 해도 좋다. 재치가 있고 성격이 쾌활한 그러나 의지가 약하고 외적인 영향에 민감한 그는[8] 그러한 친구들과 사귐에 따라서 학생들 사이에서 어울릴 때보다도 더 자기의 성격을 강하게 하고, 그 익살 취미와 희극배우 기질 그리고 종글뢰르의 풍모를 진하게 가지게 된다. 그것이 바로 시인의 바탕을 이루고 있다.

시인은 친구들과 주점이나 갈보집을 드나든다. 술과 여자 그리고 해학, 그것은 옛부터의 하나의 전통이다. 중세 전성기 파블리오 작자의 피는 그대로 그들의 혈관에 흐르고 있다. 여자를 야유하고 종교를 공격하며, 남의 결점을 꼬집어 웃음을 만들어 내는 행위는 그들의 상투적인 수단이다. 그것은 결코 악의에서가 아니라 가벼운 아이러니라고 할까, 어쨌든 익살 취미를 만족시키고 폭소를 자아내게 하는 수단이다. 그러한 분위기 속에서는 가장 가까운 친구나 일상으로 접하는 소위 높은 사람이 그 야유와 풍자의 대상이 되기 쉽다. 그것은 극히 인간적인 기지라고 할 수 있다. 시인은 거기에 완벽한 형태를 부여한다. 그것이 바로 《유증시》의 내용이다.

1) 르베의 초판 이래 전통적인 호칭이 되어온 《소유언시》가 1886년에 발견된 사본의 제목 《프랑수아 비용의 유증》에 의하여(가스통 파리스가 그것을 〈les Lais〉로 제창함으로써) 바뀌어 불리게 된 것이다.
2) 지금은 유실된 비용의 초기 작품.
3) 파리 검찰청과 감옥이 있는 곳.
4) 당시의 법원 서기 조합.
5) Petit de julleville, t.II, p.389.
6) Champion, t.I, pp.65-66.
7) 그의 시 속에서 유증·유언 수령자로서 등장하는 인물들은 전부 실재하는 사람들이며, 시인은 그들을 정확히 관찰하고 있다. 그의 재능의 본질은 관찰에 있다. 그렇기 때문에 그의 시에서 그 시대의 현실을 역으로 재현시킬 수 있는 것이다.
8) 그는 돈이 많거나 귀족 출신의 학우들과의 친교를 통해서도 그 속성을 결코 잊지 않는다.

1

사랑의 순교자

　여기에서 우선 중요한 것은 비용 시 속에 유증·유언 수령자로서 등장하는 인물이 전부 실재하는 사람들이라는 점이다. 그리고 시인은 그들을 현실적으로 정확히 관찰하고 있다. 그러한 의미에 있어서 그의 재능의 본질은 현실의 관찰이라는 점에 있으며, 따라서 그는 진정한 레알리스트이다. 시인이 《유증시》를 언제, 어디에서, 무엇 때문에 썼는지를 일단 작품 자체에 의하여 밝혀내는 일이 가능한 것은 바로 그 때문이다.

　시인은 먼저 자기를 사랑의 순교자로 가장하고 명상에 잠긴다. 그의 머리에 떠오르는 생각은 앞으로의 〈행동〉이다.

　　지금은 450 하고 6년[1]
　　나는 프랑수아 비용이라는 학생,
　　조용히 앉아 이를 악물고
　　마음 가다듬어 생각해 본즉,
　　로마의 현자이며 위대한 지성
　　저 베제시우스[2]도 말하고 있거니와
　　사람은 행동을 조심해야 하나니
　　그렇지 아니하면 몸을 망치게 되리라……. (1절)

L'an quatre cent cinquante et six,

Je, François Villon, écolier,

Considérant, de sens rassis,

Le frein aux dents, franc au collier

Qu'on doit ses oeuvres conseiller

Comme Végèce le raconte,

Sage romain, grand conseiller,

Ou autrement on se mécompte······.

때는 1456년 크리스마스 날 밤이다. 시인은 생 브누아 경내의 〈빨간 문의 집〉 2층 자기 방에서 책상을 마주 하고 앉아 있다. 책상 위에는 원고 용지가 펼쳐져 있고, 그 앞에서 시인은 〈조용히 앉아 이를 악물고〉 어떤 결의를 하지 않으면 안 된다.

그것은 우선 파리를 떠나는 〈행동〉의 결의임에는 틀림없지만, 그러나 표면적으로는 사랑의 순교자로서 도피 행각이며, 이면적으로는 흔히 말하는 나바르 신학대학 절두사건을 암시하거나 아니면 〈유증〉이라고 하는 패러디 자체를 막연히 가리키고 있는 것 같다.

어느 경우이건 〈행동〉을 조심하지 않으면 망신을 당할지도 모르기 때문에, 시인은 그것을 〈베제시우스〉의 교훈을 빙자하여 현학 취미의 일면을 과시하면서 自省을 한다.

방금 말한 그 해 성탄절 날,
늑대도 바람을 먹고 산다는
그리고 된서리 때문에 집안 화롯가에 앉는다는
삼라만상 죽은 듯 잠든 계절,
언뜻 머리에 떠오르는 것은
이즈음 마음을 찢을 듯 괴롭히는
진정 사랑의 감옥을
부수고 싶은 생각이로다. (2절)

En ce temps que j'ai dit devant,

Sur le Noël, morte saison,

Que les loups 「se」 vivent de vent

Et qu'on se tient en sa maison,

Pour le frimas, près du tison,

Me vint un vouloir de briser

La très amoureuse prison

Qui souloit mon coeur débriser.

아직 초저녁이라고 하는데 거리에는 인기척이 없고 쓸쓸하다. 된서리 내려 몹시 추워서, 사람들이 집안에 틀어박혀 화롯가에 모여 앉아 있는 것일까, 삼라만상은 죽은 듯 고요하다. 그것은 〈바람을 먹고 산다는〉 허기진 늑대만이 거리를 배회하고 있음직한 어둠이다. 그 어둠을 뚫고 멀리서 개 짖는 소리가 들려온다. 그것은 바로 늑대가 나타났기 때문이리라.

실제로 파리의 거리에서 종종 늑대가 나타났다는 기록이 있다. 특히 1439년에는 몽마르트르와 생 탕트완느 성문 사이에서 14명이나 그 희생이 되었다고 한다. 1439년이라고 하면 시인이 8,9세쯤 되는 나이일 테니까, 그는 그 참변의 이야기를 듣고 잘 기억하고 있음에 틀림없다.

그리하여 시인은 어린 시절의 현실적인 경험을 詩想으로 떠올리고 있다. 그는 그러한 적막한 분위기 속에서 불행한 연애로부터 벗어나기 위하여 그 〈사랑의 감옥을 부수고 싶은 생각〉을 한다. 즉, 사랑을 단념하기로 한다. 그는 지금 하나의 결의를 하고 있다. 그 결의에는 일종의 비장감마저 감돈다.

그러면 그 결의란 무엇인가. 그것은 무정한 여인과의·관계를(물론 그것은 시인 쪽에서의 감상적인 문제에 지나지 않지만) 단호히 끊어 버리고 파리를 떠나는 일이다.

그러므로 시인은 이제부터 결행하려고 하는 여행의 이유를 설명하지 않을 수 없다.

나는 그렇게 하고야 말았는데,

이 몸이 죽어 나을 리 없을 것을

죽어도 좋다 하고 동의하는

그녀[3]를 눈앞에 바라보며,

그것이 야속하여 하늘을 원망하고
모든 사랑의 신에게 그녀를 복수하여
이루지 못한 사랑의 괴로움을
달래달라 기원하는도다. (3절)

Je le fis en telle façon,
Voyant celle devant mes yeux
Consentant à ma défaçon,
Sans ce que je la lui en fût mieux;
Dont je me deuil et plains aux cieux,
En reqérant d'elle vengeance
A tous les dieux vénérieux,
Et du grief d'amour allégeance.

　한 여인이 있다. 그것도 아름다운 여인이다. 그러나 〈그녀〉는 무정한 여인이다. 시인이 아무리 호의를 베풀어도 전혀 반응을 보이지 않는다. 한낱 〈학생〉에 지나지 않은 시인이 애가 타서 죽는다고 하더라도 조금도 〈나을 리 없을〉 터인데 〈죽어도 좋다 하고 동의하는〉 그야말로 무정한 여인이다. 그러나 시인은 그 무정한 여인이 누구인지 밝히려고 하지 않는다. 그것은 카트린느 드 보셀르가 아니면 마르트라는 아가씨이리라.

　그 무정한 여인의 전형은 알랭 샤르티에의 「무정한 미인」 속에 보이는데 그것은 이미 음유시인, 즉 트루바두르의 시 속에 나타나 있는 문학의 造型[4]이다. 특히 마쇼 이후 신시파의 궁정풍 우아체 연애시 속에 빈번히 나타난다. 한쌍을 이루는 연인들 중에서 남자 연인은 창백한 기사이고 〈사랑의 순교자〉이며 〈여자에게 버림받는 연인〉이다. 시인은 여기에서 일단 그러한 시적 조형에 자기를 맞춘다. 그리하여 그는 15세기 초엽의 궁정시인 알랭 샤르티에의 「무정한 미인」에 나오는 〈까만 옷을 입은 기사〉를 연상하게 하는 실연의 창백한 젊은이로서 자기를 묘사해낸다. 그리고 그는 그 시대의 궁정 시어를 구사하고 전통적인 시 문체를 사용하여, 무정한 그러나 다정한 미소를 던지는 미인의 야속함을 한탄하며 〈그녀를 복수하여 이루지 못한 사랑의 괴로움을 달래달라〉고 모든 사랑의 여신에게 기원한다.

> 그리고 만약 오장육부까지 파고드는
> 저 부드러운 시선과 다정한 미소를,
> 그토록 깜찍한 애교로 말미암아
> 나에게 유리하게 생각하는 날에는
> 그것은 나에게는 흰 다리의 말[5]이요
> 결정적인 순간에 나를 외면하는 놈이로다.
> 다른 밭에 옮겨 심고[6]
> 새 鑄型으로 찍어야 하리라.[7] (4절)

> Et se J'ai pris à ma faveur
> Ces doux regards et beaux semblants
> De très décevante saveur,
> Me tréperçant jusques aux flancs,
> Bien ils sont vers moi les pieds blancs
> Et me faillent au grand besoin.
> Planter me faut autres complants
> Et frapper en un autre coin.

시인은 자존심이 강하다. 그리하여 〈부드러운 시선과 다정한 미소〉에 접할 때마다 사랑을 받고 있다고 굳게 믿는다. 그러나 사실은 정반대이다. 그것은 여자의 표면적인 〈깜찍한 애교〉에 지나지 않는다. 시인은 여기에서 짝사랑을 단념하지 않으면 안 된다. 왜냐하면 〈다정한 미소〉의 여인은 시인에게는 〈흰 다리의 말〉이며, 믿을 수 없는 여자이기 때문이다.

그런데 시인은 저 궁정풍 우아체 연애시 형식에 현실주의적 색채를 가미하는 일을 잊지 않는다. 〈흰 다리의 말〉이라고 하는 은유(métaphore)가 바로 그 증거이다. 〈흰 다리의 말〉은 희귀한 것이기 때문에 통행세가 면제되고, 한편 힘이 없어 전쟁터에서 쓰러져 버리기 때문에, 결정적으로 필요할 때 도움이 되지 않는 사람을 가리키는 격

언적 표현이다. 시인은 그것을 원용하여 〈그녀〉를 〈결정적인 순간에 나를 외면하는
놈〉이라고 표현하고 있다. 궁정풍 우아체 연애시라면 그러한 표현은 결코 하지 않을
것이다. 그것은 시인이 레알리스트라는 점을, 그리고 《유증시》가 패러디라는 점을 입
증해 준다. 따라서 독자는 〈다른 밭〉, 〈새 주형〉이 무엇을 의미하고 있는지 곧 알 수
있다. 〈주형〉이란 돈을 찍는 것이다. 그러므로 그것은 〈밭〉이라는 말과 함께 외설
적·이중적 의미를 가지는 표현이다.

　시인은 〈그녀〉를 단념하고 다른 여자를 만들어 다시 사랑을 시작해야 하겠다고
한다. 그렇게 되면 그것은 사랑의 순교자로서의 비련의 노래가 아니다. 시인은 여기
에서 그것과는 정반대의 익살을 부린다.

　　　　나는 그녀의 눈동자에 반하고 말았는데
　　　　그녀는 나에게 등을 돌린 무정한 여인.
　　　　어떤 잘못도 저지르지 않았거늘
　　　　나더러 죽어 버리고
　　　　더 이상 살지 말기를 바라며 명하나니
　　　　나는 도망갈 수밖에 달리 길이 없도다.
　　　　이 애타는 하소연에 귀 기울이지도 아니하고
　　　　저 열렬한 결합을 끊으려 하는구나! (5절)

　　　　Le regard de celle m'a pris
　　　　Qui m'a été félonne et dure:
　　　　Sans ce qu'en rien aie mépris,
　　　　Veut et ordonne que j'endure
　　　　La mort, et que plus je ne dure;
　　　　Si n'y vois secours que fouïr.
　　　　Rompre veut la vive soudure,
　　　　Sans mes piteux regrets ouïr!

　시인은 자기의 사랑을 받아들이지 않는 〈무정한 여인〉, 〈죽어 버리고 더 이상 살

지 말기를 바라며〉 등을 돌리는 여자에게서 멀리 떠나는 이른바 사랑의 도피 행각을 생각한다. 그러나 사랑에 대한 미련은 도피 행각을 생각하면 할수록 시인의 마음을 괴롭힌다. 그리하여 그는 그래도 그 무정한 여인을 그리워하지 않을 수 없다. 왜 이 애타는 하소연에 귀 기울이지 아니하는가. 왜 저 열렬한 결합을 끊으려 하는가.

그런데 시인은 여기에서도 미련을 호소하면서 익살을 부리는 일을 잊지 않고 있다. 그것은 〈저 열렬한 결합〉이 외설적·구체적 사실을 의미하기 때문이다.

그리고 시인은 왜 〈도망갈 수밖에 달리 길이 없다〉고 생각하고 있는가. 사실 시인에게는 현실적으로 도망갈 수밖에 없는 또 다른 이유가 있을는지 모른다. 그것은 나바르 신학대학 절도사건 직후의 일시적인 피신이 아닌가 한다.

> 그러한 궁지를 모면하기 위하여
> 떠나는 것이 최선의 길이리라.
> 잘 있거라! 나는 앙제로 간다.
> 그녀는 나에게 정을 주기는 고사하고
> 정의 그림자도 보이지 아니하는도다.
> 그녀 때문에, 멀쩡한 四肢를 하고 나는 죽는다.
> 요컨대 나는 순교자 연인이요
> 사랑의 聖人의 일원이로다. (6절)

> Pour obvier à ces dangers,
> Mon mieux est, ce crois, de partir.
> Adieu! Je m'en vais à Angers:
> Puis qu'el 「le」 ne me veut impartir
> Sa grâce, ne 「la」 me départir,
> Par elle meurs, les membres sains;
> Au fort, je suis amant martyr
> Du nombre des amoureux saints.

시인은 무정한 여인의 사이비 시선의 아름다움에 매혹되어 있다. 그런데 그 여인은 시인에게 정을 주기는커녕 오히려 등을 돌리며 〈죽어 버리라〉고 한다. 그리고 〈저 열렬한 결합〉을 끊으려고 한다. 사태가 이쯤 되면, 시인은 결국 〈떠나는 것이 최선의 길이리라〉 생각하지 않을 수 없다.

그러면 어디로 떠날 것인가. 시인은 〈앙제로 간다〉고 한다. 그리하여 그는 무정한 여인 곁에서 떠나 멀리 이역만리의 타향 땅에서 상처입은 마음을 달래기로 한다. 그런데 앙제로 떠나기로 한 데에는 그 밖의 현실적인 이유가 있을는지 모른다. 그것은 그곳의 한 성직자의 대금을 털기 위하여 미리 그 동정을 살피는 일이라고 한다. 그러나 그는 그러한 일이 있다고 하더라도 그 일의 성격상 표면적으로 드러낼 수는 없다. 그는 〈순교자 연인〉이 되어 〈사랑의 성인의 일원〉으로서 그처럼 사랑하는 파리를 등지고 앙제로 향해야만 한다.

그런데 〈앙제〉(Anger; Angiers)라는 지명에서 〈사랑의 행위〉(angier; augier; ongier＝enfanter; embrasser; étreindre; faire l'amour)의 의미를 읽을 수 있다고 한다.[8] 그렇다면 〈앙제로 간다〉고 할 때 거기에는 〈사랑의 행위를 하러 간다〉는 이중적 의미가 내포되어 있는 셈이다. 사실 4절에서부터 5절을 거쳐 6절까지의 문맥으로 보아, 시인은 여기에서도 외설적·이중적 표현을 하여 익살을 부리고 있는 것이다.

이별이 아무리 괴로워도
그녀에게서는 떠나야 하는데,
희미한 勘으로도 알 수 있듯이
다른 놈[9]이 내 여자의 토리대[10]를 차지해 버렸으니,
불로뉴의 간한 청어라 하더라도
나만큼은 애타지 아니하리로다.
그것은 나에게는 비통한 일인즉
신이여, 내 신음소리를 들어 주소서! (7절)

Combien que le départ me soit
Dur, si faut-il que je l'éloigne:
Comme mon pauvre sens conçoit,
Autre que moi est en quelogne,

Dont oncque soret de Boulogne
Ne fut plus altéré d'humeur.
C'est pour moi·piteuse besogne:
Dieu en veuille ouïr ma clameur!

시인은 여기에서도 사랑에 대한 미련을 호소하고 있다. 물론 사랑에 대한 미련이라고 하더라도 3절에서부터 5절까지의 그것에 비하면, 그렇게 심각하지는 않다. 그리고 5절에서부터 6절로 이행하는 경우의 그것처럼 자연성이 없다. 그것은 시인의 무정한 여인에 대한 마지막 미련이 그만큼 강하기 때문이다.

사실 시인은 생각하면 할수록 애가 타지 않을 수 없다. 〈다른 놈이 내 여자의 토리대를 차지해 버렸으니〉 오죽하겠는가. 그렇기 때문에 시인은 〈그것은 나에게는 비통한 일인즉 신이여, 내 신음소리를 들어 주소서!〉라고 절규한다.

그런데 시인이 아무리 애가 타서 절규한다고 하더라도, 그것은 단지 어릿광대가 연기해 보이는 일종의 狂言이거나 아니면 익살꾼이 내뱉는 어설픈 한탄의 소리로밖에는 들리지 않는다. 물론 그것은 시인이 현실에 있어서 그처럼 애가 타는 사랑의 경험을 한 적이 없다는 말은 결코 아니다. 그가 현실적으로 여자들에게서 철저한 배신과 경멸을 받은 것은 틀림없는 바이다. 그러나 그러한 현실적인 연애 경험의 苦杯는 여기에서는 단지 사랑의 패배자로서 도피 행각을 결행한다는 《유증시》의 結構를 위한 것 외에는 거의 그 진상이 드러나 있지 않다. 그때 시인의 마음을 차지하고, 그의 애를 태운 무정한 여인에 대한 분노는 시간이 경과하지 않으면 그의 문학에서 그 진상이 밝혀지지 않는다.

그것은 《유증시》에 있어서는 다만 무정한 여인에게 〈핏기 사라져 비참하고 죽어 싸늘해진 내 심장을 자그마한 상자에 넣어 남겨 주는〉[11] 유증의 형식에 그치고, 어떤 불평이나 원한의 표현으로 되어 있지 않다. 그리고 그것도 〈심장 유증〉이라고 하는 일종의 문학적 전승[12]을 답습하고 있는 데 지나지 않다.

떠나지 않으면 아니 되고
돌아올 기약도 없도다.
（나도 약하디약한 인간

강철이나 주석으로 되어 있지 아니하거니와

인간에게는 생이란 불확실한 것

죽음에 대하여 유예도 없는데[13]

나는 머나먼 곳으로 떠나야 하나니)

이 〈유증〉을 제정함이로다.[14] (8절)

Et puisque départir me faut,

Et du retour ne suis certain,

-Je ne suis homme sans défaut

Ne qu'autre d'acier ne d'étain;

Vivre aux humains est incertain,

Et après mort n'y a relais;

Je m'en vais en pays lointain-

Si établis ce présent lais.

시인은 무일푼의 가난한 〈학생〉으로서 외로운 여행의 길을 떠나는 기사가 된다. 그러나 그 기사는 단지 보통의 기사가 아니다. 그는 무정한 여인에게 배신을 당하고 〈사랑의 순교자〉로서 이역만리의 타향 〈앙제〉로 아픈 상처를 달래러 가는 사랑의 패배자이다.

그런데 낯선 곳에의 여행은 언제나 불안이 따른다. 더구나 백년전쟁 직후의 살벌한 혼란이 아직 사회의 구석구석까지 지배하고 있는 당시의 상황으로 보아, 그러한 여행은 불안 정도가 아니라 위험 바로 그것이다. 그러나 그보다 더 문제가 되는 것은 인간의 무상한 생이요, 예기치 못한 죽음이다. 죽음에 직면하면 일순간의 〈유예〉도 없다. 그는 은인·친구·친지 등에게 고별을 하고, 가지고 있는 소지품을 처리하여 유증 목록을 제정할 필요를 느낀다. 물론 그것은 진정한 유증이 아니다. 실제로 25세라고 하는 젊은 나이의 건강한 사람에게는 일단 죽음이 찾아오리라는 예상 자체를 할 수 없다. 그러나 시인은 자기 나름대로 이 세상에 있어서의 인간의 생은 허무하다는 것, 이 어지러운 시대에 있어서의 여행은 불안하고 위험하다는 것을 느낀다. 그리하여 그는 자기의 소지품을 정리하고, 박식한 기사로서 로마 작가의 표현을

인용하면서 적거나 많거나 신세를 지고, 좋거나 나쁘거나 관계를 맺은 사람들에게
유증한다.

　그러므로 지금까지 살펴본 《유증시》 첫부분의 시들(1-8절)은 그 문맥으로 보아 1절
은 〈까만 옷을 입은 기사〉로 분장한 시인의 자기 소개이며, 2절 후반에서 8절까지는
〈까만 옷을 입은 기사〉의 짝사랑에 대한 이야기와 그 실연의 고백인데 3절에서 전
반 4행은 짝사랑과의 절연이고, 후반 4행은 절연 뒤의 미련, 4절과 5절은 짝사랑의
회상, 6절과 7절은 결의·미련·도피의 이유, 8절은 〈유증〉 설정의 목적 설명이다.

1) 서기 1456년.
2) 베제시우스는 3세기 말의 로마 작가. 그의 《전술론》 5권은 비용이 애독한 《장미 이야
　기》의 작가 장 드 묑에 의하여 1286년 불역되어 있다.
3) 〈그녀〉는 7절과 8절에도 나오는 여자인데, 카트린느 드 보셀르인지 마르트인지 확실하
　지 않다.
4) 알랭 샤르티에는 「무정한 미인」에서 그 연인의 모습을 다음과 같이 묘사하고 있다.

　　　다른 사람들도 방을 메우고 있건마는
　　　그이만이 너무나 나를 닮아라,
　　　여위고 핏기 없어, 창백하며, 권태로워
　　　그 말도 떨리어라.
　　　까만 옷에 紋章도 없어,
　　　그 마음 사로잡힌 사람에게
　　　너무나 닮아 보여라.

　　　Des autres y eut plaine salle,
　　　Mais celluy trop bien me sembloit
　　　Ennuyé, maigre, blesme, et palle,
　　　Et la parolle luy trembloit.
　　　Le noir portoit et sans devise,
　　　Et trop bien homme ressembloit
　　　Qui n'a pas son cureur en franchise.
　　　(S. XIII, éd. du Chesne, p.505.)

5) 격언적 표현. 다리가 희거나 반점이 있는 말은 우유부단하여 일반적으로 평이 좋지 않
　으며, 통행세가 면제되고 전장에서도 사용되지 않는다고 한다. 따라서 여기에서는 믿을
　수 없는 여자에 대한 비유적 의미이다.
6) 외설적·이중적 의미의 표현.
7) 비유적·이중적 의미의 표현. 다른 연인을 만들어야 한다는 뜻으로 해석된다.

8) David Quin, p.133.

9) 〈다른 놈〉이란 누구를 가리키고 있는 것일까. 이 패러디 속의 〈무정한 여인〉을 카트린 느 드 보셸르라고 하면 〈다른 놈〉이란 11절에 나오는 이티에 마르샹이 된다.

10) 여기에서는 사랑을 의미한다.

11) 《유증시》 10절.

12) 심장을 조그만 상자에 넣어 유증한다는 설화는 《쿠시 성주와 파이엘 부인의 이야기》에도 나온다.

13) 죽어 버리면 유증·유언을 할 시간적 여유가 없다는 뜻.

14) 당시 진정한 유언서의 형식을 모방한 예로는, 가령 『죽음만큼 확실한 것은 없고 이 세상의 생명만큼 불확실한 것은 없다고 생각함으로』(Considérans qu'il n'est aucune chose plus certaine de la mort ne plus incertaine de l'eure d'icelle—A. Tuetey, *Testaments enregistrés au Parlement de Paris*, p.141)와 같은 것이 있다.

2

가장 가까운 사람들

일단 우아체 연애시가 끝나고 사랑의 도피 행각의 이유와 〈유증〉의 목적을 밝히자, 〈까만 옷을 입은 기사〉는 사랑의 순교자로서 유증을 하기로 한다. 그리하여 그는 진정한 유증 품목서를 작성해 나간다. 그것은 만일의 경우에는 유언서로서의 법적 권위와 효력을 가지며, 가장 엄숙한 순간에 직면한 그리스도 교도로서의 결정적 양심의 書가 된다.

우선 그는 가장 가까운 사람들을 떠올린다.

> 제일 먼저, 아버지와 아들과 성령,
> 그리고 그 은총에 매달리면
> 누구도 망하는 일이 없다고 하는
> 영광스런 어머니의 이름으로,
> 나는 지금 신의 마음이 되어
> 메트르 기욤 비용에게
> 그의 이름으로 유명해진 내 명성을
> 그리고 내 천막과 막사를 유증하는도다. (9절)

> Premièrement, ou nom du Père,
> Du Fils et du Saint Esprit,

Et de sa glorieuse Mère,

Par qui grâce rien ne périt,

Je laisse, de par Dieu, mon bruit

A maître Guillaume Villon,

Qui en l'honneur de son nom bruit,

Mes tentes et mon pavillon.

시인은 기사로서 그리고 그리스도 교도로서 제일 먼저 聖三位一體를 생각한다. 그런데 여기에서 주의해야 하는 것은 〈그 은총에 매달리면〉의 〈그〉는 〈어머니〉, 즉 성모가 아니라 〈아버지와 아들과 성령〉, 즉 신을 가리키고 있다는 점이다. 그것은 救靈이 신의 은총에 의하고 성모는 단지 중개 역할을 맡는 데 지나지 않기 때문이다. 시인은 성삼위일체를 생각함으로써 몸과 마음을 정결히 하며 〈유증〉을 시작하려고 한다.

우선 유증의 첫대상자는 시인을 마치 친아버지처럼 어릴 때부터 맡아 키워 주고 언제나 극진히 사랑해 준, 그러니까 시인의 양부이며 대은인인 기욤 드 비용이다.

시인은 그에게 그의 姓 때문에 유명해진 명성과 천막과 막사를 유증한다. 시인은 그때 이미 자기의 성 몽코르비에와 이름 데 로쥬를 버리고 기욤의 성 비용을 차용하고 있다. 그리하여 그는 학우들이나 친구들 사이에서는 이미 프랑수아 비용이라는 이름으로 다소 유명해져 있다. 그것은 압운이 풍부한 발라드의 시인으로서인지, 혹은 날치기 등 못된 짓을 하는 〈악동〉으로서인지, 혹은 언제나 가난하여 돈에 궁하고 여자에게 환영받지 못하는 불운한 젊은이로서인지, 어쨌든 유명해진 〈명성〉이다. 생각하면 그 명성도 결국 기욤 드 비용의 성 때문에 유명해진 것임에 틀림없다. 그러므로 시인은 자기가 죽은 후에는 그 명성을 본인에게 돌려 주는 것이 당연하다고 생각한다. 그런데 시인은 그에게서 성만 차용한 것이 아니다. 그의 집에서 먹고 자고 자란 것이다. 이제 유증 품목서에 들어 있는 자기의 집도 실은 기욤 드 비용의 것에 지나지 않다. 따라서 시인은 〈천막과 막사〉를 그 성과 함께 본인에게 돌려 주지 않을 수 없다. 그것은 어디까지나 유증 형식에 의해서이다. 그러므로 그것은 얼마나 신랄한 해학적 행위인지 모른다.

그리고 〈천막과 막사〉는 편력 기사의 장비의 하나이다. 여기에서는 시인이 〈까만 옷을 입은 기사〉로서 소중히 아끼는 장비이며, 어릴 적부터 기거하고 있는 〈빨간 문의 집〉이라는 것을 이중적·해학적으로 암시하고 있다.

일,[1] 나를 그처럼 무정하게 뿌리치고
나에게서 즐거움을 막아 버리며
일체의 쾌락을 몰아낸
방금 말한 그녀[2]에게는,
핏기 사라져 비참하고 죽어 싸늘해진 내 심장을
자그마한 상자에 넣어 남겨 주는도다.
그녀는 나에게 그러한 재앙을 가했건마는
신이여, 그녀의 죄를 용서해 주소서! (10절)

Item, à celle que j'ai dit,
Qui si durement m'a chassé
Que je suis de joie interdit
Et de tout plaisir déchassé,
Je laisse mon coeur enchassé,
Pâle, piteux, mort et transi:
Elle m'a ce mal pourchassé,
Mais Dieu lui en fasse merci!

대은인에게 유증을 한 다음, 시인의 머릿속에 떠오르는 생각은 역시 저 〈무정한 여인〉의 모습이다. 그것은 너무나 당연한 일이다. 시인은 바로 그 무정한 여인의 뿌리침 때문에 이제 남모르는 사랑과 원한으로 얼룩진 그리운 파리를 떠나 이역만리의 낯선 곳에서 외로운 유적 생활을 해야만 한다. 그러므로 미운 여자이다. 그러나 잊을 수 없는 여자이다. 시인은 그 여자에게 무엇인가 유증을 해야 할 터인데 적당한 것이 없다. 언젠가 그 여자는 〈나더러 죽어 버리고 더 이상 살지 말기를 바란다〉고 하지 않았는가. 그리고 옛날 어떤 연인도 자기가 죽거든 심장을 꺼내어 그것을 사랑하는 여자에게 보내달라고 유언하지 않았던가.[3] 그렇다, 심장을 유증하는 것이 좋으리라. 〈나를 그처럼 무정하게 뿌리친〉 여자이니까 살아 숨쉬는 심장은 받을 리

만무하겠지만, 그러나 〈핏기 사라져 비참하고 죽어 싸늘해진 내 심장〉이라면 무엇보
다도 그 여자에게는 안성맞춤의 유증이 될 것임에 틀림없다.

　시인은 그것을 〈자그마한 상자〉에 넣어 유증한다. 그리고 그는 비록 미운 여자이
기는 하지만 신에게 그 여자의 죄를 용서해 주기 바라는, 기사로서 또는 그리스도
교도로서의 태도를 잊지 않는다. 그러나 그것은 바꾸어 말하면 바로 시인의 패러디
이며 해학이라는 사실을 여기에서 강조할 필요도 없다.

　　일, 내가 많은 신세를 지고 있는

　　메트르 이티에 마르샹에게는

　　아니 메트르 장 르 코르뉘에게라도 좋거니와

　　강철로 만든 예리한 단검을 남겨 주는도다.

　　그것은 7수나 되는 술값으로

　　술집에 저당잡혀 있는데,

　　계약대로 찾아가려고 하거들랑

　　그들 중 누구에게라도 내어 주기 바라노라. (11절)

　　Item. à maître Ythier Marchant,

　　Auquel je me sens très tenu,

　　Laisse mon brant d'acier tranchant

　　Et à maître Jean le Cornu,

　　Qui est en gage détenu

　　Pour un écot sept sous montant;

　　Je veux, selon le contenu,

　　Qu'on leur livre en le rachetant.

　저 무정한 여인과 연관하여, 시인의 머리에 떠오르는 사람은 이티에 마르샹과 장
르 코르뉘이다. 이티에 마르샹은 7절에 나오는 이른바 시인의 〈여자의 토리대를 차
지해 버린〉 바로 그〈놈〉일는지 모른다. 시인은 이 인물에 대한 풍자를 《유언시》에서
도 종종 되풀이하고 있다.[4] 그리고 장 르 코르뉘라는 인물도 마르샹과 함께 《유언

시〉에 다시 등장한다.[5]

마르샹이라는 말에는 〈다리도 그것[6]도 센 놈〉이라고 하는 의미가 내포되어 있다면, 코르뉘라는 말에는 〈코퀴〉(cocu), 즉 오쟁이진(아내를 빼앗긴) 놈〉이라고 하는 의미가 내포되어 있다고 한다. 따라서 시인은 둘의 이름을 대비시키면서 그들을 비꼬며 익살을 부리고 있는 셈이다. 그리고 시인이 〈많은 신세를 지고 있는〉 운운하고 있는 것은 물론 반어적 표현이며, 〈예리한 단검〉이라고 하는 것은 기사의 소중한 장비임과 동시에 그 이면에는 男根, 혹은 배설물이라고 하는 의미가 숨겨져 있어서 이중적·외설적 표현이다.

둘은 시인과 같은 또래로 그의 친구들이다. 함께 술도 마시고 여자 놀이도 하며 서로 감정적인 생활을 나누어 가진 사이들이다. 둘의 신분을 살펴보면, 전자는 고등법원의 부유한 참사의 아들이요, 후자도 역시 부유한 금융업자의 아들이다. 그러한 돈 많은 친구들과의 교제는 가난한 시인에게는 〈많은 신세〉를 져야만 하는 경우도 있었을 터이고, 그것이 불가능할 때 가난한 사람의 비뚤어진 마음에서 때로는 불쾌하게 생각하는 경우도 없지 않았으리라.

시인은 이제 먼길을 떠나야 한다. 그는 그러한 둘에게도 어떤 유증을 하지 않을 수 없다. 그때 그의 머릿속에는 그들과의 교제에 대한 수많은 추억과 함께 〈술값으로 술집에 저당잡힌〉 예리한 단검이 떠오른다. 그리하여 그는 그 단검을 둘에게 〈많은 신세를 진〉 대가로 찾아 가지도록 한다. 즉, 너희들은 돈 많은 놈들이니까 내 대신 술값 7수 정도는 갚아 주어도 좋지 않으냐 하는 것이다. 그것은 바꾸어 말하면 신랄한 풍자이며 이중적·외설적 표현임은 물론이다.

> 일, 생 타망[7]에게는
> 암노새[8]와 함께 백마를
> 그리고 블라뤼에게는 금강석과
> 꽁무니를 들어올린 얼룩말을 남겨 주는도다.
> 모든 남녀 兩性 운운하며
> 조목별로 규정하는 교황의 勅令은
> 카르멜 파의 대칙령과 맞먹는 것인즉
> 주임사제들에게 남겨 주나니 잘 실천하기 바라노라. (12절)

Item, je laisse à Saint Amant

Le *Cheval Blanc avec la Mule*

Et à Blaru mon diamant

Et l'*Ane rayé* qui recule;

Et le décret qui articule

Omnis utriusque sexus,

Contre la Carméliste bulle

Laisse aux curés, pour mettre sus.

술 친구들인 마르샹과 코르뉘에 대한 생각은 시인으로 하여금 생 타망을 떠올리게 한 것이리라. 생 타망도 역시 부유한 재무 관리이며 나중에는 재무대신까지 지내게 되는 인물이다.

때는 기사도 정신이 옛날의 위신을 잃고, 신흥 부르주아 계층이 황금만능을 내세우기 시작한 시대이다. 사회는 지식인인 관리들까지도 기사도 정신을 버리고 부르주아적 성격을 띠기 시작해 가고 있다. 재계 인사들과 재무 관리들이 어깨를 펴고 파리의 거리를 활보하고 있는 모습은 당시의 문학 작품이나 풍속도를 통하여 얼마든지 볼 수 있는 일이다. 그리고 그들은 항상 말이나 노새를 타고 다닌다.

시인은 그들의 그러한 모습을 지나칠 리 없다. 그는 그들의 말탄 모습을 자주 목격하고 있기 때문에, 생 타망에게는 말을 유증하는 것이 좋으리라고 생각한다. 그러나 시인은 실물의 말로는 만족하지 않는다. 거리의 간판인 〈암노새와 함께 백마〉를 유증한다.

당시의 풍속도를 보면, 거리의 주점이나 그 밖의 가게에는 형형색색의 간판이 걸려 있어서 극히 피토레스크(pittoresque)한 광경이 눈에 띈다. 그러한 광경은 당시 학생들의 장난의 대상이 된다. 그들이 그 간판을 가지고 여러 가지 장난을 한 흔적이 각종 문헌에 나타나 있다.[9] 실제로 1452년에는 시인을 포함한 몇몇 학생이 간판을 가지고 그것을 장난감으로 삼고 있는데, 시인의 유실된 「악마의 방귀 이야기」는 아마도 그 장난을 테마로 삼은 것이 아닌가 한다.

시인은 어떤 친교를 맺고 있었는지는 모르지만 생 타망의 가정생활을 잘 알고 있다. 그리고 생 타망 부인은 6년 후의 《유언시》에 의하면 시인을 거지 취급하고 있었다고 한다. 그리하여 시인은 그 부인에 대하여 이후 신랄한 야유를 퍼붓게 된다. 〈암노새와 함께 백마〉를 유증하는 정도이니까 그렇게 신랄한 야유라고는 할 수 없지만, 그러나 재무대신의 지위에 있는 생 타망이 거리의 간판 이름의 〈동물〉을 유증받는다는 그 콩트라스트(contraste)는 가히 익살의 극치라고 할 만하다. 백마는 노쇠 현상 내지는 성적 불능을 암시하고, 암노새는 石女를 의미하고 있는데, 여기에서는 생 타망 부부의 가정생활 그것도 성생활을 풍자적으로 표현하고 있다.

그리고 얼룩말은 옛날부터 성적인 왕성한 힘을 가지는 동물이라고 한다. 그런데 그 얼룩말의 〈꽁무니를 들어올린〉다는 형용어의 의미는, 〈얼룩말〉의 성행위의 격렬함을 표현하고 있음은 물론이다. 그러한 〈꽁무니를 들어올린 얼룩말〉을 유증받는 영광은 블라뤼에게 주어진다. 그는 파리의 換錢橋(Pont de Change) 위에 가게를 가지고 있는 환전업자이며 금은 세공사인데, 자기 가게에서 팔고 있는 〈금강석〉까지 동시에 유증받는다. 여기에서 재미있는 것은 백마·암노새로 상징되는 성적 불능과, 얼룩말로 상징되는 성적인 왕성함과의 콩트라스트이다. 그러므로 생 타망 부부의 성적 불능, 즉 불명예와 블라뤼의 성적인 왕성함, 즉 명예와의 콩트라스트가 반어적·외설적 표현으로 잘 부각되어 있는 셈이다.

1215년 라트랑(Latran) 종교회의에서 의결된 勅令은 『모든 남녀 신도는 1년에 한 번 반드시 각자의 교구 사제에게 참회하지 않으면 안 된다』고 규정하고 있다. 이 규정에 대하여 카르멜 파 수도사들도 1409년 교황 니콜라우스에게서 참회 청문의 자격을 획득하고 있는데, 그것이 바로 〈카르멜 파의 대칙령〉이다. 그런데 이 칙령에 대하여 우선 소르본이 들고 일어나 반대하고, 이어 각 교구 사제들이 격렬히 반대하여 주임사제의 권리 옹호를 주장, 드디어 교황 칼릭스투스 3세에게서 〈카르멜 파의 대칙령 취소〉를 얻어내고 만다.

이 참회권을 둘러싼 주임사제들과 수도사들의 항쟁은 시인이 여행을 떠나려고 한 해를 전후하여 그 마지막 격렬함을 보인다. 시인은 물론 주임사제 편에 속하고 수도사 파에 대해서는 전통적인 혐오 감정을 품고 있다.

시인은 이제 파리를 떠남에 있어서 주임사제들에게도 무엇인가 유증을 하려고 하는데, 마침 언뜻 라트랑 종교회의에서 의결된 칙령을 떠올리고 그것을 주임사제들에게 유증하며 성원을 보낸다.

그리고 메트르 로베르 발레에게는
산인지 계곡인지 알 수 없는[10]
고등법원의 가난한 서기이기에[11]
목로주점 장화[12]에 맡겨둔
내 바지를 특별히 남겨 주는도다.
얼른 그에게 내어 주기를 바라거니와
그의 애인 잔 드 밀르에르에게 씌워 준다면
아주 잘 어울릴 것이로다. (13절)

Et à maître Robert Vallée

Pauvre clergeot en Parlement,

Qui n'entend 「ne」 mont ne vallée,

J'ordonne principalement

Qu'on lui baille légèrement

Mes braies, étant aux *Trumillières*,

Pour coiffer plus honnêtement

S'amie Jeanne de Millières.

시인은 예의 재계 인사들에게서 연상되었을까, 한 유력한 인물을 떠올린다. 그것은 다름 아닌 로베르 발레이다. 그는 시인과 같은 또래로 1448년에 바슐리에가 되고, 1449년에는 메트르가 되어 있음으로 시인의 학우임에 틀림없다. 그리고 그는 고등법원의 유력한 서기일 뿐만 아니라, 많은 재산을 소유하고, 파리 재계의 명문과 인척관계에 있는 당당한 인물이다. 시인은 발레 부부에게도 종종 원조를 구하고, 호인인 남편을 주무르는 그의 아내에게서 보기 좋게 거절당한 일이 있었으리라. 여기에서 시인은 그에게 파격적으로 3절을 할애하여 조소를 퍼붓고 있다.

시인은 우선 그를 그의 이름 발레에 걸어 〈산인지 계곡인지 알 수 없는〉 바보 취급을 한다. 그리고 다음은 고등법원의 부유한 서기를 〈가난한 서기〉라고 반어적으로 표현하며, 그에게 시장 근처에 있는 〈목로주점 장화〉에 맡겨둔 〈바지〉를 유증한다.

그런데 그 바지는 발레에게 입히기 위한 것이 아니라, 그것으로 두건을 접어 언제나 남편을 깔아뭉개는 그의 아내에게 씌워 주기 위한 것이다. 여기에서 재미있는 것은 그의 이름 발레(Vallée)와 계곡(vallée), 즉 바보를 결부시키고 있듯이 목로주점 장화(Trumillière)와 그의 아내 이름 드 밀르에르(de Millière)의 음을 맞추고 있으며, 동시에 바지는 장화에 들어가는 것임으로 목로주점 장화에 들어가는 것, 즉 맡겨두는 것은 당연하지 않느냐 하는 말장난을 하고 있는 점이다.

    그는 좋은 가문의 출신이라
    그것보다 나은 것을 유증받아야 할 터인데
    바보 같은 놈이기에[13]
    성령은 그에게 지혜를 주소서.
    결국, 궁리 끝에 머리에 떠오르는 생각은
    「교훈서」한 권을 모팡세에게서 빼내어
    그에게 건네 주기 바라는 것이니
    그는 분별도 옷장도 없는 자[14]이기 때문이로다. (14절)

    Pour ce qu'il est de lieu honnête,
    Faut qu'il soit 「mieux」 récompensé,
    Car le Saint Esprit l'admoneste,
    Obstant ce qu'il est insensé;
    Pour ce, je me suis pourpensé
    Puisqu'il n'a sens ne qu'une aumoire,
    A recouvrer sur Maupensé,
    Qu'on lui baille *l'Art de Memoire*.

시인의 조소는 여기에서 절정에 달한다. 언제나 아내의 치맛자락에 매달려 있는 발레는 결국 〈바보 같은 놈이기에 성령은 그에게 지혜를 주소서〉라고 빌면서 동정하고, 전설적인 바보로 알려져 있는 모팡세에게서 빼낸 「교훈서」를 그에게 유증하도록 유언 집행인에게 의뢰한다.

여기에서 「교훈서」로 의역한 것은 당시 널리 읽혀진 라틴어의 「Arsmemoratira」
이다. 직역하면 「기억술」이 된다. 〈그는 분별도 옷장도 없는 자〉, 즉 어리석은 놈이기
때문에 「기억술」이라도 읽고 조금은 똑똑한 사람이 되어야 한다는 야유이다. 물론
반어적·풍자적 표현이다.

　　일, 방금 말한 메트르 로베르의
　　생활을 보장해 주기 위함인즉
　　(뭐! 그렇게 부러워하지 말지어다!)
　　친척 양반들이여, 내 쇠사슬 갑옷을 팔아
　　그 돈으로, 아니 조금은 써도 좋거니와
　　부활제가 되기 전에
　　이 게[15]를 위하여 생 자크 성당 곁에
　　창문[16] 하나만을 사 주기 바라노라. (15절)

　　Item, je assigne la vie
　　Du dessusdit maître Robert,
　　(Pour Dieu! n'y ayez point d'envie!):
　　Mes parents, vendez mon haubert,
　　Et que l'argent, ou la plus part,
　　Soit employé, dedans ces Pâques,
　　A acheter à ce poupart
　　Une fenêtre emprès Saint-Jacques.

　마지막으로 시인은 기사의 장비 중에서 가장 소중한 〈쇠사슬 갑옷〉을 팔아 그날
그날 끼니를 잇지 못하는 가난한 〈게〉, 즉 로베르 발레에게 〈생 자크 성당 곁에 창
문〉, 즉 대서점을 하나 사 주도록 유족에게 의뢰한다. 그렇게 되면 아무리 어리석은
바보라고 하더라도 없는 지혜를 짜내어 하루하루의 생활을 해나갈 수 있다는 야유
이다.
　그것은 반어적·외설적 의미의 패러디임은 물론이다. 〈게〉는 로베르를 가리키고

있는데, 게(poupart)에는 男根(phallas)이라는 뜻이, 창문(fenêtre)은 대서점을 가리키고 있는데 거기에는 女陰이라는 뜻이 감추어져 있다고 한다. 그러므로 시인은 로베르를 야유하면서 동시에 두 어휘를 결부시켜 외설적·해학적인 이중의 의미를 표현하고 있는 셈이다.

그리고 〈뭐! 그렇게 부러워하지 말지어다!〉라고 강조하는 표현은 물론 이 시의 청중(독자)들, 즉 학생들을 전제로 한 익살이다. 그런데 그 익살이 의외로 이 시의 분위기를 고조시키는 데 큰 구실을 하고 있다.

1) 일 item은 계산서 등의 항목을 가리키는 말인데, 여기에서는 유증·유언의 한 항목을 의미한다.
2) 예의 〈무정한 여인〉.
3) 심장을 유증하는 예는 샤를 도를레앙의 시에도 보인다.
4) 《유언시》 25절, 94절, 99절.
5) 《유언시》 95절.
6) 남자의 성기, 즉 男根을 가리키고 있다.
7) 父子가 같은 이름인데 여기에서는 아들을 가리키고 있다. 시인의 은인.
8) 간판 이름.
9) Champion, t.I, pp.61-65.
10) 여기에서는 비유적 표현. 〈바보 같은〉이라는 의미이다.
11) 여기에서는 반어적 표현.
12) 간판 이름.
13) 반어적 표현.
14) 〈어리석은 놈〉이라는 뜻인데, 물론 반어적 표현이다. 그리고 〈옷장〉이라는 말에는 외설적·이중적 의미가 있다고 한다.
15) 외설적 의미(〈남자의 성기〉라는 의미)가 내포되어 있다.
16) 외설적 의미(〈여자의 성기〉라는 의미)가 내포되어 있다.

3

그리운 친구들

여기에서 시인의 詩想은 바뀌어, 가장 가까운 사람들의 초상에서부터 비교적 가까이 지낸 그리운 친구·친지들의 초상에로 옮겨진다.

그리하여 그들의 성격이나 혹은 그들과의 특수한 교우관계는 시인으로 하여금 그들에게 아주 기이한 유증을 하게 한다.

일, 나의 벗 자크 카르동에게는
무상 증여[1]로서 유증을 하나니
그것은 내 장갑, 두건 달린 명주 망또,
버드나무 숲의 도토리,[2]
매일 한 마리씩의 살찐 거위와
기름진 거세된 수탉,
석회처럼 흰 백포도주[3] 10통,
그리고 너무 살찌지 않도록 하는 두 소송이로다. (16절)

Item, laisse et donne en pur don
Mes gants et ma huque de soie
A mon ami Jacques Cardon,
Le gland aussi d'une saussoie,

Et tous les jours une grasse oie
Et un chapon de haute graisse,
Dix muids de vin blanc comme croie,
Et deux procès, que trop n'engraisse.

시인은 우선 자기보다는 나이가 위이지만 그의 형제들이 생 브누아 성당 회원이었던 관계로 알게 되어, 함께 술집을 드나들거나 여자 놀이를 한 부유한 부르주아 자크 카르동을 떠올린다.

〈나의 벗〉이라고 한 말은 유증 속에 독기가 내포되어 있지 않은 점으로 미루어 보아 비꼬는 표현은 아닌 것 같다. 카르동이 나사상을 경영하는 상인이며 재산을 모으는 일에 혈안이 되어 있는 투기가이기 때문에, 시인은 그에게 기사로서 갖추고 있는 자기의 장갑과 명주 망또, 그리고 버드나무 숲의 도토리를 유증한다. 물론 버드나무에는 도토리가 달릴 리 만무하다. 그것은 투기에 열중하고 있는 카르동이니까 되도록 많은 이윤을 얻게 해 준다는 해학적 의미의 표현이다. 그리고 이 뚱보 카르동은 미식가인 모양이다. 시인은 그에게 매일 한 마리씩 살찐 거위와 기름진 수탉과 백포도주 10통을 유증한다. 그러나 그렇게 되면 너무 살찔 염려가 있다. 그리하여 시인은 사람들과 흑백 논쟁을 하여 살을 뺄 수 있도록 〈두 소송〉을 곁들여 주는 일을 잊지 않는다.

그런데 시인은 이 〈나의 벗〉에게 6년 후의 《유언시》에서는 〈줄 만한 것이 없기 때문에〉 술집 출입과 여자 놀이를 하던 시절 함께 부른 노래를 물려 주게 되지만, 여기에서의 유증은 비록 해학적·풍자적인 것이라고 하더라도 극히 현실적·호의적이라고 할 수 있다.

일, 저 귀족 레니에 드 몽티니에게는
개 세 마리를 남겨 주고,
장 라기에에게는 내 전재산에서 꺼낸
일금 1백 프랑을 남겨 주는도다.
뭐? 그 재산에는 앞으로 버는 것은
조금도 포함되지 아니하나니,

가족들에게서 너무 **빼앗거나**

친구들에게서 너무 바라서는 아니 되는 법이로다. (17절)

Item, je laisse à ce jeune homme,

Regnier de Montigny, trois chiens;

Aussi à Jean Raguier la somme

De cent francs, pris sur tous mes biens.

Mais quoi? Je n'y comprends en riens

Ce que je pourrai acquérir:

L'on ne doit 「trop」 prendre des siens,

Ne trop ses amis surquérir.

시인은 귀족 출신의 친구 레니에 드 몽티니와 장 라기에를 떠올린다.

레니에 드 몽티니는 많은 학자와 성직자를 배출하여 생 브누아 성당으로 보내고, 명문 칼레 家(les Canles)와 인척관계를 가지고 있는 당당한 가문의 출신이다. 그런데 그는 어쩌다가 악의 길로 발을 들여놓고 거기에서 벗어나지 못하여 결국 1457년 몽포콩(Montfaucon) 형장에서 처형되고 만다. 그는 1429년생이니까 시인보다 2세 위이고, 그의 아버지와 작은아버지가 생 브누아 성당 회원이었던 관계로 시인과는 어린 시절부터 가까이 지낸 친구이며, 시인을 악의 길로 끌어들인 장본인이기도 하다.

여기에서 시인은 그에게 〈개 세 마리〉를 유증하고 있는데, 그 이유는 확실하지 않다. 그리고 시인은 《은어시》에서도 역시 그에 대한 추억을 하고 있다.[4]

장 라기에는 다음 20절에 나오는 자크 라기에의 사촌이 아닌가 한다. 라기에 家에는 장 혹은 자크라는 이름을 가진 인물이 몇 사람 있기 때문에, 누가 시인이 가리키는 인물인지 아직 정확히 밝혀져 있지는 않지만, 그들이 귀족 출신인 것만은 확실하다. 장 라기에는 귀족 출신인데에도 술을 좋아하고 행실이 좋지 않은 인물이다. 그는 한 가까운 친척의 많은 유산을 기대하고 있다. 시인의 풍자와 해학의 특징은 상대자, 즉 유언·유증 수령자가 가지고 있는 것을 반대로 유언·유증하는 데 있다.

여기에서 시인은 라기에에게 그러한 기대가 이루어지는 순간을 가정하고 〈내 전 재산에서 꺼낸 일금 1백 프랑〉을 유증하는데, 거기에는 앞으로 버는 재산은 포함되

지 않는다고 익살을 부린다. 그리고 시인은 사람이란 〈가족들에게서 너무 빼앗거나
친구들에게서 너무 바라서는 아니 되는 법〉이라고 교훈적인 설교를 하는 것도 잊지
않는다. 물론 시인 특유의 해학적 표현이다.

　　　일, 그리니 영주에게는
　　　니종 城의 관리직과
　　　몽티니에게보다 많은, 개 여섯 마리와
　　　비세트르 城砦5)와 누각을 남겨 주고,
　　　그리니 영주와의 소송을 제기하는
　　　저 버릇 없는 악마 같은 놈 무통6)에게는
　　　가죽 채찍을 세 대 얻어맞고 쇠사슬로 발이 묶여
　　　편안히 잠자는 권리를 남겨 주는도다. (18절)

　　　Item, au Seigneur de Grigny
　　　Laisse la garde de Nijon,
　　　Et six chiens plus qu'à Montigny,
　　　Vicêtre, châtel et donjon;
　　　Et à ce malotru changeon,
　　　Mouton「ier」, qui le tient en procès,
　　　Laisse trois coups d'un escourgeon,
　　　Et coucher, paix et aise, ès ceps.

　귀족 출신인데도 술을 좋아하고 행실이 좋지 않은 장 라기에 다음으로 나타나는
것은 〈그리니 영주〉라고 불리는 필리프 브뤼넬이다. 그는 시인과 동년배인데 롱그모
(Longumeau)와 코르베유(Corbeil) 사이에 있는 영지를 소유하고 있는 관계로 그리
니 영주(Seigneur de Grigny)라고 불린다. 그는 백년전쟁 말기의 여러 가지 어려운
사정으로 국외 여행을 하기도 하고, 포르미니(Formigny) 전투에도 참가하는 등 다소
거칠은 일을 해 왔을 뿐만 아니라, 경제적으로 궁핍하여 다른 사람들과 소송사건을
자주 일으키기도 한 소위 문제의 인물이다. 시인은 그러한 그에게 파리 근교의 황폐

한 니종 성·비세트르 성채와 누각을 유증하는데, 그것은 호전적인 그리니 영주에게
는 안성맞춤의 보상이다. 그리고 〈개 여섯 마리〉의 유증도 그에게는 걸맞는 선물이다.
　　그런데 시인은 그가 무통과 법정에서 소송사건으로 흑백 논쟁을 한 사실을 잘 알
고 있다. 물론 시인은 그리니 영주 편이다. 그리하여 시인은 무통을 〈버릇 없는 악마
같은 놈〉이라고 단정하며, 그에게 〈가죽 채찍을 세 대 얻어맞고 쇠사슬로 발이 묶여
편안히 잠자는 권리〉를 부여한다. 시인이 여기에서 무통에 대하여 보통을 넘는 복수
를 하고 있는 점으로 미루어 보아, 그들이 어떤 좋지 않은 관계를 가지고 있었던 것
만은 확실하다. 그러나 그것이 어떤 관계인지는 밝혀져 있지 않다.

1) 법률 용어.
2) 버드나무 숲에는 도토리가 없다. 그러므로 여기에서는 해학적 의미.
3) 익지 않은 포도에서 정제한 포도주. 그것은 소화작용을 돕는다고 한다.
4) Saineau, t.I, p.125.
5) 비세트르 성채는 장티이라고 하는 곳에 있는데, 이전에는 그 호화로움을 자랑한 바 있다.
　　1411년 파괴되어 그 뒤로는 악당의 소굴이 되어 있다.
6) 〈그리니 영주〉의 소송 상대자가 무통이라는 것은 시의 표현으로 보아 분명하지만, 그가 누
　　구인지는 확실히 알 수 없다. 1455년, 시인이 필리프 세르무아즈와 싸움을 하여 그에게 상처
　　를 입히고 도망해 버렸을 때 미셸 무통이라는 가명을 사용한 바 있는데, 그 가명과 여기에
　　나오는 인물과 어떤 관계가 있는지 분명하지 않다.

4

샤틀레 관계 사람들

　시인의 시상은 바뀌어 샤틀레에 관계되는 사람들의 초상으로 옮겨진다. 샤틀레는 파리 검찰청과 감옥이 있는, 듣기만 해도 소름이 끼치는 곳이다. 그곳의 검찰청과 학생들과의 관계는 오랫동안 반목으로 일관되어 왔는데, 특히 〈惡童〉 시인에게 있어서는 항상 공포의 대상이 되는 잊을 수 없는 곳이기도 하다.

　　일, 야경 대장[1]인 騎士에게는
　　투구[2]를 남겨 주기로 정해 두고,
　　가게의 대를 어루만지며 야경을 도는
　　도보 야경 대원들에게는
　　훔쳐온 멋있는 물건
　　피에르 오 레 街의 초롱을 남겨 주는도다.
　　그들이 나를 샤틀레 감옥으로 연행하게 되면
　　나는 세 개의 백합 무늬 방[3]을 차지하리로다. (19절)

　　Item, au Chevalier du Guet
　　Le Hësaume lui établis;
　　Et aux piétons qui vont d'aguet
　　Tâtonnant par ces établis,

Je leur laisse un beau riblis:
La Lanterne à la Pierre au lait,
Voire, mais j'aurai les *Trois Lis*,
S'ils me mènent en Châtelet.

야경대는 당시 파리의 야간 치안 유지를 위하여 편성된 것인데, 1명의 대장 아래에 20명의 기마 경관과 20명의 도보 경관으로 이루어져 있다. 그 대장은 원칙적으로 기사 계급 출신이 아니면 안 된다.

그런데 여기에 나오는 〈야경 대장인 기사〉는 실제로 기사 계급 출신이 아닌 장 아를레라는 인물이다. 그리하여 필리프 드 라 투르라는 자는 그 자리가 탐이 나서 결국 아를레는 기사 계급 출신이 아니라는 사실을 퍼뜨리고 다닌다. 시인은 필리프 드 라 투르의 치사한 행위를 괘씸하게 여기고, 만약 아를레에게 기사의 상징인 투구를 유증해 준다면 그도 단번에 당당한 기사 계급이 될 수 있다고 생각한다. 그런데 시인이 그에게 유증하는 것은 진짜 투구가 아니라 간판 이름의 투구가 아닌가.

그리고 그 대원들에게는 피에르 오 레 가에 있는 역시 간판 이름의 초롱을 유증한다. 그렇게 되면 그들은 야경을 도는데 〈가게의 대를 어루만지지〉 않아도 될 터이고, 만약 시인이 체포되어 샤틀레로 끌려가게 되는 경우에도 그 은공으로 그는 〈세 개의 백합 무늬 방〉이라는 제일 좋은 감방으로 들어갈 수 있다고 익살을 부린다. 그런데 그 초롱은 진짜 초롱이 아니라 간판 이름의 초롱이며, 그것도 〈훔쳐온 멋있는 물건〉이 아닌가.

그것은 시인 특유의 간판 취미와 해학 취미의 그대로의 표현이다.

그리고 메트르 자크 라기에에게는
물 먹이는 장소 포펭[4]과
복숭아와 늘 좋아하는 요리인
흰 소스로 간을 맞춘 연계와
그리고 솔방울[5] 주점의 구멍방[6]을 남겨 주나니,
거기에서는 몸을 피하고 발을 녹이며
도미니쿠스 파 수도사처럼 긴 외투에 싸여

그것[7]을 세우고 싶거들랑 세워도 좋으리라. (20절)

Et à maître Jacques Raguier

Laisse l'*Abreuvoir Popin*,

Pêches, poussins au blanc manger,

Toujours le choix d'un bon lopin,

Le trou de *la Pomme de Pin*,

Clos et couvert, au feu la plante,

Emmailloté en jacopin ;

Et qui voudra planter, si plante.

자크 라기에라는 인물이 누구인지 아직 분명히 밝혀져 있지 않다. 그 품행이 좋지 않은 점으로 미루어 보아, 샤틀레와 깊은 인연을 맺고 있는 인물인지 모른다. 그러한 냄새가 짙다.

그는 언제나 〈솔방울〉 주점에 틀어박혀 술과 맛있는 음식을 먹으며 소일한 것으로 보인다. 그 사실을 잘 알고 있기 때문에 시인은 그에게 센 강변의, 소나 말에게 〈물 먹이는 장소 포펭〉을 유증하여 음주 뒤의 갈증을 풀도록 해 준다. 그뿐만 아니라 〈솔방울〉 주점의 〈구멍방〉(여자의 성기)을 남겨 주기로 한다.

그것들은 그에게는 안성맞춤의 유증이다. 그렇게 되면 그는 거기에서 마음 놓고 먹고 마실 수 있으며, 때로는 생각이 나면 〈그것〉(남자의 성기)을 세워서 음란한 행위도 즐길 수 있다.

일, 메트르 장 모탱과

메트르 피에르 바자니에에게는

소동과 죄악을 가차없이 단속하는

영주[8]의 은총을 남겨 주고,

나의 교회 대소인 푸르니에에게는

통이 얕은 모자와 엷은 가죽신을 남겨 주나니,

그 신은 금년 추운 겨울에 신기 위하여

나의 단골 신장수에게 맞춘 것이로다. (21절)

Item, à maître Jean Mautaint
Et maître Pierre Basanier
Le gré du seigneur qui atteint
Troubles, forfaits sans épargnier;
Et à mon procureur Fournier
Bonnets courts, chausses semelées
Taillées sur mon cordouennier
Pour porter durant ces gelées.

시인은 샤틀레 검찰관으로 근무하고 있는 장 모탱과 피에르 바자니에를 떠올리고 그들도 유증 수령자로 등장시킨다. 당시 샤틀레의 검찰권을 장악하고 있던 사람은 검찰장관 로베르 데스투트빌르이다. 그는 〈소동과 죄악을 가차없이 단속하는 영주〉 바로 그 사람이다. 시인은 개인적으로 그를 잘 알고 있다. 그리하여 시인은 그의 눈 밖에 난 모탱과 바자니에에게 〈영주의 은총〉을 유증해 주면 좋으리라고 생각한다.

그리고 생 브누아 공동 신도단의 샤틀레 대소인 피에르 푸르니에도 결코 유증 수령자로서 빼놓을 수 없는 인물이다. 시인은 그가 이 추운 겨울에 헐벗어 떨고 있을 터이므로, 여름용이지만 어찌할 수 없이 〈통이 얕은 모자와 엷은 가죽신〉을 유증해 주기로 한다. 물론 그것은 반어적 표현이다. 따라서 시인은 여기에서도 대소인의 의상으로서는 조금 이상하겠지만 참아 줄 수밖에 없지 않은가 하고 반어적·해학적 표현을 하고 익살을 부리고 있는 셈이다.

일, 푸주한 장 트루베에게는
질이 좋은 부드러운 양[9]과
팔려고 내놓은 관을 쓴 황소의
파리 쫓는 채찍 한 개와
그리고 암소를 남겨 주나니,
그 암소를 어깨에 메는 나쁜 놈이 있거들랑

잡아도 좋고 돌려 주지 아니하거들랑
단단한 고삐로 그놈의 목을 졸라도 좋으리라! (22절)

Item, à Jean Trouvé, boucher,
Laisse *le Mouton* franc et tendre
Et un tacon pour émoucher
Le Boeuf Couronné qu'on veut vendre,
Ou *la Vache* qu'on ne peut prendre:
Le vilain qui la trousse au col,
S'il ne la rend, qu'on le puist pendre
Ou assommer d'un bon licol!

장 트루베는 샤틀레에 속한 인물은 아니다. 그러나 그의 주인 피에르 드 라 드오르가 파리 大獸肉組合(la Grande Boucherie de Paris) 간부의 한 사람이며, 그 조합에서 샤틀레의 관리를 몇 사람 배출한 관계로, 여기에서 시인은 트루베를 떠올린 것으로 보인다.

어쨌든 트루베는 가축을 도살하는 푸주한이다. 따라서 거리의 간판에 그려져 있는 〈양〉, 〈관을 쓴 황소〉, 그리고 〈암소〉는 그에게는 안성맞춤의 유증이다. 거기에 〈파리 쫓는 채찍〉을 하나 더 곁들여 준다면, 그것은 파리떼의 윙윙거리는 소리를 듣지 않을 수 있는 선물이 되리라. 그런데 트루쓰바슈 가(rue de Troussevache)의 저 〈암소〉는 얼마나 재미있는 간판인지 모른다. 그 그림 속에서 〈암소〉를 어깨에 메고 있는 농부는 소도둑이다. 그러므로 그 소를 돌려 주지 않을 때에는 그놈을 붙잡아 단단한 고삐로 목을 졸라도 좋다는 것이다.

시인은 잔인하고 난폭한 트루베를 그렇게 풍자하고 있다. 그리고 〈질이 좋은 부드러운 양〉이라고 하는 표현에는 외설적·이중적 의미가 내포되어 있다고 한다.

일, 라 바르의 사생아로 불리는
페르네 마르샹[10]에게는
이름난 호색가이기에

밀짚[11] 세 다발을 남겨 주나니,
그것을 바닥에 깔고
매춘업을 하게 하기 위함이로다.
아니면 그는 다른 일을 할 줄 모르는 까닭에
살기 위하여 거지가 되어야 하리라. (23절)

Item, à Perrenet Marchant,
Qu'on dit le Bâtard de la Barre,
Pour ce qu'il est un bon marchand
Lui laisse trois gluyons de feurre
Pour étendre dessus la terre
A faire l'amoureux métier
Ou il lui faudra sa vie querre,
Car il ne sait autre métier.

샤틀레 경관들 중에서 유증을 빼놓을 수 없는 인물은 바로 〈라 바르의 사생아〉라고 불리는 페르네 마르샹이다. 그는 샤틀레 〈12인조 경관〉의 한 사람으로서 특히 창녀들의 단속을 하고 있는 인물이다. 시인은 실제로 여자관계 때문에 그에게 여러 번 당한 일이 있다. 그런데 그의 소행도 시인이 지적하고 있듯이 〈이름난 호색가〉의 그 자체이다.

그리하여 시인은 그에 대한 아주 신랄한 풍자를 한다. 그는 경관이라고 하지만 실은 유명한 호색가가 아닌가. 창녀들의 단속을 하고 있는데, 반대로 매춘업이 그에게는 적격이다. 그렇기 때문에 바닥에 깔고 매춘업을 할 수 있도록 〈밀짚 세 다발〉을 유증한다. 당시 갈보집 방바닥에는 밀짚을 깔아놓는 것이 관례였다고 한다. 그러한 장사라도 하지 않으면 그는 거지가 될 수밖에 없다는 것이다.

그것은 시인의 마르샹에 대한 증오와 복수인 동시에 가히 반어적·해학적·외설적 표현의 극치라고 할 만하다.

일, 르 루와 숄레에게는

여느 때처럼 깊은 밤에
호 곁의 벽 위에서 훔쳐낸
오리 한 마리와
발꿈치까지 내려오는
성 프란체스코 파 수도사의 긴 망또와
장작과 숯과 돼지 기름으로 튀긴 완두콩과
앞 끝이 닳아빠진 내 장화를 남겨 주는도다. (24절)

Item, au Loup et à Cholet

Je laisse à la fois un canard

Pris sur les murs, comme on souloit,

Envers les fossées, sur le tard;

Et à chacun un grand tabart

De cordelier jusques aux pieds,

Bûche, charbon, des pois au lard,

Et mes houseaux sans avant-pieds.

시인은 샤틀레 경관이며 파리 河川 감시인인 장 르 루와 카젱 숄레를 떠올리고,
그들에게도 유증을 하려고 한다. 그러나 적당한 것이 없다. 그때 시인의 머릿속에는
불현듯 어느날 밤의 모험이 되살아 난다. 그것은 그들이 경관으로 임명되기 전 함께
깊은 밤에 호 곁의 벽 위에서 〈오리 한 마리〉를 훔쳐낸 일이다. 그 오리와 그것을
감출 긴 망또를 유증하면 그들에게는 안성맞춤의 선물이 되리라.

그리고 그들은 하천 감시인으로서 센 강을 운항하는 배나 그레브 강가의 하물을
지켜보면서, 그 임무를 악용하여 거기에 있는 장작과 숯을 빼돌린다는 소문이다. 그
렇기 때문에 시인은 그들에게 예의 오리를 요리할 〈장작과 숯〉을, 그리고 오리 요리
와 곁들여 먹을 수 있도록 〈돼지 기름으로 튀긴 완두콩〉을 유증하기로 한다. 실제로
완두콩은 오리와 함께 튀겨 먹으면 얼마나 맛있겠는가.

시인은 마지막으로 〈앞 끝이 닳아빠진〉 것이기는 하지만 헌 〈장화〉를 유증하면
그들은 하천을 감시하기 위하여 순찰할 때 유용하게 사용할 수 있을 것이라고 익살

을 부린다.

　그런데 그 야유는 시인이 그들과 친하게 지낸 것으로 보이는 까닭인지는 모르지만 그렇게 신랄하지만은 않다.

1) 장 아를레.
2) 간판 이름.
3) 샤틀레 감옥에서 제일 좋은 방.
4) 소나 말에게 물을 먹이는 장소인데, 여기에서는 술이 깰 때 마실 수 있는 많은 물이 있는 곳을 의미한다.
5) 간판 이름.
6) 〈여자의 성기〉라는 의미가 숨겨져 있다.
7) 남자의 성기를 가리킨다.
8) 파리 검찰장관 로베르 데스투트빌르를 가리키고 있다.
9) 간판 이름.
10) 그는 종종(네 번이나) 시 속에 등장한다.
11) 당시 창녀의 밀실에는 밀짚을 깔아놓고 있었다고 한다.

5

이른바 가난하고 불쌍한 사람들

여기에서 시인의 시상은 바뀌어 샤틀레에 속한 사람들에게서부터 다른 카테고리에 속한 사람들에게로 옮겨진다. 그들은 시인이 자선을 베풀고 보호하지 않으면 안 되는 이른바 가난하고 불쌍한 사람들이다. 그것은 다름 아닌 3명의 가난한 고아와 2명의 불쌍한 성직자이다.

> 다시금 이 유증 목록 속에 그 이름을 든
> 적나라한 세 어린애들[1]에게는
> 연민의 정으로 유증을 하나니,
> 모두가 신은 것도 걸친 것도 없는
> 벌레처럼 발가벗은
> 빈털터리의 불쌍한 고아들이라,
> 나는 그들이 적어도 이 겨울만이라도
> 잘 지낼 수 있도록 보호해 주기 바라노라. (25절)

> Derechef, je laisse, en pitié,
> A trois petits enfants tous nus
> Nommés en ce présent traitié,
> Pauvres orphelins impourvus,

Tous déchaussés, tous dépourvus,

Et dénués comme le ver;

J'ordonne qu'ils seront pourvus

Au moins pour passe cet hiver:

　시인의 머릿속에 떠오르는 모습은 우선 세 고아들이다. 그들은 〈모두가 신은 것도 걸친 것도 없는〉 마치 〈벌레처럼 발가벗은〉 무일푼의 가난하고 불쌍한 고아들이다.

　여기에서 독자가 주목해야 하는 것은 시인의 표현이 모두 반어적 표현을 내포하고 있다는 점이다. 그것은 현실과는 정반대의 사실을 묘사함으로써 그 의도하는 효과를 노리는 수법이다. 그러므로 시인이 〈적나라한 세 어린애들〉이라고 표현하고 있는 것은 반대로 따뜻하게 옷을 입은 늙은이들이라는 뜻이 되며, 〈빈털터리의 불쌍한 고아들〉이라고 표현하고 있는 것은 역으로 백만장자의 부유한 상인들이라는 의미가 된다. 실제로 그렇다.

　그리하여 시인은 〈그들이 적어도 이 겨울만이라도〉 추위와 허기를 느끼지 않고 〈잘 지낼 수 있도록〉 보호해 주지 않으면 안 된다고 익살을 부린다.

　　제일 먼저 콜렝 로랑

　　다음은 지라르 고쑤엥 그리고 장 마르소,

　　그들은 재산도 없거니와 부모 형제도 없는

　　들통의 손잡이만큼도 가치가 없는 자들이라,[2]

　　그들에게는 내 소지품의 한아름씩을

　　혹은 돈이 좋다고 하면 잔돈 네 개씩을 남겨 주는도다.

　　그 어린애들도 내가 늙은이가 될 때에는[3]

　　좋은 음식을 실컷 먹게 되리로다! (26절)

Premièrement Colin Laurens,

Girard Gossouin et Jean Marceau,

Dépris de biens et des parents,

Qui n'ont vaillant l'anse d'un sceau,

Chacun de mes biens un faisceau,

Ou quatre blancs, s'ils l'aiment mieux.

Ils mangeront maint bon morceau,

Les enfants, quand je serai vieux!

시인이 여기에서 〈부모 형제도 없는〉 세 불쌍한 고아들이라고 표현하고 있는 것은 실제로는 파리 재계에 있어서도 너무나 유명한 돈 많은 노인들이다. 콜렝 로랑은 파리의 부유한 식료품 상인이고, 고리대금업자이며 투기가이다. 지라르 고쑤엥은 루앙의 부유한 공증인이고, 고리대금업자이며 투기가이다. 그리고 장 마르소도 루앙의 부유한 상인이며 투기가이다.

그런데 시인은 그러한 그들을 반어적으로 표현하여, 지금은 비록 〈재산도 없거니와 부모 형제도 없는〉 가난하고 불쌍한 고아들이지만 언젠가는 크게 성공하여 〈내가 늙은이가 될 때〉쯤에는 아마도 잘 입고 잘 먹게 될 터이므로, 당장은 그날그날의 끼니가 어려운 그들에게 우선 자기의 소지품이나 잔돈을 조금씩 유증한다고 익살을 부린다.

일, 내가 대학에서 받은
성직 취득 증서는,
유증 목록 속에 인정하는
이 도시의 두 불쌍한 성직자[4]의
빈곤을 구제하기 위하여
그 성직의 녹을 포기하고 남겨 주는도다.
나는 그들이 빈털터리임을 보았으니,
자비와 자연이 나에게 그렇게 하도록 한 것이로다. (27절)

Item, ma nomination

Que j'ai de l'Université

Laisse par résignation

Pour seclure d'adversité

Pauvres clercs de cette cité

Sous cet *intendit* contenus:

Charité m'y a incité,

Et Nature, les voyant nus.

　시인은 앞에서 문제삼은 세 늙은 고리대금업자의 경우와 마찬가지로, 두 부유한 성직자를 〈두 불쌍한 성직자〉라고 하여 반어적 표현으로 대우한다. 그리하여 그는 〈이 도시의 두 불쌍한 성직자의 빈곤〉을 목격하고 그대로 있을 수 없다. 인간 본래의 本性과 연민의 정은 시인으로 하여금 그러한 불우한 성직자에 대하여 적선을 베풀게 한다.

　그러면 시인은 그들에게 어떤 자비를 베풀어야 하는가. 그것은 〈대학에서 받은 성직 취득 증서〉와 〈그 성직의 녹〉을 그들에게 유증하는 일이다. 그것은 〈두 불쌍한 성직자〉들에게는 값진 선물이 되리라.

그것은 바로 메트르 기욤 코텡과

메드크 디보 드 비트리,

이 두 불쌍한 성직자는 라틴어로 이야기하고

성가대에서 노래도 잘 부르며

겸손하여 싸움을 하지 않는 얌전한 어린애들이라,[5]

나는 그들에게는

기요 귀드리의 집에서 받을 집세[6]를 남겨 주나니,

아직 수금되지 않았지마는 조만간 받게 되리로다. (28절)

C'est maître Guillaume Cotin

Et maître Thibaut de Vitry

Deux pauvres clercs, parlant latin,

Humbles, bien chantant au letrin;

Paisibles enfants, sans estrif,

Je leur laisse cens recevoir

Sur la maison Guillot Gueuldry

En attendant de mieux avoir.

그런데 〈이 두 불쌍한 성직자〉는 도대체 누구인가. 그것은 옛날 시인의 어린 시절 종종 생 브누아 성당에 찾아와서는 직권을 휘두르며 같은 신도들을 괴롭히고, 축제일에는 늘 성가대를 지휘하며, 그리고 고집이 세서 자주 소송을 일으키던 노트르담의 늙은 성직자 기욤 코텡과 티보 드 비트리 바로 그 사람들이다.

시인은 역시 그들을 반어적 표현으로 대우한다. 그들은 겸손하여 싸움 같은 짓은 결코 하는 일이 없으며 노래도 잘 부르는 얌전한 애들이기 때문에, 시인은 그들에게 저 유명한 〈기요 귀드리의 집〉(la maison Guillot Gueuldry)에서 나오는 집세까지 받을 수 있도록 해 준다고 하며 신랄한 풍자를 한다.

> 일, 나는 그들이 가지고 있는 笏杖에다가
> 생 탕트완느 街의 홀장[7]을
> 아니면 당구를 굴리는 당구봉[8]을
> 그리고 매일 센 강물 한 항아리를 덧붙여 주고,
> 새장 속[9]에 갇혀서
> 고통받고 있는 비둘기들[10]에게는
> 내 안성맞춤의 거울과
> 간수 아낙의 은총을 남겨 주는도다. (29절)

> Item, et j'adjoins à la crosse
> Celle de la rue Saint-Antoine
> Ou un billard de quoi on crosse,
> Et tous les jours plein pot de Seine;
> Aux pigeons qui sont en l'essoine
> Enserrés sous trappe volière,
> Mon mirouër bel et idoine
> Et la grâce de la geôlière.

　여기에서 시인은 예의 〈두 불쌍한 성직자〉들에 대하여 더욱더 신랄한 풍자를 한다. 그들은 사교의 자리를 노리고 있는 자들이다. 笏仗은 바로 그 사교직의 속성을 의미한다. 그러므로 시인은 그들이 이미 홀장을 가지고 있다고 생각하여, 거기에다가 생 탕트완느 가의 간판 〈홀장〉을 덧붙여 주든지 아니면 홀장처럼 끝이 구부러진 것이 아니라 곧고 빳빳한 〈당구봉〉, 즉 힘센 男根을 덧붙여 주기로 한다. 그것은 힘 없는 노인에게는 진정 풍자적 유증이 아닐 수 없다. 그리고 더욱더 풍자적인 것은 〈매일 센 강물 한 항아리〉를 덧붙여 준다는 점이다. 왜냐하면 〈항아리〉는 여자의 성기, 즉 女陰을 의미하기 때문이다. 그들의 사교직의 속성인 홀장에다가 男根을 의미하는 〈당구봉〉과 女陰을 의미하는 〈항아리〉를 곁들여 준다는 반어적·외설적 표현이며, 그것은 가히 시인의 신랄한 풍자적·해학적 표현의 극치라 할 만하다.

　반대로 인간 본래의 善性에 의한 자비심은 시인으로 하여금 불우하고 불쌍한 사람들을 떠올리게 한다. 당시 콩시에르쥬리(Conciergerie)·팔래(Palais)·샤틀레(Châtelet) 등의 감옥에는 수많은 죄수들이 마치 그물에 걸린 〈비둘기〉처럼 신음하고 있다. 그런데 법의 질서와 감옥의 기강은 문란할 대로 문란하여 약간의 돈을 가지고서도 간수는 물론 〈간수 아낙〉을 매수하고 어느 정두의 자유는 누릴 수 있다. 시인은 누구보다도 그러한 사정을 잘 알고 있기 때문에, 불쌍한 죄수들에게는 무엇보다도 필요로 하는 〈간수 아낙의 은총〉을 유증한다. 그리고 그는 그들이 〈간수 아낙〉의 눈에 잘 보일 수 있도록 용모를 단정히 하는 데 없어서는 안 되는 자기의 〈안성맞춤의 거울〉까지 유증하는 일을 잊지 않는다.

1) 25절과 26절은 전부 반어적 표현이다. 여기에서는 실제로 〈어린애〉들이 아니라, 나이가 많은 부유한 고리대금업자이며 투기가들이다.
2) 반어적 표현.
3) 그때에는 실제로 세 사람은 전부 사망한 후가 될 것이다.
4) 반어적 표현. 실제로는 두 성직자가 다 부유한 노인들이다.
5) 반어적 표현.
6) 기요 귀드리의 집의 집세는 약 반세기 동안 지불되지 않은 것으로 유명하다.
7) 간판 이름.
8) 외설적·이중적 의미. 즉, 〈당구봉〉에는 男根이라는 뜻이 내포되어 있고, 〈항아리〉에는 女陰이라는 뜻이 내포되어 있다고 한다.
9) 종교 재판소의 감옥.
10) 죄수들.

6

병원과 종단 사람들

여기에서 시인의 시상은 바뀌어 늙어 병든 몸을 자선병원(Hôtel-Dieu)에 의탁하고 있는 불쌍한 사람들과, 그와는 반대로 호화로운 생활을 하는 종단 사람들에 대한 연민과 선망으로 옮겨진다.

    일, 자선병원에는

    거미집이 쳐진 내 창틀을 남겨 주고,

    가게의 대 밑에서 잠자는 놈들에게는

    각각 눈 위에 주먹 한대씩을 먹여 주는도다.

    놈들은 얼굴을 찌푸리며 몸을 떨고

    얼굴은 야위어 텁수룩하며 코를 흘리고

    짧은 바지에 넝마 같은 저고리[1] 하며

    몸은 꽁꽁 얼어붙고 멍든데다가 서리에 젖은 몰골이로다. (30절)

    Item, je laisse aux hôpitaux

    Mes chassis tissus d'arignée;

    Et aux gisant sous les étaux

    Chacun sur l'oeil une grongnée,

    Trembler à chère renfrognée,

Maigres, velus et morfondus,

Chausses courtes, robe rognée,

Gelés, murdris et enfondus.

　시인은 자선병원에 병든 몸을 의탁하고 고생하고 있는 불쌍한 사람들에게는 진정한 유언서대로 자기의 침대를 유증한다. 시인은 이미 밤놀이의 취미를 알고 있다. 그렇기 때문에 오랫동안 사용하지 않고 내버려 둔 그의 침대는 먼지가 끼고 거미집이 쳐진 을씨년스러운 것이다. 물론 그러한 표현은 어디까지나 시인 특유의 패러디이며 익살이다.

　그러나 시인은 오랜 전쟁(백년전쟁)으로 집을 잃고 〈가게의 대 밑에서 잠자는〉 사람들에 대해서는 자비심을 보이지 않는다. 그것은 당시 사람들이 가지고 있던 일반적인 감정이다. 그런데 독자는 여기에서 그들의 몰골을 묘사하고 있는 시인의 솜씨에 주목할 필요가 있다. 그 몰골은 아마 시인 자신도 예외는 아니었을는지 모른다.

　　일, 닦곰 이발사[2]에게는
　　내 머리를 깎은 머리털을
　　무조건 아무런 유보도 없이 남겨 주고,
　　구두장수에게는 내 헌신을
　　그리고 넝마장수에게는 내 헌 옷을
　　벗어 버리게 될 때를 기다려
　　비록 새 것만큼의 값어치는 없겠지마는
　　나는 자선의 마음으로 남겨 주는도다. (31절)

Item, je laisse à mon barbier

Les rognures de mes cheveux,

Pleinement et sans détourbier;

Aux savetiers mes souliers vieux,

Et au fripier mes habits tieux

Que quand du tout je les 「dé」 laisse;

Pour moins qu'ils ne coûtèrent neufs,
Charitablement je leur laisse.

　시인은 집 없는 사람들의 밤 모습을 묘사하면서 그 텁수룩하고 추악한 몰골에서
연상된 것인지는 모르지만 어쨌든 그날그날의 끼니를 위하여 열심히 일하는 세 사
람을 떠올리고 그들에게 자비를 베푼다. 단골 이발사와 구두장수와 그리고 넝마장수
가 바로 그들이다.

　시인은 먼 여행을 떠나야 한다. 그렇기 때문에 그는 깨끗이 이발을 하고 옷이나
신을 새 것으로 바꾸어, 단정하고 산뜻한 모습으로 출발하려고 한 것일는지도 모른
다. 그는 자른 머리털은 이발사에게, 헌신은 구두장수에게, 그리고 헌 옷은 넝마장수
에게 각각 유증한다. 그러한 유증은 물론 거리의 부랑자들에 대한 묘사에서 연상된
해학이며, 따라서 별로 심각한 뜻이 있는 것은 아니다. 그러나 그 표현은 얼마나 재
치가 있고 멋이 있는 풍자인가.

　　일, 托鉢宗團의 수도사들[3]과
　　신의 딸들[4]과 그리고 베귄느 수녀들[5]에게는
　　맛있는 좋은 음식과
　　프랑 과자와 거세된 수탉과 기름진 암탉을,
　　15조의 前兆를 설교[6]하고
　　시여물을 가로채는 권리와 함께 남겨 주는도다.
　　카르멜 파 수도사가 우리의 이웃 여자 위에 올라타도
　　그것은 우리에게는 하등 관계없는 일이로다. (32절)

Item, je laisse aux Mendiants,
Aux Filles-Dieu et aux Béguines,
Savoureux morceaux et friands,
Chapons, flacons, grasses gelines,
Et puis prêcher les Quinze Signes,
Et abattre pain à deux mains.

Carmes chevauchent nos voisines,

Mais cela, ce n'est que du moins.

중세에 있어서는 사람이 죽음을 맞이하게 되면 반드시 모든 욕심을 버리고 경건한 마음으로 일체를 수도 종단에 기증하여 내세의 행운을 기원해 주기를 바란다고 한다.

먼 여행을 떠나는 시인도 마치 죽음을 맞이하는 것처럼 그러한 관습을 결코 소홀히 하지 않는다. 그러나 그는 신흥 종단을 철저히 싫어하고 있기 때문에 그들에 대한 유증은 여간 신랄한 것이 아니다. 그것은 물론 시인 특유의 패러디임은 여기에서 강조할 필요도 없다.

시인은 당시 종단의 호화로운 생활과 그 물질적인 영화를 잘 알고 있다. 거기에는 시인과 같은 가난한 〈학생〉의 신분으로서는 감히 상상도 할 수 없을 만큼 〈맛있는 좋은 음식〉이 식탁에 오른다. 그것은 특히 가난한 관계로 많은 여자들에게 번번이 무시당해 온 시인으로서는 선망의 대상이 되지 않을 수 없는 광경이기도 하다.

그러므로 여기에서 시인의 유증도 그 선에서 벗어나지 않는다. 시인은 그들에게 〈맛있는 좋은 음식〉뿐만 아니라 〈프랑 과자와 거세된 수탉과 기름진 암탉〉을 유증하고, 〈15조의 전조〉의 설교를 허가하며 〈시여물을 가로채는 권리〉를 부여한다.

그리고 대학구(라탱 구) 중심에 그 화려한 수도원을 가지고 있는 〈카르멜 파 수도사〉가 우리의 이웃 여자 위에 올라타도 그것은 우리에게는 하등 관계없는 일이라고 익살을 부리는데, 사실은 시인이 신흥 종단을 얼마나 싫어하고 그들을 야유하고 있는지를 반어적으로 드러내고 있는 셈이다.

1) 〈짧은 바지에 넝마 같은 저고리〉를, 어떤 연구가는 그들에게 주는 유증(문법적으로는 직접보어)으로 해석하고 있으나, 우리는 그들이 입고 있는 옷(문법적으로 상황보어)으로 해석하여 그렇게 옮기기로 한다.
2) 비용 시에는 이발사가 둘이 나오는데, 여기에서 말하는 것은 콜렝 갈레르느라고 하는 파리 시테의 이발사가 아닌가 한다.
3) 주로 구걸하는 수도사들(프란체스코·도미니쿠스·카르멜·아우구스티누스 4종파).
4) 〈신의 딸〉 혹은 〈信女〉라고 하는 수녀 종단.
5) 12세기에 프랑스에서 설립된 수녀 종단.
6) 포교 수단으로 미신을 이용하는 설교.

7

그 밖의 사람들

시인은 진정한 유증·유언 형식에 따라서 자선병원과 탁발종단 등에의 유증을 끝
내고, 마지막에 이르러 비로소 유증 수령자 명단에서 빠져서는 안 될 몇몇 사람들의
모습을 떠올린다.

일, 식료품 장수 장 드 라 가르드에게는
황금 반죽통[1]을 남겨 주나니
생 모르 성당의 목발을 절구공이로 사용하여
겨자를 이기도록 함이로다.
그런데 나에게 무거운 처분을 가하게 하기 위하여
선수를 쓴 놈일랑은 내 이름으로
성 앙트완느의 열병[2]에 타 죽을지어다!
그에게는 그 밖의 다른 유증은 하지 아니하는도다. (33절)

Item, laisse *le Mortier d'or*
A jean, l'épicier, de la Garde;
Une potence de Saint-Mor
Pour faire un broyer à moutarde.
A celui qui fit l'avant-garde

Pour faire sur moi griefs exploits,
De par moi saint Antoine l'arde!
Je ne lui ferai autre lais.

   시인이 먼저 머리에 떠올린 것은 바로 파리의 부유한 식료품 장수 장 드 라 가르드이다. 시인은 그에게 〈황금 반죽통〉을 유증한다. 이 〈황금 반죽통〉은 물론 거리의 간판 이름이다. 그런데 거기에는 향료 상인에게 없어서는 안 될 〈꼭 필요한 도구〉라는 뜻과 〈여성의 성기〉라는 뜻이 숨겨져 있다. 그리하여 시인은, 그것은 〈생 모르 성당의 목발을 절구공이(남자의 성기)로 사용하여 겨자를 이기도록〉 한다는 외설적·이중적 표현을 하고 익살을 부린다.

   그리고 시인은 자기에게 무거운 처분을 가하게 하기 위하여 〈선수를 쓴 놈〉을 떠올린다. 그놈이 누구인지 그 이름을 밝히고 있지는 않지만 분명히 그는 시인의 적수임에 틀림없다. 그러나 아무리 적수라고 하더라도 여기에 이르러서는 그를 용서하지 않으면 안 된다. 그것은 그리스도의 가르침이다. 그러므로 시인은 그리스도 교도로서 다른 사람들과 다름없는 유증을 그에게도 하지 않을 수 없다. 그런데 이제 남은 것이 없지 않은가. 결국 시인은 〈선수를 쓴 놈〉이니까 그에게 〈성 앙트완느의 열병에 타 죽기〉를 바랄 뿐이다.

> 일, 메르뵈프와
> 니콜라 드 루비에에게는
> 각각 옛 프랑[3]과 에퀴가 가득 들어 있는
> 계란 껍질 하나씩을 남겨 주고,
> 구비외의 문지기 피에르 드 루쓰빌르에게는
> 施與라는 것이 무엇인지
> 더 잘 이해하게 하기 위하여
> 座長[4]이 구경꾼에게 뿌리는 紙錢을 남겨 주는도다. (34절)

Item, je laisse à Merebeuf
Et à Nicolas de Louviers

A chacun l'écaille d'un oeuf

Pleine de francs et d'écus vieux.

Quant au concierge de Gouvieux,

Pierre Rousseville, j'ordonne,

Pour ly donner encores mieux,

Écus tels que Prince les donne.

　시인은 다음, 파리의 부유한 나사 상인 메르뵈프와 니콜라 드 루비에를 떠올린다. 그들은 나사 거래에 있어서 고리대금업자나 투기가와 같은 짓도 사양하지 않는 인물이다. 시인은 이후 《유언시》에서 그들에 대하여 격렬한 야유를 퍼붓게 되지만 여기에서는 우선 계란 껍질 속에 담은 〈프랑〉과 〈에퀴〉 같은 잔돈을 유증하여 풍자하는 데 그친다.

　시인은 마지막으로 구비외의 문지기 피에르 드 루쓰빌르를 떠올린다. 그는 당시 거의 황폐하여 폐허가 되어 버린 구비외 성의 관리인으로 있는 인물이다. 그리하여 그는 파리에서도 널리 알려질 만큼 어려운 생활을 하고 있다. 시인은 그러한 가난하고 불쌍한 루쓰빌르의 모습을 생각하고 그에게 紙錢을 유증한다. 그러나 그것은 마치 계란 껍질 속에 담은 잔돈처럼 있으나마나 한 잔돈이다. 왜냐하면 그 지전은 바보극단의 좌장이 흥행 직전에 관객에게 뿌리는 〈종이〉에 지나지 않기 때문이다. 어쨌든 그것은 가난하고 불쌍한 구비외의 문지기에게는 안성맞춤의 유증이다. 그러나 얼마나 신랄한 유증인가.

1) 간판 이름. 여기에서는 향료 장수에게 필요한 〈반죽통〉과 여자의 성기라는 외설적·이중적 의미가 내포되어 있다.
2) 13세기에 유행한 무서운 열병. 성 앙트완느 종파는 그 환자들을 위하여 설립된 것이라고 한다.
3) 옛 화폐의 단위.
4) 바보극단의 좌장.

8

독백하는 순교자

 사랑의 순교자를 가장하여 파리를 떠나 앙제로 향하는 시인의 유증 자체는 여기에서 끝난다. 그렇기 때문에 다음 35절에 바로 40절의 시가 이어져서 이 풍자적·해학적인 《유증시》는 완결되어야 한다.

 그러나 사정은 그렇지 않다. 시인은 35절과 40절 사이에 다시 4절이나 되는 시를 삽입하여, 거기에서 진정한 유증·유언서 형식으로서는 다소 기이하게 생각되는 일종의 논의를 전개해 나간다. 그것은 말하자면 사랑의 순교자의 독백이라고 할 수 있다.

> 마침내 오늘밤 홀로 앉아
> 흥겨운 마음으로 이 《유증시》를 쓰고
> 수정하며 정서하고 있을 제,
> 밤마다 9시에 울리는
> 소르본 성당 종이
> 앙제라스의 기도[1]를 알리는 소리를 듣고
> 나는 펜을 놓아 일을 멈추며
> 여느 때처럼 기도를 드렸도다. (35절)

Finalement, en écrivant,
Ce soir, seulet, étant en bonne,

Dictant ce lais et décrivant,

J'ouïs la cloche de Serbonne,

Qui toujours à neuf heures sonne

Le Salut que l'ange prédit;

Si suspendis et mis en bonne

Pour prier comme le coeur dit.

시인은 자기 방에 홀로 앉아 이 《유증시》를 맺으려고 한다. 그런데 어느 사이에 시간은 흘러 벌써 밤 9시이다. 시인이 기거하는 〈빨간 문의 집〉 2층 창문에서 보이는 소르본 성당 종각에서는 1452년에 만든 마리아 종이 앙제라스의 맑은 소리를 내고 있다. 그때 시인은 펜을 놓고 여느 때처럼 기도를 시작한다.

기도를 하는 동안 의식은 몽롱하고

술을 마신 탓도 아니거늘

정신은 죄는 듯하는데,

그때 나는 분명히 느꼈도다

기억의 부인이 서랍 속에 감추어 넣은

여러 가지 움직이는 기능

즉, 옳고 그른 판단 기능과

그 밖의 지적 기능을, (36절)

Ce faisant, je m'entroubliai,

Non pas par force de vin boire,

Mon esprit comme lié;

Lors je sentis dame Mémoire

Répondre et mettre en son aumoire

Ses espèces collatérales,

Opinative fausse et voire,

Et autres intellectuales,

시인은 여기에서 기도를 하는 동안의 의식상태를 묘사해 나간다. 그는 술을 마신 것도 아닌데 갑자기 의식이 몽롱해지며 자기도 모르는 사이에 졸음 속으로 빠져들어 간다. 그리하여 그는 당시 타피쓰리(tapisserie) 속에 흔히 그려져 있는 저 표정이 굳은 寓意的 인물이 튀어나오기라도 하는 것처럼 〈기억의 부인〉이 서랍 속에 스스로 제어하는 여러 가지 기능을 감추어 넣거나 꺼내거나 하는 것을 느낀다.

그러므로 여기에서부터 38절까지 시인의 몽상은 당시의 스콜라 철학을 반영하며, 이《유증시》의 전체적인 구성과는 그 분위기를 달리한다.

    그리고 동시에 우리가 그것에 의하여
    통찰·예견할 수 있는 평가 기능과
    모방 기능과 개념 구성 기능을.
    인간은 그러한 기능들의 혼란에 의하여
    왕왕 주기적으로[2] 미치거나 이상하게 된다는데,
    깊이 생각해 본즉
    나는 아리스토텔레스의 책에서 몇 번인가
    그것을 읽은 적이 있도다. (37절)

    Et mêmement l'estimative
    Par quoi prospective nous vient :
    Similative, formative,
    Desquelles souvent il advient
    Que, par leur trouble, homme devient
    Fol et lunatique par mois :
    Je l'ai lu, se bien m'en souvient,
    En Aristote aucunes fois.

시인은 당시 학교에서 배운 아리스토텔레스의 수면에 관한 설명을, 스콜라 철학의 술어를 구사하여 재미있게 부연한다. 〈옳고 그른 판단 기능과 그 밖의 지적 기능〉, 그것에 의하여 미래를 꿰뚫어 볼 수 있는 평가 기능·모방 기능·구성 기능의 혼란

상태가 말하자면 인간의 광기를 자아내며, 거기에 바로 간헐적으로 느끼는 우울증의 원인이 있다는 것이다. 그러한 자기 상실이 결국 학자들이 지적하는 뤼나티크(lunatique)라고 하는 것인데, 그것은 한달에 한번씩 주기적으로 나타난다. 시인은 그것을 아리스토텔레스의 책에서 읽은 적이 있다고 그 기억을 되살린다.

> 그 결과 감각 기능의 中樞는 잠을 깨어
> 환상을 자극하고
> 모든 잠자는 감각 기관을 일깨우며
> 지고의 부분의 활동[3]을 사로잡아
> 내 속에 만연되어 있는
> 망각이라고 하는 것의 압박에 의하여
> 그것[4]을 마비시키듯 정지하게 하고
> 여러 감각과 결합시켜 버리는도다. (38절)

> Dont le sensitif s'éveilla
> Et évertua Fantasie
> Qui tous organes réveilla.
> Et tint la souveraine partie
> En suspens et comme amortie
> Par oppression d'oubliance
> Qui en moi s'étoit épartie
> Pour montrer des sens l'alliance.

그런데 이성과 판단력이 잠자고 있는 동안 신체적 지각 능력이 작용하기 시작하여 〈환상〉을 자극하고 〈모든 잠자는 감각 기관을 일깨우며〉 중추 기능, 즉 의지의 자유를 완전히 구속하여 제멋대로 활동한다.

여기에서 〈지고의 부분〉이라고 하는 것은 36절 후반에서부터 37절 전반까지의 지적 기능(지적·합리적 기능), 즉 인간이 동물과 구별되는 소이라고 할 수 있는 이성과 의지를 의미한다. 그것은 이제 술을 마신 것도 아닌데 완전히 마비되어 그 기능을

발휘하지 못한다. 반대로 저차원의 기능, 즉 〈감각 기능의 중추〉는 잠을 깨어 〈환상〉
(이성과 의지를 초월하여 작용하는 사악한 부분)을 부추기고 시인의 정신(지적·합리적
기능)을 혼란하게 하며 악한 행동으로 이끌어 나간다.

　　내 감각도 안정되거니와
　　悟性도 풀리어서
　　일[5]을 끝내려고 하는데,
　　잉크는 얼어붙고
　　촛불은 꺼져
　　불을 얻을 수도 없도다.
　　외투로 몸을 감싸고 잠을 청할 수밖에
　　달리 도리가 없구나. (39절)

　　Puisque mon sens fut à repos
　　Et l'entendemen démêlé,
　　Je cuidai finer mon propos;
　　Mais mon encre étoit gelé
　　Et mon cierge étoit soufflé;
　　De feu je n'eusse pu finer.
　　Si m'endormis, tout emmouflé,
　　Et ne pus autrement finer.

　시인의 정신은 휴식을 취한 결과 머리 회전이 정상적으로 돌기 시작한다. 그리하
여 그는 《유증시》를 완결하려고 펜을 든다. 그런데 잉크는 꽁꽁 얼어붙고, 촛불은 꺼
져 있으며, 난로의 불은 이미 다 타버리고 말았으니 어떻게 할 것인가. 시인은 이제
잠을 청할 수밖에 달리 방법이 없다.

　　이 《유증시》는 앞에서 말한 해[6]에
　　그 이름도 유명한 비용에 의하여 쓰여졌도다.[7]

그는 무화과도 대추야자 열매도 먹지 않았는데
굴뚝 청소용 빗자루처럼 말라 까맣고,
벗들에게 유증해 버렸으니
천막도 막사도 없으며,
몇 푼의 돈은 남아 있으되
그것도 곧 바닥이 나리로다. (40절)

Fait ou temps de ladite date
Par le bon renommé Villon,
Qui ne mange figure ne date,
Sec et noir comme un écouvillon,
Il n'a tente ne pavillon
Qu'il n'ait laissé à ses amis,
Et n'a mais qu'un peu de billon
Qui sera tantôt à fin mis.

여기에서 시인은 자기를 3인칭화하여 《유증시》의 제작 연월일을 적고 거기에 서명한다. 즉, 이 《유증시》는 언제, 누구에 의하여 쓰여진 것인지를 분명히 밝힌다.

그리고 마지막으로 시인은 자기 자신의 초상(portrait)을 간단히 소묘한다. 그는 〈빗자루처럼 말라 까맣고〉 수중에는 곧 바닥이 날 몇 푼의 돈밖에는 남아 있지 않다는 것이다.

그리하여 시인의 《유증시》는 끝나고, 저 수수께끼 같은 여행이 시작된다.

1) 아베마리아의 기도.
2) 직역하면 〈한달에 한번씩〉(par mois)인데, 여기에서는 〈주기적으로〉라고 의역하기로 한다.
3) 의지와 이성의 활동.
4) 〈지고의 부분의 활동〉, 즉 의지와 이성의 활동.
5) 이 《유증시》의 작성을 가리킨다.
6) 1절 첫머리 〈지금은 450 하고 6년〉, 즉 1456년이라는 날짜를 가리키고 있는데, 그것이 《유증시》의 제작일이 된다.
7) 이 《유증시》의 서명이 된다.

맺음말

시인 프랑수아 비용은 이 《유증시》를 언제 그리고 왜 썼는가. 그것은 시인 자신이 시 속에서 밝히고 있기 때문에 시인의 증언을 믿는 한, 거기에는 어떤 의문의 여지도 없다. 우리는 그것을 지금까지 《유증시》의 분석을 통하여 소상히 밝힌 셈이다.

시인은 1456년 12월 〈성탄절〉[1] 자기의 사랑을 받아 주지 않는 〈무정한 여인〉에게서 멀리 떠나 그 아픔을 이역만리의 타향에서 달래기 위하여 앙제로 여행을 한다. 그 여행은 언제 돌아온다는 기약을 할 수 없는 길이다. 일단 신변을 정리하고 소지품을 정리하지 않으면 안 된다. 그리하여 시인은 소지품을 친구와 친지들에게 남겨 줄 유증 품목을 항목별로 초하고 있다.

그때 소르본 성당에서 매일밤 9시에 소등을 알리는 앙제라스의 종소리가 들려온다. 몹시 추운 밤이다. 그 추위 때문에 잉크는 얼어붙고 화로의 불도 꺼져 있다. 그리하여 시인은 유증 품목서, 즉 《유증시》에다가 날짜를 적고 서명을 한다. 마지막으로 자기 자신의 초상을 간단히 묘사하고 《유증시》를 끝낸다.

그런데 일견 의심의 여지도 있을 수 없는 그러한 시인의 증언에 전혀 모순되는 다른 증언이 나타나고 있다. 그리하여 시인이 밝힌 《유증시》의 연대와 동기에 관한 의문의 여지가 생기고 많은 논의가 제기되고 있다. 우리는 그 문제에 관하여 앞에서 비교적 자세히 언급한 바 있기 때문에 여기에서는 재론하지 않기로 한다. 다만 《유증시》의 창작과 예의 나바르 신학대학 절도사건은 별개의 것이며, 따라서 양자는 분리하여 생각하지 않으면 안 된다는 점을 지적하는 데 그친다. 왜냐하면 《유증시》는 그가 선천적으로 가지고 있는 풍자적·해학적 취미를 발휘하여 狂言을 꾸미고, 청중 (독자)의 폭소를 자아내기 위하여 이미 구상되어 쓰여진 것이기 때문이다.

앞에서 본 바와 같이 《유증시》를 쓰기까지의 시인의 활동은 보통의 사회와 악의 세계와의 이중적인 영역에 걸쳐 있다. 그 이중적인 영역에 있어서 〈보통의 사회〉는 이전부터 사귀어 온 학교 친구·법원 서기, 그리고 대서소 필경 등 이른바 성직자라고 불리는 지식 계급이다. 그런데 실제로 《유증시》에는 그 뒤의 《유언시》와 비교해 보면 거의 〈악의 세계〉의 뉘앙스를 남기고 있지 않다. 그것은 철두철미한 학교 친구·법원 서기·대서소 필경 등 성직자 계급, 즉 〈보통의 사회〉의 뉘앙스이다. 이를테면 콜랭 드 카이외나 레니에 드 몽티니는 시인이 학교에서 사귄 학우임과 동시에 성직자가 되려고 하다가 그만둔 망나니들이다. 나바르 신학대학 절도사건의 공범자 귀 타바리도 예외는 아니다. 그리고 《유증시》에는 《은어시》의 세계와 같은 일종의 結社的인 뉘앙스도 없다. 그러므로 《유증시》는 〈악의 세계〉보다는 오히려 〈보통의 사회〉 자체의 생활 환경을 그 모태로 하여 태어난 작품이다.

시인은 그러한 생활 환경에 있어서 흥이 나면 즉흥적으로 친구나 친지에 대한 풍자적·戱畵적인 포르트레(portrait)를 만들어 내는데, 그것은 특히 술자리에서 청중의 박수갈채를 받고 있던 것으로 보인다. 그리고 그것은 《유증시》와 불가분의 관계를 가지고 있음에 틀림없다. 우리는 그것을 추정하는 데 그렇게 어려움을 느끼지 않는다. 1456년 성탄절 날 예의 나바르 신학대학 절도사건이 결행된다. 그 시기를 전후하여 시인이 앙제로 떠난다는 이야기가 친구들 사이에서 거론된다. 그러나 시인의 머릿속에는 그 여행에서 연상되는 유증·유언서 형식의 詩想이 떠오른다. 그때 지금까지 즉흥적으로 소묘해 온 풍자적·회화적인 포르트레가 그 시상을 중심으로 응집되고, 그것이 차례차례로 다른 포르트레를 낳게 하는 요인이 된다. 막연히 만들어지고 있던 포르트레가 일단 그 시상을 포착하자 곧 그것이 유증·유언서 형식으로 바뀌는 것은 그렇게 어려운 일이 아니다. 사실 《유증시》는 그렇게 하여 완성된 것이라고 보아도 무방하다.

그런데 시인은 굳이 《유증시》를 쓰게 된 이유를 밝힐 필요를 느낀 것으로 보인다. 그는 당시 별로 성품이 좋지 않은 한 여자를 사랑하고 있다. 그 여자가 누구인지는 아직 정확히 밝혀져 있지 않다. 시인은 그 여자의 이름을 마지막까지 들지 않으려고 하는데, 어쨌든 한 여자가 그에게 관계되고 있는 것만은 확실하다. 그리하여 시인은 그 〈무정한 여인〉 때문에 멀리 앙제로 떠나지 않을 수 없으며, 친구와 친지들에게 유증을 할 필요를 느낀다고 고백하고 있다.

《유증시》의 제작 동기를 문제삼을 때 많은 학자들은 그 첫머리의 〈사랑의 순교자〉라는 표현에 주목하고, 그 용어가 너무나 궁정풍 우아체라고 하는 점, 시 전체가 이중적 의미의 표현으로 이루어져 있다고 하는 점, 그리고 그 표현이 어디까지나 문학적이라고 하는 점 등을 들어 시인의 증언을 감상적인 고백으로 볼 뿐이며, 결코 사실로 믿으려고 하지 않는다. 즉, 시인의 증언을 사실의 고백으로써 부정하는 경향이다.[2] 물론 시에 있어서의 시인의 고백을 무비판적으로 그대로 믿는다는 것은 경계하지 않으면 안 된다. 그러나 비용의 경우는 사정이 다르다. 그의 모든 시 속에 유증·유언 수령자로서 등장하는 인물은 전부 실재한 사람들이고, 시인은 그들을 현실적으로 오래 사귀거나 정확히 관찰하고 있으며, 따라서 그는 진정한 레알리스트(réaliste)이다. 그러므로 비록 앙제로 떠나가는 동기에 또 다른 이유가 있다고 하더라도 단지 그것만을 가지고서 또는 일반적인 시인의 표현 형식을 이유로 하여, 시인의 증언을 부정해 버리는 태도는 반드시 옳다고 할 수 없다.

반대로 우리는 시인의 증언을 사실의 고백으로써 일단 믿지 않을 수 없다. 물론 그의 의중에는 무엇인가가 감추어져 있는 부분이 없지 않다. 그는 그것을 굳이 표면에 드러낼 수 없거나 드러내고 싶지 않은 것으로 보인다. 그런데 그에게는 자기의 사랑을 받아들이지 않는 〈무정한 여인〉이 있다. 그 무정한 여인을 잊기 위하여 훌쩍 다른 데로 떠나 멀리 이역만리의 타향에서 아픈 마음을 달래고 싶다. 그것은 표면에 드러내도 상관없는 일이다. 그리고 〈사랑의 순교자〉로 이미 세상에 알려진 바에야 오히려 그것을 드러냄으로써 그 희극성을 강조하고 주위의 웃음을 자아낼 수 있다. 그것은 바로 시인의 풍자적·해학적 기질과 일치하는 점이다.

그리하여 시인은 이미 구상되거나 쓰여진 《유증시》의 첫머리에 〈사랑의 순교자〉로써의 자기를 등장시킨다. 따라서 《유증시》의 제작 시기는 시인이 파리를 떠나 앙제로 향하여 출발하는 바로 직전이어야 한다는 이유는 없다. 그 시기는 오히려 시인 자신이 밝히고 있는 〈1456년〉(크리스마스 날)이라고 해도 무방하다. 그리고 그 동기도 범행(나바르 신학대학 절도사건)의 부재 증명(alibi)을 위한 것은 결코 아니며, 어디까지나 시인의 타고난 풍자적·해학적 기질과 그 표현의 결과에 지나지 않는다. 왜냐하면 《유증시》는 이미 구상되거나 쓰여져서 거의 알려지고, 나바르 신학대학 절도사건이 일어났을 때에는 널리 사람들의 박수갈채를 받고 있던 것으로 보이기 때문이다.

그 生涯와 詩 世界 173

사실 1452년 〈악마의 방귀사건〉 당시 프랑수아 비용은 이미 학생들 사이에서는 일종의 공식적인 시인으로서 인정되어 있다. 그리하여 그때 학생들의 무훈과 영광은 이 공식적인 시인에 의하여 노래로 읊어지고, 그들의 아방튀르는 이 공식적인 시인의 「악마의 방귀 이야기」 속에서 찬양된다. 물론 그 표현의 기량은 아직 유치하고, 쓰여진 언어도 아직 세련되어 있지 않다. 그러나 그 기량의 유치함과 언어의 미숙함을 보완하고 남을 만큼 〈이야기〉의 주제는 너무나 널리 알려진다.[3]

그런데 《유증시》가 쓰여진 것은 그로부터 이미 4,5년이 경과한 후의 일이다. 그 사이에 그는 몇 편의 발라드를 쓰고, 그 명성은 적어도 학생들 사이에서는 움직일 수 없는 것으로 되어 있다. 그리고 이번에는 앞에서 본 바와 같이 새로운 생활 환경에서 새로운 친구·친지들과 사귀게 된다. 새로운 생활 환경과 새로운 교우관계는 시인에게 새로운 시적 감흥을 불러일으키게 한다. 그 무렵 파리 상류계급에서는 알랭 샤르티에의 시가 인기를 모으고 있는데, 그 시는 비용의 이번 착상(《유증시》)에 비하면 여간 진부한 것이 아니다. 우선 진실성(réalité)이 빈약하다. 사물은 과연 寓意나 象徵에 의하지 않고 직접적으로 표현될 수는 없는가. 누가 대체 감상적인 사랑의 되풀이에 감동을 받는가. 사실 그러한 것들은 병적인 연인들이나 좋아하는 것이 아닌가. 비용은 그렇게 생각하고 있었을는지 모른다. 그렇다면 그것은 당시로서는 놀라운 생각이 아닐 수 없다. 아마도 거의 사실이리라. 비용의 천재성은 거기에 있다. 어쨌든 이제 그의 시적 재능은 「악마의 방귀 이야기」를 쓴 때보다는 훨씬 성숙해 있는 것만은 확실하다. 그리하여 그는 현실의 사물을 자기 자신의 눈을 통하여 바라본 그대로 정확히 노래한다. 그리고 거기에 타고난 풍자적·해학적 취미가 가미된다. 그의 시적 재능은 그만큼 성숙한 것이다.

결국 라탱 구의 풍토와 환경은 거기에서 생을 사는 시민들의 생활 감정에 어울리고, 그들이 출입하는 주점의 분위기에 일치하며, 그리고 그들의 풍자적·해학적 취미에 알맞는 노래를 요구하는데, 그러한 풍토·환경의 요구와 시인의 시적 재능의 성숙 슴—에서 태어난 것이 바로 《유증시》라고 할 수 있다.

1) 《유증시》 2절.
2) Italo Siciliano, p.84.
3) 《유언시》 88절.

III

머리말

《유언시》는 과연 어떤 작품인가. 이 질문에 대한 답은 곧 시인 〈프랑수아 비용〉이라는 수수께끼를 푸는 열쇠가 될 것이다.

만약 《유언시》를 고전시대의 시를 대할 때처럼 장르의 순수성에 기대어 판단하려고 하면, 그것은 거의 徒勞로 끝나는 일이 되어 버린다. 그때 이 작품은 어디까지나 불가해한 수수께끼로 남을 뿐이다.

《유언시》에는 장중함과 경쾌함, 애수와 폭소, 진지함과 해학, 감동과 익살 등의 앙티테즈(antithèse)로 가득 차 있다. 그리고 거기에는 뮤즈(Muse, 詩神)가 한쪽에는 바코스(Bacchos, 酒神)를, 다른 한쪽에는 프리아포스(Priape, 生殖神)를 거느리며 함께 자리하고 있는 셈이다. 그렇기 때문에 예로부터 이 작품을 대할 때 많은 사람들은 그것을 적당히 판단하거나 감상하는 일이 거의 불가능함을 느끼고 여간 당황해 하지 않는다. 근대 내지는 현대 작품에 있어서처럼 그 색깔이 분명한 장르의 순수성을 기준으로 하여 《유언시》를 판단하는 한, 이 작품은 결국 불가해한 수수께끼로 남을 수밖에 없다.

그러나 만약 《유언시》를 시인의 감정의 역사, 그의 내외 양면의 기록, 그리고 그의 일상의 일기 등의 작품화로 보면 그 불가해함은 이해 가능함으로 바뀌면서 수수께끼는 풀리고 일체의 내용이 백일하에 드러난다.

《유언시》에는 시인의 다양한 감정이 내재하고 있다. 그 다양한 감정을 그가 현실에서 실제로 느낀 사실들의 반사로 보고 그것을 그의 현실로 다시 환원시키는 일이 필요하다. 거기에는 다채로운 시의 분위기가 공존하고 있다. 그 다채로운 시의 분위기를 그가 생존 중에 실제로 겪은 여러 가지 경험이나 심리상태에서 느끼고, 거기에서 생긴 감정의 기복을 보며, 그리고 하나하나의 시의 분위기를 그것과 대응하는 감정의 기복, 즉 정신의 磁場에 맞추는 일이 필요하다. 거기에는 서로 상반된 시상(inspiration)이 함께 어울려 있다. 그 상반하는 시상을 그의 일상의 다른 환경, 다른 접촉, 다른 삶의 반영으로 보고 그것을 추적하여 거기에 하나의 시상을 照應시키는 일이 필요하다. 그렇게 함으로써 비로소 《유언시》가 가지는 불가해함은 이해 가능함으로 바뀌며 시인 〈프랑수아 비용〉의 수수께끼는 풀리게 된다.

그러면 시인의 그러한 수수께끼를 담은 《유언시》는 언제 어디에서 쓰여진 것인가.

우리는 그 확실한 것을 모른다. 다만 시인의 고백에 의하여 〈그것이 쓰여진 해는 61년〉(《유언시》 11절 1행)이라는 사실이 알려져 있을 뿐이다. 그런데 2천23행에 이르는 장편의 《유언시》가 일조일석에 쓰여진 것이라고는 도저히 믿기 어렵다. 그의 첫 작품 《유증시》는 그것이 허구의 소산인지 아니면 실제의 경험인지는 별도로 하고, 어쨌든 1455년 크리스마스 날 밤에 〈빨간 문의 집〉 2층에서 일시에 쓰여진 사실은 의심의 여지가 없다. 그것은 거의 정설이 되어 있다. 그러나 《유언시》의 경우는 그렇게 분명하지 않다. 그리고 시인은 막연하나마 《유언시》가 쓰여진 해는 밝히고 있지만, 쓰여진 곳은 밝히고 있지 않다. 그런데 문제는 그가 밝히고 있는 연대 표시가 막연한 것인 만큼 여러 가지 추측을 낳게 하고 있다는 점이다. 〈그것이 쓰여진 해는 61년〉이라고 되어 있는 연대 표시가 과연 2천23행의 시 전체를 가리키는 것인지, 아니면 시 첫부분을 가리키는 것인지 단정하기 어렵기 때문에 《유언시》의 창작 과정에 관한 여러 가지 학설이 생기고, 그 정설이라는 것이 서 있지 않은 실정이다.

여기에서 그 학설들을 간추려 보면 그것은 통일적 일시 제작설과 집합적 수시 제작설로 대별할 수 있다. 전자에 의하면 《유언시》는 시인이 1461년 말에 파리로 돌아와서 어디에 몸을 숨기고 일시에 계속적으로 쓴 것이라고 한다. 그 대표적 학자는 장 마르크 베르나르와 루이 뒤안느이다. 후자에 의하면 《유언시》는 시인이 전생애를 통하여 비교적 장기간에 걸쳐 수시로 쓴 것이며 특히 시 첫부분은 1463년 그가 마지막으로 파리를 떠난 이후에 쓴 시들이라고 한다. 그 대표적 학자는 앙트완느 캉포의 견해를 채택하여 그것을 부연 전개한 네리와 그 후계자 이탈로 시칠리아노이다.

그 어느 경우이건 시인과 그의 시에 관한 참고자료가 거의 없고, 있어도 아주 빈약한 것이 되기 때문에 그 학설을 실증적으로 뒷받침하는 일은 여간 어렵지 않다.

그 生涯와 詩 世界　177

따라서 〈비용과 그의 시 연구〉의 유일한 방법은 우선 작품 분석뿐이다. 그리고 그 작품 분석에 있어서 빈약하기는 하지만 지금 존재하는 참고자료를 가능한 한 잘 활용하는 일이다. 그런데 그 참고자료라는 것도 학자들에 의하여 오늘날 모든 기록보관소가 거의 전부 조사되었기 때문에 새로운 것이 나올 수 없는 만큼, 그 가능한 한 타당한 해석밖에 달리 방법이 없다.

그러므로 《유언시》 성립의 문제는 통일적 일시 제작설이건, 집합적 수시 제작설이건 연구의 주관적 견해에서 전적으로 벗어나기는 거의 불가능한 일이다. 그것만이 아니다. 그의 작품 분석의 경우도 그렇다. 그러나 시의 새로운 해석이 한편으로는 시적 창조가 될 수 있다고 볼 때, 우리는 나름대로 《유언시》를 분석하고 그 시가 가지는 수수께끼의 비밀을 가능한 한 밝혀내는 일을 시도하면 되는 것이다.

그런데 《유언시》의 수수께끼의 불가해함은 바로 시인이 이 작품을 같은 감흥을 가지고 같은 시기에 같은 장소에서 쓴 것이라고 판단하는 데에서 생긴다. 아무리 팡테지스트(fantaisiste)라고 하더라도 그처럼 다른 시상과 다른 감흥이 공존하는 장편의 시를 같은 시기에 같은 장소에서 연속적으로 써내려 간다는 것은 거의 불가능한 일이다. 하물며 방랑시인으로 일생을 보낸 사람에 있어서랴!

그러므로 우리는 많은 학자들이 왕왕 믿고 있는 것처럼 이 작품을 예정된 프랑에 따라서 일정한 척도에 맞추어 써내려 갔으리라고 하는 추정은 지나친 생각이라고 하지 않을 수 없다. 우리는 앞에서 지적한 대로 그것을 시인의 감정의 역사·기록·일기 등의 작품화 그러니까 단편적·누진적·집합적 창조로 해석함으로써 그 수수께끼의 불가해함을 이해 가능함으로 바꾸어 놓기로 한다.

그러기 위해서는 우선 시인의 감정의 역사를 되돌아보고 그의 생활의 행적을 추적해 보는 일이 필요하다. 그것은 실제로 시인에 관한 참고자료가 빈약하고 한정되어 있는 만큼 그렇게 쉬운 일이 아니다. 그러나 다행스러운 것은 롱뇽·슈옵·샹피옹 등 많은 비용 학자들의 연구에 의하여 시인의 주변 사람들, 즉 유언 수령자들과 그 밖의 인물들이 고증적으로 밝혀지고 있다는 점이다. 문제는 그것을 가능한 한 원용하여 시인의 감정의 기복은 물론 그의 생활의 전반을 살펴보는 일이다. 그리고 그 것을 그의 표현과 연관시켜 새로운 해석을 시도하는 일이다. 그러한 일은 결국 《유언시》의 불가해함을 이해 가능함으로 전환하는 유일무이한 작업에 다름이 아니다.

1

司敎 티보 도씨니에 대한 원한과 복수

그러면 우리는 《유언시》를 처음부터 차례로 되돌아보면서 그 수수께끼의 비밀을 밝혀보기로 한다.

시인은 이제 펜을 들게 됨에 있어서 자기 자신이 놓인 시점을 확인하고 〈지금 나는 어리석지도 슬기롭지도 아니하도다〉라고 분명히 밝힌다. 그것은 현재의 자기 인식이다. 따라서 《유언시》는 시인의 현재의 자기 인식에서부터 시작되고 있다.

이 몸이 태어나서 30년이 되는 해[1]
온갖 수치를 맛보아 왔거니와
수많은 신산과 고초를 겪었거늘
지금 나는 어리석지도 슬기롭지도 아니하도다.
그 신산과 고초는 전부 티보 도씨니라는 놈의
手下에게서 받은 것
그놈은 司敎라 하여 길가에서 十字를 긋는데
내 사교일 수는 결코 없으리라! (1절)

En l'an de mon trentième âge
Que toutes mes hontes j'eus bues,
Ne du tout fol, ne du tout sage,

Non obstant maintes peines eues,

Lesquelles j'ai toutes reçues

Sous la main Thibaut d'Aussigny……

S'évêque il est, signant les rues,

Qu'il soit le mien je le regny!

우선 〈이 몸이 태어나서 30년이 되는 해〉라고 하는 표현은 비용이 태어난 해를 알 수 있는 유일한 단서가 된다. 시인이 《유언시》를 쓰게 된 이유를 설명한 바로 뒤에, 그러니까 11절 첫머리에 〈그것이 쓰여진 해는 61년〉이라고 밝히고 있어서, 61년부터 30년을 거슬러 올라가면 31년이 된다. 이 31년(1431)이 바로 그가 태어난 해이다.

시인은 〈태어나서 30년이 되는 해〉에 온갖 수치를 당하고 수많은 신산과 고초를 겪은 고통스러운 경험을 떠올리면서 현재의 자기 자신을 응시한다. 그 고통스러운 경험은, 그가 1461년 여름 3개월 동안 오를레앙 대사교구(l'Evêché d'Orléans)의 티보 도씨니가 관장하는 묑 쉬르 루아르 감옥 마나세스(Manassès) 토굴에 감금되어 비인간적인 가혹한 학대를 받은 일을 말한다.

그런데 시인은 어떤 죄를 범하고 거기에 감금된 것일까. 그는 〈그 신산과 고초는 전부 티보 도씨니라는 놈의 수하에게서 받은 것〉이라고 말할 뿐 거기에 감금된 이유를 전혀 밝히려고 하지 않기 때문에, 우리는 그 비밀을 정확히 알 수 없다. 다만 그가 어떤 무거운 죄이거나 어떤 특수한 사정에 의하여 감금되었으리라고 하는 추측이 가능할 뿐이다. 그것은 그가 거기에서 받은 고문이 여간 가혹하지 않다는 점, 특히 감옥의 책임자 티보 도씨니에 대한 그의 원한이 정상을 넘는다는 점 등으로 미루어 보아 알 수 있다. 그러니까 〈그놈은 司敎라 하여 길가에서 十字를 긋는데 내 사교일 수는 결코 없으리라〉고 하는 것은 어찌 보면 당연할는지 모른다.

〈그놈은 사교라 하여 길가에서 십자를 긋는데〉라고 하는 표현에서, 뛰안느는 시인의 시각적 기억을 볼 수 있다고 한다.[2] 티보 도씨니는 오를레앙 시를 해방시킨 잔 다르크에 대하여 남다른 감사의 뜻을 가지고, 그 복권에 특별한 노력을 기울이며, 매년 5월 5일에는 그 해방을 기념하는 큰 미사를 거행한다. 미사가 끝나면 사교를 선두로 가두행렬이 열린다. 그때 사교는 길가에서 十字를 긋고 거기에 모인 사람들을 축복한다. 시인은 그 광경을 멀리에서 훔쳐 보고 있다. 그 기억이 그러한 표현으로 전환된 것이라고 한다.

내 영주도 아니고 내 사교도 아니라
비록 황무지라 하더라도 그놈 밑에서는 아무것도 소유하지 아니하고
主從의 서약이나 순종의 의무를 지지 아니하나니
나는 그놈의 하인도 하녀도 아니로다.
그놈은 약간의 빵과 냉수를
여름 내내 나에게 먹였는데
후한 놈인지 인색한 놈인지 모르지마는 나에게는 째째한 놈이었도다.
신이여, 그놈이 나에게 한 만큼의 보복을 내리소서. (2절)

Mon seigneur n'est ne mon évêque;
Sous lui ne tiens, s'il n'est en friche;
Foi ne lui dois n'hommage avecque;
Je ne suis son serf ne sa biche.
Pu m'a d'une petite miche
Et de froide eau tout un été.
Large ou étroit, mout me fut chiche:
Tel lui soit Dieu qu'il m'a été.

시인이 여기에서 표현하고 있는 내용을 이해하기 위해서는 먼저 간단히 중세 유럽 사회에 있어서 종교와 세속이라고 하는 봉건제도의 이중구조를 생각해 보아야 한다. 종교에 있어서 사교와 교구민의 관계는, 세속에 있어서 국왕과 국민의 관계와 같은 것이다. 그렇기 때문에 〈주종의 서약〉과 〈순종의 의무〉라고 하는 표현은 예의 이중구조의 양자에 그대로 해당한다.

시인은 그러한 사회제도를 부정하여 티보 도씨니 밑에서는 아무것도 소유하지 않는다고 한다. 따라서 一介의 불량자인 그와 사교의 신분관계는 주종의 관계가 아니라 어디까지나 1 대 1이다. 그러한 의미에 있어서 그는 자유인임을 자처한다. 그리하여 그는 〈그놈의 하인도 하녀도 아니로다〉라고 단언한다. 〈하인도 하녀도〉는 직역하

면 〈수사슴도 암사슴도〉가 되는 것을 의역하여 그렇게 옮긴 것인데, 그 이면에 티보 도씨니의 사생활의 암시를 읽는 학자도 있다.

그리고 시인은 이어 6절까지 그리스도의 대리자이어야 할 사교를, 사교가 다루는 그리스도의 정신을 가지고, 역으로 訴追하고 단죄한다. 그것은 해학적·반어적 표현이지만 그 어조는 여간 신랄하지 않다.

> 누가 나에게 사교를 저주한다 운운하며
> 나무랄는지 모르는 일이로되
> 천만의 말씀, 사정을 알면 이해할 수 있으리니
> 나는 추호도 그놈을 비방하는 것은 아니로다.
> 다만 이것이[3] 내가 말하는 욕의 전부인즉
> 만약 그놈이 나에게 자비를 베풀었다면
> 천국의 왕이신 예수여,
> 그놈의 얼과 육체에 그만큼의 자비를 내리소서! (3절)

> Et s'aucun me vouloit reprendre
> Et dire que je le maudis,
> Non fais, se bien le sait comprendre,
> En rien de lui je ne médis.
> Veci tout le mal que je dis:
> S'il m'a été miséricors,
> Jésus, le roi de paradis,
> Tel lui soit à l'âme et au corps!

주종의 관계가 아니라 어디까지나 자유로운 신분인데 〈그놈은 약간의 빵과 냉수를 여름 내내 나에게 먹였거늘〉 어떻게 그것이 그리스도의 정신이라고 할 수 있겠는가. 그러한 질문을 던질 때, 시인은 그리스도 교도로 다시 돌아온다. 그리스도 교도는 어떤 일이 있어도 사교를 저주하는 짓을 할 수 없다.

그리하여 시인은 천만의 말씀이다, 추호도 그놈을 비방하는 것은 아니다, 다만 〈그놈이 나에게 자비를 베풀었다면〉 그 자비는 예수 그리스도의 굽어 살피심이 있으리라고 말하고자 할 뿐이다라고 말한다. 그런데 실제로 그는 그것이 아니라고 하는 점을 역으로 야유하고 있는 셈이다.

> 그리고 만약 이루 말할 수 없을 만큼
> 그놈이 냉혹하고 무자비하였다면
> 영원한 신이여,
> 그놈에게 그만큼의 보복을 내리소서.
> 그런데 교회는 우리에게
> 적을 위하여 기도하라[4] 말하고 가르치고 있도다.
> 나는 말하리라 〈잘못하였으니 부끄럽소이다
> 그놈이 나에게 한 소행은 신에게 맡기오리다!〉 (4절)

> Et s'été m'a dur ne cruel
> Trop plus que ci je ne raconte,
> Je veul que le Dieu éternel
> Lui soit donc semblable à ce compte.
> Et l'Eglise nous dit et conte
> Que prions pour nos ennemis.
> Je vous dirai: 〈J'ai tort et honte,
> Quoi qu'il m'ait fait, a Dieu remis!〉

시인은 여기에서 가정법을 사용하고 있지만 실은 티보 도씨니라는 놈이 형용할 수 없는 〈냉혹하고 무자비〉한 고문을 가했으니까 〈그놈에게 그만큼의 보복〉을 내려 마땅하다는 것이다.

그러나 교회의 가르침이 있다. 시인은 그리스도 교도로서 그 가르침에 따르지 않을 수 없다. 그는 〈적을 위하여 기도하라〉고 하는 가르침에 따라야 한다. 그리하여 그는 〈잘못하였으니 부끄럽소이다, 그놈이 나에게 한 소행은 신에게 맡기오리다〉라고 기도한다. 물론 그것은 반어적 표현이며 그 특유의 익살이다.

그러면 그놈을 위하여 진심으로 기도하리라
지금은 가 버린 선량한 코타르[5]의 넋으로!
그러나 어떻게 기도하랴? 소리내어 읽는 것은 귀찮은 짓인즉
마음 속으로 암송하리라.
피카르 종파[6]식으로 기도하리라.
그놈이 그런 식의 기도를 모른다고 하면
나를 믿고 프랑드르의 두에나 릴르로 가서
지체하지 말고 배우고 오면 되리로다. (5절)

Si prierai pour lui de bon coeur,
Pour l'âme du bon feu Cotart!
Mais quoi? ce sera donc par coeur,
Car de lire je suis fétard:
Prière en ferai de Picard;
S'il ne le sait, voise l'apprendre,
S'il m'en croit, ains qu'il soit plus tard,
A Douai ou à Lille en Flandre.

　시인의 반어적·해학적 표현은 계속된다. 그가 티보 도씨니를 위하여 진심으로 기도한다고 하는 것은 실은 기도하지 않는다고 하는 반어적·해학적 표현이다. 그것은 그가 〈선량한 코타르의 넋으로〉 그리고 〈피카르 종파식으로〉 기도하려고 하기 때문이다.

　코타르는 드니즈라는 여자가 〈모욕을 당했다고 운운하며〉[7] 시인을 고소한 바 있는데, 그때 시인에게 어떤 은의를 베푼 것으로 보이는 인물이다. 그는 보기 드문 호주가로 언제나 〈비틀거리며 갈짓자로 걷는 醉漢〉[8]이다. 그의 죽음의 소식을 듣고, 시인은 그가 생전에 술에 취해 있는 모습을 떠올리고 그의 넋을 위로하는 「추모의 발라드」를 쓰고 있다. 그러므로 〈코타르의 넋으로〉 기도하리라 함은 역으로 기도하지 않는다는 반어적·해학적 표현이다.

그리고 피카르 종파는 15세기 중엽 북유럽 각국에 퍼진, 기도의 무효성을 주장하는 그리스도교의 이단이다. 당시의 기록에 의하면 피카르 종파에 대한 탄압이 여간 가혹하지 않았다고 한다. 시인은 그러한 사실을 잘 알고 있어서 그 가혹함을, 티보 도씨니의 자기에 대한 가혹함에 대비시키며 여기에 도입하고 있다. 그러므로 〈피카르 종파식으로〉 기도하리라 함은 거꾸로 기도하지 않는다는 반어적 표현일 뿐만 아니라, 시인의 분노와 저주를 담은 풍자적 표현이다.

그런데 시인은 만약 티보 도씨니가 피카르 종파식의 기도를 모른다고 하면 죽기 전에 빨리 〈프랑드르의 두에나 릴르로 가서〉 지금 어떤 일이 벌어지고 있는가, 그리스도교의 이단에 대한 처단이 얼마나 가혹한가를 보고 오라고 한다. 그것은 자기를 고문한 티보 도씨니의 가혹함에 대한 비꼼은 물론이다. 따라서 〈지체하지 말고〉라는 말은 피카르 종파에 대한 탄압이 끝나기 전이라는 의미보다는, 그가 기도하는 의도가 티보 도씨니의 죽음에 대한 기도인 까닭에, 그놈이 죽기 전이라는 의미를 암유적으로 표현한 것으로 보인다.[9]

그런데 세례 때 받은 믿음으로 맹세하거니와
이따금 그놈을 위하여 기도하기 바라는데
나는 누구에게나 그러한 소리를 내지 아니하나니
그렇게 실망할 필요는 없도다.
마음이 내키면 소가죽이나 양가죽으로 된 것은 아니로되
찬송가를 열어 그 중에서
〈신이여 찬미하소서〉의
시편 7이라 쓰인 시절을 가지고 기도하리라. (6절)

Combien, souvent je veul qu'on prie
Pour lui, foi que dois mon baptême,
Obstant qu'à chacun nele cire,
Il ne faudra pas à son esme.
Ou Psautier prends, quand suis à même,
Qui n'est de boeuf ne cordouan,

Le verselet écrit septième

Du psaume de *Deus laudem.*

이 시의 전반 4행의 의미는 다소 모호한 데가 있다. 우리는 1행 〈누구〉(on)를 〈나〉(je)로 바꾸어 이해하기로 한다. 시인은 5절에서 피카르 종파식으로 기도한다고 하니까, 그것은 다시 말하면 소리 없는 기도이다. 따라서 사교가 기도 소리를 듣고 싶다고 하더라도 〈나〉, 즉 시인은 결코 소리를 내지 않을 터이므로 사교의 기분을 건드리는 일은 없을 것이다라고 하는 해석이 가능하다. 그런데 〈누구〉를 〈나〉가 아니라 글자 그대로 〈누구〉로 이해한다면 사교가 〈누구〉인가 소리내어 기도하는 것을 듣고 싶다 하더라도 그것은 〈누구〉에게나 바랄 수 없다. 그러나 〈나〉, 즉 시인 자신에게 바라는 경우라면 그것은 들어 줄 수도 있는 일이 된다.[10]

한편 미사 의식에 있어서는 序詞가 끝나고 典文을 낭송할 때 사제는 자기가 소속하는 교구의 사교 이름을 낮은 소리로 부르게 되어 있기 때문에, 시인이 굳이 소리내어 기도하지 않는다고 하더라도 사교의 기분을 건드리는 일은 없을 것이다라고 하는 해석도 가능하다. 그러나 그러한 의미로 해석하면 시인 특유의 풍자는 그 강도가 반감해 버리고 만다.

그리고 당시의 성서와 찬송가는 소가죽이나 양가죽으로 장정하는 것이 보통이었다고 한다. 시인은 그러한 장정이 되어 있지 않은 〈찬송가〉 운운하여 좋지 않은 찬송가를 암시하면서, 동시에 그의 기도가 비꼼이라고 하는 의미를 은연중에 드러내 보인다.

그런데 〈시편 7이라 쓰인 시절〉의 7은 8의 잘못이다. 《시편》 제109장 8절에는 『이제 그만 그의 명을 끊어 버리고 그의 직책일랑 남이 맡게 하자』라고 쓰여 있다. 그것은 사교 티보 도씨니의 생을 이제는 마치게 하고 그의 직책을 다른 사람의 손에 넘기게 하소서의 의미가 된다. 바꾸어 말하면 그것은 시인의 티보 도씨니에 대한 신랄한 저주의 기도이다.

---

1) 1461년. 《유언시》 11절 1행.
2) Thuasne, t.II, pp.82-83.
3) 그 다음 3행의 내용을 가리킨다.

4) 《구약》 룻기 제6장 35절.
5) 1460년에 죽었는데, 시인은 그 호주가의 죽음에 대하여 「추모의 발라드」를 쓰고 있다.
6) 기도의 무효성을 주장하는 그리스도교의 이단.
7) 《유언시》 125절.
8) 《유언시》「추모의 발라드」.
9) Jean Dufournet, pp.10-12.
10) Lucien Foulet, t.LVI. p.32.

2

國王 루이 11세에 대한 감사와 보은

비용의 사교 티보 도씨니에 대한 원한·분노의 폭발과 복수·저주의 표현은 마침내 그것과는 대조적으로 프랑스 국왕 루이Louis 11세에 대한 감사·보은의 토로와 영화·장수·행운의 기원으로 바뀐다.

내가 어려울 때마다 언제나 매달린
신의 성스런 아들에게 비나니
나의 빈약한 기도를 받아 주소서,
이 얼과 육신을 주시고
온갖 고난에서 나를 지켜 주시며
악마의 더러운 힘에서 나를 풀어 주신
신에게 그리고 성모와 프랑스의 어진 왕
루이에게도 영광이 있으소서. (7절)

Si prie au benoît fils de Dieu,
Qu'à tous mes besoins je réclame,
Que ma pauvre prière ait lieu
Vers lui, de qui tiens corps et âme,
Qui m'a préservé de maint blâme

Et franchi de vile puissance,

Loué soit-il, et Notre Dame,

Et Loïs, le bon roi de France.

국왕 루이 11세는 즉위하자 곧 국내를 순회하고 1461년 9월 30일 묑 쉬르 루아르에 도착하여 대사면령을 내린다. 그때 비용도 거기에 포함되어 결국 10월 2일 마나세스 토굴에서 석방된다. 그것은 시인에게 얼마나 기쁘고 감사한 일인지 모른다.

시인의 그 기쁨과 감사의 마음은 聖三位一體와 성모에 대한 기도가 되고, 국왕 루이 11세에 대한 찬양으로 표현된다. 그것은 사교 티보 도씨니에 대한 죽음의 기도와 저주의 표현과는 너무나 대조적이다. 〈악마의 더러운 힘〉에서의 해방은 티보 도씨니가 관장하는 묑 쉬르 루아르의 가혹한 감옥에서의 석방을 의미하고, 그에게 해방의 환희를 안겨 준 것은 다름 아닌 신이고, 성모이며, 그리고 특히 국왕이다.

바라거니와 신이여, 이 어진 왕에게
야곱의 행운과 솔로몬의 영예와 영화를 주시고
(그 武勇은 넘쳐 흐르며
그 힘도 마찬가지인즉, 맹세하거니와 이는 진실이외다!)
이 덧없는 세상에
從과 橫의 실체를 가지는 한
그분에게 대한 기억이 영원하도록
메토셀라만큼의 장수를 주소서! (8절)

Auquel doint Dieu l'heure de Jacob.

Et de Salmon l'honneur et gloire,

(Quant de prouesse, il en a trop,

De force aussi, par m'âme, voire!)

En ce monde-ci transitoire,

Tant qu'il a de long et de lé,

Afin que de lui soit mémoire,

Vivre autant que Mathieusalé!

시인의 국왕 루이 11세에 대한 감사와 보은은 〈어진 왕 루이에게도 영광이 있으소서〉라고 기원하는 것으로는 미흡하다. 그는 국왕 루이 11세에 대한 행운·영예·영화·장수의 기원을 구체적으로 밝힌다. 그리하여 그는 신이여 어진 왕에게 〈야곱의 행운〉을, 〈솔로몬의 영예와 영화〉를, 그리고 〈메토셀라의 장수〉를 주소서라고 기도한다.

야곱의 행운은 《구약》 창세기 제27-35장에 자세히 나오는데, 특히 아버지 이삭이 야곱을 축하하는 말 『뭇백성은 너를 섬기고 뭇족속들은 네 앞에 엎드리리라. 너는 네 겨레의 영도자가 되어 네 동기들이 네 앞에 엎드리리라. 너를 저주하는 자는 저주를 받고 너에게 복을 빌어 주는 사람은 복을 받으리라.』[1]

솔로몬의 영예와 영화는 《구약》 열왕기 상 제1-11장에 자세히 나와 있는데, 영예는 특히 제5장 9-14절에, 영화는 제6-7장 예루살렘 궁전과 왕궁을 세우는 장면에 잘 나타나 있다.

메토셀라의 장수는 《구약》 창세기 제5장 27절에 『모두 969년을 살고 죽었다』라고 쓰여 있는 것을 가리킨다.

그리고 〈그 무용은 넘쳐 흐르며 그 힘도 마찬가지인즉〉이라 함은, 루이 11세가 아직 왕태자였을 때(1443-44) 영국군에 의한 디에프 포위를 격파한 지략과 독일 전장에서 보인 용맹에 대한 암시이다.

그리하여 그분에게 고귀한 왕통을 이어받을
샤를 대왕처럼 용맹스러운
성 마르샬처럼 용감한
그리고 正室의 몸에서 태어난
12명의 옥동자를 보게 해 주소서!
그러한 행운을 전 왕태자이신 그분에게 내리소서!
그 밖의 행운은 바라지 아니하거니와
마지막에는 천국으로 보내 주소서. (9절)

Et douze beaux enfants, tous mâles,

Vëoir de son cher sang royal,

Aussi preux que fut le grand Charles

Conçus en ventre nuptial,

Bons comme fut saint Martial.

Ainsi en preigne au feu Dauphin!

Je ne lui souhaite autre mal,

Et puis paradis en la fin.

시인의 국왕 루이 11세에 대한 감사와 보은은 계속된다. 그는 국왕에게 왕통을 이어받을 12명의 옥동자를, 그것도 正室의 몸에서 보게 해 주도록 신에게 기도한다. 그리고 샤를 대왕과 성 마르샬처럼 용감무雙한 옥동자를 말이다.

12명의 옥동자는 야곱이 두 아내와 두 여비에게 12명의 아들을 낳게 했다는 《구약》 창세기 제35장 23절에 나오는 이야기에 대한 암시인데, 시인은 한술 더 떠서 12명의 옥동자를 정실의 몸에서 태어나기를 기원한다.

샤를 대왕은 샤를마뉴 大帝를 가리키고 있음은 물론이다.

성 마르샬은 3세기 중엽 리모쥬 사교를 가리키는데 그는 반드시 호전적인 사람은 아니었다고 한다. 마르셀리누스(Marcelinus)라고 하는 마르Mar(s)가 신화의 軍神인 까닭에 용감 운운하는 의미가 부여된 것이 아닌가 한다.

이상 7-9절에서 보여 준 시인의 국왕 루이 11세에 대한 감사와 보은의 표현은 너무나 진지하다. 우리는 그의 풍자적·해학적·이중적·반어적·과장적 표현의 성격을 잘 알고 있기 때문에 예의 감사와 보은의 표현이 어떤 다른 암유적 의미를 내포하는 것이 아닌가 하고 일단 의심해 볼 수도 있다. 그러나 여기에서는 결코 그렇지 않다. 그것은 1-6절에서 보여 준 대로 그가 오를레앙 대사교구의 티보 도씨니가 관장하는 묑 쉬르 루아르 감옥 마나세스 토굴에서 겪은 圄圇생활, 즉 〈빵과 냉수〉의 비참한 대우, 연속되는 모진 고문, 죽음 일보 직전의 공포 등 참담한 상황 그리고 그를 그러한 참담한 상황으로 몰고 간 책임자 티보 도씨니에 대한 원한과 복수가 머리에 떠오르면 떠오를수록, 반대로 그를 그러한 참담한 상황에서 구해 준 국왕 루이

11세에 대한 감사와 보은은 그만큼 더 크고 절실하기 때문이다. 그의 마음 속에는 두 감정의 콩트라스트(contraste), 즉 나쁜 놈이라고 생각되는 자와 어진 왕이라고 생각되는 분의 대척적 감정이 일고 있는 셈이다. 그러므로 우리는 1절에서 9절까지의 일련의 시 근저에는 그러한 두 감정의 대조가 깔려 있음을 간과할 수 없다.

실제로 1절에서 6절까지의 시에는 적어도 엄밀한 통일과 구조가 있어서, 시인이 감옥에서 무엇을 생각하고 있었는지 그 사고와 감정의 일단을 대체로 이해할 수 있다. 그것은 그가 범한 죄상이 즉시 처단해야 할 만큼 중요한 것이 아님에도 불구하고 너무 가혹한 형벌이 가해졌다고 하는 점, 그렇기 때문에 그의 마음 속에는 그 책임자에 대한 치유할 수 없는 원한·복수·저주의 감정이 일고 있었다는 점이다. 따라서 7-9절에서는 그러한 상황에서 해방된 기쁨·감사·보은의 감정이 이루 표현할 수 없을 만큼 절실함을 띠며 그의 마음을 채우고 있었으리라는 것은 상상하기 어렵지 않다.

그리고 시인의 그러한 원한의 폭발과 감사의 은의는, 그가 1461년 10월 2일 마나세스 토굴에서 밖으로 나와 그 허약한 몸에 10월 초의 가을 햇살을 받을 때 느낀 것과 추호도 다르지 않은 실감 그대로의 표백이다.

1) 《구약》 창세기 제27장 29절.

3

〈유언〉 작성 이유와 연대 표시

그러한 실감 그대로의 표백에 이어, 비용은 10절과 11절에서는 〈유언〉을 작성하게 된 이유와 그리고 그 〈유언〉을 쓴 연대를 밝힌다.

몸의 쇠약함은 물론이요 그보다는 더
호주머니의 빈약함을 느끼기에,
얼마 되지 아니하지마는 신이 내려 주신
사실 그 밖의 다른 사람에게서 빌려오지 아니한
내 지각이 아직 충분히 남아 있는 동안에,
나는 내 마지막 의지의 표현이며
수정할 수 없는 유일무이한
이 〈유언〉을 법에 따라[1] 작성하였도다. (10절)

Pour ce que faible je me sens
Trop plus de biens que de santé,
Tant que je suis en mon plein sens,
Si peu que Dieu m'en a prêté,
Car d'autre ne l'ai emprunté,
J'ai ce Testament très estable

Fait, de dernière volonté,
Seul pour tout et irrévocable.

시인은 묑 쉬르 루아르 감옥에서 석방되기는 했지만 건강은 극도로 악화한데다가 설상가상으로 무일푼의 빈털터리가 되어 당장 먹고 잘 수 있는 어떤 방법도 없다. 그러니까 그는 언제 죽음을 맞이하게 되는지 모른다. 죽음이란 일순간의 유예도 없는 것이다. 그는 초조할 수밖에 없다. 그 허약하고 가난한 몸을 지탱해 주는 것은 오직 신이 부여해 준 〈지각〉뿐이다. 이제 그 지각이 마비되기 전에 생을 정리할 필요가 있다. 그리하여 그는 마지막 의지의 표현이며 수정할 수 없는 유일무이한 〈유언〉을 작성하기로 한다. 물론 그것은 진정한 유언 서식에 따라서 쓰여져야 한다.

이상이 비용의 너무나 유명한 《유언시》가 쓰여지게 된 이유이다. 그것은 다름 아닌 시인 자신이 밝힌 이유라고 하는 점이 여기에서 중요하다. 《유언시》가 쓰여지게 된 이유는 첫작품 《유증시》의 그것에 비하면 한층 더 심각하다. 《유증시》의 경우는 그가 〈무정한 여인〉에게 배신을 당하고 〈순교자 연인〉으로서 이역만리 타향으로 아픈 상처를 달래러 가는데, 그것이 언제 돌아올는지 모르는 기약할 수 없는 여행이요, 그리고 백년전쟁 직후의 살벌한 사회 분위기로 보아 언제 어디에서 죽음을 맞이할는지 모르는 위험한 여행이기 때문에, 떠나기 전에 그동안 신세를 진 친구·친지에게 〈유증〉을 한다는 것이다. 따라서 그것은 극히 막연한, 다분히 치졸한 유희에 지나지 않다. 그러나 《유언시》의 경우는 사정이 다르다. 묑 쉬르 루아르 감옥 마나세스 토굴에서 나온 그는 몸이 극도로 쇠약하고, 가진 것이라고는 아무것도 없는 그야말로 적나라한 빈털터리의 신세이다. 그리고 당장 돌아갈 수 있는 집도 없거니와 반갑게 맞아 줄 사람도 없다. 죽음의 그림자밖에는 보이지 않는 글자 그대로 속수무책의 극한 상황이다. 그러한 극한 상황에서 구상된 것인 만큼 《유언시》의 경우는 심각성을 띤다.

그리고 그것이 쓰여진 해는 61년
그때 어진 왕이 묑의 냉혹한 감옥에서
나를 구해 주시고
내 생명을 부지하게 해 주셨으니,

이 마음이 살아 있는 한
그분 앞에 겸허하게 머리 숙이리라
이 생명이 다하도록 그렇게 하리라
선의는 잊어서는 아니 되기 때문이로다. (11절)

Et écrit l'an soixante-et-un
Lorsque le roi me délivra
De la dure prison de Meun,
Et que vie me recouvra,
Dont suis, tant que mon coeur vivra,
Tenu vers lui m'humilier,
Ce que ferai jusque il mourra:
Bienfait ne se doit oublier.

시인은 여기에서 《유증시》와 마찬가지로 《유언시》를 쓴 해를 밝힌다. 그는 〈그것이 쓰여진 해는 61년〉이라고 그 연대를 분명히 한다.

그런데 그 연대 표시는 《유증시》의 그것만큼 분명하지 않다. 《유증시》의 경우는 1456년 크리스마스 날 밤에 〈빨간 문의 집〉 2층에서 일시에 쓰여진 것이 분명하다. 그러나 《유언시》의 경우는 〈61년〉이라고 하는 해가 2천23행이나 되는 장편의 시 전체를 쓴 해를 가리키고 있는지, 아니면 시 첫부분을 쓰기 시작한 해를 가리키고 있는지 분명하지 않다.

어쨌든 그때 시인은 비록 밖으로는 죽음의 그림자밖에는 보이지 않는 글자 그대로 속수무책의 절박한 극한 상황에 놓여 있다고 하더라도 안으로는 〈묑의 냉혹한 감옥〉에서 구출된 감격, 보은의 감동적 상황에 놓여 있다고 하는 사실을 결코 잊지 않는다. 그리하여 그는 하마터면 죽을 뻔한 생명을 구해 준 〈그분 앞에 겸허하게 머리 숙이리라〉고 굳게 다짐한다. 그 다짐은 아무리 해도 지나치지 않는다.

사실 10-11절은 《유증시》의 8절과 40절의 그것과 마찬가지로 현실 그대로의 유언 서식에 따르는 관용어의 패러디이다. 그리고 그 현실 모방의 양식은 《유증시》의 경우보다는 적절하고 적합하다. 그것은 뒤에서 보는 바와 같이 〈유언〉 끝부분의 묘

지·묘비·묘비명·장례·유언 집행인의 배치 등 바로 현실 그대로의 형식이기 때문
이다.

1) 이것은 당시의 유언서 관용 어법이다.

4

고난의 權化와 죄의식

그런데 12절에서부터는 시의 분위기가 갑자기 바뀐다. 시의 내용뿐만 아니라 표현 형식도 변화한다.

비용은 자기 자신의 전부를 고백하고 토로한다. 그것은 클레망 마로가 『비용은 여기에서부터 博學과 良識으로 가득 찬 부문으로 들어간다』[1]고 말하고 있는 바와 같은 그의 지식의 과시는 결코 아니며, 어디까지나 그의 적나라한 고백이요 토로이다. 그리고 그것은 84절까지 계속되고, 그 사이에 다채로운 분위기의 변화를 보이면서 그대로 이어져 나간다. 그리하여 그것은 다음의, 즉 85절부터의 《유언시》 중심 부분에 해당하는 시들과 분명히 일선을 긋는다.

시인은 내적 표현의 출발점을 묑 쉬르 루아르 감옥에서 겪은 체험과 거기에서 해방된 직후에 직면한 방랑생활의 비참함에 두고 있다. 그것은 앞에서 본 바와 같은, 원한과 감사 따위의 가식 없는 감정 표현이라든가, 〈몸의 쇠약함은 물론이요 그보다는 더 호주머니의 빈약함〉을 느낀다고 하는 현실 인식 따위의 솔직한 냉소적 표현이 아니라 거기에서 한걸음 더 나아간 보다 심각한 내적 고백, 즉 고난의 權化와 마음의 각성이다.

사실 한탄과 눈물
괴로운 신음
슬픔과 고민

고역과 고통스러운 방랑을 거듭한 후에
고난은 실뭉치처럼 거친
나의 어리석은 마음을 열어 주었는데
아베로에스[2]의 아리스토텔레스의 주석을
전부 읽는 것보다 더 활짝 열어 준 것이었도다. (12절)

Or est vrai qu'après plaints et pleurs
Et angoisseux gémissements,
Après tristesses et douleurs,
Labeurs et griefs cheminements,
Travail mes lubres sentements,
Aiguisés comme une pelote,
M'ouvrit plus que tous les comments
D'Averroys sur Aristote.

시인은 묑의 가혹한 감옥과 거기에서 해방된 직후에 겪은 신체적 고통과 그에 수
반하는 정신적 절망을 묘사한다. 그 고통과 절망은 〈고난〉(Travail)을 의인화함으로
써 그것으로 입게 되는 신체적·정신적 피해로 전환한다. 그리고 그 피해는 이제까
지 사물의 표면밖에 보지 않던 그에게 사물의 본질을 보는 마음의 문을 열어 준다.
　시인의 마음의 문이 열린 것은 어떤 관념적 지식에 의해서가 아니라 그의 내적·
외적 경험에 의해서이다. 그는 마음의 문을 열고 무엇을 받아들였는가. 그것은 자기
인식이라고 하는 소중한 선물이다. 그 선물은 바로 《유언시》 1절 첫머리의 〈지금 나
는 어리석지도 슬기롭지도 아니하도다〉라고 하는 자기 인식이다.
　그런데 시인의 그러한 자기 인식은 여간 소중한 선물이 아니다. 그것은 아리스토
텔레스를 읽는 것보다 더 큰 자기 인식이기 때문이다. 실제로 그의 시는 이미 그러
한 자기 인식에서부터 시작되고, 이후에도 그 위에 이루어져 나간다.

　내가 불행의 절정에 서서
　동전 한푼 없이 방랑의 길을 헤매일 적에,

복음서에도 있거니와

엠마오의 순례자에게 용기를 주신

신은 나에게 선량한 도시가 있음을 가르치시고

희망이라는 선물을 주셨으니,

죄인이 아무리 비열하다 하더라도

신은 악에의 집착밖에는 증오하지 아니하는도다. (13절)

Combien, au plus fort de mes maux,

En cheminant sans croix ne pile,

Dieu, qui les pèlrins d'Emmaus

Conforta, ce dit l'Evangile,

Me montra une bonne ville

Et pourvue du don d'espérance;

Combien que péché si soit vile,

Rien ne hait que persévérance,

〈고난〉이 시인의 마음의 문을 열어 준 것이라고 하면, 〈불행〉은 그의 마음에 어느 정도 신앙을 소생시켜 준 것이라고 할 수 있다. 그는 부활한 예수가 엠마오 마을로 향하는 두 길손 앞에 나타나서 이미 예언되어 있는 부활의 의미를 설명하고, 아직 예수의 부활을 모르는 그들을 위로한다고 하는 《신약》 누가 복음 24절에 나오는 이야기로써 스스로의 마음을 달래며 〈희망이라는 선물〉을 받았다고 고백한다.

〈선량한 도시〉는 부르보네 수도 물랭을 의미한다는 것은 가스통 파리스 이후 모든 비용 학자들이 인정하는 바이며, 〈희망이라는 선물〉은 희망(Espérance)이 부르봉 공의 家銘인 까닭에, 신이 시인에게 부르보네로 가라, 그러면 거기에서 희망을 찾을 수 있으리라 하고 인도한다는 의미로 해석된다. 실제로 그는 묑의 냉혹한 감옥에서 해방되자 곧 부르보네로 갔거나 그 부근을 방황한 것으로 보인다.

그리고 죄의식과 신의 은총, 시인이 거기까지 이르는 정신의 역사는 길고도 오랜 과정이다. 〈가난〉한 까닭에 그리고 그 가난을 극복하려고 한 까닭에 어느새 빠져들어 간 악의 세계에 살면서, 타고난 무관심으로 하여 추호의 회오도 느끼지 않던 그이다. 악의 세계와 법의 질서는 양립할 수 없다. 그것은 필연적으로 그를 감옥으로 몰고 간다. 그때마다 그는 법의 질서 앞에 무릎을 꿇고 어떤 반항도 하지 않는다. 그는 그것을 운명의 장난이라고 생각하며 체념한다. 그런데 어느날 그는 그 운명에 대하여 반항한다. 인간이 만든 법에 대하여 회의적 태도를 보인다. 그리하여 그는 죽음이라고 하는 자연법밖에는 믿지 않는다. 그것은 그대로 위기에로 연결된다.

그러나 어느날 그는 갑자기 그 수많은 위기에 직면할 때마다 구사일생으로 살아나온 일들을 떠올리고, 거기에서 높고 깊은 섭리를 읽으며 크고 넓은 자비를 느낀다. 그것은 큰 변화가 아닐 수 없다.

13절의 시를 쓸 때의 시인의 정신상태는 바로 그러한 지고의 단계에 이른 것이라고 해도 좋다. 그에게 있어서 지나간 과거를 돌이켜 보면 볼수록 죄인이라고 하는 의식밖에는 있을 수 없다. 그런데 신은 죄인을 벌하지 않는다. 신이 미워하는 것은 죄이지 죄인은 결코 아니다. 그렇다면 그는 구제되는 것이 아닌가. 그렇다, 그는 〈악에의 집착〉만 버린다면 구제되는 것이다. 그때 그에게 남은 것은 죄를 회오하는 일이다. 그리고 신의 섭리와 자비를 읽는 일이다.

나는 죄인이로다, 그것을 잘 알고 있거늘
그러나 신은 내 죽음을 바라지 아니하고
죄에 괴로워하는 모든 사람에게와 마찬가지로
행실을 고치고 선하게 살기를 원하시는도다.
내가 죄로 인하여 죽는다 하더라도
신은 산다고 하셨기에
내 양심의 가책을 느낄 때
그 자비로움은 나를 너그럽게 용서해 주시리라. (14절)

Je suis pécheur, je le sais bien;
Pourtant ne veut pas Dieu ma mort,
Mais convertisse et vive en bien,
Et tout autre que péché mord.
Soit vraie volonté ou ennort,

Dieu voit, et sa miséricorde,

Se conscience me remord,

Par sa grâce pardon m'accorde.

    그리스도교적인 죄의식은 당시의 교회가 항상 가르치고 있는 것이다. 그것은 죄인의 죄가 아무리 크다고 하더라도 참회에 의하여 용서되고 구제받는다고 하는 인식을 바탕에 깔고 있다.

    여기에서 죄인이라고 자각한 시인은 《신약》 제키엘 제33장 11절 『죄인이라고 해도 죽는 것을 나는 기뻐하지 않는다. 죄인이라도 마음을 바로잡아 버릇을 고치고 사는 것을 기뻐한다』 그리고 14-5절 『나에게 사형을 선고받은 죄인이라도 자기 죄를 청산하고 돌아와 올바로 살기만 하면 죽지 아니하리라. 저당잡힌 것을 돌려 주고 훔친 것을 갚아 주며 생명을 보장해 주는 법규를 따라 살고 그릇된 일을 하지 않으면 죽지 않고 살게 된다』라고 하는 대목을 원용하고 있다.

1) Clément Marot, t.IV, p.190.
2) 12세기 고르도바 태생의 아라비아 학자. 중세 스콜라 철학은 그의 아리스토텔레스 주석에 의하여 그 체계가 세워지고, 중세 학생들에 의하여 읽혀지고 있다.

5

정신적 회오와 자기 위안

비용의 정신적 회오는 드디어 《장미 이야기》·《알렉산데르 大帝와 도적 디오메데스의 대화》 등의 故事를 원용하여 자기 위안 내지는 자기 변명을 하는 데까지 나아간다.

그리고 저 고귀한 《장미 이야기》의
제1권 첫머리에는
청춘의 미숙한 마음도 노년이 되어
성숙한 마음으로 보일 때에는 용서되는 법이라
분명히 쓰여져 있는데
아, 이 얼마나 진실한 말인가.
그러나 지금 나를 그처럼 가혹하게 비난하는 자들은
성숙한 때의 나를 보려고 하지 아니하는도다. (15절)

Et, comme le noble *Romant*
De la Rose dit et confesse
En son premier commencement
Qu'on doit jeune coeur en jeunesse,
Quand on le voit vieil en vieillesse,

Excuser, hélas il dit voir.

Ceux donc qui me font telle presse

En murté ne me voudroient voir.

　인간의 구제는 신의 은총뿐만이 아니다. 《장미 이야기》 제1권 첫머리에도 젊은이 의 〈미숙한 마음〉이 〈성숙한 마음〉으로 바뀌기만 하면, 인간의 죄는 용서된다고 쓰 여져 있지 않은가. 시인은 그 말을 떠올리면서 〈아, 이 얼마나 진실한 말인가〉라고 외친다. 그것은 바로 그를 구제해 주는 말이기 때문이다.

　그런데 《장미 이야기》 제1권 첫머리에는 그러한 말이 없다. 《장미 이야기》는 기욤 드 로리스가 미완의 작품으로 남긴 것을 《전편》으로 하고, 장 드 묑이 그것을 계속 하여 《속편》으로 완성시킨 작품이다. 시인은 장 드 묑의 《속편》 속에 있는 「유언」의 시[1]와 혼돈하고 있다. 어쨌든 그 말은 그에게 있어서 신의 은총과 맞먹는 힘을 가진다.

　그러나 사람들의 마음은 완고하다. 아니 세상 인심이라고 하는 것은 냉혹하다. 인 간이 진정으로 회오하여 선의 길로 나아가려고 하는데, 세상은 그의 과거의 잘못을 용서하지 않고 가혹한 비난만을 한다. 인간이 죄를 범하는 것은 〈광기에 사로잡혀 있기〉[2] 때문이다. 그러므로 인간은 회오에 의하여 마음의 문이 열리면 죄에서 벗어 나 선하고 슬기롭게 될 수도 있다.

　그런데 사람들은 시인의 과거의 죄를 비난만 하고 그의 지금의 〈성숙한 마음〉과 선하고 슬기로운 모습을 보려고 하지 않는다. 그리하여 그는 죄인으로서의 자기 자 신을 응시한다.

　　내 죽음이 사회의 선을 위하여

　　어떤 이로움이 될 수만 있다면

　　나는 스스로에게 부당한 인간으로서

　　죽음의 판결을 내리리니, 이는 신이 지켜보심이로다!

　　그러나 내가 서 있건 관 속에 누워 있건

　　젊은이나 늙은이에게 해가 되지 아니하고

　　한 불쌍한 사나이가 죽는다 하더라도

　　태산은 앞으로도 뒤로도 그 장소를 바꾸지 아니하리라.[3] (16절)

Se, pour ma mort, le bien publique

D'aucune chose vausît mieux,

A mourir comme un homme inique

Je me jugeasse, ainsi m'est Dieus!*

Griefs ne fais à jeunes ne vieux,

Soie sur pieds ou soie en bière:

Les monts ne bougent de leurs lieux

Pour un pauvre, n'avant n'arrière.

인간이 과거의 잘못으로 말미암아 용서되지 않는다면 그는 사회의 해로운 존재로 남는다. 실제로 인간이 사회의 해로운 존재로 남는다면 그는 존재하지 않는 것이 나을는지 모른다.

시인은 자기가 존재하지 않는 것이 과연 〈사회의 선〉을 위하여 이로운 결과가 되겠는가 하고 묻고, 만약 그렇다면 스스로 〈죽음의 판결〉을 내려 자결해도 여한이 없다고 생각한다. 그러나 그는 자기 같은 〈불쌍한 사나이〉가 살거나 죽거나 세상 사람들에게는 하등 관계없는 일이며, 따라서 젊은이나 늙은이에게 해가 되지 않을 뿐만 아니라 삼라만상이 미동도 하지 않는다는 사실을 깨닫는다.

그때 시인은 여느 때와 마찬가지로 자기 자신을 卑下한다. 〈한 불쌍한 사나이〉라고 하는 말은 그 특유의 자기 비하화 내지는 자기 왜소화의 상투적 표현이다. 그는 언제나 자기를 드러내 보인다. 그리하여 그는 엑그지비시오니스트(exhibitioniste)를 자처한다. 엑그지비시오니스트를 자처할 때 그는 반드시 자기를 비하하고 자기를 왜소하게 만든다. 그는 죄의식을 느끼면 느낄수록 자기를 과소 평가하는 성향을 보인다. 그것은 자기를 과소 평가함으로써 죄의식에서 벗어나려고 하기보다는 오히려 더 죄의식으로 생기는 자기 학대에서 모면하고자 하는 충동에서 나온 어색한 몸부림에 지나지 않다.

그리하여 시인은 세상의 비정함을 추궁하면서 동시에 자기의 왜소함을 아이러니를 가지고 자조한다.

그런데 인간의 내적 고통을 현실적으로 구제해 주는 자는 과연 누구인가. 시인은

그 예를 찾는다. 그는 느닷없이 디오메데스의 回心의 이야기를 떠올린다. 그리하여
그는 디오메데스에게 자기 자신을 대입시켜 버린다.

> 알렉산데르 대왕의 治世에
> 디오메데스라 불리는 사나이가
> 도적으로서 두 손의 손가락이 묶여
> 대왕 앞에 끌려왔는데,
> 그 사나이는 바다 위를 질주하는
> 흔히 보는 해적이라
> 그 때문에 죽음의 판결을 받으러
> 상감 앞에 끌려온 것이로다. (17절)

> Ou temps qu'Alixandre régna,
> Un hom nommé Diomédès
> Devant lui on lui amena,
> Engrillonné pouces et dés
> Comme larron, car il fut des
> Ecumeurs que voyons courir;
> Si fut mis devant ce cadès
> Pour être jugé à mourir.

디오메데스의 삽화는 루이 튀안느에 의하여[4] 그 전승 계통이 상세히 검토되어 있
기는 하지만, 그러한 전설의 기원의 문제는 〈비용 시〉 감상을 위해서는 그렇게 도움
이 되는 것으로는 보이지 않는다. 여기에서 중요한 것은 운명, 가난과 정의, 권력과
법, 자연과 그리고 신의 문제가 연관되어 있다는 점이다.

시인은 우선 〈해적〉이라고 하는 죄명으로 〈죽음의 판결〉을 받기 위하여 끌려온
디오메데스에게 은연중 자기 자신을 대입시킨다. 그러므로 디오메데스는 실은 시인
자신이다.

황제는 그에게 말을 건넸도다
「어찌하여 그대는 해적이 되었는가?」
디오메데스는 황제에게 대답을 하였도다
「어찌하여 나를 해적이라고 부르는가?
내가 쪽배를 타고
바다 위를 질주하는 것을 본 까닭인가?
그대처럼 나도 무장을 할 수만 있다면
그대처럼 황제가 될 수 있으리라. (18절)

L'empereur si l'araisonna:
「Pourquoi es-tu larron en mer?」
L'autre réponse lui donna:
「Pourquoi larron me fait clamer?
Pour ce qu'on me voit écumer
En une petiote fuste?
Se comme toi me pusse armer,
Comme toi empereur je fusse.

인간이 악을 행하고 죄를 범하는 것은 〈가난〉한 까닭이며, 자연법에 따라서 생을 산 결과라고 하는 소박한 사상과, 그리고 그 〈가난〉은 태어나면서 정해져 있는 것이라고 하는 단순한 숙명론이 이 디오메데스의 삽화 근저에 깔려 있다.

그리하여 시인은 황제의 입을 빌려 〈어찌하여 그대는 해적이 되었는가〉, 즉 인간은 왜 죄를 범하는가를 묻고, 디오메데스로 하여금 〈나도 무장을 할 수만 있다면 그대처럼 황제가 될 수 있으리라〉, 즉 인간이 가난하지 않을 수만 있다면 훌륭한 사람처럼 선한 행동을 하게 될 수 있을 것이라고 답하게 한다.

그리고 시인의 가난과 죄와 운명 논의는 계속된다.

그런데 그대는 어찌하려는가?
내 행위는 일체 운명의 장난인 것을.

운명을 거역할 수 없어서
다만 묵묵히 따랐을 뿐이로다.
나를 가엾이 여기어
속담에도 있거니와
극빈에는 정의도 머물지 않는다 하는데
그 뜻을 이해하기 바라노라.」 (19절)

Mais que veux-tu? De ma fortune
Contre qui ne puis bonnement,
Qui si faussement me fortune,
Me vient tout ce gouvernement.
Excusez-moi aucunement,
Et sachez qu'en grand pauvreté
-Ce mot se dit communément-
Ne gît pas grande loyauté.」

인간이 죄를 범하는 것은 어디까지나 〈가난〉한 까닭이며 운명의 장난 때문이다. 그것을 어떻게 하겠는가. 〈극빈에는 정의도 머물지 않는다〉는 속담도 있는데, 인간의 죄는 그것이 가난과 운명의 장난 때문이라면 용서되어야 하지 않겠는가. 그것은 시인이 디오메데스의 입을 빌려 자기의 내적 고통을 고백한 가난과 죄와 운명 논의이다.

사실 시인은 자기가 죄를 범하게 된 동기를 생각한다. 그는 〈내 행위는 일체 운명의 장난〉이며, 그것은 가난이라고 하는 숙명을 가지고 태어난 어쩔 수 없는 일이다. 그러므로 〈가난〉이 그의 운명이요, 그의 모든 악과 죄의 근원이다.

그런데 누가 시인을 그 모든 악과 죄의 근원에서 구해 줄 것인가. 만약 누가 그를 구해 준다면 그는 반드시 선의 길로 나아갈 수 있을 것이다. 그것이 바로 지금의 그의 간절한 희망이다.

황제는 디오메데스의 이야기를 전부 새겨듣고
「나는 그대의 나쁜 운명을

좋은 운명으로 바꾸리라」 말하였도다.
그리고 그렇게 하였는데, 그로부터
그는 누구에게도 싫은 소리 하지 아니하고
진실한 인간이 되었다 하나니
이는 로마의 대현인이라 불리는
발레리우스가 전하는 진정한 이야기로다. (20절)

Quand l'empereur ot remiré
De Diomédès tout le dit:
「Ta fortune je te murerai
Mauvaise en bonne」, si lui dit.
Si fit-il. Onc puis ne médit
A presonne, mais fut vrai homme,
Valère pour vrai le vous dit,
Qui fut nommé le Grand à Rome.

　여기에서 시인은 현실의 자기 자신으로 돌아오면서, 자기와 다름없는 〈운명의 장난〉으로 죄를 범한 디오메데스가 관대하고 인자한 알렉산데르 대왕에 의하여 구제되어 〈진실한 인간〉이 된 것을 선망한다. 그 선망이 크면 클수록 그는 세상이 관대하고 인자하여 자기의 〈나쁜 운명을 좋은 운명〉으로 바꾸어 준다면 자기도 〈진실한 인간〉이 될 수 있다는 간절한 희망을 갖는다.

　그런데 시인은 디오메데스의 삽화의 출처를 〈로마의 대현인이라 불리는 발레리우스가 전하는 진정한 이야기〉라고 한다. 그러나 그 출처는 사실과 다르다는 것이 밝혀져 있다. 그렇다면 그것은 그의 기억의 혼돈으로 출처를 잘못 말한 까닭인지, 아니면 당시 이 유명한 로마 작가의 《故事說話集》이 널리 읽혀져서 그 이름을 아무렇게나 출처로 생각해 버린 까닭인지 모른다.

　어쨌든 시인이 〈진실한 인간〉이 되고자 하는 간절한 희망은 그로 하여금 다시 신에게로 향하게 한다.

만약 신이 나로 하여금 동정심 많은
또 다른 알렉산데르 대왕을 만나게 하여
나에게 행운의 문을 열어 주었는데
그래도 내가 악에 빠진 모습을 보인다면
나는 스스로에게 사형을 선고하고
불에 타서 재가 되리로다.
가난이 사람에게 악을 행하게 하고
굶주림이 늑대를 숲에서 나오게 한다 하는도다. (21절)

Se Dieu m'eût donné rencontrer
Un autre piteux Alixandre
Qui m'eût fait en bon coeur entrer,
Et lors qui m'eût vu condescendre
A mal, être ars et mis en cendre
Jugé me fusse de ma voix.
Nécessité fait gens méprendre
Et faim saillir le loup du bois.

시인이 처해 있는 상황은 디오메데스의 그것과 조금도 다를 바 없다. 그렇기 때문에 관대하고 인자한 〈또 다른 알렉산데르 대왕〉이 나타나서 그의 불행한 운명을 〈행운의 문〉으로 인도해 준다면, 그도 디오메데스처럼 〈진실한 인간〉이 될 수도 있을 것이다. 그런데 만약 〈행운의 문〉을 열어 주었는데도 그가 악에서 벗어나지 못한다면, 그때 자기에게 〈사형을 선고〉하고 지옥으로 떨어져야 할 것이다.

그러한 희망과 결의로 보아 시인은 아직 바라는 구제자를 만나기 이전의, 아니 만나지 못한 상황에 놓여 있음에 틀림없다. 그러나 그의 회오는 이미 거기까지 와 있는 것이다. 불행의 나락에서 고뇌한 결과 언뜻 신의 섭리를 느끼며, 죄의식에 의하여 스스로를 철저히 비하화하고 왜소화하여 〈진실한 인간〉으로서의 생을 동경하는 그의 희망과 결의는 〈회오〉를 넘어선 바로 〈회심〉이다. 그것은 운명과의 대결, 마음과의 대결을 끝낸 자만이 가질 수 있는 자기 위안이다. 그리고 그것은 어찌 보면 홀로

서는 어떻게 해 볼 수 없는 위기의 마지막 상황에 있어서 〈학사님〉이라고 하는 지
식인만이 할 수 있는 자기 변명이기도 하다.

1) 《속편》 9-12행.
2) 《잡시》 11. 2절 4행.
3) 《구약》 유딧 제16장 18절의 암시이다. 그것은 인간에게는 원래 신과 같은 힘이 있을 리
   없다는 의미이다.
4) Thuasne, t.III, pp.13-23.

6

청춘 회고와 운명의 깨달음

22절에서부터 시의 분위기는 다소 바뀐다. 시인은 갑자기 지나간 시간들을 되돌아보며 젊은 시절을 그리워한다.

시인이 불행의 나락에서 그 불행의 원인을 규명하고 그것이 젊음의 광기에 사로잡힌 탓임을 의식할 때, 그가 그 젊은 시절을 회고하고 그리워하는 것은 어찌 보면 인간 심리의 자연스러운 추이일는지 모른다.

> 나는 나의 젊은 시절을 그리워하는도다.
> 그동안 나는 노년의 문턱[1]에 설 때까지
> 누구보다 허송세월을 하고 말았는데
> 젊은 시절이 그 출발을 가리어 버렸도다.
> 그것은 徒步로 가 버린 것도 아니며
> 말을 타고 가 버린 것도 아니로다.
> 아, 그러면 어찌 되었는가? 느닷없이 날아가 버리고
> 나에게는 어떤 선물도 남기지 아니하였도다. (22절)

> Je plains le temps de ma jeunesse
> Ouquel j'ai plus qu'autre galé
> Jusqu'à l'entrée de vieillesse

Qui son partement* m'a celé.
Il ne s'en est a pied allé   .ָ
Në a cheval, las! comment don?
Soudainement s'en est volé
Et ne m'a laissé quelque don.

시인이 〈청춘의 미숙한 마음도 노년이 되어 성숙한 마음으로 보일 때에는 용서되는 법〉[2]이라고 장 드 묑에 의하여 어쩌다가 표현된 金言을 유일한 거점으로 삼을 때, 그가 자기의 과오와 불행의 원인이라고 할 수 있는 젊은 시절과, 반대로 젊은 시절의 광기의 결과라고 할 수 있는 과오와 불행의 실체를 있는 그대로 떠올리는 것은 극히 당연한 일이다.

시인은 이제 지난날의 자기 모습으로 주저없이 다가선다. 그때 그의 마음 속에는 젊은 시절에 대한 그리움과 후회가 뒤섞인 복잡 미묘한 감정이 인다. 그는 〈나의 젊은 시절을 그리워하는도다〉라고 말하지 않을 수 없다. 그 그리움은 안타까움에서 나온 말이다. 왜 젊은 시절이 그처럼 안타까운가. 그것은 그가 그의 청춘을 누구보다도 낭비해 버렸기 때문이다. 말을 바꾸면, 그것은 그의 청춘이 인생의 출발을 그르쳤기 때문이다.

주위를 돌아보고 자기만큼 그 소중한 청춘을 낭비한 자가 없음을 알 때, 시인의 마음에는 곧 인생의 무상함이 저리도록 느껴진다. 그의 청춘은 〈徒步로 가 버린 것〉도 아니요, 〈말을 타고 가 버린 것〉도 아니라, 느닷없이 날아가 버리고 그에게는 어떤 보람의 흔적도 남겨놓지 않은 것이다.

젊은 시절은 가 버리고 나는 홀로 남았는데
분별도 슬기도 빈약하거니와 슬프고 창백하여
뽕나무 열매보다 더 까맣고
돈도 연금도 재산도 없도다.
사실 나의 먼 친척의 한 사람은
나에게 약간의 돈도 없다고 하여
혈연의 의무를 망각하고

나를 부인하기까지 하는도다. (23절)

Allé s'en est, et je demeure,
Pauvre de sens et de savoir,
Triste, pâli, plus noir que meure,
Qui n'ai n'écus ne rente n'avoir;
Des miens le mendre, je dis voir,
De me désavouer s'avance,
Oubliant naturel devoir
Par faute d'un peu de chevance.

　시인은 뒤에서 〈투구장수 아낙〉으로 하여금 〈지금 내게 무엇이 남았는가? 수치와 죄뿐이로다〉[3]라고 자문자답하게 하는데, 지금 시인의 경우는 어떤가. 그는 일체의 것으로부터 떠밀리어 홀로 남고, 자기의 그림자와 맞대고 있는 외로운 모습만을 응시하고 있다. 〈분별도 슬기도 빈야하거니와 슬프고 창백하여 뽕나무 열매보다 더 까맣게〉 보이는 처참한 모습이다. 그리고 돈도 연금도 재산도 없는 적나라한 거지의 몰골이다. 그때 시인의 마음 속에는 하나의 분노가 치밀어오른다. 그것은 〈먼 친척의 한 사람〉에 대한 저주로 표현된다. 그 인물은 시인이 아무것도 가지지 않은 빈털터리라고 하여 혈연관계를 무시하고 친척임을 부인하는 자이다.

　그러면 그 인물은 누구인가. 시인이 그것을 밝히려고 하지 않기 때문에 우리는 그가 누구인지 모른다. 물론 여러 비용 학자들이 각자 자기 나름으로 그것을 추정하고 있지만[4] 아직까지 증명된 것은 없다. 그것은 아마도 영원히 밝혀지지 않을 인물일는지 모른다.

　그 먼 친척의 한 사람에 대한 분노·저주는 일변하여 마침내는 시인으로 하여금 해학적·반어적 표현을 하게 한다.

　그런데 나는 식도락 때문에 낭비는 하였으되
　그러한 비난은 조금도 두렵지 아니하고
　여자를 좋아하여 가진 것을 팔았으되

누구에게 비난받을 짓은 아니하며
적어도 그렇게 신세도 지지 아니하는도다.
분명히 말하거니와 거짓은 없은즉
그 따위 비난에는 답할 수 있나니
나에게 해를 끼친 자가 그런 소리 해서는 아니 되리로다. (24절)

Si ne crains avoir dépendu
Par friander ne par lécher;
Par trop aimer n'ai rien vendu
Que nul me puisse reproucher,
Au moins qui leur coûte mout cher.
Je le dis et ne crois médire;
De ce je me puis revencher:
Qui m'a méfait ne le doit dire.

우리는 시인의 현실적인 〈가난〉을 잘 알고 있다. 그렇기 때문에 24절의 시를 액면 그대로 이해할 수는 없다.

그것은 시의 문맥대로 먼 친척의 한 사람은 물론 주위 사람들에 대하여 『그렇다, 지금 내가 가난한 것은 식도락으로 낭비를 하고, 여자를 좋아하여 가진 것을 몽땅 탕진해 버린 까닭이지만, 그러나 누구에게도 비난받을 짓이나 그렇게 신세지는 일은 한 적이 없는데, 무슨 소리냐!』라는 허세이다. 그러나 사실은 정반대이다.

시인은 자기의 일체의 악은 〈가난〉의 결과라고 굳게 믿으며 주위 사람의 눈에는 식도락·여자 놀이·낭비·방탕으로 비칠지도 모를 자기의 젊은 시절의 모든 죄도 필경은 〈가난〉이라는 숙명적 사실에 기인하는 것이라고 생각한다. 그리하여 그는 〈극빈에는 정의도 머물지 않는다〉[5]라든가, 〈가난이 사람에게 악을 행하게 하고 굶주림이 늑대를 숲에서 나오게 한다〉[6]는 옛 속담을 자기 변명의 구실로 삼는다.

따라서 시인은 〈가난〉한 까닭에 식도락으로 낭비를 한다거나, 여자 놀이로 가진 것을 판다는 것은 상상도 할 수 없는 일이며, 그러니까 오히려 남의 비난을 받을 짓을 하거나 남의 신세를 지는 일을 할 수밖에 없다고 단언해야 옳을 것이다. 그러나

그는 여기에서 반대로 자기의 그러한 분노와 저주를 반어적으로 표현함으로써 그것
을 해학으로 밀고 나가고 있다.
　그런데 그 해학은 일변하여 시인을 〈가난〉이라는 현실로 되돌아오게 한다.

　　사실 나도 사랑을 하였고
　　앞으로도 사랑을 하고 싶으리라.
　　그러나 마음이 우울하고 배가 고파
　　위를 3분의 1도 채우지 못하나니
　　나에게는 사랑의 오솔길이 멀어져 가는도다.
　　그러므로 酒庫에서 배를 채운 놈이
　　나를 대신하여 사랑을 할지어다!
　　배가 불러야 춤도 춘다 하기 때문이로다. (25절)

　　Bien est verté que j'ai aimé
　　Et aimeroie volontiers;
　　Mais triste coeur, ventre affamé
　　Qui n'est rassasié au tiers,
　　M'ôte des amoureux sentiers.
　　Au fort, quelqu'un s'en récompense,
　　Qui est rempli sur les chantiers!
　　Car de la pance vient la dance.

　시인은 젊은 시절에 비록 자기를 배신한 〈무정한 여인〉이기는 하지만 사랑을 한
적이 있다. 만약 앞으로 살아남는다면, 그는 또 사랑을 하게 될는지 모른다.
　그러나 지금의 시인에게 있어서 사랑이란 무엇이겠는가. 일종의 사치에 지나지 않
은 것이다. 그날그날의 끼니가 어려워 허기진 터에 어떻게 여자를 사랑할 생각을 하
겠는가. 배가 부른 놈이 대신하여 사랑을 해 줄 수밖에 없다. 그것은 〈배가 불러야
춤도 춘다〉는 속담이 있기 때문이다.
　그러면 여기에서 배가 부른 놈이란 과연 누구인가. 물론 〈주고에서 배를 채운 놈〉

(Qui est rampli「y」sur les chantiers)일 터이지만, 시인은 그 말 속에 아나그람 (anagramme)에 의하여 그 실제 이름을 암시하고 있기 때문에, 우리는 그것이 누구인지 짐작할 수 있다. 그 말 속의 두 어휘(rampli「y」와 chantiers)에서 이티에 마르샹이라는 이름을 꺼낼 수 있다.[7] 이티에 마르샹이라는 실제 이름은 시인의 연인[8] 카트린느 드 보셀르, 혹은 마르트가 시인에게 등을 돌리고 마음을 준 바로 그 인물이다. 그러니까 그는 시인의 연적인 셈이다.

우리는 이 25절의 시를 통하여 그 시를 쓰던 당시, 시인의 생활이 얼마나 궁핍했는가를 알 수 있다. 그는 허기 때문에 그밖의 것에 대한 관심을 전혀 가질 수 없을 정도이다. 그러나 그는 허기에 허덕이면서도 그것을 해학으로 표현하는 일만은 그만두지 않는다.

그런데 시인의 청춘 회고와 자학이 26절에 이르러 그 최고조에 달한다.

아, 미칠 듯한 젊은 시절에
공부를 열심히 하며
예의범절 익히고 있었으면
나는 집도 있고 부드러운 침상도 있을 것을.
그런데 어찌 되었는가? 악동처럼
학교를 등지고 떠났으니
지금 이 글을 쓰면서
가슴이 터질 듯하는고야. (26절)

Bien sais, se j'eusse étudié
Ou temps de ma jeunesse folle,
Et à bonnes moeurs dédié,
J'eusse maison et couche molle.
Mais quoi? je fuyoie l'école,
Comme fait le mauvais enfant.
En écrivant cette parole
A peu que le coeur ne me fend.

시인은 여기에서 젊은 시절의 어느 시기, 어떤 일들을 떠올리고 있는 것일까. 〈공부를 열심히 하며 예의범절 익히고 있었으면〉이라든가 〈악동처럼 학교를 등지고 떠났으니〉 하는 등의 표현으로 미루어 보아, 그것은 그가 아직 소르본 학예대학에 적을 두고 있을 시기이거나 아니면 학예대학을 마치고 종법대학에 진학하고 있으면서 결국 학업을 포기한 시기일 터이고, 그리고 그후 한때 몸담고 있었으리라고 추정되는 필경 같은 직업을 포기한 일들이다.

시인은 그처럼 학업과 직업을 포기하고 악의 세계로 들어간 〈미칠 듯한 젊은 시절〉을 회고하고, 만약 그러한 광기에 사로잡히지 않았던들 지금 〈집도 있고 부드러운 침상도 있을 것〉이라고 자학한다. 그런데 그의 청춘 회고와 자학은 과거의 회오와 현재의 혐오 감정으로 연결된다. 그리고 그는 그러한 회오와 혐오 감정이 고조되면 될수록 자기 변명을 하지 않고서는 그 감정을 처리할 수가 없다.

그리하여 시인은 일변하여 젊은 시절의 방탕한 생활에 대한 자기 변명을 시작한다.

현자[9]의 말씀에
〈내 아들아 젊은 시절 즐기어라〉[10] 하여
나는 그 뜻을 너무 유리하게 해석하였는데
(때는 이미 늦었도다!)
뒤에서 그는 다른 뜻의 표현을 하였으니
그 말을 그대로 옮기면
〈젊음과 청춘은 오직
미망과 무지에 지나지 아니하도다.〉[11] (27절)

Le dit du Sage trop lui fis

Favorable,(bien en puis mais!)

Qui dit : 〈Ejouis-toi, mon fils,

En ton adolescence.〉 Mais

Ailleurs sert bien d'un autre mets,

Car 〈jeunesse et adolescence,〉

C'est son parler, ne moins ne mais,
⟨Ne sont qu'abus et ignorance.⟩

   시인은 먼저 청춘을 낭비한 것을 단지 자기뿐만이 아니라고 변명한다. 일찍이 현자도 ⟨내 아들아 젊은 시절 즐기어라⟩ 하고 말하고 있다. 그는 그 말에 따라서 행동해 온 것뿐이라고 한다.
   그런데 시인은 곧 그것이 경솔한 짓임을 안다. 그는 현자가 뒤에서 ⟨젊음과 청춘은 오직 미망과 무지에 지나지 아니하도다⟩라고 부연 설명한 것을 미처 모르고 청춘을 낭비한 사실을 깨닫는다. 그리고 그는 자기의 젊음과 청춘도 결국 미망과 무지에 지나지 않음을 인정하고 후회한다.
   그러나 후회한들 무슨 소용이 있겠는가. 시인은 ⟨때는 이미 늦었도다!⟩라고 자위할 수밖에 도리가 없다.
   그리하여 시인은 그 젊음과 청춘도 일장춘몽처럼 덧없이 사라지는 것임을 시사한다.

   욥의 말씀에
   ⟨나의 수많은 날들은 빨리 흘러가 버렸도다.
   마치 그것은 직물공이 불붙은 짚을 손에 들 때
   직물 위에 비죽 나온 실오라기 같아라⟩[12] 하였는데,
   그때 튀어나온 어떤 실끝이라 하더라도
   이내 불에 타서 사라진다 함이라,
   나는 어떤 일이 닥쳐와도 놀라지 아니하나니
   죽으면 모든 것은 사라지기 때문이로다. (28절)

   ⟨Mes jours s'en sont allés errant
   Comme, Job dit, d'une touaille
   Sont les filets, quand tisserand
   En son poing tient ardente paille.⟩
   Lors, s'il y a un bout qui saille,
   Soudainement il est ravi.

Si ne crains rien qui plus m'assaille

Car à la mort tout s'assouvit.

시인은 여기에서 〈욥의 말씀〉을 인용하면서 시간의 흐름은 流水처럼 빠르고 삼라
만상은 마침내는 소멸한다는 자연의 법칙과, 일체의 인간 사업은 결국 공허한 것이
라고 하는 역사의 진리를 암시한다.

인생의 허무! 청춘도 향락도 그리고 고뇌마저도 얼마나 허무한 것인가. 시인은 그
것을 암담한 마음을 가지고 깨닫지 않을 수 없다. 그리고 그는 그것이 〈한 불쌍한
사나이〉의 운명일 뿐만 아니라 다른 모든 인간의 운명임을 안다. 그 깨달음이 그의
구제가 된다. 그는 이제 〈죽으면 모든 것은 사라지기 때문〉에 어떤 고난이 닥쳐와도
조금도 놀라지 않을 만큼 담담하고 조용한 심경에 놓이게 된다.

1) 시인은 그때 30이므로 노년이라고 표현하는 것은 과장처럼 보이지만, 중세에 있어서는
   노년의 개념이 현대와는 다르다.
2) 《유언시》 15절, 4행.
3) 《유언시》 50절 8행.
4) Thuasnes, t.III, p.35. 그는 부르보네 몽코르비에 家의 지라르일는지 모른다고 추정하고 있
   다. 비용의 아버지가 몽코르비에 출신인 것만은 확실하지만 그가 그 지방의 영주와 혈연관
   계라는 사실은 증명되어 있지 않다.
5) 《유언시》 19절 7행.
6) 《유언시》 21절 8행.
7) 그것을 꺼낸 학자는 Foulet이다.
8) 《유증시》 3-5절에 나오는 〈무정한 여인〉.
9) 《구약》 전도서의 작자라고 하는 솔로몬 왕.
10) 《구약》 전도서 제11장 9절.
11) 《구약》 전도서 제11장 10절.
12) 《구약》 욥기 제7장 6절.

7

옛 친구들에 대한 추억과 야유

그러한 청춘 회고와 운명의 깨달음은 극히 자연스러운 연상에 의하여 옛 친구들에 대한 추억과 야유로 이어져 나간다.

지난날에 함께 놀던
은근한 멋쟁이 친구들은 지금 어디에 있을까?
노래도 잘 부르고 말도 잘하여
무슨 짓 무슨 이야기를 해도 재미있는 놈들이었는데.
어떤 놈은 죽어 굳어 버리고
이제는 그 흔적도 없으니
천국에서 편히 쉬기 바라는도다.
그리고 살아 있는 놈에게는 신이여, 구원을 내리소서! (29절)

Où sont les gracieux galants
Que je suivoie ou temps jadis,
Si bien chantant, si bien parlant,
Si plaisants en faits et en dits?
Les aucuns sont morts et roidis,
D'eux n'est-il plus rien maintenant:

Répit ils aient en paradis,

Et Dieu sauve le remenant!

　시인이 여기에서 추억하는 〈멋쟁이 친구들〉이란 과연 어떤 사람들을 가리키고 있는 것일까. 그 중에는 어린 시절부터 함께 놀던 동무들도 끼어 있을 터이고 소르본에서 같이 공부하던 학우들도 끼어 있을 것이며, 그리고 주점에서 어울리며 젊음을 낭비하던 악우들도 끼어 있음에 틀림없다. 그러나 1455년 세르무아즈 살해사건 직후 파리를 떠나 방랑생활을 시작할 때 그가 잠시 관계를 맺은 것으로 보이는 코퀴유 당원들은 끼어 있지 않을는지 모른다. 그러니까 그들은 《잡시》 9.의 2절에서 시인이 〈묑의 가혹한 감옥〉에서의 구출을 호소하고 있는 친구들과 같은 부류의 사람들일 것이다. 그것은 거기에서 사용하고 있는 용어와 여기에서 사용하고 있는 용어가 거의 비슷하기 때문이다.

　어쨌든 〈지난날에 함께 놀던 은근한 멋쟁이 친구들은 지금 어디에 있을까〉라고 물을 때, 시인의 머릿속에는 그들의 하나하나의 모습들과 함께 젊음을 구가하던 여러 가지의 일들이 생생히 떠오른다. 물론 그것은 시인의 청춘 회고의 결론이요, 귀결일 터이지만 그러나 상당한 세월이 흐르지 않으면, 그러니까 여러 가지 어려운 경험과 모진 고초를 겪은 다음이 아니면 결코 뇌리에 떠오르지 않는 회상이다.

　시인은 그러한 회상에 잠기면서 〈죽어 굳어 버〉린 친구들에게는 천국에서의 명복을 빌고, 살아 있는 친구들에게는 신의 구원을 바란다.

　　그런데 어떤 놈은 신의 가호로
　　대영주 아니면 대감이 되어 있고,
　　어떤 놈은 빈털터리가 되어
　　가게 창 너머로 빵만을 훔쳐 보며,
　　어떤 놈은 셀레스텡[1]이나 샤르트뢰 수도원[2]에 들어가
　　장화를 신고 각반을 친 몰골이라
　　마치 굴을 캐는 어부 같으니,
　　그 천차만별의 경우를 볼지어다. (30절)

Et les autres sont devenus,

Dieu merci! grands seigneurs et maîtres;

Les autres mendient tous nus

Et pain ne voient qu'aux fenêtres;

Les autres sont entrés en cloîtres

De Célestins ou de Chartreux,

Bottés, housés com pêcheurs d'oestres:

Voyez l'état divers d'entre eux.

그 〈은근한 멋쟁이 친구들〉도 이제는 〈천차만별〉의 길을 걷고 있는데, 시인은 그들을 세 부류로 대별하고 있다. 그 하나는 대영주 아니면 대감이 되어 있는 자들이다. 그 중에는 아마도 이티에 마르샹·자크 카르동 등이 포함되어 있을 것이다. 다른 하나는 시인을 포함하여 인생의 패배자들이다. 그것은 〈가게 창 너머로 빵만을 훔쳐 보는〉 허기진 모습을 하고, 지친 몸을 쉴 집도 없는 뜨내기들이다. 또 하나는 셀레스텡이나 샤르트뢰 수도원에 들어가 있는 자들이다. 그것은 시인이 가장 선망하고 동시에 가장 야유하는 족속들이다.

그리하여 시인은 우선 앞의 두 부류의 사람들에게 각각 신의 은총이 내리기를 빈다.

대감들에게는 신이여, 積善의 덕을 내리소서

무사안일한 생활을 하고

개선의 여지가 없는 자들이라

일체 언급하지 아니하는 것이 상책이로다.

그러나 나처럼 아무것도 없는

가난한 자에게는 신이여, 인내의 덕을 내리소서!

수도원에 들어간 자들은 아무것도 부족함이 없으니,

그것은 빵과 음식이 남아돌기 때문이로다. (31절)

Aux grands maîtres doint Dieu bien faire,

Vivant en paix et en requoi:

En eux il n'y a que refaire,

Si s'en fait bon taire tout coi.

Mais aux pauvres qui n'ont de quoi,

Comme moi, doint Dieu patience!

Aux autres ne faut qui ne quoi,

Car assez ont vin et pitance.

시인은 여기에서 신의 은총을 빌고 있기는 하지만, 그러나 그것은 그날그날의 끼니가 어려운 가난한 사람의 가진 자에 대한 선망과 동시에 비난의 비뚤어진 감정으로 표현되어 있다. 그리하여 대감이 된 자들은 가난한 사람에 대한 〈적선의 덕〉을, 아무것도 가지지 않은 가난한 사람들은 스스로에 대한 〈인내의 덕〉을 가지도록 신에게 기원한다. 그런데 수도원으로 들어간 자들은 〈빵과 음식이 남아돌기 때문〉에 그 이상 더 무엇을 바라겠는가 하고 비꼰다.

시인의 수도사들에 대한 비판은 일찍 《유증시》 32절에 그 맹아를 보이고 있다. 그러한 비판이 혐오의 감정이 되어 폭발하는 것은 《유언시》 116-120절에서이지만 여기에서는 그 전초전의 모습으로 다만 그들을 비꼬는 정도로 그치고 있다.

그리하여 그 비꼼은 마침내 시인의 시선을 수도사들의 호화로운 식생활로 향하게 한다.

그들에게는 그것도 언제나 술통 구멍[3]에서 흐르는
좋은 포도주, 소스, 커다란 생선,
과일 파이, 프랑 과자, 계란 부침개, 수란, 계란찜,
그리고 온갖 방법으로 만든 요리가 있도다.
그들은 많은 고통을 참으며 심부름하는
석공[4] 助手의 유가 아니인즉
술 따르는 사람을 바라지 아니하나니
自酌하는 것이 수고로다. (32절)

Bons vins ont, souvent embrochés,

Sauces, brouets et gros poissons;
Tartes, flans, oeufs frits et pochés,
Perdus et en toutes façons.
Pas ne ressemblent les maçons
Que servir faut à si grand peine:
Ils ne veulent nuls échansons,
De soi verser chacun se peine.

수도사들의 호화로운 식생활에 대한 선망은 바로 시인의 기아 직전의 고통스러운 상황에 기인하고 있음은 물론이다. 우리는 지금 이 시를 쓰던 당시의 시인의 창백하고 슬픈 모습을 떠올릴 수 있다. 그는 얼마나 허기지고 먹고 싶었으면 시 속에 그처럼 많은 음식물의 이름을 열거했겠는가. 사실 이 시밖에는 그처럼 많은 음식물의 이름이 열거된 시를 쓴 시인을 우리는 알지 못한다.

시인은 이 시를 쓰면서 아마도 그 많은 음식물을 떠올리고 〈석공〉과 같은 고통을 삼켜야 했을는지 모른다. 그렇다면 그것은 분명히 그에게는 쑥스럽고 멋적은 일이었음에 틀림없다.

그리하여 시인은 또다시 자기 변명을 시작하고 자기 왜소화를 도모한다.

나의 문제와는 전혀 관계없는
이야기로 빗나가 버리고 말았는데,
나는 재판관도 아니고
죄를 벌하거나 용서하는 권리도 없으며
만인 중에서 가장 미숙한 인간이라,
어진 예수 그리스도께서 자비를 내리시어
그들에게 나의 사과를 받아 주게 하소서!
그러나 써 버린 것은 이미 쓰여진 사실이로다. (33절)

En cet incident me suis mis
Qui de rien ne sert à mon fait;

Je ne suis juge, ne commis

Pour punir n'absoudre méfait :

De tous suis le plus imparfait,

Loué soit le doux Jésus-Christ!

Que par moi leur soit satisfait ;

Ce que j'ai écrit est écrit.

시인은 청빈을 미덕으로 하는 수도사들의 호화로운 생활을 낱낱이 폭로해 버렸으니까 미안하지 않을 수 없다. 더군다나 결함투성이의 주제에 말이다. 그러나 그것은 사실이 아닌가. 그는 사실을 있는 그대로 썼을 뿐이다. 그리고 진실은 일단 표현되어 버리면 취소할 수 없는 일이다. 그러니까 〈써 버린 것은 이미 쓰여진 사실〉로 인정할 수밖에 달리 도리가 없다는 것이다.

여기서 시인은 슬쩍 화제를 바꾸면서 어느새 독설의 내면적 의미 내용을 밝힌다.

화제를 바꾸기[5]
더 재미있는 이야기를 하기로 하도다.
그러한 화제는 누구나 싫어하고
권태롭고 불쾌한 것,
그러나 가난이란 슬프고 답답하며
염치 없고 불평이 많아
언제나 독설을 일삼으니,
입으로 말하지 않아도 속으로는 그렇게 생각하는도다. (34절)

Laissons le moutier où il est ;

Parlons de chose plus plaisante :

Cette matière à tous ne plaît,

Ennuyeuse est et déplaisante.

Pauvreté , chagrine et dolente,

Toujours, dépiteuse et rebelle,

Dit quelque parole cuisante;

S'elle n'ose, si le pense-elle.

가난한 사람에게 있어서 가진 자의 생활을 상상해 보는 것은 분명히 유쾌한 일은
아니다. 그러나 그러한 상상을 조금도 해 보려고 하지 않는 것은 따지고 보면 사실
을 사실대로 정직하게 말하지 못하는 약자의 근성에 기인한다든가, 아니면 사실을
사실대로 솔직히 말함으로써 오히려 자기를 희화하는 결과를 가져올 수 있다는 영
리한 계산에 기인한다든가, 그 어느 쪽이라는 점을 시인은 잘 안다. 그는 그러한 점
을 누구보다도 뼈저리게 체험한 사람이다.

그리하여 시인은 〈가난이란 슬프고 답답하며 염치 없고 불평이 많아 언제나 독설
을 일삼는〉 것이라고 한다. 그리고 비록 입으로는 말하지 않더라도 누구나 마음 속
으로 그렇게 생각하고 있다는 것이다. 그것은 시인의 눈에 비친 가난한 사람의 일반
적 심상이다.

1) 셀레스텡 5세에 의하여 1244년 설립된 그리스도교의 한 종파.
2) 루이 왕에 의하여 1257년 파리에 설립된 것.
3) 중세에 있어서는 현대와 같은 술병은 드물었다고 한다. 포도주는 술통 구멍에서 직접
   따라 마시게 되어 있었다.
4) 중세에 있어서는 석공이 가장 힘든 노동자로 여겨져 있었다고 한다.
5) 직역하면 〈수도원은 그대로 내버려 두고〉인데, 다른 제목으로 옮길 때, 즉 화제를 바꿀
   때 쓰이는 관용어.

8

숙명적인 가난과 생의 기쁨

　시인이 〈가난〉하고 배가 고파서 떠올린 수도원의 호화스러운 생활은, 이번에는 반대로 시인으로 하여금 그의 숙명적인 가난과 불행의 원인을 규명하도록 유도한다.

　　나는 이렇고 불쌍힌 집인에시 대이나
　　어린 시절부터 가난하고
　　내 아버지도, 오라스[1]라 불리는 할아버지도
　　큰 부자는 아니었도다.
　　가난은 우리 뒤를 따라다니니
　　우리 조상의 무덤을 바라보아도,
　　신이여, 그들의 영혼을 가호하소서!
　　거기에는 왕관도 없거니와 왕홀도 없도다. (35절)

　　Pour ce que suis, de ma jeunesse,
　　De pauvre et de petite extrace.
　　Mon père n'ot onc grand richesse,
　　Ne son aïeul nommé Orace.
　　Pauvreté tous nous suit et trace；
　　Sur les tombeaux de mes ancêtres,

Les âmes desquels Dieu embrasee!
On n'y voit couronnes ne sceptres.

　시인에게 있어서 〈가난〉은 祖上傳來의 유산이요, 父子相傳의 인과이다. 그렇기 때문에 그것은 일생 시인의 뒤를 집요하게 따라다니는 운명 자체이기도 하다.

　시인은 자기의 그러한 운명을 멀리 떼밀어 버리고 거기에서 벗어나려고 얼마나 많은 노력을 기울여 온지 모른다. 그것이 결국에는 돈 많은 자들에 대한 구걸이 되고, 파리의 밤거리의 배회가 되며, 주점에 있어서의 무전향연이 된다. 그러한 행동의 많은 흔적이 그의 작품 도처에 남아 있다.

　그런데 시인의 그러한 적극적 행동은 언제나 법이나 관습 등의 사회 규범과 충돌하고 만다. 그러면 그럴수록 그의 운명에 대한 반항은 언제나 하나의 악에 대한 〈열배의 악〉을 행하는 결과가 되고, 나중에는 백배의 고통이 되어 되돌아온다. 그때마다 그는 자기의 가혹한 운명의 무게를 느낀다.

　그리하여 〈가난〉이라는 운명과 적극적으로 대결하고 좌절할 때, 시인은 결국 소극적 태도를 취할 수밖에 없다. 그것이 바로 시인 특유의 자위 수단이다. 그것은 그의 〈마음〉이요, 아니 그의 〈이성〉이라고 해도 좋다.

　　내가 가난을 한탄할 적에
　　내 마음은 왕왕 나를 타일러 말하는도다.
　　〈인간이여, 그렇게 슬퍼하지도 말고
　　그렇게 한탄하지도 말지어다.
　　비록 그대가 자크 쾨르[2]만큼 가진 것이 없어도,
　　생전에는 영주였을 터이지마는
　　지금은 호화로운 무덤 속에서 썩고 있으니 그보다는
　　남루한 옷을 입고 가난해도 살아 있는 것이 나으리로다!〉 (36절)

De pauvreté me grementant,
Souventes fois me dit le coeur:
〈Homme, ne te doulouse tant

Et ne demène tel douleur;
Se tu n'as tant qu'eut Jacques Coeur,
Mieux vaut vivre sous gros bureau,
Pauvre, qu'avoir été seigneur
Et pourrir sous riche tombeau!〉

시인의 〈마음〉은 시인을 죽음의 사상으로 옮겨놓으면서 그에게 자위 수단을 제시한다. 그의 〈가난〉이라는 운명에서 죽음의 사상으로의 전환은 여간 미묘하지 않다. 거기에는 아무리 가난해도 살아 있는 것이 죽음보다 낫다고 하는 그 특유의 생의 구가가 있다. 그렇다, 살아 있다는 것은 얼마나 아름다운 일인가.

시인의 〈마음〉은 가난하고 불쌍한 존재에 지나지 않은 시인을 당대의 유명한 부호 자크 쾌르와 대비시킨다. 그것은 그의 마음이 오만하기 때문은 결코 아니다. 그것은 우선 운명의 고리의 회전 상승에 의하여 그 정점에 자리한 돈 많은 자와 거꾸로 회전 하강에 의하여 그 반대의 극에 떨어진 가난한 사람의 위상을 보이고, 다음은 그 유명의 고리의 회전에 의하여 그들의 위치가 바전될 수 있다는 점을 보임으로써, 그에게 위안을 주려고 하는 데 지나지 않다.

그리하여 돈 많은 자의 죽음과 가난한 사람의 생과의 대비, 그것은 계속된다.

생전에는 영주[3]였을 터이지만…! 말인가?
영주, 아! 이제는 그렇지 않다는 것인가? 아니로다.
다비드의 말씀[4]에 의하면
죽으면 생전에 있던 곳은 흔적도 없다 하였도다.
그 이상 나는 말하지 아니하리라,
죄 많은 내 영역이 아니인즉
신학자들에게 맡기나니
그것은 설교자들의 영역이기 때문이로다. (37절)

Qu'avoir été seigneur… Que dis?
Seigneur, lasse! ne l'est-il mais?

Selon que David en dit,

Son lieu ne connaîtra jamais.

Et du surplus, je m'en démets :

Il n'appartient à moi, pécheur ;

Aux théologiens le remets,

Car c'est office de prêcheur.

시인은 이제 인간이 만든 법이나 관습 등의 사회적 규범 따위와 맞서지 않고 오히려 거기에서 멀리 벗어나 삼라만상의 소멸이라든가 인간의 죽음의 보편성·평등성이라고 하는 자연법 앞에 서 있다.

사회의 밑바닥에서 몸을 일으켜 샤를 7세의 군비를 담당할 만큼 거상이 되고, 그뿐만 아니라 국외 무역을 추진하여 막대한 부를 쌓아올리며 당대에 그 이름을 떨치던 자크 쾨르, 그도 이제는 죽고 없다. 그러니까 그가 생전에 있던 자리도 흔적이 없다. 실제로 그는 생전에는 영주였을 터이다. 그러나 지금은 비록 호화로운 무덤이라고 하더라도 그 속에서 썩고 있다. 그에 비하면 시인은 아무리 남루한 옷을 입고 가난해도 살아 있으니까 얼마나 행복한 일인지 모른다.

그런데 그때 시인은 일변하여 다시 자기 비하를 시작한다. 그는 다비드(다윗)의 말씀을 운운한다는 것은 〈죄 많은 내 영역이 아니〉라고 생각한다. 그는 그것을 신학자들에게 맡긴다. 그것은 그 특유의 익살임은 물론이다.

1) 오라스라는 이름은 에라스(Erace)일는지 모르지만 중세에 있어서는 쓰이지 않은 이름이라고 한다. 아버지 이름을 들지 않고 할아버지 이름만 든 것은 시의 압운관계 때문으로 보인다.
2) 15세기의 대부호, 근대적 의미의 대실업가.
3) 자크 쾨르는 1441년에 작위를 받는다.
4) 《구약》 시편 제103장 15-6절 『인생은 풀과 같은 것, 들에 핀 꽃처럼 한번 피었다가 스치는 바람결에도 이내 사라져 그 있던 자리조차 알 수 없는 것……』

9

죽음의 사상 논의와 생의 위안

여기에서 시인은 본격적으로 죽음의 사상을 논의하기 시작한다. 그리하여 그는 우선 〈내 아버지〉와 〈내 어머니〉, 그리고 〈그 아들 시인 자신〉의 죽음으로 시선을 돌린다.

곰곰히 생각해 보아도
나는 日月星辰의 왕관을 쓴
천사의 후예는 아니로다.
내 아버지도 죽었으니 신이여, 그 영혼을 가호하소서!
육체는 지하에서 잠들고 있도다.
나는 내 어머니도 언젠가는 죽으리라 생각하거니와
그 불쌍한 여자도 그것을 알고 있는데,
그 아들도 죽지 아니하고 남아 있지는 않으리라. (38절)

Si ne suis, bien le considère,
Fils d'ange portant diadame
D'étoile ne d'autre sidère.
Mon père est mort, Dieu en ait l'âme!
Quant est du corps, il gît sous lame……
J'entends que ma mère mourra,

El'le sait bien, la pauvre femme,
Et il fils pas ne demourra.

시인은 귀족과 평민의 차별이 극심하던 당시의 사회제도 앞에 서서 자기의 위치를 다시 응시해 보지 않을 수 없다.

자크 쾌르는 지금은 비록 무덤 속에서 백골이 되어 잠들고 있지만 생전에는 영주와 같은 인물이었지 않은가. 그러나 시인은 아무리 생각해 보아도 〈일월성신의 왕관을 쓴 천사의 후예〉는 결코 아니며, 그저 가난하고 초라한 어쩌면 미천한 평민에 지나지 않을는지 모른다.

그런데 미천한 평민에 지나지 않을 시인의 아버지도 〈천사의 후예〉와 마찬가지로 이제는 죽어 지하에 잠들고, 그의 어머니도 언젠가는 죽으리라 믿으며, 그들의 아들인 시인 자신도 오래 죽지 않고 살아남아 있을 수는 결코 없는 일이다. 그리고 그것은 그들과 그들의 아들인 시인뿐이겠는가. 만인은 누구나 다 언젠가는 죽게 되어 있는 것이다.

나는 알고 있도다, 가난뱅이건 부자건
똑똑한 놈이건 바보건 성자건 세속인이건
귀족이건 서민이건 후한 놈이건 인색한 놈이건
작은 놈이건 큰 놈이건 예쁜 놈이건 미운 놈이건
접은 깃의 옷을 입고 모자를 쓴 귀부인이건
수건을 쓴 아낙네건
그 신분이야 어떻든간에
죽음이 예외 없이 사로잡아 가는 것을. (39절)

Je congnois que pauvres et riches,
Sages et fous, prêtres et lais,
Nobles, vilains, larges et chiches,
Petits et grands, et beaux et laids,
Dames à rebrassés collets,

De quelconque condition,

Portant atours et bourrelets,

Mort saisit sans exception.

인간은 〈그 신분이야 어떻든〉 누구나 다 결국 죽게 마련이다. 그러므로 죽음 앞에 서는 인간은 구별되지 않고 누구나 다 평등하다.

여기에서 시인은 삼라만상의 소멸과 인간의 죽음의 보편성 내지는 평등성을 밝힌다. 우리는 인간은 누구나 다 결국에는 죽는다는 극히 평범한 진리를 알고 있다. 그렇기 때문에 그것은 그렇게 새삼스러운 일이 아니다. 그러나 여기에서 중요한 것은 그동안의 시인의 사상적 굴절에 미묘함이 내재해 있다는 점이다. 그는 가난과 죽음의 연결고리 사이에 〈생에의 집착〉이라고 하는 고리 하나를 더 끼워 넣음으로써 그것을 뉘앙스 있는 서정으로 높이고 있다.

그리고 시인은 한걸음 더 나아가 죽음과 죽음의 고통을 시사한다.

파리스도 헬레나[1]도 죽었거니와
죽는 자는 누구나 숨이 끊어지고 호흡이 멈추는
그러한 고통을 겪고 죽어가는 법,
쓸개는 심장 위에서 터지고 땀을 흘리는데
얼마나 고통스러운 땀인가는 신만이 아는 일!
그 고통을 덜어 주는 자 없도다.
그때는 자식도 형제 자매도
대신해 주려고는 하지 않기 때문이로다. (40절)

Et meure ou Pâris ou Hélène,

Quiconque meurt, meurt à douleur

Celui qui perd vent et haleine,

Son fiel se crève sur son coeur,

Puis sue, Dieu sait quel sueur!

Et qui de ses maux si l'allège?

Car enfant n'a, frère ne soeur
Qui lors vousît être son pleige.

시인은 죽음의 위력에 관한 현실적 묘사를 시작한다. 그 묘사는 우선 가난과 생의 관계가 그대로 생, 즉 향락이라고 하는 도식이 되어 그 밑바닥에 깔려 있고, 다음은 시인의 사상과 감정의 굴곡에 미묘한 뉘앙스가 있음을 암시한다.

인간이 죽는다는 것은 얼마나 고통스러운 일인가. 그러나 그 고통스러운 일은 비록 〈자식〉이나 〈형제 자매〉라고 하더라도 대신해 주려고도 하지 않거니와 대신해 줄 수도 없다. 그러니까 살아 있는 자는 비록 가난하더라도 죽는 자에 비하면 얼마나 행복한지 모른다. 살아 있다는 것, 그것은 그만큼 소중하고 다행한 일이 아닐 수 없다. 그리하여 시인은 죽음의 고통을 단지 〈쓸개는 심장 위에서 터지고 땀을 흘린다〉는 정도의 묘사로 그치지 않고 한층 더 부연해 나간다.

죽음에 임하면 몸은 떨고 창백하고
코는 구부러지고 혈관은 부풀어오르고
목은 붓고 살은 무르고
관절과 심줄은 굵어지고 늘어지나니
부드럽고 단단한 여자의 육체여,
반들반들하고 연약하며 그처럼 고귀하거늘
그대도 그러한 고통을 받아야만 하는가?
그렇도다! 살아서 천국으로 갈 수는 없는 법이로다. (41절)

La mort le fait frémir, pâlir,
Le nez courber, les veines tendre,
Le col enfler, lâcher, mollir,
Jointes, et nerfs croître et étendre.
Corps féminin, qui tant es tendre,
Poli, souef, et précieux,
Te faudra-il ces maux attendre?

Oui, ou tout vif aller ès cieux.

시인의 직관력과 상상력은 시인으로 하여금 죽음의 고통에 관하여 13세기에 있어서처럼 관념적이 아니라 너무나 현실적인 묘사를 하게 한다. 그것은 그가 죽는 자의 고통스러운 모습을 직접 목격한 경험이 있기 때문만은 결코 아니다. 반대로 그가 현실주의의 시인이기 때문에 현실적인 죽음의 고통스러운 모습을 시 속에서 표현하는 일이 가능하다고 하는 편이 더 정확할는지 모른다.

그리고 시인은 특히 헬레나처럼 〈부드럽고 단단한 육체〉를 가진 여자도 결국 죽음의 고통 앞에서는 무력하다는 것을 의식하고 우울해 한다. 여자의 고귀한 육체, 그것은 시인이 일생 얼마나 갈망한 존재인가. 그것은 그가 사랑한 까닭에 일생 얼마나 증오한 존재인가. 그 고귀한 존재가 그처럼 고통을 받는다는 것은 생각만 해도 우울해지지 않을 수 없다.

시인의 그러한 우울한 감정은 마침내 세계 문학에 있어서 가장 아름다운 한 편의 발라드가 되어 예술적으로 승화한다.

1) 그리스 신화에 나오는 인물들인데, 트로이 전쟁의 원인이 된 미남 미녀.

10

그 옛날의 귀부인을 노래하는 발라드

BALLADE DES DAMES DU TEMPS JADIS

시인의 죽음의 사상에 관한 본격적인 문제 제기는 38절을 서곡으로 시작하여 「그 옛날의 귀부인을 노래하는 발라드」·「그 옛날의 영주를 노래하는 발라드」·「古語調로 노래하는 발라드」, 그러니까 발라드 3부작을 사이에 끼고 42절까지 계속된다. 그는 죽음의 사상에 관하여 다시 156절에서부터 165절까지의 일련의 시 그리고 《잡시》 14.에서 문제삼고 있는데, 물론 그것은 각각 문맥에 따라서 서술과 정감을 달리하지만 많은 공통점이 있다. 즉, 죽음의 평등성과 육체의 소멸에 대한 연민과 석별이 그것이다.

시인은 죽음의 사상에 변화를 주기 위하여 발라드 3부작을 사이에 끼워 넣고 있는데 그 발라드 하나하나에 각각 이름을 붙인 것은 다름 아닌 클레망 마로이다. 그 발라드의 이름은 오늘날까지 그대로 불리어 오고 있다. 그리고 그 발라드의 詩作 연대에 관해서는 우선 제1발라드 「그 옛날의 귀부인을 노래하는 발라드」의 경우, 그 사상적 연관성을 중심으로 볼 때 독립성이 강한 까닭에 《유언시》 본문 이전의 것으로 보며, 다음 제2발라드 「그 옛날의 영주를 노래하는 발라드」와 제3발라드 「古語調로 노래하는 발라드」의 경우는, 그것이 삽입된 《유언시》 본문에 연결시키려고 한 까닭에 본문과 같은 시기에 있어서 제1발라드의 型에 맞추어 만들어진 것으로 보는 가설이 가장 유력하다. 이 가설을 그대로 인정하는 경우, 우리는 41절과 제1발라드 「그 옛날의 귀부인을 노래하는 발라드」 사이의 연관성이 너무 자연스러운 데 놀라지 않을 수 없다.

「그 옛날의 귀부인을 노래하는 발라드」는 41절의 죽음에 의한 〈여성의 육체〉의
소멸에 대한 애절함에 이어, 저 고대의 유명한 귀부인들은 지금 〈어디 어느 곳에 있
는가〉라고 묻는 것으로 시작된다.

말해다오, 어디 어느 곳에 있는가?
로마의 미인 플로라는,
그 사촌 자매처럼 아름다운
아르키피아다와 타이스는,
그리고 강가나 못가에 서서
소리지르면 대답하는
사람보다 아름다운 메아리는,
그런데 작년에 내린 눈은 지금 어디에 내리는가?

Dites-moi où n'en quel pays
Est Flora la belle Romaine,
Archipiades ne Thaïs
Qui fut sa cousine germaine;
Echo, parlant quand bruit on mène
Dessus rivière ou sur étang,
Qui beauté ot trop plus qu'humaine?
Mais où sont les neiges d'antan?

이 발라드의 의미 내용은 그 감동적인 울림과는 별도로 극히 간단하다. 그런데 거
기에는 우리에게는 낯선 이름들이 많이 나온다. 우리는 시의 이해를 분명히 하기 위
하여 우선 그 이름의 주인공들을 밝히지 않으면 안 될 것이다.

플로라는 글자 그대로 꽃의 여신이다. 여기에서 유의할 것은 로마 시대에는 그 이
름을 가진 무희가 몇 명 실제로 있었다는 점이다.

아르키피아다는 아테네의 장군 이름이다. 그런데 그것이 어쩌다가 와전되어 여자
이름으로 둔갑하고 알렉산데르의 생모 오륜피아데스와 혼돈되기도 하며 중세에 있

그 生涯와 詩 世界　237

어서는 미의 권화로 우상화하기도 한다.

타이스는 우리 귀에 그렇게 낯설지 않은 이름이다. 그리스의 미인으로 알렉산데르의 사랑을 받고 나중에는 프트레마이오스 왕비가 된 여성이, 알렉산드리아에서 도사 파퓨뉴스의 사랑을 받고 마침내는 몸이 더럽혀진 것을 회오하여 그리스도 교도가 된 여성일 것이다.

메아리는 에코를 우리 말로 옮겨놓은 의인화한 이름으로 그리스 신화의 나르시스 이야기에 나오는 여주인공이다. 에코, 즉 메아리가 나르시스를 사랑하는 비련의 이야기는 《메타모르포지스》에 의하여 중세에 있어서는 널리 알려지고 《장미 이야기》에도 나온다.

이 고대의 미인들은 이제 그렇게 아름답던 육체는 소멸해 버리고 단지 그 이름만이 전해져 올 뿐이다. 시인은 그 미인들이 있다면 〈말해다오, 어디 어느 곳에 있는가〉라고 묻는다. 그러나 대답이 없다. 대답이 있을리 만무하다. 그 미인들은 한때 기쁘거나 슬프거나 아름다운 수많은 화제를 뿌려놓고 이제는 사라진 지 이미 오랜 인물들이다. 시인은 그것을 잘 알고 있다. 알고 있는 만큼 그는 애절한 마음으로 이번에는 〈작년에 내린 눈은 지금 어디에 내리는가〉라고 다시 반문함으로써 인간의 생의 덧없음을 고조시킨다.

어디에 있는가? 저 박식한 엘로이즈는?
그녀 때문에 피에르 아벨라르 거세되어
생 드니의 수도사 되고
그 사랑 때문에 그런 고통 겪었도다.
그리고 어디에 있는가, 저 왕비는?
그녀는 뷔리당을 부대에 넣어
센 강에 던져 버리라 하였도다.
그런데 작년에 내린 눈은 지금 어디에 내리는가?

Où est la très sage Héloïs,
Pour qui fut châtré et puis moine
Pierre Esbaillart à Saint-Denis?

Pour son amour ot cette essoine.

Semblablement, où est la roine

Qui commanda que Buridan

Fût jeté en un sac en Seine?

Mais où sont les neiges d'antan?

시인은 이 시에서는 중세 프랑스의 유명한 역사와 전설에서 취재한 사건과 그 사건의 남녀 주인공을 통하여 역시 같은 사상을 전개시킨다.

아벨라르와 엘로이즈는 중세 프랑스 문학에 있어서는 너무나 유명한 이름들이다. 아벨라르는 스콜라 철학자이며 신학자로 파리 센 강 좌안의 생트 준비에브 언덕 위에 학당(파리 대학)을 열고, 거기에 운집하는 제자들을 가르치고 있다. 엘로이즈는 노트르담 대성당 성직자 회원 퓨르베르의 조카딸로, 아벨라르의 제자이며 뛰어난 才媛이다. 둘은 서로 사랑하는 사이가 되는데, 엘로이즈의 숙부의 반대로 헤어지게 된다. 아벨라르는 생 드니 수도원으로, 엘로이즈는 아르장튀이유 수녀원으로 각각 들어가 버린다. 그리하여 둘 사이에 교환된 방대한 편지는 사랑하는 마음의 애절함으로 가득 차 있으며 그 《서간》은 오늘날에도 유명하다. 그런데 이 비련의 이야기를 더 비극적으로 만드는 사건이 일어난다. 엘로이즈의 숙부 퓨르베르의 사주를 받은 악한의 습격을 받고 아벨라르는 性器가 잘리어 시의 표현처럼 〈거세되어〉 버린다. 그것은 《서간》I에 자세히 나온다.

왕비와 뷔리당의 이야기는 조금 색다른 것이라고 할 수 있다. 뷔리당은 14세기 철학자이며 파리 대학 총장을 지낸 인물이다. 그는 왕비가 관계하는 스캔들한 전설 속에 어쩌다가 말려들어 결국 시인이 암시하고 있는 바와 같은 이야기의 주인공이 된다. 그 이야기에 의하면 프랑스 국왕 필리프 르 벨르의 왕비 잔 드 나바르는 넬르 탑에 사는 다정다감한 여자로, 파리 대학 교수 내지는 학생들과 정을 통하고 그 발각이 두려워 그때마다 정부를 센 강에 던져 죽이곤 한다. 뷔리당은 모험을 무릅쓰고 왕비에게 접근하여 확증을 잡고 그 비행을 밝혀낸다.

그러한 비련의 이야기나 스캔들한 전설 속에 얽힌 미모의 여성들도 당대를 떠들석하게 만들기는 했지만 결국은 가고 없다. 그리하여 시인은 계속 〈어디에 있는가〉라고 반문한다.

바다 요정의 목소리로 노래 부른

백합 같은 왕비 블랑슈,

발이 큰 왕녀 베르트와 비에트리스와 알리즈,

르 멘느를 점령한 아랑뷔르지스,

그리고 루앙에서 영국군에게 화형당한

용감한 로렌 아가씨 잔 다르크,

어디에 있는가? 그들은, 성모 마리아는?

그런데 작년에 내린 눈은 지금 어디에 내리는가?

La roine Blanche comme un lis

qui chantoit à voix de seraine,

Berthe au plat pied, Bietrix, Aliz,

Haramburgis qui tint le Maine,

Et Jeanne, la bonne Lorraine

Qu'Anglois brûlèrent à Rouen;

Où sont-ils, où, Vierge souvraine?

Mais où sont les neiges d'antan?

　왕비 블랑슈는 카스치리아 왕 알폰소의 딸로 루이 8세의 왕비가 된 여성이다. 시인이기도 한 샹파뉴 공 티보 4세는 이 왕비를 사모하여 아름다운 시를 많이 쓰고, 왕비는 그 시를 몸소 竪琴에 맞추어 노래 불렀다고 전해진다. 거기에서부터 〈바다 요정의 목소리로 노래 부른〉 왕비 운운하는 표현이 나온 것인데, 〈바다 요정〉이란 그리스 신화에 나오는 바다의 요정으로 호메로스의 《오디세이아》에서는 아름다운 목소리를 가진 주인공으로 등장한다. 그런데 비용 학자 쿤은 카스치리아의 블랑슈 說에 이의를 제기하고 음탕하기로 유명한 블랑슈 드 부르고뉴를 내세운다. 만약 그렇다면 텍스트의 블랑슈(Blanche)는 형용사가 되어 〈속이는〉(trompeuse), 〈언제나 사랑의 행위를 하고 싶은〉(prête à faire l'amour)이라는 뜻을 가지며, 따라서 〈바다 요정의 목소리로 노래 부른〉 왕비는 남자를 미치게 하는, 혹은 물속에 뛰어들도록 유혹하는 왕비라는 의미가 된다. 그것은 새로운 학설이기는 하지만 우리에게는 역시 전통적 해석이 무게가 있어 보인다.

베르트는 카롤링거 왕조의 시조 페팽의 아내이며 샤를마뉴 대왕의 어머니이다. 그 여자는 언제나 〈발이 큰 왕녀〉로 묘사되어 있는데, 그 처녀 시절의 슬픈 이야기는 12세기부터 비롯된 것이라고 한다.

비에트리스와 알리즈는 두 여자 다 서사시적 인물로 로렌 詩群의 무훈시(Chansons de geste)에 나온다. 《에르비 드 메쓰》에 의하면 비에트리스는 에르비의 아내라고 하는데, 에르비의 어머니 알리즈 쪽에서 보면 며느리가 된다. 그리고 베르트는 비에트리스의 오빠 딸이므로 비에트리스의 조카딸이 되는 셈이다. 그것은 튀안느가 주장하는 학설[1]인데 쿤은 그것을 부정하고, 비에트리스와 알리즈는 중세에 있어서는 흔한 이름이며 베레(이자벨)와 함께 경박한 여자의 대명사라고 한다.[2] 만약 그렇다고 하면 이 발라드의 엄숙성은 무산되어 버린다.

아랑뷔르지스는 르 멘느 공 에리의 외동딸로 부친이 사망한 후(1110) 푸크 당쥬와 결혼하여 낳은 아들이 죠프로아이고, 그가 바로 프랑타쥬네 家의 시조이다.

잔 다르크는 우리나라에서도 거의 모르는 사람이 없을 만큼 유명한 이름으로, 프랑스를 구하고, 1431년 그러니까 시인이 태어나 바로 그해에 영국군에 의하여 루앙에서 화형당한다.

유서 깊은 집안에서 태어나 왕비에 오른 여성이건, 평민의 딸로 태어나 이름을 남긴 여성이건, 그리고 성모 마리아건 이제는 가고 없다. 그리하여 시인은 지금 〈어디에 있는가〉라고 반문을 되풀이한다.

제일인자여, 그녀들이 지금 어디에 있는지
추호도 그리고 영원히 묻지 말아다오
이 反復句를 되새기거든,
그런데 작년에 내린 눈은 지금 어디에 내리는가?

Prince, n'enquerrez de semaine
Où elles sont, ne de cet an,
Qu'à ce refrain ne vous remaine:
Mais où sont les neiges d'antan?

여기에서 시인은 그 미인들의 소재를 물어 무슨 소용이 있겠는가 하는 自省의 태도로 돌아와서, 다만 〈작년에 내린 눈은 지금 어디에 내리는가〉의 반복구를 되새기는 것으로 만족할 수밖에 없다고 하며 발라드의 끝을 맺는다.

1) Thuasne, t.II, p.52.
2) Kuhn, pp.84-85.

11

그 옛날의 영주를 노래하는 발라드

BALLADE DES SEIGNEURS DU TEMPS JADIS

「그 옛날의 귀부인을 노래하는 발라드」가 신화적·전설적인 뉘앙스를 띠고 있는데 반하여 「그 옛날의 영주를 노래하는 발라드」는 교황·국왕 등의 지배자를, 그것도 비교적 가까운 과거의 역사적 인물을 노래하여 인생의 허무함과 권력의 무상함을 강하게 드러냄으로써 시인 특유의 죽음의 사상을 암시하고 있다.

그리고 이 발라드는 「그 옛날의 귀부인을 노래하는 발라드」와의 짝을 맞추기 위하여 쓰여진 시로 보이며, 만약 그렇다면 앞에서 본 바와 같이 이 발라드도 《유언시》 41절과 같은 시기에 쓰여진 것으로 보아 무방하다.

다시 묻거니와 어디에 있는가?
4년간 교황의 자리에 있다가
최근에 서거한 칼릭스투스 3세는,
알폰스 아라공 왕은,
멋쟁이 부르봉 영주는,
아르튀르 브르타뉴 영주는,
그리고 용감한 샤를 7세는.
그런데 용맹스런 샤를마뉴 대왕은 지금 어디에 있는가?

Qui plus, où est li tiers Calixte,

dernier décédé de ce nom,

Qui quatre ans tint le papaliste?

Alphonse le roi d'Aragon,

Le gracieux duc de Bourbon,

Et Artus le duc de Bretagne,

Et Charles septième le bon?

Mais où est le preux Charlemagne?

이 발라드의 의미 내용도 극히 간단하다. 그런데 여기에도 우리에게는 낯선 이름들이 많이 나온다. 그 이름의 주인공들을 밝히고 시의 이해를 분명히 할 필요가 있다.

칼릭스투스 3세는 일명 알폰스 보르지아라고 하며, 3년 4개월간 교황으로 재위하여 그동안에 「라트랑 칙령」을 발표하고 1458년에 서거한 인물이다. 시인은 일찍 《유증시》 12절에서 이 「라트랑 칙령」을 주임사제에게 유증하고, 수도사에 대한 쟁의를 부추기는 익살을 보인 바 있다.

아라공 왕은 알폰스 5세로, 앙쥬 공 르네와 싸워 이기고 나포리의 지배자가 되어 유럽에서 가장 화려한 궁정을 열다가 1458년 〈여러 가지 의혹에 싸여 죽었다〉[1]는 인물이다.

멋쟁이 부르봉 영주는 샤를 1세로, 《유언시》 13절과 《잡시》 10.에 나오는 장 2세의 아버지이다.

아르튀르 브르타뉴 영주는 리슈몽 영주이기도 하며 프랑스 元帥 칭호를 가진 아르튀르 3세로, 〈코가 작으며 입술이 두텁고 튀어나온 사나이〉[2]로 알려져 있으며, 1458년 12월에 죽은 인물이다.

샤를 7세는 프랑스 국왕으로 1461년 7월에 서거한 인물이다.

샤를마뉴 대왕은 이 발라드에 등장하는 인물들 중에서 가장 오래고 위대한 인물이다. 그는 서유럽 제국 황제이며 용맹스런 대왕으로 그 이름을 떨치고 814년에 서거한다.

시인은 이 발라드를 〈다시 묻거니와 어디에 있는가〉로 시작하고 있는데, 다시 묻는다는 것은 저 신화·전설에 나오는 고대의 미인들에 대한 소재를 물었으니까 이번에는 〈영주〉와 같은 위대한 최근의 역사적 인물들에 대한 소재를 묻는다는 의미

이다. 그리고 그는 〈그런데 용맹스런 샤를마뉴 대왕은 지금 어디에 있는가〉를 반복
구로 만들고, 〈그런데 작년에 내린 눈은 지금 어디에 내리는가〉의 반복구와 짝을 맞
추게 하여 거기에 같은 의미를 부여한다. 죽음 앞에서는 그 지위의 높낮이가 문제가
아니다. 저 용맹스런 샤를마뉴 대왕도 죽었으니 이제는 어디에 있는지 알 길이 없다.
그러니까 시인은 인생도 허무하거니와 권력도 무상하다는 것이다.

또한 어디에 있는가?
이마에서 턱까지 자수정처럼 주홍빛의
얼굴 반쪽밖에 없다고 하는
스코틀랜드 왕은,
아, 저 키프로스 왕은
그리고 그 이름은 잊었지마는
어진 스페인 왕은.
그런데 용맹스런 샤를마뉴 대왕은 지금 어디에 있는가?

Semblablement, le roi scotiste

Qui demi face ot, ce dit-on,

Vermeille comme une émastiste

Depuis le front jusqu'au menton?

Le roi de Chypre de renom,

Hélas! et le bon roi d'Espagne

Duquel je ne sais pas le nom?

Mais où est le preux Charlemagne?

시인은 여기에서 스코틀랜드 왕·키프로스 왕·스페인 왕의 소재를 묻고 같은 사
상을 암시한다.
스코틀랜드 왕은 자크 2세로 1460년 록스부르그 성 앞에서의 대포 폭발 때 전사
한 인물이다. 영국 15세기 기록에 의하면 그는 〈빨간 얼굴을 한 스코틀랜드 왕〉이라
고 하며, 또 다른 기록에 의하면 〈그 얼굴의 반쪽이 피처럼 빨갛고, 어머니 뱃속에서

나올 때부터 그렇다〉는 것이다.

키프로스 왕은 뤼지니앙 家의 장 3세로 1458년에 서거한 인물이다. 그 가문은 1192년 이후 대대로 키프로스 왕이 되어 있다.

스페인 왕은 시인이 〈그 이름은 잊었지마는〉 하고 능청을 떨고 있기 때문에 분명하지 않지만 아마도 카스치리아의 호앙 2세가 아닌가 한다. 만약 그렇다면 그는 침입해 온 모르군과 싸워 이겨 전승왕이라고 불리다가 1454년 서거한 인물이다.

나는 더 이상 말하지 아니하나니
이 세상은 꿈에 지나지 아니하도다.
죽음에 저항하는 자 없거니와
그것에 대비하는 자도 없도다.
나는 다시 묻나니
랑슬로 보헤미아 왕은
어디에 있는가? 그리고 그의 할아버지는?
그런데 용맹스런 샤를마뉴 대왕은 지금 어디에 있는가?

D'en plus parler je me désiste;
Ce n'est que toute abusion.
Il n'est qui contre mort résiste
Ne qui treuve provision.
Encor fais une question:
Lancelot le roi de Behaygne,
Où est-il, où est son tayon?
Mais où est le preux Charlemagne?

시인은 이 시절의 전반에서 그 특유의 죽음의 사상을 드러내 보인다. 그 옛날의 영주들을 말하여 무슨 소용이 있겠는가. 이 세상에 있어서의 생은 일장춘몽이요, 인간의 죽음은 누구도 극복할 수 없거니와 막을 수도 없는 것임을 밝힌다.

그리고 시인은 이 시절 후반에서 랑슬로 보헤미아 왕과 그의 할아버지의 소재를 다시 묻고 같은 사상을 강조한다.

랑슬로 보헤미아 왕은 라디슬라스라라고 불리는 헝가리·폴란드·보헤미아의 왕으로, 그 음이 랑슬로와 비슷하여 《원탁 이야기》에 나오는 용사 호수의 랑슬로라는 이름으로 불리었다고 한다. 국왕 샤를 7세의 딸 마들렌느를 왕비로 맞이할 희망으로 프랑스로 왔다가 1457년 17세의 어린 나이로 서거한 인물이다.

그의 할아버지는 독일 황제 시지스몽드가 아닌가 한다. 만약 그렇다면 그는 1437년에 서거한 인물이다.

> 어디에 있는가? 클라켕 브르통 용사는,
> 도펭 도베르뉴 영주는,
> 그리고 이제는 가 버린 용사 달랑송 영주는
> 그런데 용맹스런 샤를마뉴 대왕은 지금 어디에 있는가?

> Où est Claquin, le bon Breton?
> Où le comte Dauphin d'Auvergne,
> Et le bon feu duc d'Alençon?
> Mais où est le preux Charlemagne?

클라켕 브르통 용사는 샤를 5세 치하의 프랑스 원수로서 여러 번 영국군을 격파한 브르타뉴 태생의 베르트랭 뒤 게크랑이다. 그는 프랑스 역대 열 번째 용사로 추대되었고, 1380년 죽은 인물이다.

달랑송 영주는 이전에는 1474년 서거한 장 2세로 추정되었으나 이제는 오히려 그의 아버지이며, 1415년 아쟁쿠르 전투에서 용감히 싸워 적장 요크 공을 죽이고 전사한 장 1세로 보고 있다.

마지막으로 시인은 그렇게 이름을 남긴 위대한 인물들은, 이제 어디에 있는가 하고 반문하고, 〈그런데 용맹스런 샤를마뉴 대왕은 지금 어디에 있는가〉의 반복구를 되풀이하며 이 발라드의 끝을 맺는다.

---

1) Champion, t.II, p.353.
2) 같음.

12

古語調로 노래하는 발라드

BALLADE EN VIEIL LANGAGE FRANÇOIS

시인은 이미 39절에서부터 계속 암시하거나 강조해 온 그의 죽음의 사상, 그러니까 죽음의 보편성 내지는 평등성을 여기에서도 다시 되풀이한다. 그는 영혼의 세계의 최고 권위자인 교황도 그리고 세속의 세계의 최고 권력자인 국왕도 그들을 추종하는 사람들과 마찬가지로 마침내는 죽는다고 하는 테마를 부연 설명한다.

우리는 에밀 말의 《중세 말기의 종교 예술과 그 畫像 연구》를 읽고 15세기가 죽음의 세기라고 하는 사실을 잘 알고 있다. 죽음의 화상 중에서 가장 두드러져 보이는 것은 파리의 레 지노상 묘지 궁륭의 건물 벽에 그려진 「죽음의 무용도」(1424)이다. 거기에는 마치 이 발라드에서 보는 것처럼 위는 교황·국왕에서 아래는 서민·고리대금업자에 이르기까지 죽음에 의하여 끌려가는 모습이 그려져 있다.

사실, 白衣를 입고
흰 천을 어깨에 걸치며
악의에 불타는 악마의 목에 걸어 쫓는다는
領帶를 목에 걸어 늘어뜨린
교황이라 하더라도
그에게 종사하는 사제와 마찬가지로
이 세상에서 쫓기어 죽어가나니
마치 바람에 불리어 가는 것 같도다.

Car, ou soit ly sains appostolles
D'aubes vestuz, d'amys coeffez,
Qui ne seint fors saintes estolles
Dont par le col prent ly mauffez
De mal talant tous eschauffez,
Aussi bien meurt que filz servans,
De ceste vie cy brassez:
Autant en emporter ly vens.

이 시에는 미사의 정장을 한 교황이 악마를 쫓는 장면이 그려져 있으며, 그리고 교황도 마침내는 자기에게 종사하는 신분이 낮은 성직자와 마찬가지로 마치 바람에 불리어 가는 가랑잎처럼 허무의 동굴 속으로 빨려 들어가는 모습이 묘사되어 있다.

　시인은 이 발라드에서 교황·국왕·대영주 등을 통하여 인간 일반의 운명을 묘사해 보인다. 그러니까 그 묘사의 밑바닥에는 역사적인 실제 인물이 투시되어 보일 수도 있을는지 모른다. 그러나 교황의 경우는 그것이 악마를 쫓는 극히 드라마틱한 장면을 통하여 묘사되어 있기 때문에, 그것이 누구인지 판독되지 않는다.

　　사실, 콘스탄티노플의
　　황금의 주먹을 하신 황제가
　　혹은 역대의 왕보다 영광을 누리고
　　숭앙하는 신을 위하여
　　성당과 수도원을 세운
　　프랑스의 존귀하신 국왕이
　　생전에 존경을 받았다 하더라도
　　마치 바람에 불리어가는 것 같도다.

Voire, ou soit de Constantinoples
L'emperieres au poing dorez,
Ou de France le roy très nobles

Sur tous autres roys decorez,
Qui pour luy grant Dieux adorez
Batist esglises et couvens,
S'en son temps il fut honnorez,
Autant en emporte ly vens.

여기에서 황제는 과연 누구인가. 당시 황제라고 하면 콘스탄티누스 외에는 없는데, 그 로마 제국도 1453년 콘스탄티노플이 터어키군에 의하여 점령당함으로써 사실상 멸망해 버리지만, 신분상으로서의 황제는 아직 사람들의 기억 속에 생생하게 살아남는다. 그리하여 많은 학자들은 그 기억을 되살리려고 한다. 가령 튀안느의 경우는, 〈황금의 주먹을 하신 황제〉라는 표현은 생 드니 수도원의 생 마르탱 예배당 안에 있는 귀 공의 臥像에서 나온 연상이라고 추정한다. 그러나 그 연상의 주체가 되는 것은 황제라고 하는 신분 일반이기 때문에 그 황제도 구체적 인물이 아니라 어디까지나 황제라고 하는 신분 일반일 뿐이다.

그리고 〈프랑스의 존귀하신 국왕〉도 그것이 그 앞의 2행의 표현으로 미루어 보아 응당 聖王 루이 9세라고 할 수 있지만, 그러나 여기에서도 루이 왕이 직접적 대상이 아니라 국왕 일반을 가리키고 있을 뿐이다.

사실, 비엔느와 그르노블의
용감하고 분별 있는 도펭이라 하더라도,
디종과 살렘과 돌르의
영주와 그 상속자라 하더라도,
혹은 그들의 가족과 軍使節과
군사절의 부관과 나팔수라 하더라도,
생명의 양식을 잔뜩 먹어도 소용이 없나니
마치 바람에 불리어 가는 것 같도다.

Ou soit de Vienne et Grenobles
Ly Dauphin, le preux, ly senez,

Ou de Digons, Salins et Dolles

Ly sires, filz le plus esnez

Ou autant de leurs gens prenez,

Heraux, trompectes, poursuivans,

Ont ilz bien boutez soubz le nez?

Autant en emporte ly vens.

여기에서도 사정은 마찬가지이다. 도펭(왕태자)에게서 루이 11세와 9절의 〈전 왕태자이신 그분〉을 볼 수 있고, 돌르의 영주에게서 부르고뉴의 선량한 필리프 공을 볼 수 있다. 그러나 그것도 역시 대영주 일반이 대상이 되어 있다.

왕자들도 다른 모든 생명 있는 사람들처럼
죽을 수밖에 없도록 운명지어져 있나니
아무리 초조하고 슬퍼하더라도
마치 바람에 불리어 가는 것 같도다.

Prince a mort sont tous destinez,

Et tous autres qui sont vivans:

S'ilz en sont courciez n'atinez,

Autant en emporte ly vens.

요컨대 이 발라드는 많은 인물들이 등장하고 있기는 하지만 구체적으로 누구를 지칭한다고 하기보다는 교황·국왕·대영주, 그 어느 경우에도 결국 〈다른 모든 생명 있는 사람들처럼 죽을 수밖에 없도록 운명지어져 있다〉는 역시 시인 특유의 죽음의 사상을 부연하고 있는 셈이다.

그리고 시인은 그것을 〈마치 바람에 불리어 가는 것 같도다〉의 반복구로 다시 한번 강조하며 발라드 3부작의 마지막을 장식한다.

그 生涯와 詩 世界 251

13

늙음에 대한 명상과 생의 포기

비용은 일단 42절에서 죽음의 사상에 관한 일련의 논의를 결론짓고, 동시에 그 42절을 이음으로 하여 죽음의 사상에서 늙음에 대한 명상으로 전환해 나간다. 시인의 표현에 의하면 늙음이란 생의 포기임과 동시에 죽음의 전제이다. 그리고 그것은 추악함을 의미함과 동시에 죽음을 의미한다. 따라서 그가 여기에서 죽음의 사상에서 늙음에 대한 명상으로 전환해 나가고 있기는 하지만 넓은 의미에 있어서는 죽음의 사상에 관한 연속적 전개에 지나지 않다.

> 왕비의 뱃속에서 태어난
> 교황이나 국왕이나 왕자라 하더라도
> 죽어 생기를 잃으면 땅에 묻히고
> 그 권세도 타인의 손으로 넘어가거늘,
> 렌느의 가난한 행상인인 내가
> 죽지 아니할 수 있겠는가? 그렇도다, 그것이 신의 뜻이로다.
> 그러나 약간의 생의 기쁨을 느낄 수만 있다면
> 그 평범한 죽음도 싫지는 아니하리라. (42절)

> Puisque papes, rois, fils de rois
> Et conçus en ventres de roines,

Sont ensevelis morts et froids,

En autrui mains passent leurs règnes,

Moi, pauvre mercerot de Rennes,

Mourrai-je pas? Oui. Se Dieu plaît,

Mais que j'aie fait mes étrennes,

Honnête mort ne me déplaît.

　시인은 여기에서 일단 죽음의 사상 논의를 마무리하면서 이제까지의 긴장을 풀기 위하여 그 특유의 익살을 부린다. 그것은 〈렌느의 가난한 행상인인 내가〉로 시작하는 후반 4행의 장면이다.

　〈렌느의 행상인〉은 전통적 해석에 의하면 시인이 1457년부터 시작한 방랑생활에 있어서 한때 종사하던 임시 직업일 것이요, 그 방랑의 과정은 브르타뉴의 중부 도시 렌느까지 미쳤을 것이라고 추정되고 있다. 그러나 오늘날에는 〈렌느의 행상인〉은 그의 방랑생활과는 별개의 것으로 보고, 다만 빈털터리의 가난뱅이를 의미하는 것으로 이해하는 경향에 있다.

　만약 그렇다면 〈약간의 생의 기쁨〉은 인생의 향락, 특히 여자와의 관계를 의미하는 것으로 보인다. 그것은 135절의 〈쟌느를 나에게 인사시켜 준다〉는 표현과 같은 의미일는지 모른다. 그리고 그것은 분명 시인 특유의 익살이 되는 셈이다.

　　부유한 폭군은 어떻게 생각하는지 모르지마는

　　이 세상은 덧없는 것

　　우리는 모두 죽음의 칼날[1] 밑에 놓여 있도다.

　　그것이 바로 가난한 노인의 위안인데

　　그 노인도 젊은 시절에는

　　재미있는 농담으로 소문난 사람이었거늘

　　지금 늙어서도 역시 농담을 한다면

　　미치광이나 타락자로 보이게 되리로다. (43절)

Ce monde n'est perpétuel,

Quoi que pense riche pillard:

Tous sommes sous mortel coutel.

Ce confort prend pauvre vieillard,

Lequel d'être plaisant raillard

Ot le bruit, lorsque jeune étoit,

Qu'on tendroit à foi et paillard,

Se, vieil, à railler se mettoit.

시인은 권력을 믿는 〈폭군〉의 마음이야 어떻게 알 수 있을까마는 어떤 인간이건 결국에는 죽는다는 것, 왕의 권세라고 하더라도 영원한 것은 아니고 언젠가는 타인의 손으로 넘어간다는 것, 그러니까 〈이 세상은 덧없는 것〉이라고 생각한다.

그리하여 시인은 디오니시우스의 故事를 예로 들어 인간은 마치 〈죽음의 칼날〉 아래 놓여 있는 것이나 다름없으며, 그것이 인간의 어찌할 수 없는 운명이라고 강조한다.

만약 그렇다면 〈가난한 노인〉이라고 하더라도 언제까지나 자기의 운명을 저주하고 있을 수만은 없다. 〈죽음의 칼날〉 아래 놓여 있다는 것, 그것은 오히려 가난한 노인의 위안이 되는 일일는지 모른다.

그때 시인은 늙음을 어떻게 생각하고 있는가. 그는 앞에서 죽음, 즉 늙음이라는 등식을 사실적인 모습으로 그려내고 있는데, 여기에서는 그것을 젊음과 대비시키는 모습으로 묘사한다. 그의 경우 젊음과 늙음의 대비는 쾌락의 享受와 그 포기의 대비를 의미한다. 젊음이란 쾌락을 향수하는 것이요, 늙음이란 향락을 포기하는 것과 같다. 그러니까 〈재미있는 농담으로 소문난 사람〉은 생의 향락자를 의미하며, 〈늙어서도 역시 농담을 한다〉 함은 늙은 주제에 부끄러움을 모르고 젊은이처럼 향락을 계속하는 추악함을 의미한다. 그것은 결국 〈미치광이나 타락자〉로 보일 수밖에 없다.

그런데 〈미치광이나 타락자〉는 바로 시인 자신의 자조적인 모습일는지도 모른다. 사실 그는 〈미치광이나 타락자〉에게 자기 자신을 대입시키고 있음에 틀림없다.

그 노인도 이제는 거지가 되지 않을 수 없으니
궁핍 때문에 어쩔 수 없는 일이로다.

어제도 오늘도 죽음을 바라면서
슬픔에 가슴 죄는데,
신을 두려워하지 아니하면
이따금 어떤 무서운 짓이라도 범할 터이고
그리하여 신의 계율을 어기면
스스로를 파멸로 몰아넣게 되리라. (44절)

Or lui convient-il mendier,

Car à ce force le contraint.

Regrette hui sa mort et hier,

Tristesse son coeur si éteint

Si souvent, n'étoit Dieu qu'il craint,

Il feroit un horrible fait;

Et advient qu'en ce Dieu enfreint,

Et que lui-même se défait.

시인은 여기에서 다시 늙음에 대한 명상을 부연 설명한다. 늙음이란 향락을 포기하는 까닭에, 노인은 생의 의의를 상실한 존재이다. 노인은 〈어제도 오늘도 죽음을 바라면서 슬픔에 가슴 죄는〉 존재요, 존재하면서 존재할 가치가 없는 존재이다.

그런데 그 노인은 어떤 관념적 존재가 아니라 바로 현실적 존재이다. 그 노인은 이제 생존하려고 하면 가난 때문에 거지가 되든지, 아니면 신의 계율을 어기고 〈어떤 무서운 짓〉을 하든지 하지 않으면 안 된다. 그것은 결국 자기 자신을 〈파멸〉로 몰고 가는 결과밖에 되지 않는다.

그러니까 시인은 늙음이란 무의미하고 추악하다는 것이다.

사실, 젊은 시절 그는 재미있는 사람이었는데
지금은 재미있는 말을 전혀 할 수 없게 되었도다.
늙은 원숭이는 언제나 재미 없는 몰골이라
얼굴을 찌푸려도 재미가 없도다.

사람의 비위를 맞추려고 입을 다물면
비뚤어진 미치광이로 보이고
말을 하면 입을 다물어라
〈너의 자두나무에는 열매가 열리지 않는다〉 하는도다. (45절)

Car s'en jeunesse il fut plaisant,

Ores plus rien ne dit qui plaise.

Toujours vieil singe est déplaisant,

Moue ne fait qui ne déplaise;

S'il se tait, afin qu'il complaise,

Il est tenu pour fol recru,

S'il parle, on lui dit qu'il se taise,

Et qu'en son prunier n'a pas crû.

시인은 여기에서 늙음의 추악함을 철저히 고발한다. 그리하여 그는 〈그 노인〉을 늙은 원숭이에 비유한다.

어린 원숭이는 얼굴을 찡그리기만 해도 귀엽고 재미가 있을 터인데, 〈늙은 원숭이는 언제나 재미 없는 몰골이라〉 무슨 짓을 해도 재미는커녕 보기 흉할 뿐이다. 그러니까 노인은 입을 다물고 침묵을 지켜도 추악하고, 입을 열고 말을 해도 흉악하다. 그런데 그 노인이 사람의 비위를 맞추려고 말을 하지 않으면 〈비뚤어진 미치광이〉로 보이고, 어쩌다가 말을 하게 되면 〈입을 다물어라〉 〈너의 자두나무에는 열매가 열리지 않는다〉는 비난을 받는 것이 고작이다.

그렇기 때문에 늙음이란 어떻게 해 볼 도리가 없다. 이즈음의 말을 빌면 늙으면 죽는 수밖에 달리 길이 없다. 사실 시인도 늙음을 그렇게 파악하고 있다.

이제는 늙어 어떤 삶의 길도 없는
저 불쌍한 늙은 갈보들도 마찬가지이라,
젊은 아가씨들이 늠름하게
몸 팔러 가는 것을 보는 날에는

그 할망구들은 신에게로 향하여
왜, 어찌하여 이렇게 빨리 늙게 하였나이까? 묻거늘
우리 주는 묵묵히 입을 다물고 있나니
따져보아도 소용이 없기 때문이로다. (46절)

Aussi ces pauvres femmelettes
Qui vieilles sont et n'ont de quoi,
Quand ils voient ces pucelettes
Emprunter, elles, à recoi
Ils demandent à Dieu pourquoi
Si tôt naquirent, n'à quel droit.
Notre Seigneur se tait tout coi,
Car au tancer il le perdroit.

늙음의 추악함은 시인의 〈늙은 갈보들〉에 대한 구체적 서술에 의하여 한층 선명히 드러난다.

〈이제는 늙어 어떤 삶의 길도 없는 저 불쌍한 늙은 갈보들〉도 젊은 아가씨 시절에는 모두 다 아름다운 여자들이었을 터이고 그 젊음과 아름다움을 가지고 많은 남자들의 마음을 사로잡았을 터이지만, 이제는 다만 젊은 아가씨들에게 선망의 시선을 던지는 일 외에는 어떻게 해 볼 수 없는 신세로 전락해 버리고, 신에게 〈어찌하여 이렇게 빨리 늙게 하였나이까〉 하고 원망만 할 뿐이다. 그러나 〈우리 주〉는 대답이 없다.

시인은 그러한 조락의 미녀들 중에서 하나의 전형이라고 할 수 있는 노파를 선정하여 그 생애를 이야기한다. 그것은 옛날 노트르담 참사회원 니콜라 도르쥬망의 애첩으로 절세의 미를 자랑한 바 있는, 그러나 이제는 〈투구장수 아낙〉[2]이라고 불리는 늙은 갈보의 모습을 그려낸 이야기이다.

시인은 그것을 파테틱한 발라드로 만들어 여기에 삽입해 놓는다. 그것은 47절에서 56절까지 계속된다.

1) 王 디오니시우스의 故事, 즉 다모클레스의 검 이야기. 디오니시우스의 寵臣 다모클레스는 왕위에 올라 향락생활을 한다. 어느날 그는 향연중에 위를 바라보다가 검이 말총에 매달려 있는 것을 발견한다. 그 검의 날이 곧 자기의 머리 위에 떨어져 박힐 것만 같아 겁을 먹고 왕좌에서 물러난다는 이야기이다.

2) 투구를 파는 여주인 또는 여점원이라는 뜻인데, 여기에서는 특정의 여자, 즉 갈보를 가리키는 이름이다. 당시 환락가의 여자들은 여러 가지 장사를 하며 매춘행위를 했다고 한다.

14

투구장수 아낙이 노래하는 한탄가

LES REGRETS DE LA BELLE HEAUMIÈRE

이 시의 이름도 클레망 마로가 붙인 것이다.

「투구장수 아낙이 노래하는 한탄가」, 이것은 한 편의 이야기 시이다. 그 주인공은 실재한 여성이라고 한다. 史料에 의하면 그 여자는 1375년에 태어나 1394년에는 노드르담 경내의 〈여우 꼬리〉[1]에서 일하게 되기까지 한다. 이 집이 노트르담 참사회원 니콜라 도르쥬망의 소유인 점으로 미루어 보아, 그 여자는 한창 나이에는 그의 애첩이었던 것이 분명하다. 둘의 관계는 도르쥬망이 어떤 음모를 꾀하다가 발각되어 묑 쉬르 루아르 감옥에 투옥되고, 거기에서 죽은 1416년까지 계속된 것으로 보인다. 만약 그렇다면 그때 그 여자의 나이는 41세가 되는 셈이다.

시인이 1456년경에 그 여자의 한 모습을 보았다고 하니까 그 여자의 나이도 81세가 되어 있어야 한다. 그런데 그 여자의 고백에 의하면 〈한 꾀 많은 젊은이〉를 사랑한 적이 있고, 그는 〈30년〉 전에 죽었다고 한다. 30년 전이라고 하면 그 여자의 나이 51세 때의 일이다. 그것은 그 여자의 고백과 같은 사랑을 하기에는 걸맞지 않은 나이이다. 그렇기 때문에 샹피용은 그 〈젊은이〉와의 만남을 1416년 이후의 일로 보고 있다. 그렇다면 그 만남은 도르쥬망의 실각 직후가 됨으로 그렇게 부자연스럽다고 할 수 없을는지 모른다. 그러나 그것도 결국 추정에 지나지 않다.

그리고 그 실재한 투구장수 아낙이, 시인이 노래하는 〈아낙〉이라는 확증도 없다. 그렇기 때문에 그 여자의 〈젊은이〉에 대한 사랑의 장면은 뒤에서 보는 「뚱보 마르고」의 그것과 조금도 다를 바 없다고 할 수 있다. 우리는 여기에서 다만 시인의 상상력의 풍부함을 보면 된다.

　시인은 그 노파의 한탄을 통하여 생과 미의 덧없음을 노래한다. 그것은 〈작년에 내린 눈〉과 같은 테마이다. 〈작년에 내린 눈〉은 그 덧없음을 암유적으로 표현하고 있음에 반하여, 〈노파의 한탄〉은 콩트라스트 수법을 사용하여 그것을 아주 사실적으로 표현하고 있다는 점이 다를 뿐이다.

　　그 옛날 투구장수 아낙이라 불리던 갈보가
　　아가씨 시절을 그리워하며
　　이야기하는 한탄의 소리를 들은 바 있는데
　　이러한 것이었도다.
　　〈아, 무정하고 잔인한 늙음이여,
　　어찌하여 그대는 나를 이처럼 무참한 몰골로 만들었는가?
　　죽으려고 칼을 든 이 팔을 붙잡고
　　가로막는 자 그 누구란 말인가?〉 (47절)

　　Avis m'est que j'oi regretter
　　La Belle qui fut hëaumière,
　　Soi jeune fille souhaiter
　　Et parler en telle manière:
　　〈Ha! vieillesse félonne et fière,
　　Pour quoi m'as si tôt abattue?
　　Qui me tient, qui, que ne me fière,
　　Et qu'à ce coup je ne me tue?〉

　투구장수 아낙은 보통명사로서는 투구를 파는 가게 여주인 또는 여점원이라는 뜻인데, 여기에서는 고유명사로서 환락가의 매춘행위를 하는 갈보의 특정인을 가리키고 있음은 물론이다.

　그 여자는 젊은 시절에 절세의 미인이었다고 한다. 그런데 도르쥬망의 실각 후, 그 여자는 보호자를 잃고 갈보로 전락한 것으로 보인다. 시인이 그 여자를 만났을 때는 이미 80을 넘은 노파가 되어 〈무참한 몰골〉을 하고 있었음에 틀림없다.

그리하여 시인은 그 노파가 젊은 시절을 회상하여 이야기하는 〈한탄〉의 소리를 듣고 그 이야기를 소개한다.

우선 노파는 〈늙음〉을 의인화하여 그것을 무정하고 잔인한 힘으로 규정한다. 그리고 그 노파는 자기를 〈이처럼 무참한 몰골로 만든〉 것도, 〈죽으려고 칼을 든 이 팔을 붙잡고 가로막는〉 것도 바로 그 무정하고 잔인한 힘, 즉 〈늙음〉이라고 한다. 그리하여 그 노파는 그러한 〈늙음〉이 자기에게서 이 세상 모든 남자를 지배하도록 미의 여신이 부여해 준 아름다움이라는 〈커다란 권한〉을 빼앗아 갔다고 한탄한다.

> 그대는 아름다움이 나로 하여금
> 학자나 상인이나 교회 사람들 위에 군림하게 한
> 나의 커다란 권한을 빼앗아 갔도다.
> 사실, 그때에는 이 세상에 태어난 남자라면
> 이제는 거지 떼도 거절하는 그것[2]을
> 주기만 하였더들,
> 아무리 후회가 되더라도
> 그의 전재산을 나에게 주지 않은 자 없었으리라. (48절)

> Tolu m'as ma haute franchise
> Que beauté m'avait ordonné
> Sur clercs, marchands et gens d'Eglise:
> Car lors il n'étoit homme né
> Qui tout le sien ne m'eût donné,
> Quoiqu'il en fût des repentailles,
> Mais que lui eusse abandonné
> Ce que refusent truandailles.

잔인한 늙음이 〈아름다움〉을 빼앗아 갔으니 꽃다운 청춘은 간 데 없고 이제는 시들어 버린 꽃의 殘骸가 흉할 뿐이다.

그런데 노파가 빼앗긴 〈아름다움〉이란 구체적으로 무엇을 가리키고 있는가? 그것은 그 노파가 젊은 시절 〈학자나 상인이나 교회 사람들 위에 군림〉하는 커다란 권한을 부여받은 바로 젊은 여자의 아름다움이다. 당시에 있어서는 학자는 학력의 소유자이고, 상인은 금력의 소유자이며, 교회 사람은 권력의 소유자이다. 학력·금력·권력이라고 하는 세 가지 힘의 소유자는 당시에 있어서도 일급의 인물들임에 틀림없다. 그러한 일급의 인물들을 지배하는 권한은 정상적으로는 교황과 국왕의 그것이 있을 뿐이다. 그러나 여기에서 그 노파가 젊은 시절 그와 같은 권한을 부여받은 〈아름다움〉을 가졌다고 하니까, 그것은 그대로 젊은 여자의 섹스에 연결되는 아름다움이다. 투구장수 아낙은 갈보이다. 그리고 갈보는 섹스와 돈을 교환하는 직업이다. 그런데 그 노파는 젊은 시절 그러한 직업의 본분을 망각한 모양이다.

그리하여 노파는 젊은 시절의 어리석음을 후회한다. 만약 젊은 시절 많은 남자들에게 〈그것을〉, 즉 섹스를 주기만 했던들, 그 여자는 그들의 전재산을 손에 넣을 수 있었을 터인데, 〈그것을〉 아무에게나 주지 않고 오직 〈한 꾀 많은 젊은이〉에게만 주는 어리석은 짓을 했으니, 이제 〈그것〉은 거지 떼도 거절하는 무용지물이 되어 버렸다고 한다.

> 많은 남자들에게는 그것을 거절하고
> 한 꾀 많은 젊은이에 대한 사랑 때문에
> 나는 그에게만 그것을 아낌없이 주었으니
> 나의 분별없는 소행이었도다.
> 다른 남자에게도 반한 체하기는 하였지마는
> 진정으로 나는 그 남자만을 사랑하였도다!
> 그런데 그는 나를 가혹하게 다루기만 하였고
> 내 돈을 노리고 나를 사랑하였을 뿐이로다. (49절)

> A maint homme l'ai refusé,
> Qui n'étoit à moi grand sagesse,
> Pour l'amour d'un garçon rusé,
> Auquel j'en fis grande largesse.

A qui que je fisse finesse,

Par m'âme, je l'aimoie bien!

Or ne me faisoit que rudesse,

Et ne m'aimoit que pour le mien.

여기에서 노파는 인간 애욕의 천박함을 술회한다. 양가의 규수라면 모르되, 한낱 몸을 파는 윤락의 여자로서, 〈한 꾀 많은 젊은이〉에 대한 사랑 때문에 모든 남자에게 주어야 했을 〈그것을〉 오직 그에게만 아낌 없이 준 것은 〈분별없는 소행〉이라면 소행일 수 있다. 그리하여 노파는 그 젊은이만을 진정으로 사랑했는데 그 대가는 무엇인가를 스스로에게 묻는다. 젊은이는 그 여자를 가혹하게 다루기만 했고, 그뿐만 아니라 그 여자의 〈돈을 노리고〉 사랑한 데 지나지 않다. 그것은 상식적으로는 사랑이라고 할 수 없는 행위이다. 사랑을 빙자한 일종의 착취행위이다. 사실 예나 지금이나 사랑을 빙자한 착취행위는 그렇게 드문 일만은 아닌 모양이다. 노파는 이제 그 분별없는 소행을 후회하며 그때를 회상한다.

그러나 그가 나를 아무리 가혹하게 다루며

발길질한다고 하더라도 나는 그를 사랑하지 않을 수 없고

내 허벅지를 잡고 질질 끈다 하더라도

일단 포옹을 하라고 하기만 하면

나는 모든 고통 잊어버리고 말았도다!

그 악마의 화신인 악한에게 안기기만 하면……

나는 아무것도 바라는 것이 없었도다!

그런데 지금 내게 무엇이 남았는가? 수치와 죄뿐이로다. (50절)

Si ne me sût tant detraîner,

Fouler aux pieds, que ne l'aimasse,

Et m'eût-il fait les reins traîner,

S'il m'eût dit que je le baisasse,

Que tous mes maux je n'oubliasse!

Le glouton, de mal enteché,

M'embrassoit…… J'en suis bien plus grasse!

Que m'en reste-il? Honte et péché.

예나 지금이나 사랑을 빙자한 착취행위는 그렇게 드문 일만은 아니라고 하더라도 옛날과 오늘날은 그러한 행위에 대한 여자의 대응하는 태도가 다르다.

그 여자는 젊은이가 사랑을 빙자하여 가혹행위와 착취행위를 하고 있다는 사실을 잘 안다. 그럼에도 불구하고 그 악한을 물리치지 못하는 것은 아마도 그 여자가 이미 사랑의 노예가 되어 버린 사실을 의미할는지 모른다. 왜냐하면 그 여자는 그가 아무리 가혹하게 다루어도 그를 사랑하지 않을 수 없고, 그 악한에게 일단 안겨 버리기만 하면 모든 고통은 사라지고 〈아무것도 바라는 것이 없었다〉고 하기 때문이다. 진정한 사랑은 無償性이라고 한다. 그 여자는 아무것도 바라는 것이 없었다고 했으니 진정한 사랑을 한 셈이다. 말을 바꾸면, 그때 그 여자는 진흙 속에 핀 꽃이다. 그런데 지금 그 노파에게 남은 것은 무엇인가. 그것은 다만 〈수치와 죄〉뿐이다.

이제는 그 사람도 죽어 30년이 되었고

나는 남아 백발의 할망구가 되었도다.

아! 그 꽃 같은 시절을 생각하며

그때 나는 어떠하였고 지금은 어떻게 되었는가

발가벗고 이 내 몸을 바라보니,

빈약하고 메마르고 여위고 가느다랗고

이루 말할 수 없이 변해 버린 모습이라

나는 화가 나서 미칠 것만 같도다. (51절)

Or est-〈il〉 mort, passé trente ans,

Et je remains vieille, chenue.

Quand je pense, lasse! au bon temps,

Que me regarde toute nue,

Quelle suis, quelle devenue,

Et je me vois si très changée,

Pauvre, sèche, maigre, menue,

Je suis presque toute enragée.

노파는 이제 〈수치와 죄〉밖에 남지 않은 스스로의 모습을 응시한다. 그처럼 자기의 마음을 사로잡고 짓밟아 버린 〈악마의 화신인 악한〉도 죽어 사라진 지 30년이 되고, 이제는 외로이 홀로 남아 80이 넘은 〈백발의 할망구〉가 되어 버린 모습이다.

그리하여 시인은 젊음과 대조되는 늙음이란 무엇인가, 생을 사는 권리(향락하는 권리)를 가지는 인간과 대조되는 생을 포기한(향락을 포기한) 인간이란 무엇인가, 그것을 하나의 화폭으로 묘사하여 우리 앞에 펼쳐 보인다.

여기에서 문제가 되는 것은 늙음이란 무엇인가 하는 철학적 명상이 아니라, 예술로서 묘사해내는 그 추악함의 미적 화폭이다.

어떻게 되었는가, 저 반드러운 이마는,

금발의 머리는, 활 모양의 눈썹은,

넓은 眉間은,

어떤 똑똑한 남자도 사로잡은 매혹적인 눈동자는,

크지도 작지도 않게 뻗어나온 아름다운 코는,

멋있게 붙어 있는 귀는,

홈 파인 턱은, 잘생긴 훤한 얼굴은,

그리고 주홍빛의 예쁜 입술은? (52절)

Qu'est devenu ce front poli,

Ces cheveux blonds, sourcils voutis,

Grand entroeil, ce regard joli,

Dont prenoie les plus subtils;

Ce beau nez droit, grand ne petiz

Ces petites jointes oreilles,

Menton fourchu, clair vis traitiz,

Et ces belles lèvres vermeilles?

우리는 누가 뭐라고 하건 인간의 아름다움 중에서 가장 아름다운 모습은 젊음 자체라고 하는 사실을 잘 알고 있다. 그렇기 때문에 늙은이에게 있어서는 그 시선에 비치는 젊음이란 그대로 아름다움일 뿐만 아니라 일종의 그리움이 되어 다가온다.

노파는 비록 이제는 80이 넘은 〈백발의 할망구〉가 되어 있다고는 하지만 젊은 시절에는 절세의 미인으로 알려진 여성이다. 그러니까 그 여자는 그만큼 더 꽃다운 젊은 시절의 아름다움에 대한 그리움이 크지 않을 수 없다.

그리하여 노파는 그 아름다움이 지금은 어떻게 되어 있는가를 묻고 젊은 시절의 아름다움을 회상한다. 그 회상은 우선 머리 윗부분의 모습에서부터 시작된다. 이마·머리카락·눈썹·미간·눈동자·코·귀·턱·얼굴·입술, 그 어느 것 하나를 들어도 나무랄 데 없는 미의 여신의 걸작들이다.

노파의 회상은 계속된다.

저 부드럽고 가냘픈 어깨는,
늘씬하게 뻗어내린 팔은,
가느다랗고 긴 손은, 자그마한 젖꼭지는,
사랑의 시합에 견디기에는 .안성맞춤의
뚱뚱하고 드높은 궁둥이는, 넓은 허리는,
단단하고 통통한 넓적다리 사이의
자그마한 정원 속에 들어앉은
사랑의 陰部는? (53절)

Ces gentes épaules menues,
Ces bras longs et ces mains traitisses,
Petits tétins, hanches charnues,
Élevées, propres, faitisses
A tenir amoureuses lices;
Ces larges reins, ce sadinet

Assis sur grosses fermes cuisses

Dedans son petit jardinet?

　노파는 이어 머리 아랫부분을 하나하나 열거하며 회상한다. 어깨·팔·손·젖꼭지·궁둥이·허리·사랑의 음부, 그 어느 것 하나를 들어도 역시 흠잡을 데 없는 미인의 조건들이다.

　그 여자는 그러한 미인의 조건들을 가지고 많은 남자의 마음을 사로잡고도 남았을 터인데 그것들을 오직 〈악마의 화신인 악한〉에게만 바치고 말았으니, 이제 남은 것은 마음의 수치와 죄뿐이요, 몸의 이루 말할 수 없이 변해 버린 모습뿐이다.

　그리하여 노파는 자기의 변해 버린 모습을 응시하며 한탄한다.

　지금은 이마에 주름이 지고

　머리는 흰색으로 물들고 눈썹은 희미하고

　웃음 띤 시선으로 많은 상인들을 사로잡은

　눈은 빛을 잃고

　코는 비뚤어져 귀여움이 사라지고

　귀는 늘어져 잔털로 덮이고

　얼굴은 창백하게 메말라 생기가 없고

　턱은 일그러지고 입술은 쭈글쭈글하게 되었도다. (54절)

Le front ridé, les cheveux gris,

Les sourcils chus, les yeux éteints,

Qui faisoient regards et ris

Dont maints méchants furent atteints;

Nez courbes, de beauté lointains,

Oreilles pendantes, moussues,

Le vis pâli, mort et déteins,

Menton froncé, lèvres peaussues…….

노파는 우선 머리 윗부분에 시선을 던진다. 주름진 이마, 흰색으로 물든 머리카락, 희미한 눈썹, 빛을 잃은 눈, 비뚤어진 코, 늘어진 귀, 생기 없는 얼굴, 일그러진 턱, 쭈글쭈글한 입술, 그 어느 것 하나를 들어도 저 꽃다운 젊은 시절의 아름다운 흔적은 찾아볼 수 없다.

그리하여 노파는 그 추악한 모습을 바라보면서 미칠 것 같은 분노에 사로잡힌다. 그러나 그것이 황혼에 접어든 어찌할 수 없는 생의 최후의 모습, 즉 늙음인 것을 어떻게 하겠는가.

그런데 노파의 한탄은 계속된다.

이것이 인간의 미의 마지막 결과로다!
팔은 휘어지고 손은 쭈그러들고
어깨는 구부러졌도다.
유방은? 형편없이 시들어 버리고
궁둥이는? 유방과 다름이 없으며
음부는? 제기랄이요!
넓적다리는? 벌써 넓적다리가 아니라
피골이 상접하여 순대처럼 얼룩지고 말았도다. (55절)

C'est d'humaine beauté l'issue!
Les bras courts et les mains contraites,
Des épaules toute bossue;
Mamelles, quoi? toutes retraites;
Telles les hanches que les tettes;
Du sadinet, fil Quant des cuisses,
Cuisse ne sont plus, mais cuissettes
Grivelées comme saucisses.

노파는 이어 머리 아랫부분에 시선을 던진다. 〈인간의 미의 마지막 결과〉는 한때 절세의 미인으로 소문난 그 여자에게 이제는 휘어진 팔, 쭈그러진 손, 구부러진 어

깨, 시들어 버린 유방과 궁둥이, 제기랄 같은 음부, 순대처럼 얼룩진 넓적다리밖에
남겨놓고 있지 않다. 그것은 바로 늙음의 추악한 모습이다. 꽃이 시들어 버린 다음의
보기 흉한 잔해의 모습이다.
　거기에서 스산한 바람이 인다.

　　　불쌍한 바보 같은 노파들도
　　　얼른 타다가 꺼져 버린
　　　삼대의 희미한 불 곁에
　　　실뭉치처럼 모여
　　　엉덩이를 가져다대고 웅크리고 앉아
　　　꽃 같은 시절을 그리워하나니
　　　우리들도 옛날에는 얼마나 아름다웠을까!
　　　이것이 남녀간 모든 인간의 운명이로다. (56절)

　　　Ainsi le bon temps regrettons

　　　Entre nous, pauvres vieilles sottes,

　　　Assises bas, à croupetons,

　　　Tout en un tas comme pelotes,

　　　A petit feu de chenevottes

　　　Tôt allumées, tôt éteintes;

　　　Et jadis fûmes si mignottes!

　　　Ainsi en prend à maints et maintes.

　젊음은 미래에 걸고, 늙음은 과거에 매달린다. 젊음은 꿈을 먹고 살며, 늙음은 그
리움을 되새김질한다.
　그리하여 불쌍한 노파는 바보처럼 〈꽃 같은 시절〉에 매달려 〈옛날에는 얼마나 아
름다웠을까〉 하고 그리운 지난날들을 반추한다. 그렇다, 그것이 남자건 여자건 어찌
할 수 없는 〈인간의 운명〉일 터이다.
　시인은 이제 생의 권리(향락의 권리)를 포기한 늙음이란 무엇인가, 그 실체를 또

그 生涯와 詩 世界　269

하나의 발라드를 통하여 구체적으로 밝히고 거기에서 어떤 교훈을 꺼내지 않을 수
없다.

1) 가옥(가게)에 붙인 간판 이름.
2) 여자의 섹스를 가리킨다.

15

투구장수 아낙의 갈보들에 대한 교훈을 노래하는 발라드

BALLADE DE LA BELLE HEAUMIÈRE AUX FILLES DE JOIE

이 발라드의 이름도 클레망 마로가 붙인 것이다.

여기에서 〈갈보들〉이란, 당시의 기록·문헌이나 설교자들의 표현을 종합해 보면, 당시 파리에는 여러 가지 장사를 하는 商街의 아낙들이나, 또는 딸들이 가게 일을 보면서 매춘행위를 한 것으로 보이는데, 그 여자들 전부를 지칭하는 말이다.[1] 그 여자들은 각각 자기 집(가게) 상호, 즉 간판 이름을 가지고 일상적 호칭으로 삼고 있다. 여기에서는 〈투구장수 아낙〉이 바로 그것이다.

시인은 앞에서 본 발라드의 주인공 〈투구장수 아낙〉이라는 노파가 후배 〈갈보들〉에게 들려 주는 교훈을 노래하고, 생의 권리(향락의 권리)를 포기한 존재, 즉 〈늙음〉이란 무엇인가를 구체적으로 제시한다. 그것은 단적으로 말하여 발라드의 반복구에 그대로 요약되어 있다. 투구장수 아낙은 여자는 늙으면 〈마치 통용되지 아니하는 돈과 같도다〉라고 후배 갈보들에게 가르친다.

그러므로, 언제나 내 교훈을 잘 지키는
장갑장수 아낙 그리고 그대 헌신장수 아낙 블랑쉬
그 점을 깊이 생각해야 하느니라
지금이 바로 그대들 자신의 처지를 알 때로다.
좌우의 손님에게서 돈을 뜯어내고
남자들을 관대하게 대해서는 아니 되느니라

여자는 늙으면 통하지도 않거니와 한푼의 값어치도 없나니
마치 통용되지 아니하는 돈과 같도다.

Or y pensez, belle Gautière
Qui écolière souliez être,
Et vous, Blanche la Savetière,
Or est-il temps de vous connaître,
Prenez à dêtre ou à senêtre;
N'éparnez homme, je vous prie:
Car vieilles n'ont ne cours ne être,
Ne que monnoie qu'on décrire.

투구장수 아낙은 지금은 비록 80이 넘은 〈백발의 할망구〉가 되어 있지만 젊은 시절에는 많은 남자의 마음을 사로잡을 만큼 절세의 미인으로서, 그리고 한때는 〈한 꾀 많은 젊은이〉에게 여자의 순정을 바쳐 그 애욕의 노예가 된 적도 있는 주인공으로서, 말하자면 산전수전 다 겪은 코내쇠즈(connaisseuse)로서 윤락의 세계에 있어서의 대선배격이다.

그러한 대선배의 교훈은 어찌 보면 절대적일 수 있다. 그러나 그 교훈은 어디까지나 윤락의 세계에 있어서 배신과 학대라고 하는 신산고초를 겪고 난 다음에 비로소 터득한 것이며, 따라서 윤락의 여자들을 위한 본능적인 자구책 이외의 다른 것이 아니다.

투구장수 아낙은 후배 갈보들에게 보통 사람으로서는 수긍할 수 없는 그야말로 무서운 충고를 한다. 〈좌우의 손님에게서 돈을 뜯어내고 남자들을 관대하게 대해서는 아니 되느니라.〉 이것은 일반적 상식으로 생각하면 반도덕적 · 반사회적 교훈이다. 그러나 윤락의 세계는 일반적 상식이 통용되는 사회가 아니다. 그것은 일종의 특수 사회이다. 거기에서는 섹스와 돈이 교환된다는 이외의 생각은 할 수 없다. 그런데 만약 그 이외의 생각을 하는 경우, 그 여자들은 늙으면 〈마치 통용되지 아니하는 돈〉처럼 버림받기가 고작이다.

그리하여 투구장수 아낙은 힘주어 가르친다.

그리고 그대 춤을 잘 추는
순대장수 아낙
양탄자장수 아낙 귀유메트
주인양반에게는 소홀함이 없도록 해야 하느니라
곧 가게를 닫아야 하는 날이 오기 때문이로다.
그들은 늙어 시들어 버리면
늙은 사제처럼 아무 짝에도 못쓰나니
마치 통용되지 아니하는 돈과 같도다.

Et vous, la gente Saucissière
Qui de danser êtes adêtre,
Guillemette la Tapissière,
Ne méprenez vers votre maître:
Tôt vous faudra clore fenêtre,
Quand deviendrez vieille, flétrie:
Plus ne servirez qu'un vieil prêtre,
Ne que monnoie qu'on décrie.

　윤락의 세계도 일종의 특수사회이기 때문에 그 특수사회 특유의 룰이 있다. 그것은 일반사회의 룰보다 더 엄격한 룰이다. 왜냐하면 윤락의 세계는 이성보다는 본능이 지배하는 곳이기 때문이다. 여자의 섹스를 돈으로 바꾸는 일도 일종의 직업이라고 한다면, 그것을 업으로 하는 〈주인〉과 〈갈보들〉은 그들 나름의 주종관계를 맺지 않을 수 없다. 만약 주인이 〈가게를 닫아야 하는 날〉이 오게 되면 그 여자들은 일터를 잃고 일을 할 수 없는 결과가 된다.

　그렇기 때문에 투구장수 아낙은 〈주인양반에게는 소홀함이 없도록 해야 하느니라〉하고 충고한다. 만약 그 여자들이 일터를 잃고 전전하다가 허송세월을 하는 경우, 늙으면 〈마치 통용되지 아니하는 돈〉과 같은 신세를 면하지 못한다는 것이다. 그것은 투구장수 아낙이 몸소 겪은 현실적 경험에서 나온 생활의 지혜이기도 하다.

그 생활의 지혜는 계속된다.

　두건장수 아낙 자네통
　情夫를 만들어 구속받지 않도록 주의해야 하느니라
　그리고 그대 돈주머니장수 아낙 카트린느
　다시는 남자들을 내쫓아 버리는 짓을 해서는 아니 되느니라
　얼굴에 자신이 없는 여자는
　남자들의 기분을 상하지 않도록 미소를 던져야 하기 때문이로다.
　늙은 추녀는 사랑을 끌 수 없나니
　마치 통용되지 아니하는 돈과 같도다.

　Jeanneton la Chaperonnière
　Gardez qu'ami ne vous empêtre;
　Et Catherine la Boursière,
　N'envoyez pas les hommes paître;
　Car qui belle n'est, ne perpètre
　Leur male grâce, mais leur rie,
　Laide vieillesse amour n'empêtre
　Ne que monnoie qu'on décrie.

　생활의 지혜는 단지 외적 환경에 잘 적응하는 것만으로는 족하지 않다. 인간의 내면 심리를 읽고 그 결과에 따라서 능동적으로 처신하는 능력이 필요하다.
　투구장수 아낙은 그 점을 충고한다. 미모를 내세워서 남자의 마음을 사로잡는 것은 물론 좋은 일이지만 그렇다고 정을 주고 〈情夫를 만들어 구속받지 않도록 주의〉해야 할 일이요, 반대로 미모에 자신이 없는 경우에는 미소로 남자의 마음을 사로잡을 일이지 결코 〈남자들을 내쫓아 버리는 짓〉을 해서는 아니 되는 일이라고 한다. 그것은 미녀건 추녀건 늙으면 사랑을 끌 수 없기 때문이다.

　아가씨들아, 왜 내가 울며 한탄하는가를

귀를 기울이고 잘 들어야 하느니라
나는 이제 사랑에는 통하지 않게 되었기 때문인즉
마치 통용되지 아니하는 돈과 같도다.

Filles, veuillez vous entremettre
D'écouter pourquoi pleure et crie :
Pour ce que je ne me puis mettre
Ne que monnoie qu'on décrie.

투구장수 아낙은 마지막으로 자기 자신을 있는 그대로 조금도 숨김없이 드러내어
극히 사실적인 자화상을 그려내 보인다. 그것은 생의 권리(향락의 권리)를 포기한 늙
음의 자화상이다. 그리고 그 여자는 거기에 자기는 이제 사랑에는 통하지 않기 때문
에 〈마치 통용되지 아니하는 돈〉과 같다는 한탄을 담는다.

그것은 동시에 다름 아닌 시인 자신의 한탄이다.

---

1) 당시 파리 거리의 여자들과 거리의 광경에 관해서는, Champion, t.I, 제5장 2절 「창녀」의 항
   에 자세하다.

16

연애론 Ⅰ

시인은 〈늙음〉에 대한 긴 시상과 그 시상에 따르는 〈노파의 한탄〉과 〈교훈의 발라드〉를 끝내고, 이번에는 생의 권리와 향락의 권리, 즉 사랑이란 무엇인가 하는 연애론으로 들어가야 할 참인데, 그에 앞서 시인 특유의 해학 취미를 피력하며 일단 오랜 긴장을 푼다.

여기에서 그 옛날에 착한 갈보였던 노파가
젊은 갈보들에게 교훈을 남겨 주었는데
그 말이 옳은지 그른지 어떤 값어치가 있는지는 몰라도
나의 서기 프레멩[1]으로 하여금 적어놓게 하였으니,
그는 덤벙이이기는 하지마는
나만큼 신중한 데가 있는 사람이라
만약 내가 이른 대로 적어놓지 않는다면 그를 저주하리니
서기를 보면 그 주인을 안다 하였기 때문이로다. (57절)

Cette leçon ici leur baille
La belle et bonne de jadis;
Bien dit ou mal, vaille que vaille,
Enregistrer j'ai fait ces dits

Par mon clerc Fremin l'étourdis,
Aussi rassis que je puis être.
S'il me dément, je le maudis:
Selon le clerc est duit le maître.

이 시에 있어서의 시인의 포즈는 《유증시》에 있어서와 마찬가지로 騎士의 그것이다. 기사가 서기를 대동하고 다니는 것은 조금도 이상한 일이 아니다. 그 서기는 79절에서 주인의 임종을 기다려 〈유언〉의 口述을 필기하는 바로 그 사람이다. 그는 여기에서도 〈노파의 한탄〉과 〈교훈의 발라드〉를 시인의 구술에 따라서 필기해야만 한다.

이 서기의 인선에 있어서 〈덤벙이〉 프레멩에게는 모델이 없었던 것이 아니라고 하는데, 실재하는 인물을 끌어들여 거기에 여러 가지 성격을 부여하는 시인의 수법에 비추어 학자들이 찾아낸 인물에 프레멩 르 메라고 하는 파리 司敎裁判所의 공증인이 있다.

시인은 이 인물에 〈덤벙이〉라는 별명을 붙이고, 주인을 보면 그 하인을 안다고 하는 속담을 뒤집어서 반대로 〈서기를 보면 ㄱ 주인을 안다〉고 하여 익살을 떤다.

그리고 시인은 일변하여 생의 권리와 향락의 권리, 즉 사랑이란 무엇인가 하는 연애론으로 들어간다. 그는 58절에서부터 71절까지, 그러니까 그 사이에 「이중의 발라드」를 포함하여 1백60행에 걸쳐 연애론을 전개한다.

그것은 물론 시인의 경험에 의한 증언이다. 그 근본 관념은 〈여성 멸시〉, 즉 미조지니(misogynie) 사상이다. 그것은 문학적 전통에 있어서 특히 13세기 《장미 이야기》 후편의 작자 장 드 묑의 사상적 계보에 속한다. 그는 장 드 묑에게서 많은 것을 배우고 있는데, 특히 묑의 연애론을 이어받고 있다. 그러나 그는 그 연애론을 자기 자신의 경험에 의하여 뒷받침한다.

우리는 여기에서 시인의 일련의 연애론을 일반론과 고백론으로 나누어 생각해 볼 수 있다. 일반론은 투구장수 아낙의 〈한탄〉과 〈교훈〉을 받아서 일반적으로 여성, 즉 사랑에 대한 회의를 토로한다. 그는 그것을 위하여 중세 서정시에 있어서 하나의 전통이 되어 있는 문답 형식을 채용한다. 그리고 그는 자기 이외의 한 반론자를 설정하여 연애론을 변증법적으로 전개해 나간다. 그런데 설정된 반론자도 실은 시인 자신이다.

나는 그 교훈[2] 속에서 사랑을 하는 남자가
빠져들어 가는 커다란 위험을 느끼는데
만약 누가 그런 말을 한다고 나를 비난하여
〈잘 들어보오! 지금 당신이 말하는
그 따위 여자들의 위선이 두려워서
사랑을 멀리하고 등을 돌리려고 한다면
당신이야말로 바보 같은 걱정을 하고 있다 할 수 있나니
그 따위 여자들은 전부 윤락의 여자이기 때문이로다.〉 (58절)

Si aperçois le grand danger

Ouquel homme amoureux se boute;

Et qui me voudroit laidanger

De ce mot, en disant; 〈Ecoute!

Se d'aimer t'étranger et reboute

Le barrat de celles nommées,

Tu fais une bien folle doute,

Car ce sont femmes diffamées.〉

투구장수 아낙은 후배이며 제자인 젊은 갈보들에게 〈좌우의 손님에게서 돈을 뜯어내고 남자들을 관대하게 대해서는 아니 되느니라〉 하는 교훈을 남기고 있는데, 시인은 그 교훈 속에는 순진한 남자의 마음을 사로잡는 커다란 위험이 있으며 진정으로 사랑을 하는 남자가 빠져들어 갈 커다란 함정이 있다고 생각한다. 그의 그러한 생각 밑바닥에는 반은 가식인, 반은 진지한 감정이 깔려 있다.

그러한 생각에 대하여 또 하나의 시인, 즉 반론자는 〈그 따위 여자들의 위선〉은 가소로운 일이며, 그 가소로운 일 때문에 사랑의 행위를 멀리한다는 것은 바보 같은 짓이라고 항의한다. 그의 그러한 항의 속에는 여자에 대한, 특히 윤락의 여자에 대한 멸시의 감정이 깔려 있다.

그리고 그는 계속한다.

그녀들의 사랑이 돈을 위한 것이라면
우리도 순간적인 사랑의 행위만 하면 되나니
그녀들은 모든 남자를 구별 없이 사랑하여
돈지갑이 울 때는 웃기 시작하는도다.
그러한 여자들 중에는 진정한 사랑을 바라는 자 없으니
성실한 남자는 정숙한 착한 여자의 환심만을 사야 하며
그 밖의 여자는 아니 되는 법인즉
그것은 신에게 맹세하는 바이로다. (59절)

S'ils n'aiment fors que pour l'argent,
On ne les aime que pour l'heure;
Rondement aiment toute gent,
Et rien lors quand bourse pleure.
De celles-ci n'est qui ne queure;
Mais en femmes d'honneur et nom
Franc homme, si Dieu me sequeure,
Se doit employer; ailleurs, non.

또 하나의 시인, 즉 반론자는 윤락의 여자들의 사랑의 행위는 오직 돈만을 위한
것인 까닭에, 그 여자들은 남자들의 돈지갑이 웃을 때는 구별 없이 사랑하고 남자들
의 돈지갑이 울 때는 가차없이 비웃는 속성을 가지고 있으며, 따라서 그 여자들은
진정한 사랑을 결코 하려고 하지 않는다고 주장한다. 그는 그렇기 때문에 남자들도
그 여자들이 요구하는 돈에 상응하는 〈순간적인 사랑의 행위〉로 만족해야 하며, 그
여자들에게서는 결코 진정한 사랑의 대상을 구해서는 안 된다고 주장한다. 그러므로
그는 성실한 남자는 양가의 정숙한 여자를 찾아야 한다고 결론짓는다.

그것은 말을 바꾸면, 투구장수 아낙의 교훈이 그렇다면 남자들도 그 교훈에 상응
하여 그 따위 여자들의 위험한 함정에 빠지는 어리석은 짓을 해서는 안 된다는 반
론이다.

그렇게 말하는 자가 있다고 가정하더라도
나는 전혀 납득할 수 없도다.
사실 나는 잘 알고 있거늘
그자의 결론이라 하는 것은
우리는 정숙한 여자에게 사랑을 해야 한다 함이로다.
그렇다면 묻겠는데
날마다 내가 이야기를 나누는
저 아가씨들은 원래 정숙한 여자가 아니었단 말인가? (60절)

Je prends qu'aucun die ceci,
Si ne me contente-il en rien.
En effet, il conclut ainsi,
Et je le cuide entendre bien,
Qu'on doit aimet en lieu de bien:
Assavoir mon se ces fillettes
Qu'en paroles toute jour tien,
Ne furent-ils femmes honnêtes?

시인은 반론자가 말하는 〈우리는 정숙한 여자에게 사랑을 해야 한다〉는 결론을
인정하지 않는다. 그는 윤락의 여자와 정숙한 여자의 차이는 단지 운명와 여신의 장
난으로 인하여 생긴 것이며, 그 여자들이 본질적으로 다른 존재이기 때문에 생긴 것
은 결코 아니라고 생각한다. 그리고 그는 키야슴(chiasme), 즉 변화반복법을 사용하
여 〈저 아가씨들은 원래 정숙한 여자가 아니었단 말인가〉라고 반박한다.
　시인의 반박은 계속된다.

그녀들은 가책도 비난도 받지 아니한
진정으로 정숙한 아가씨들이었도다.
사실 그녀들은 누구나 다

윤락의 여자가 되기 이전에는
어떤 아가씨는 한 성직자나 한 세속인을,
다른 아가씨는 한 수도사를 택하였으니
성 앙트완느의 열병[3]보다 더 뜨거운
사랑의 불꽃을 연소시키기 위함이었도다. (61절)

Honnêtes si furent vraiment,

Sans avoir reproches ni blâmes.

Si est vrai qu'au commencement

Une chacune de ces femmes

Lors prirent, ains qu'eussent diffames,

L'une un clerc, un lai, l'autre un moine,

Pour éteindre d'amours leurs flammes

Plus chaudes que feu Saint-Antoine.

시인은 〈저 아가씨들〉도 윤락의 여자로 전락하기 전에는 역시 〈진정으로 정숙한 아가씨들이었다〉는 사실을 잘 안다. 그 여자들은 조금도 나무랄 데 없는 연인으로서 한 성직자나 세속인을, 아니면 한 수도사를 택하여 순정을 다 바친 바 있다. 그것은 〈성 앙트완느의 열병보다 더 뜨거운 사랑의 불꽃〉을 연소시키기 위함이요, 정숙한 여자로서 진정한 사랑을 하려고 한 까닭임은 물론이다.

그러므로 그녀들의 연인도 법칙[4]에 따라
분명히 행동하고
은밀한 곳에서 사랑을 속삭였으니
그들 이외의 사람이 끼어들지 않게 하기 위함이었도다.
그러나 그러한 사랑도 깨어져 버리고 마는데
한 연인밖에 사랑하지 아니한 여자가
그에게서 멀어지고 헤어지면
누구든지 기꺼이 사랑하게 되기 때문이로다. (62절)

Or firent selon ce Décret

Leurs amis, et bien y apert;

Ils aimoient en lieu secret,

Car autre qu'eux n'y avoit part.

Toutefois, celle amour se part:

Car celle qui n'en avoit qu'un

De celui s'éloigne et départ,

Et aime mieux aimer chacun.

처음에는 여자가 한 남자를 위하여 진정한 사랑을 하니까, 남자도 자기 여자 이외의 여자와의 교제를 금하고 있는 「그리시앙 법칙」을 잘 지키고 〈그들 이외의 사람이 끼어들지 않게 하기〉 위하여 단둘만의 은밀한 사랑을 속삭인다. 그러나 나중에는 여자가 한 남자만을 사랑하지 않고 다른 남자에게 눈을 돌리면서 누구든지 사랑하게 되니까 진정한 사랑은 깨어져 버리고 만다.

그것이, 즉 시인이 생각하는 처음 〈윤락의 여자가 되기 이전〉의 정숙한 여자의 모습이다. 그렇기 때문에 그는 또 하나의 시인인 반론자가 생각하는 것처럼, 윤락의 여자와 정숙한 여자의 차이가 있는 것이 아니라 그 여자들은 본질적으로 다르지 않다고 믿는다. 말을 바꾸면, 그는 여자는 본질적으로 한 남자만을 사랑하지 않고 누구든지 사랑할 수 있는 존재라고 생각한다.

그리고 시인은 계속한다.

무엇이 그녀들을 그렇게 하게 하는 것일까?

귀부인들의 명예에 상처를 입힐 의도는 없지마는

나는 생각하거니와 그것이 바로 여자의 본성이라

오직 순간적인 사랑의 행위만을 바라는 것이로다.

여기에서 다른 것은 모르지마는

랑스에서도 트루아에서도

릴르에서도 생 토메르에서도 역시 마찬가지로

인부 6명은 3명보다 더 많은 일을 한다 하는도다. (63절)

Qui les meut à ce? J'imagine,
Sans l'amour des dames blâmer,
Que c'est nature féminine
Qui tout uniement veut aimer.
Autre chose n'y sais rimer
Fors qu'on dit à Reims et à Trois,
Voire à Lille ou à Saint-Omer,
Que six ouvriers font plus que trois.

여기에서 재미있는 것은 시인이 여자는 남자를 언제나 배신하는 존재라고 생각한다는 점이다. 여차는 한 남자만을 사랑하는 것이 아니라 누구든지 사랑한다. 그것은 윤락의 여자뿐만이 아니라 정숙한 여자인 〈귀부인〉의 경우도 마찬가지이며, 그렇다고 〈귀부인들의 명예에 상처를 입힐 의도〉가 있는 것이 아니라 〈그것이 바로 여자의 본성〉이기 때문에 하는 말이다. 그의 여성 멸시 사상은 바로 여기에서 유래하고 있다. 그리고 그것은 그의 실제 경험에 뒷받침되어 있음은 물론이다.

시인은 그것이 여자의 본성이기 때문에 〈오직 순간적인 사랑의 행위만을 바라는데〉, 남자는 그것을 모르고 여자에게 진정한 사랑을 바라고 결국은 버림을 받아 남모르는 고통을 겪는다고 생각한다.

그리고 시인은 너무 극단적인 말을 해 버린 것으로 생각되었는지는 모르지만 그 특유의 익살을 잠깐 부리고, 〈인부 6명은 3명보다 더 많은 일을 한다〉고 하니까 너무나 당연한 말을 했을 뿐이라고 능청을 떤다.

그리하여 어리석은 연인들은 버림을 받고
귀부인들은 훌쩍 날아가 버리는데
그것이 연인들이 받는 진정한 보수인즉
입맞춤이나 포옹이 아무리 달콤하다 하더라도
사랑의 맹세는 다 그렇게 깨어져 버릴 수밖에 없도다.

〈개와 새와 무기와 사랑에 관여하면
즐거움은 하나인데 고통은 천이다〉 하였으니
〈그것은 분명히 만고의 진리로다.〉 (64절)

Or ont ces fols amants le bond

Et les dames pris la volée;

C'est le droit loyer qu'amour ont:

Toute foi y est violée,

Quelque doux baiser n'acolée.

〈De chiens, d'oiseaux, d'armes, d'amours,〉

C'est pure vérité décelée,

〈Pour une joie cent doulours.〉

　시인은 아무리 영리한 남자라고 하더라도 일단 여자와의 관계를 맺으면 순간적인 사랑의 행위의 대상이 되었다가 결국 버림을 받는 것이 고작이라고 한다. 그때 여자는 간 곳 없이 사라져 버리고 남자는 바보처럼 혼자 남게 되는데, 그것이 사랑의 대가로서 남자가 받는 보수이다.

　그것은 지금 새삼스러운 일이 아니다. 옛날부터 〈사랑에 관여하면 즐거움은 하나인데 고통은 천이다〉라는 말이 있다. 결국 사랑은 여자의 배신으로 깨어져 버리게 되어 있고, 남자는 사랑의 당연한 보수로서 그 파탄의 슬픔을 고통으로 참아야 한다. 그리고 시인은 〈그것은 분명히 만고의 진리로다〉라고 단언하며 거기에 자기의 생각을 결부시킨다.

1) 시인의 가공적 서기 이름.
2) 「투구장수 아낙의 갈보들에 대한 교훈을 노래하는 발라드」
3) 13세기에 유행한 열병. 성 앙트완느 종파는 그 환자들을 위하여 설립된 것이다.
4) 자기 아내 이외의 여자와의 교제를 금하고 있는 「그리시앙 법칙」 2부 32조 4항을 가리킨다. 즉, 『죄가 숨겨진 것이 죄가 밝혀진 것보다 가볍다』는 것이다. 시인은 이 조목을 들어 사랑의 행위의 비밀성을 말하고 있다.

17

이중의 발라드

DOUBLE BALLADE

이 발라드의 테마는 앞의 시들과 마찬가지로 여성 멸시·여성 불신의 사상이다. 말을 바꾸면, 그것은 여성에게 농락당하는 남성의 어리석음이다. 따라서 이 발라드의 제작 연대는 앞의 시들과 같은 시기가 아닌가 한다. 그리고 이 발라드의 시적 분위기는 뷔를레스크(burlesque), 즉 익살스러움을 띠고 있다.

그러므로, 사랑할지어다 원하는 대로
좇을지어다 모임과 향연을,
그대 마침내는 바랄 것이 없어
머리를 깎을 수밖에 없도다.
광적인 사랑은 사람을 짐승으로 만드나니
솔로몬은 그 때문에 우상을 숭배하고
삼손은 그 때문에 두 눈을 잃었도다.
사랑을 하지 아니하는 자는 복된 사람이로다!

Pour ce, aimez tant que voudrez,
Suivez assemblées et fêtes,
En la fin ja mieux n'en vaudrez
Et n'y romperez que vos têtes;

Folles amours font les gens bêtes:

Salmon en idolatria,

Samson en perdit ses lunettes.

Bien heureux est qui rien n'y a!

시인은 여자를 사랑하고 싶으면 사랑해도 좋다, 여자를 위하여 모임을 가지고 향연을 베풀고 싶으면 그렇게 해도 좋다, 그러나 결국 그 뜻은 결코 이루어지지 않고 다만 쓰디쓴 고배를 마시게 된다는 것이다. 그것은 어떤 남자도 여자를 사랑하게 되면 마침내는 여자에게 이용만 당하고 바보가 되기 십상이라고 하는 여성 불신의 사상이다.

그리하여 시인은 옛날의 유명한 사람들의 사랑의 결과를 예로 들며 여성 불신의 사상을 서술해 나간다. 그리고 그 결론은 바로 〈사랑을 하지 아니하는 자는 복된 사람이로다〉의 반복구로 되어 있다.

솔로몬은 다비드(다윗)의 아들로 이스라엘 최성기의 왕이다. 그는 예루살렘 궁전을 세우고 그 영화는 격언화할 만큼 절정에 달한다. 그런데 그는 만년에 이국의 미인을 후궁으로 맞아 너무 사랑하는 바람에 그 여자의 감화를 받고 이국의 신들을 숭배하게 된다.[1]

삼손은 데릴라에게 마음이 빼앗겨 그 용기와 힘의 원천인 다섯 개의 머리카락을 가르쳐 주는 바람에, 데릴라의 무릎을 베고 잠자고 있는 동안 그 머리카락이 깎이어 결국 무력한 자로 전락하고, 나중에는 적의 손에 잡히어 두 눈을 잃고 돌절구에 치어 죽는다. 〈마침내는 바랄 것이 없어 머리를 깎을 수밖에 없도다〉라고 하는 시의 표현은 바로 여기에서 나온 말이다.

어진 遍歷樂士 오르페우스는 사랑 때문에
플루트와 아코디온을 연주하다가
머리 넷의 지옥의 개 케르베르스에게 물리어
죽을 뻔하였도다.
머리가 모자란 멋쟁이 나르시스도
자기를 따르는 아가씨들의 사랑 때문에
깊은 우물 속에 빠져 죽었도다.

사랑을 하지 아니하는 자는 복된 사람이로다!

Orpheüs le doux ménétrier,
Jouant de flûtes et musettes,
En fut en danger du meurtrier
Chien Cerbérus à quatre têtes;
Et Narcissus, le bel honnêtes,
En un parfond puits se noya
Pour l'amour de ses amourettes.
Bien heureux est qui rien n'y a!

오르페우스는 죽은 아내 에우리디케를 너무 사랑하는 나머지 저승으로 찾아가서 왕 하데스의 도움을 받아 아내를 데리고 이승으로 돌아오게 되는데, 이승으로 나올 때까지는 뒤따라 오는 아내를 돌아보아서는 안 된다는 약속을 어기는 바람에, 영원히 아내를 잃고 만다. 그것은 그리스 신화에 나오는 이야기이다. 케르베르스는 머리가 셋인 지옥의 개인데, 시인은 일부러 머리 넷의 개라고 하며 익살을 떨고 있다.

나르시스도 그리스 신화에 나오는 인물이다. 그는 숲의 에코(즉, 메아리)의 사랑을 받지만 자기의 미모를 자랑하는 까닭에 그 사랑을 받아들이지 않는다. 에코는 너무 슬픈 나머지 바위가 되어 버리고, 메아리 소리만 남는다.[2] 그리고 나르시스는 샘물 위에 비친 자기의 미모에 반하여 그 그림자를 잡으려고 하다가 그만 물에 빠져 죽는다.[3] 그리하여 오늘날 나르시스 이야기는 자아 의식 과잉의 寓意로 여겨지고 있다.

크레트 왕국을 정복한
용감한 기사 사르다나는
사랑 때문에 여자가 되어
젊은 아가씨들과 함께 실을 잣고 싶었도다.
현명한 예언자 다비드 왕은
여자의 예쁜 넓적다리 씻는 것을 보려고
신의 노여움을 잊어버리고 말았도다.

사랑을 하지 아니하는 자는 복된 사람이로다!

Sardana, le preux chevalier
Qui conquit le règne de Crètes,
En voulut devenir moulier
Et filer entre pucelettes;
David le roi, sage prophètes,
Crainte de Dieu en oublia,
Voyant laver cuisses bien faites.
Bien heureux est qui rien n'y a!

사르다나는 考證未詳의 인물이다. 시인이 《잡시》 5.에서 그 이름을 들고 있는 사르다나파루스라고 생각하는 학자도 있다. 만약 그렇다면 그는 기원전 9세기 아시리아 왕으로 호화·방탕한 생활을 하다가 반군의 습격을 받고 니니브 성에서 많은 미녀들과 함께 불에 타 죽은 인물이다.

다비드〔다윗〕 왕은 어느날 저녁 잠에서 깨어나 왕궁 옥상을 거닐다가 우연히 아래에서 한 여인이 목욕하는 광경을 목격한다. 그 여인의 모습이 너무 아름다워서 왕은 그 여인이 누구인지 알아보게 한다. 그 여인은 엘리암의 딸이며 헷 사람인 우리야의 아내 밧세바이다. 왕은 그 여인을 데리고 오도록 명한다. 그리고 왕은 그 여인이 들어오자 함께 잔다.[4]

암논은 사랑 때문에
과일 파이를 먹고 싶다 속이고
누이동생 다말을 범하고 정조를 빼앗으려 하였으니
그것은 수치스런 近親相姦이었도다.
헤로데 왕은 춤과 도약과 노래 때문에
세례자 요한의 목을 치게 하였으니
그것은 객적은 소리가 아니었도다.
사랑을 하지 아니하는 자는 복된 사람이로다!

Amon en vout déhonourer,

Feignant de manger tartelettes,

Sa soeur Thamar et déflourer,

Qui fut chose mout, déshonnêtes;

Hérode, pas ne sont sornettes,

Saint Jean-Baptiste en décola

Pour danses, sauts et chansonnettes.

Bien heureux est qui rien n'y a!

암논은 다비드[다윗]의 큰아들이다. 그는 아우 압살롬의 누이동생 다말을 너무 사랑하여 안절부절 못한다. 그는 친구 요나답의 간계로 병을 가장하고 다말을 방으로 유인하여 범한다. 그후 압살롬은 양털 깎는 일에 암논을 초대하여 죽여 버린다.[5]

헤로데 왕은 유대 分國王 헤로데 안티파스이다. 그는 아우 필립보의 아내 헤로디이의 결혼히어 세례자 요한이 맹렬한 비난을 받는다. 왕은 생일축하여에서 딸 살로메에게 춤을 추게 하고 그 대가로 모든 것을 약속한다. 살로메는 춤이 끝난 후 어머니의 사주를 받고 왕에게 세례자 요한의 목을 요구한다. 왕은 약속대로 요한의 목을 치게 한다.[6]

불쌍한 나에 대한 이야기를 하고자 하거니와
나도 사랑 때문에 발가벗은 채로 시냇가의 빨래처럼
얻어맞았으니 그것은 숨김없는 사실이었도다.
내가 그런 부당한 벌을 받은 것은 누구 때문일까?
카트린느 드 보셀르 때문이었도다.
노엘이란 놈이 증인으로 거기에 있었는데
그놈에게도 초혼의 밤과 같은 군밤을 먹여 주고 싶도다.
사랑을 하지 아니하는 자는 복된 사람이로다!

De moi, pauvre, je veuil parler:

j'en fus battu comme à ru teles,

Tout nu, ja ne le quiers celer.

Qui me fit mâcher ces groselles,

Fors Catherine de Vaucelles?

Noël, le tiers, ait, qui fut la,

Mitaines à ces noces telles !

Bien heureux est qui rien n'y a!

카트린느 드 보셀르라는 여인에 대한 암시는 여러 곳에서 볼 수 있으나 그 실체가 분명히 드러나는 곳은 바로 여기뿐이다. 그 여자의 성품에 관한 분명한 고증은 아직 없다. 오귀스트 롱뇽은 생 브누아 교회 참사로 그 경내에 살던 피에르 뒤 보셀르의 조카딸이 아닌가 추정하고 있지만 그 확증은 없다. 샹피옹은 그 경내 근처에 질 드 보셀르라는 인물이 살았다는 희미한 흔적을 들고 있지만 카트린느가 그의 딸이거나 조카딸이라고 하는 증거는 없다. 그런데 그러한 호적상의 탐색은 여기에서는 그렇게 중요하지 않다.

여기에서 중요한 것은 시인과 그 여자와의 관계이다. 그것은 어떤 傍證이 없어도 그의 표현으로 분명히 드러난다. 카트린느 드 보셀르는 아주 경박한 여자이다. 그는 그러한 여자에게 반해 버린다. 그런데 그 여자는 그에게 냉정하다. 그는 화를 내고 그 여자를 비방한다. 그 여자는 그것을 고발하고 그는 笞刑을 받는다. 노엘이라는 놈이 위험한 제3의 인물이다. 그 여자의 냉정한 태도 뒤에는 바로 그 노엘이라는 놈이 숨어 있다. 시인은 그놈에게도 군밤을 먹여 주고 싶다. 그리고 그의 그러한 복수심은 152절의 〈버들가지 회초리 형벌〉의 유증으로 나타나게 된다.

이 젊은 놈이 저 젊은 아가씨들을

굳이 단념해야 한단 말인가?

아니로다! 빗자루를 타고 하늘을 나는 마법사처럼

태워 죽인다 하더라도 단념할 수 없도다.

그에게는 젊은 아가씨들이 麝香고양이보다 달콤하였지마는

그러나 금발 머리이건 밤색 머리이건

여자를 신용하는 것은 어리석은 짓,
사랑을 하지 아니하는 자는 복된 사람이로다!

Mais que ce jeune bacheler
Laissât ces jeunes bachelettes?
Non! et le dût-on brûler
Comme un chevaucheur d'écouvettes.
Plus douces lui sont que civettes;
Mais toutefois fol s'y fia：
Soient blanches, soient brunettes,
Bien heureux est qui rien n'y a!

시인은 〈이 젊은 놈이〉 어떻게 젊은 여자들을 단념할 수 있겠는가 하고 묻고, 아직 젊으니까 비록 어떤 화를 입고 죽는 한이 있더라도 결코 단념할 수 없다고 일단은 허세를 부린다. 그러나 그는 젊은 여자들이 아무리 매력적이라고 하더라도 〈여자를 신용하는 것은 어리석은 짓〉인 까닭에 결국은 단념할 수밖에 없다고 한다. 그것은 여자는 신용할 수 없는 무서운 존재라는 의미이다. 남자는 여자를 진정으로 사랑하고 그 때문에 많은 고통을 받는다. 바꾸어 말하면, 여자는 남자로 하여금 사랑하게 하고 그 대신 고통밖에 주지 않는다는 말이 된다.

그것은 시인의 경우뿐만이 아니다. 솔로몬이 그렇고, 삼손이 그렇고, 오르페우스가 그렇고, 나르시스가 그렇다. 요컨대 그리스 헤브류의 옛날 모든 사람들이 거의 다 여자를 사랑한 까닭에 많은 고통을 받고 그 어리석음을 드러내고 있다.

그러므로 시인은 〈사랑을 하지 아니하는 자는 복된 사람이로다〉라고 반복하지 않을 수 없다는 것이다.

1) 《구약》 열왕기 상 제11장.
2) 오비디우스의 《메타모르포지스》.
3) 《장미 이야기》
4) 《구약》 사무엘 하 제11장.
5) 《구약》 사무엘 하 제13장.
6) 《신약》 마태 복음 제14장.

18

연애론 Ⅱ

우리는 앞에서 비용의 연애론을 일반론과 고백론으로 나누어 볼 수 있다고 지적하고, 그의 장황한 연애론을 살펴보았는데 그것은 그의 연애론의 일면, 즉 일반론이다.

시인은 다음 65절에서부터 71절까지의 일련의 시에서 왜 자기는 순교자 연인(amant martyre)이 되었는가 그 이유를 밝힌다. 그것은 그의 연애 체험에 대한 이야기이며 따라서 그의 연애론의 다른 일면, 즉 고백론이다. 그 이야기는 그의 실제적 체험의 고백이기 때문에 거기에는 회상과 분노가 동시에 내포되어 있다.

학자들 중에는 이 일련의 시에서 《유증시》 첫머리의 경우와 마찬가지로 시인의 포즈를 투시해 보며 그 진지성을 부인하는 사람도 있다. 그러나 그가 73절과 74절에서 다시 티보 도씨니에 대한 분노를 터뜨리고 있는 점으로 미루어 보아, 이 일련의 시에 있어서의 카트린느 드 보셀르에 대한 분노를 단지 그의 포즈라고만 단정하기는 어렵다.

> 그 옛날에 내가 그토록
> 진심으로 성실하게 사랑하고,
> 나로 하여금 많은 슬픔과 고통을
> 그리고 적지 않은 아픔을 겪게 한 여성이
> 만약 처음에 자기의 본심을 밝혀 주었던들
> (그러나 아, 그렇지 아니하였도다!)

나는 어떤 노력을 하더라도
그녀의 그물에서 빠져 나왔을 것이로다. (65절)

Se celle que jadis servoie

De si bon coeur et loyaument,

Dont tant de maux et griefs j'avoie,

Et souffroie tant de tourment,

Se dit m'en eût, au commencement,

Sa volonté(mais nenni, las!),

J'eusse mis peine aucunement

De moi retraire de ses lacs.

　시인은 한 여성을 진정으로 사랑한다. 그는 그 여자에게 〈진심〉과 〈성실〉을 다 드
러내 보인다. 그러나 그 여자는 그의 그러한 마음을 무시하고 다른 남자에게로 시선
을 돌린다. 그 때문에 그는 〈많은 슬픔과 고통〉을 빚고 〈적지 않은 이픔〉을 겪는다.
만약 그 여자가 처음부터 〈자기의 본심〉을 분명히 밝혀 주었다면, 그는 아무리 괴로
워도 그 사랑을 단념하고 그 여자에게서 물러났을 터인데, 그러나 그 여자는 입을
다물고 있기만 한다.

내가 무슨 말을 하더라도
그녀는 동의도 반대도 하지 아니하며
귀를 기울이고 있었고
게다가 곁으로 가까이 다가서서
귀에다 속삭여도 가만히 있었도다.
그리하여 그녀는 나에게 희망을 주고
모든 것을 이야기하도록 하고 있었거늘
그러나 그것은 다만 나를 속이기 위함이었도다. (66절)

Quoi que je lui vousisse dire,

Elle étoit prête d'écouter
Sans m'accorder ne contredire;
Qui plus, me souffroit acouter
Joignant d'elle, près sacouter,
Et ainsi m'alloit amusant,
Et me souffroit tout raconter;
Mais ce n'étoit qu'en m'abusant.

마음은 이미 다른 남자에게로 가 있는 한 여자와, 그런 줄도 모르고 그 여자의 마음을 끌려고 자기 자신을 모두 털어놓는 한 남자의 밀고 밀리는 시합 같은 장면이 전개된다. 여기에서 그 남자가 바로 다름 아닌 시인 자신이다.

시인은 여자에게 자기의 진정을 말한다. 그러나 그 여자는 그가 무슨 말을 해도 그저 말하도록 내버려 두고 어떤 반응도 보이지 않으며, 다만 귀를 기울이고 있을 뿐이다. 그뿐만 아니라 그 여자는 그가 다가서서 몸을 기대어도 피하려고 하지 않는다. 그것은 그 여자가 표면적으로는 호의를 보이는 체하면서 내심으로는 다른 생각을 하고 그를 무시하고 있음을 의미한다.

시인은 그것을 전혀 간파하지 못한다. 그는 사랑하는 까닭에 눈이 먼 셈이다. 그리하여 그는 희망을 가지고 모든 것을 말해 버린다. 그리고 자기로 돌아왔을 때 비로소 그는 그 여자의 태도가 결국 속임수였음을 깨닫는다.

그녀는 나를 속이고
이것을 저것이라 하였으니
밀가루를 재로
議長帽를 페트르 모자로
파쇠의 찌꺼기를 주석으로
주사위 1땡을 3땡으로
(언제나 남을 속이는 거짓말쟁이는
방광을 초롱으로 믿게 하는도다.) (67절)

Abusé m'a et fait entendre

Toujours d'un que ce fût un autre;

De farine, que ce fût cendre;

D'un mortier, un chapeau de fautre;

De vieil machefer que fût peautre;

D'ambesas que c'étoient ternes;

(Toujours trompoit ou moi ou autre

Et rendoit vessies pour lanternes);

시인은 일단 그 여자의 태도에서 속임수를 감지하자, 그의 생각은 하나의 확신으로 바뀌고 거기에 그 특유의 해학과 과장이 가미되며, 그의 시상은 외곬으로 파고 들어 간다.

그리하여 시인은 그 여자의 능청스러움이 바로 속담에 있는 그대로 〈언제나 남을 속이는 거짓말쟁이는 방광을 초롱으로 믿게 하는도다〉와 조금도 다를 바 없다고 단언한다.

하늘을 청동으로

구름을 송아지 가죽으로

아침을 저녁으로

양배추 응어리를 무로

오래 된 맥주를 새 포도주로

투석기를 풍차로

교수형 밧줄을 실타래로

뚱뚱한 신부를 軍使節로 믿게 하였도다. (68절)

Du ciel, une poêle d'arain;

Des nues, une peau de veau;

Du matin, que ce soit le serein;

D'un trognon de chou, un naveau;

D'ordre cervoise, vin nouveau;

D'une truie, un moulin à vent;

Et d'une hart, un écheveau;

D'un gras abbé, un poursuivant.

시인은 67절과 68절에서 수많은 사실을 예로 들면서 그 사실을 그것과는 정반대의 것으로 믿게 했다고 그 여자를 비난한다. 그것은 결국 그 여자가 그를 속였다는 의미에 속한다.

그 말을 달리하면, 시인이 어리석은 남자라는 의미가 되어 버린다. 그렇다, 그는 결국 어리석은 남자이다. 진정으로 사랑을 하는 사람의 마음은 그대로 자연의 순수성에 연결되기 때문에, 진정으로 사랑을 하지 않는 사람의 눈에는 치졸한 어리석음으로밖에는 비치지 않는다.

그러므로 시인은 그 여자에게 속은 것이 아니라 실은 사랑에 속은 것이다. 그는 이제 그것을 잘 안다.

그렇게 사랑은 나를 속이고

여자의 문 닫힌 집 앞을 방황하게 하였도다.

나는 생각하거니와 아무리 꾀 많은 남자라 하더라도

비록 순금처럼 예민한 자라 하더라도

사랑에 빠지면 겉옷도 속옷도 빼앗기고

버림받고 쫓겨난 연인이 되나니

도처에서 그렇게 불리고 있는 나처럼

푸대접받지 않을 자 없으리로다. (69절)

Ainsi m'ont Amours abusé

Et pourmené de l'huis au pêle.

Je crois qu'homme n'est si rusé,

Fût fin comme argent de coupelle,

Qui n'y laissât linge, drapelle,

Mais qu'il fût ainsi manié

Comme moi, qui partout m'appelle

L'amant remis et renié.

시인은 여기에서 우선 사랑에 눈멀어 여자의 닫힌 문 앞을 배회하는 가련한 〈순교자 연인〉의 자화상을 그려내 보인다.

시인은 어리석기 때문에 〈순교자 연인〉이 될 수밖에 없지만, 그러나 그것은 자기의 경우만이 아니라고 자기 변명을 시작한다. 자기 변명은 자기를 객관화하지 않고서는 설득력이 없다. 그리하여 그는 한 〈꾀 많은 사람〉을 가정하고 거기에 자기를 대입시켜 객관적 존재를 만들어 낸다. 제아무리 꾀 많은 사람이라고 하더라도(비록 순금처럼 예민한 자라고 하더라도) 일단 사랑의 노예가 되어 버리면, 그때 그는 가진 것을 전부 빼앗기지 않을 수 없고 〈쫓겨난 연인〉이 되어 푸대접받지 않을 재주가 없다는 것이다.

그리고 시인은 자기의 어리석음에 분노를 느끼고 새로운 각오를 다짐한다.

나는 사랑을 무시하며 경멸하고

불에 타거나 피를 흘려도 도전하리라.

사랑은 나를 죽도록 괴롭혀 놓고

추호도 염려를 하지 아니하는도다.

나는 환락의 생활을 단념하고

방탕아의 무리를 좇지 아니하리라.

옛날에는 그 무리에 끼기도 하였으나

분명히 말하거니와 이제는 그렇지 아니하도다. (70절)

Je renie Amours et dépite

Et défie à feu et à sang.

Mort par elles me précipite,

Et ne leur en chaut pas d'un blanc.

Ma vieille ai mis sous le banc;

Amants je ne suivrai jamais:
Se jadis je fus de leur rang,
Je déclare que n'en suis mais.

시인은 이제 사랑에 속았으니까 사랑을 무시할 수밖에 없고, 사랑의 배신에 괴로
워했으니까 환락의 생활을 단념할 수밖에 달리 도리가 없다.

그리하여 시인은 옛날에는 〈방탕아의 무리〉에 끼기도 했지만 그러나 이제는 그것
을 깨끗이 단념할 만큼 새로운 각오가 되어 있으며, 따라서 사랑으로 빚어진 모든
일들을 지난날의 광기로 돌리고 일장춘몽으로 생각한다. 그것은 그가 지난날의 어리
석은 추억에 연연하거나 미련을 두지 않고 모든 것을 잊는다는 의미이다.

사실 나는 깃을 날려 보냈으니
아직 미련이 있는 자는 그 뒤를 쫓아갈지어다.
이후 나는 사랑에 대하여는 말하지 아니하나니
기대하는 〈유언〉을 계속하고 싶기 때문이로다.
그리고 어찌하여 그처럼 사랑에 도전하는가
묻거나 묻고 싶은 사람이 있다면
이러한 이야기로 만족해 주기 바라거니와
죽는 자는 일체의 사실을 말할 권리가 있도다. (71절)

Car j'ai mais le plumail au vent,
Or le suive qui a attente.
De ce me tais dorénavant,
Poursuivre je veuil mon entente.
Et s'aucun m'interroge ou tente
Comment d'Amour j'ose médire,
Cette parole le contente:
Qui meurt, a ses lois de tout dire.

시인은 여기에서 〈깃〉을 날려 보냈다고 하는데, 물론 그것은 문맥상으로 사랑의 포기를 의미한다. 그러나 그는 왜 여기에서 느닷없이 〈깃〉이라는 말을 사용하고 있는 것일까. 풀레의 해석에 의하면 그것은 한 개의 깃이 아니라 기사나 귀족의 모자에 붙이는 한묶음의 깃털장식이라고 한다. 만약 그렇다면 그 말에는 용감함이나 고귀함이라는 의미가 내포되어 있을 터이며, 그때 그는 사랑의 길의 전렬 선두에 화려하게 서 있다가 이제는 그 전렬에서 물러나 깃털장식을 던져 버린다, 그것은 바람에 의해 굴러가는데 그 뒤를 쫓아갈 생각은 추호도 없다, 그러니까 그 길에 미련이 있는 사람이 그것을 쫓아가면 좋겠다고 하는 해석이 가능하다. 그리고 그는 거기에 사랑의 포기가 단지 환락의 포기만을 의미하는 것이 아니라 명예로운 젊음의 포기를 의미한다는 뉘앙스를 풍기게 하고 있다고 보아야 한다. 사실 그것은 그가 기사로 분장하고 있는 만큼 어찌 보면 당연한 일이라고 할 수 있다.

시인은 여기에서 명예로운 젊음을 포기한 이상 이제는 죽음을 각오하지 않으면 안 된다. 그리하여 그는 〈기대하는 유언〉의 작성을 계속할 필요를 느끼고, 〈죽는 자는 일체의 사실을 말할 권리〉가 있기 때문에 생을 사는 권리 자체인 사랑을 포기하는 것이라고 분명히 말하고 있는 셈이나.

19

그 밖의 못다한 이야기들

비용은 10절과 11절에서 〈유언〉의 설정 이유와 연대 표시를 분명히 밝혀놓고, 그 후 12절에서부터 71절까지의 일련의 시에서 때로는 진지한, 때로는 익살스러운 오랜 디그레시옹(digression), 즉 탈선을 계속하다가, 이제 다시 시의 중심 부분으로 되돌아와 유언 배분을 시작할 참이다.

그런데 시인은 유언 배분을 시작하기에 앞서 또 한참 뜸을 들이고, 여기에서 다시 그 특유의 해학을 섞어가면서 아직 못다한 이야기들을 털어놓는다.

나는 지금 단말마의 갈증을 느끼는데
솜처럼 희고 공처럼 덩어리진
담이란 놈[1]을 토하고 있나니
그것은 무엇을 의미하는가?
아가씨들이 이제는 나를 젊은이로 보지 아니하고
폐물이 되어 버린 늙은 말로 본다는 의미이거늘
나는 소리와 어조는 늙은이의 그것이로되
아직은 젊은 그러나 무기력한 수탉일 뿐이로다. (72절)

Je connois approcher ma seuf;
Je crache blanc comme coton

Jacopins gros comme un éteuf.

Qu'est-ce à dire? Que Jeanneton

Plus ne me tient pour valeton,

Mais pour un vieil usé roquard:

De vieil porte voix et le ton,

Et ne suis qu'un jeune coquard.

시인은 지난날들을 떠올리고, 불행한 사랑의 추억이 아직 가시지 않은 씁쓸한 뒷맛에서 벗어나지 못하고 있는데 느닷없이 〈단말마의 갈증〉을 느끼고 현실로 되돌아온다.

〈단말마의 갈증〉은 이 長詩 속의 주인공이 지금 임종의 자리에 누워 있는 상황의 표현이며, 그것은 78절과 79절에서 다시 구체적으로 표현될 터이지만, 어쨌든 그것은 한편으로 시의 중심 부분의 연결에서 보면 10절과 11절에 직결되고 〈뫵의 냉혹한 감옥〉 이후의 영락한 시인의 현재적인 트랑스포지시옹(transposition)이며, 다른 한편으로 문맥상에서 보면 〈너무 수다를 떨다가 이제는 지치고 갈증이 난다〉는 의미의 자기 표현이다. 이 영락한 시인의 그러한 자기 표현은 4행 후반의 카리카튀르(caricature)에 의하여 이중 묘사가 되어 있는데 그 특유의 익살이 흥미롭다.

우선은 시인이 탁발종단에 대하여 여전히 혐오 감정을 가지고 있다는 점이다. 여기에서 그는 〈단말마의 갈증〉과 함께 목구멍에 걸리는 〈담이란 놈〉을 토해내고 있다고 표현하면서, 동시에 〈탁발종단이란 놈〉에 대한 울분을 토해내고 있다는 것을 암시한다. 그리고 그 울분은 다음 73절의 티보 도씨니 일당에 대한 분노로 연결된다.

다음은 시인의 카리카튀르가 〈순교자 연인〉의 영락한 모습으로 그려져 있다는 점이다. 그는 이제 젊은 아가씨들이 거들떠보려고도 하지 않는 〈폐물이 되어 버린 늙은 말〉이나 〈아직은 젊은 그러나 무기력한 수탉〉과 같다고 한다. 그것은 그가 이제는 겉늙어서 남자 구실을 할 수 없게 되었다는 의미임은 물론이다. 그때 그의 모습은 바로 《유증시》의 시인이며, 따라서 72절의 시는 《유증시》의 연장선상에 놓이고 동시에 73절과 74절의 〈원한과 분노〉를 사이에 끼고 75절의 시에 직결되어 있음을 보여 준다.

그렇게 된 것도 신과 타크 티보[2]의 덕택이거니와
그놈은 나를 높지 않은 토굴 속에 가둬 놓고
쇠사슬로 묶은 채로
냉수를 퍼먹이고
쓰디쓴 배 같은 열매[3]를 마구 먹였는데…… 그 일을 생각하면
나는 그놈과 그 일당을 위하여 빌고자 하나니
신이여, 그놈에게 내가 생각하는
응보 등을…… 진정으로 내리소서! (73절)

Dieu merci et Tacque Thibaut
Qui tant d'eau froide m'a fait boire,
En un bas, non pas en un haut,
Manger d'angoisse mainte poire,
Enferré…… Quand j'en ai mémoire,
Je pri pour lui *et reliqua*
Que Dieu lui doint, et voire, voire!
Ce que je pense…… *et cetera.*

시인이 남자 구실을 못하는 몸이 된 것은 바로 티보 도씨니의 비인간적인 가혹한 고문의 〈덕택〉이다. 그렇기 때문에 그의 생각은 다시 티보 도씨니에게로 향한다. 그는 여기에서 티보 도씨니의 이름이 그 옛날 베리 공의 총신으로 그 잔인한 성격과 暴政에 의하여 국민의 원한을 산 타크 티보의 이름과 유사한 점에서 그의 간악한 이름을 빌려 티보 도씨니에 대한 분노를 표현한다. 그의 티보 도씨니에 대한 원한과 복수는 《유언시》 첫머리에서 비롯하여 여기에서 끝나는 것은 아니다.

그리고 〈쓰디쓴 배 같은 열매〉는 고문할 때 용의자의 입에 물리어 그 입을 크게 벌리게 하는 데 사용하는 도구의 별명을 의미하며, 따라서 여기에서는 이중적 표현으로 쓰인 말이다. 시인은 바로 그 〈쓰디쓴 배 같은 열매〉를 먹는 가혹한 고문을 당했으니까 그가 생각하는 응보를 〈그놈과 그 일당〉에게 내려 주기를 신에게 기원할 만하다. 그런데 그는 그가 생각하는 응보가 구체적으로 무엇을 의미하는지를 밝히지

않는다. 그러므로 우리는 기껏해서 그가 2절에서 말하고 있는 〈나에게 한 만큼의 보복〉 이상의 것을 생각할 수 없다.

　　　그러나 나는 악의를 품지는 아니하는도다,
　　　티보에게도 그의 대리관에게도
　　　그리고 재미있고 붙임성 있는 종교재판의 판사에게도.
　　　꼬마 메트르 로베르는 별도로 하고
　　　그 밖의 일당에게는 아무렇지도 아니하나니
　　　나는 그들을 한줌으로 묶어
　　　신이 고리대금업자를 사랑한 것처럼
　　　사랑해 주리로다. (74절)

　　　Toutefois, je n'y pense mal
　　　Pour lui, et pour son lieutenant,
　　　Aussi pour son official
　　　Qui est plaisant et avenant;
　　　Que faire n'ai du remenant,
　　　Mais du petit maître Robert:
　　　Je les aime tout d'un tenant
　　　Ainsi que fait Dieu le Lombard.

　시인은 티보 도씨니와 그의 일당에게 〈악의를 품지는 아니하는도다〉라고 말하고 있지만 물론 그것은 반어적 표현이다. 그의 반어적 표현은 시의 서정에 있어서 일종의 무기 구실을 한다.
　오를레앙 사교구 종교 법정에서, 사교 대리관의 임무는 피에르 부르고엥이, 판사의 임무는 에티엔느 플래장스가, 형 집행의 임무는 그들의 手下인 메트르 로베르가 각각 맡고 있다. 그들이 다름 아닌 사교 티보 도씨니의 대리관이고, 판사이며, 그리고 형 집행인이라고 한다면 그들은 종종 시인을 만날 기회가 있었을 터이고 반면 그는 그들에게 상전인 티보 도씨니에 대한 것과 똑같은 원한과 분노를 느꼈음에 틀림없다. 그런데 그는 그들에 대한 〈악의〉를 품지 않는다고 한다. 그리고 手下인 로베르는 별도로 하고 그 밖의 사람들은 사랑한다고 말한다. 그러나 그것은 그의 반어적 표현임은 물론이다.

시인의 반어적 표현은 거기에서 그치지 않는다.

에티엔느 플래장스라는 인물의 성 플래장스(Plaisance)는 형용사 플래장(plaisant), 즉 〈재미있는〉으로 바뀌어 그의 성격을 수식하고 재미있는 인물이라고 표현하고 있지만 실은 그 반대로 재미 없는 인물이라는 의미의 반어적 표현이다.

그리고 〈고리대금업자〉는 14세기경 이탈리아 사람으로 고리대금업을 하는 사람이 많았는데, 그 고리대금업자를 북이탈리아의 지명을 따서 롱바르(Rombart)라고 부르는 것이 관례가 되어 왔으며 그것은 셰익스피어의 《베니스의 상인》에도 나온다. 그런데 장 프라피에는 그러한 해석에 이의를 제기하여 〈롱바르〉는 고리대금업자가 아니라 12세기 신학자 피에르 르 롱바르라고 하여 신설을 주장한다. 만약 그렇다면 〈저 롱바르가 신을 사랑한 것처럼 사랑해 주리로다〉가 된다. 그 경우에도 시인은 그들을 〈사랑해 주리로다〉가 아니라 실은 반어적으로 〈미워해 주리로다〉의 의미로 한 말임은 물론이다.

> 아, 나는 지금도 기억하고 있거니와
> 56년 파리를 떠나올 때
> 약간의 〈유증〉을 하고 왔는데
> 어떤 사람들은 그것을
> 〈유언〉으로 명명하고자 하나니
> 그것은 이미 내 것이 아닌즉 그들의 임의로다.
> 어찌하겠는가? 흔히 속담에도 있지마는
> 사람은 자기의 것도 마음대로 하지 못한다 하는도다. (75절)

> Si me souvient bien, à mon avis,
> Que je fis à mon partement
> Certains lais, l'an cinquante six,
> Qu'aucuns, sans mon consentement,

Voulurent nommer Testament ;
Leur plaisir fut, non pas le mien.
Mais quoi? on dit communément :
Un chacun n'est maître du sien.

　시인은 여기에서 또 잠깐 뜸을 들인다. 그리하여 그는 1456년 파리를 떠날 때 〈유증〉을 하고 온 사실을 회상한다. 사실 그는 〈무정한 여인〉에게 배신을 당하여 〈순교자 연인〉으로서 그 아픈 마음을 달래기 위하여 앙제로 향하는 마당에 죽음이란 유예가 없는 법, 언제 닥쳐올지도 모르는 까닭에 그동안 신세를 진 친구·친지에게 약간의 유증을 한 바 있다.

　그런데 어떤 사람들은 그것을 〈유언〉이라고 부르려고 한다. 그러나 시인은 그것은 이미 자기에게서 떠났기 때문에 자기의 소유가 아니며, 따라서 그들의 임의에 맡길 수밖에 없다고 생각한다. 그리고 그는 〈사람은 자기의 것도 마음대로 하지 못한다〉는 속담을 인용하면서 어찌할 도리가 없다고 단념한다.

　　그렇게 말한다고 하여 유증을 취소할 생각은 추호도 없도다,
　　내 소유를 전부 저당잡힌다 하더라도.
　　저 바르의 사생아[4]에 대한 내 연민의 정은
　　아직 식지 아니하였으니
　　그에게는 예의 밀짚 세 다발[5] 이외에
　　내 헌 돗자리를 남겨 주거늘
　　그것은 상대를 꽉 껴안고
　　자기 몸을 네 발로 버티는 데 소용되리로다. (76절)

Pour les révoquer ne le dis,
Et y courût toute ma terre ;
De pitié ne suis refroidis
Envers le Bâtard de la Barre :
Parmi ses trois gluyons de feurre,

je lui donne mes vieilles nattes;
Bonnes seront pour tenir serre
Et soi soutenir sur ses pattes.

　시인은 비록 그 〈유증〉을 〈유언〉이라고 부르려고 하는 사람들이 있다고 하더라도 일단 행한 유증 배분을 취소할 생각은 추호도 없다고 분명히 밝힌다. 그 생각은 〈내 소유를 전부 저당잡힌다 하더라도〉 굽힐 수 없을 만큼 확고하다. 그러나 그것은 그 특유의 익살임은 물론이다.

　시인의 익살은 한걸음 더 나아가서 《유증시》 23절에 등장한 샤트레 경관 페르네 마르샹을 여기에서 야유한다. 그는 파리 검찰청 12인조 경찰대 소속 경관으로 특히 창녀들을 단속하고 있다. 시인은 《유증시》 23절에서 반어적으로 그를 〈이름난 호색가〉라고 비꼬고 〈밀짚 세 다발〉을 바닥에 깔아 매춘업을 하도록 유증하며 익살을 떤 바 있다. 그런데 여기에서는 한술 더 떠서 예의 밀짚 세 다발 이외에 〈헌 돗자리〉를 유증하여 〈라 바르의 사생아〉로 하여금 〈상대를 꽉 껴안고 자기 몸을 네 발로 버티는 데〉 사용하도록 배려하고 있다. 물론 그것은 시인 특유의 해학적·외설적 표현이다.

　그리고 시인의 익살은 계속된다.

　　만약 내가 남겨 준 유증을
　　받지 못한 자가 있는 경우
　　내가 죽은 후에는 내 상속인들에게
　　그것을 요구하도록 명해 두는도다.
　　그것이 누구인가 묻는다면
　　모로와 프로벵과 로벵 튀르지인즉
　　내 명이라고 말하고 요구할지어다
　　그들은 내가 잠자고 있는 침대까지 가져간 자들이로다. (77절)

　　S'ainsi étoit qu'aucun n'eût pas
　　reçu le lais que je lui mande,

J'ordonne qu'après mon trépas

A mes hoirs en face demande.

Mais qui sont-ils? S'il le demande,

Moreau, Provins, Robin Turgis,

de moi, dites que je leur mande,

Ont eu jusqu'au lit où je gis.

시인은 아직도 〈유증〉에 대한 회상에서 벗어나지 못한다. 그리하여 그는 그때 그
가 남겨놓은 유증을 아직 받지 못한 사람이 있는 경우 그가 죽은 후에라도 그의 상
속인에게 요구하면 받을 수 있다고 익살을 떤다. 그의 상속인이란 다름 아닌 〈내가
잠자고 있는 침대까지 가져간 자들〉, 즉 모로·프로벵·로벵 튀르지이라고 그 이름
까지 밝히고 있는데 결국 그것도 그의 반어적·해학적 표현임은 물론이다.

장 모로는 1454년의 기록에 나오는 파리의 불고기집 주인이고, 프로벵은 1457-9
년의 기록에 나오는 파리의 과자집 주인이며, 로벵 튀르지는 저 유명한 〈솔방울〉 주
점 주인이다.

실은 그러한 그들에게서 시인은 돈을 꾸어 쓰거나 無錢徒食의 신세를 지고 있었
을는지 모른다.[6]

여기에서 시인은 드디어 《유증시》에 대한 회상에서 벗어나 현실로 되돌아온다.

결국 나는 이제 유언을 시작하고자 하는데

단지 한마디만 부언해 두거니와

내 말에 귀 기울이는 서기 프레멩이

지금 졸고 있지 않는다면 그 앞에서 엄숙히 단언하나니

나는 누구에게도 이 유언의 수령권을

취소하고자 아니함이요

그리고 그 수령권의 公表를

프랑스 왕국 밖에서 하기를 바라지 아니함이로다. (78절)

Somme, plus ne dirai qu'un mot,

Car commencer veuil à tester:
Devant mon clerc Fremin qui m'ot,
S'il ne dort, je veuil protester
Que n'entends hommes détester
En cette présente ordonnance,
Et ne la veuil manifester
Sinon ou royaume de France.

　시인은 마침내 마음을 가다듬고 유언을 시작하려고 한다. 그런데 그는 스스로 펜을 들고 직접 유언을 쓰려고는 하지 않는다. 그는 기사로서 당연히 대동하고 있는 서기가 있다. 그것은 다름 아닌 프레멩이다. 그는 시인이 앞에서 〈그 옛날에 착한 갈 보였던 노파〉가 젊은 시절을 추억하며 들려 준 파테틱(pathétique)한 회고담을 듣고 그것을 필기하도록 명한 바 있는데, 그것을 필기한 바로 그 사람이다.

　그리하여 시인은 곁에서 대기하고 있는 서기 프레멩에게 두 조건을 기록하도록 하고 엄숙히 구술을 시작한다. 그 하나는 〈누구에게도 이 유언의 수령권을 취소하고자 아니함〉이고, 그 둘은 유언의 〈수령권의 공표를 프랑스 왕국 밖에서 하기를 바라지 아니함〉이다. 그 조건은 실제의 유언 형식 그대로이다.

나는 이제 심장이 약해지는 것을 느끼어
더 수다를 떨 수 없는도다.
프레멩이여, 어서 내 침대 곁에 앉아
누구도 내 말을 엿듣지 않도록 하며
빨리 잉크와 펜과 종이를 준비하여
내가 말하는 바를 속기하고
이어 전부 정서할지어다.
그런데 그 서두는, 즉 이러한 것이로다. (79절)

Je sens mon coeur qui s'affaiblit
Et plus je ne puis papier.

Fremin, sieds-toi près de mon lit,

Que l'on ne m'y vienne épier;

Prends encre tôt, plume et papier;

Ce que nomme écris vitement,

Puis fais-le partout copier;

Et veci le commencement.

시인은 지금 임종의 자리에 누워 있다. 그는 심장이 약해지고 맥박이 고르지 않음을 느낀다. 그리하여 그는 이제 일언반구도 수다를 떨 기력조차 없다. 《유증시》에 있어서는 먼 여행을 떠나기 직전의 유증 배분인데 반하여 여기에서는 바로 임종의 순간의 그것이다.

시인은 서기 프레멩을 불러 침대 곁에 앉히고 〈잉크와 펜과 종이〉를 준비하여 이제부터 구술하는 것을 누구도 엿듣지 못하게 속기하며, 그리고 전부 정서하도록 명한다.

그리하여 시인은 유언의 서두를 꺼낸다.

영원한 아버지이신 신의 이름으로,

그리고 성모에게서 태어나시어

성령과 함께 아버지와 일체가 된 신이시며

아담의 죄에 의하여 천국에서 쫓겨난 자를 구하시고

타락한 인간을 천국에 살게 한 분이신

아들의 이름으로.

죽은 이들을 성자로 되게 한다는 것을

굳게 믿는 자는 대단한 놈이로다. (80절)

Ou nom de Dieu, Père éternel

Et du fils que Vierge parit,

Dieu au Père coéternel,

Ensemble et le Saint Esperit

Qui sauva ce qu'Adam périt,
Et du péri pare ses cieux.
Qui bien ce croit, peu ne mérit,
Gens morts être faits petits dieux.

유언의 서두는 《유증시》의 그것과 마찬가지로, 아니 그것보다 한층 더 당시의 실제 유언 서식에 따라서 진행된다. 聖三位一體의 호명이 바로 그것이다. 그리하여 시인은 성삼위일체의 호명과 동시에 거기에다가 자기 자신의 신앙 고백을 첨가한다. 그것도 《유증시》의 경우와 같거나 오히려 더 당시의 실제 유언 서식에 따르고 있다.

그런데 시인은 임종이 가까워진 까닭인지는 모르지만 또다시 탈선(digression)을 하고 만다. 이 시의 전반은 사람이 이제부터 행하고자 하는 행동에 그 진지함을 증명하는 단순한 신앙 고백이다. 그러나 그 후반은 거기에서 일탈하여 그리스도 탄생 이전에 죽은 인간의 구제는 어떻게 되는가 하는 스콜라 신학의 학설에 관한 언급이다.

시인은 〈죽은 이들을 성자로 되게 한다는 것을 굳게 믿는 자는 대단한 놈〉이라고 스콜라 신학의 학설에 정면으로 도전하며 그것을 신랄하게 비꼰다.

그들은 지옥으로 전락하여
육체도 영혼도 죽었으니
그 경우 여하를 묻지 아니하고
육체는 썩고 영혼은 業火에 싸였도다.
그러나 장로와 예언자는 예외인즉
내 의견에 따르면
그들은 궁둥이에 업화를 받아본 적이
결코 없는 자들이기 때문이로다. (81절)

Morts étoient, et corps et âmes,
En damnée perdition,
Corps pourris et âmes en flammes,
De quelconque condition.

Toutefois, fais exception
Des patriarches et prophètes;
Car, selon ma conception,
Onques grand chaud n'eurent aux fesses.

　스콜라 신학의 학설에 의하면 그리스도는 지옥으로 내려가서 아담의 원죄로 말미암아 천국에서 쫓겨난 자들의 영혼을 구하고, 의로운 사람들을 성자로 만들어 천국에 살도록 하였다고 한다.

　시인은 단테 등이 굳게 믿고 있는 그러한 스콜라 신학의 해석에 대하여 반론을 제기하고 〈그 경우 여하를 묻지 아니하고 육체는 썩고 영혼은 업화에 싸여〉 타 죽었다고 주장한다. 그리하여 그는 갑자기 〈그 경우 여하를 묻지 아니하고〉라는 전제를 뒤집어 〈그러나 장로와 예언자는 예외〉라고 하여 익살을 떨기 시작한다. 그것은 〈그들은 궁둥이에 업화를 받아본 적이 결코 없는 자들이기 때문〉이라고 한다. 물론 그것은 그 특유의 익살이다.

　상도는 모세 이선 대대도 구세주를 낸 家系의 상을 말한나. 노아의 홍수 이전에는 아담·세트·에노스 등 12명이고, 노아의 홍수 이후에는 노아·셈·아르파사트 등 12명이다.

　예언자는 모세 이후 신탁을 받아 예언을 한 사람들을 말한다. 그들은 사무엘·에스라·에제키엘 등 대예언자들이다.

　시인의 그러한 〈의견〉은 스콜라 신학의 학설에 대한 민간 신앙의 견해를 대변한다.

〈신학박사도 아닌 그대가
그러한 의견을 말하다니
누구의 허락을 받았는가?
어리석은 오만이로다〉 누가 나에게 말한다면
그것은 부드러운 침상이 아니라
업화 속에 던져진 부자와
그 위에 있는 가난한 라자로에 대한
예수의 이야기[7]라고 나는 대답하리라. (82절)

Qui me diroit: ⟨Qui te fait mettre

Si très avant cette parole,

Qui n'êtes en théologie maître?

A vous est présomption folle!⟩,

C'est de Jésus la parabole

Touchant le Riche enseveli

En fwu, non pas en couche molle,

Et du Ladre de dessus li.

시인은 미리 신학자들의 공격을 예견하고 당시의 전통 신앙에 대한 반론을 다름 아닌 ⟨예수의 이야기⟩로 입증하며 자기의 의견을 정당화한다.

시인이 말하는 예수의 이야기는 《신약》 누가 복음 제16장 19-26절에 나온다. 우리는 시인의 의견을 자세히 알기 위하여 그것을 일단 살펴볼 필요가 있다. 『예전에 부자 한 사람이 있었는데 그는 화사하고 값진 옷을 입고 날마다 즐겁고 호화로운 생활을 하고 있었다. 그 집 대문간에는 사람들이 데리고 온 라자로라는 거지가 종기투성이의 몸으로 앉아 그 부자의 식탁에서 떨어지는 부스러기로 주린 배를 채우려고 했다. 더욱이 개들까지 몰려와서 그의 종기를 핥았다. 얼마 뒤에 그 거지는 죽어서 천사들의 인도를 받아 아브라함의 품에 안기게 되었고 부자는 죽어서 땅에 묻히게 되었다. 부자가 죽음의 세계에서 고통을 받다가 눈을 들어보니 멀리 떨어진 곳에서 아브라함이 라자로를 품에 안고 있었다. 그리하여 그는 소리를 질러 ⟨아브라함 할아버지 저를 불쌍히 보시고 라자로를 보내어 그 손가락으로 물을 찍어 제 혀를 축이게 해 주십시오. 저는 이 불꽃 속에서 심한 고통을 받고 있습니다⟩라고 애원하자 아브라함은 ⟨애야 너는 살아 있는 동안에 온갖 복을 다 누렸지만 라자로는 불행이란 불행을 다 겪지 않았느냐? 그래서 지금 그는 여기에서 위안을 받고 너는 거기에서 고통을 받고 있는 것이다. 또한 너희와 우리 사이에는 큰 구렁텅이가 가로놓여 있어서 여기에서 너희에게 건너가려 해도 가지 못하고 거기에서 우리에게 건너오지도 못한다⟩고 대답하였다.』

시인은 이 성서의 이야기를 아주 충실히 좇고 있는데 결국 천국과 지옥의 거리의 무한대라는 결론은 드디어 그 특유의 비꼼과 익살로 변한다.

> 만약 그 부자도 라자로의 손가락이 업화에 타는 것을 보았다면
> 그에게 냉각시켜 주기를 바라거나
> 자기 입의 갈증을 해소하기 위하여
> 그의 손가락에 접촉하기를 바라지는 않았으리라.
> 저고리와 셔츠까지 술값으로 바꾸는 주정꾼들은
> 그 지옥에서는 쓸쓸한 표정을 하리니
> 거기에서는 술값이 아주 비싸기 때문이로다.
> 신이여, 우리를 지옥의 지배에서 지켜 주소서! (83절)

> Se du Larde eût vu le doigt ardre,
> Ja n'en eût requis refrigere,
> N'au bout d'icelui doigt aerdre,
> Pour ratraïchir sa mâchouere.
> Pions y feront mate chère,
> Qui boivent pourpoint et chemise.
> Puisque boiture y est si chère,
> Dieu nous garde de la main mise!

　시인은 〈예수의 이야기〉를 《신약》 누가 복음 그대로 해석한다. 라자로와 부자는 죽은 후 전자는 천국으로 올라가고 후자는 지옥으로 떨어진다. 그들은 천국과 지옥의 거리가 너무 멀기 때문에 서로 소통할 수 없으며, 따라서 부자가 라자로의 도움을 청한다고 하더라도 그것은 徒勞로 끝날 수밖에 없다. 다시 말해서 일단 지옥으로 떨어지면 인간을 천국으로 올라가 살 수 있게 하지는 못한다는 의미이다. 그렇기 때문에 그는 결국 스콜라 신학의 해석에 대하여 정면으로 맞서고 그것을 신랄하게 비꼬고 있는 셈이다.

　그뿐만 아니라 〈만약 그 부자도 라자로의 손가락이 업화에 타는 것을 보았다면〉 하는 표현으로 미루어 보아, 시인은 라자로도 업화에 싸여 죽었을는지 모른다는 생

각을 은연중 드러내고 있다고 할 수 있다. 그것은 결국 〈그 경우 여하를 묻지 아니하고 육체는 썩고 영혼은 업화에 싸여〉 타 죽는다는 그의 의견과 맥을 같이한다.

그리고 시인은 이 세상에서는 〈저고리와 셔츠〉를 술값으로 바꾸어 술을 마실 수 있어도 일단 지옥으로 떨어지면 거기는 술값이 너무 비쌀 터이므로 〈쓸쓸한 표정〉을 짓는 것은 다름 아닌 〈주정꾼들〉이라고 익살을 떤다. 그러나 시인은 〈우리를 지옥의 지배에서 지켜 주소서〉 하고 신에게 기도하는 것을 잊지 않는다.

이미 말한 바 있거니와
신과 그의 영광스런 성모의 이름으로
그림자보다 더 마른 나로 하여금
이 유언을 무사히 마칠 수 있게 해 주기 바라는도다.
지금까지 순간적인 분노의 불에 몸을 맡기지 않았음은
나를 지켜 주신 신의 은총이기에
나는 그 밖의 슬픔과 쓰디쓴 손실에 대하여는
언급하지 아니하고 유언을 시작하리로다. (84절)

Ou nom de Dieu, comme j'ai dit,
Et de sa glorieuse Mère,
Sans péché soit parfait ce dit
Par moi, plus maigre que chimère;
Se je n'ai eu fièvre éphémère,
Ce m'a fait divine clémence,
Mais d'autre deuil et peine amère
Je me tais, et ainsi commence.

시인은 이 복수의 書라고 할 수 있는 〈유언〉을 그림자보다 더 마른 그로 하여금 무사히 마칠 수 있도록 해 주기를 신에게 기원하면서, 동시에 지금까지 지난날들을 떠올리고 있는 동안 셈할 수 없을 만큼 〈순간적인 분노의 불〉에 몸을 맡기고 싶은 충동을 느끼고도 그것을 자제할 수 있었음은 오로지 신의 은총의 결과라고 감사한다.

여기에서 시인은 자기 자신을 그림자보다 더 마른 모습으로 표현하고 있는데 그 〈그림자〉는 물론 의역한 것으로 텍스트의 쉬메르(chimère)는 그리스 신화에 나오는 사자의 머리와 양의 몸과 용의 꼬리를 한 전설의 괴물을 의미한다. 그는 이미《유증시》40절에서 자기 자신을 〈굴뚝 청소용 빗자루처럼 말라 까맣고〉라고 표현한 바 있다. 여기에서 그가 자기 자신을 〈그림자〉보다 더 마른 모습으로 표현한 것은 바로 《유증시》40절의 경우와 같다.

그리고 5행과 6행의 〈순간적인 분노의 불〉 운운은 풍자적 표현으로 보인다. 만약 그렇지 않다면 시인은 티보 도씨니와 사교재판소 관리들에 대한 분노를 아직 다 표현하지 않았다는 의미가 된다.

시인은 일단 그러한 풍자적 표현을 한 다음 〈그 밖의 슬픔과 쓰디쓴 손실〉에 대해서는 일체 언급하지 않고 곧 유언을 시작하기로 결심한다. 〈그 밖의 슬픔과 쓰디쓴 손실〉은 이제까지 그가 겪은 고통을 가리키는 것으로 해석되어 왔는데, 앙드레 부르제는 성직 박탈이라고 하는 처벌을 가리키는 것으로 추정하고 있다.

어쨌든 시인은 그것에 대해서는 언급하지 않고 마침내 〈유언〉의 시작을 선언한다.

1) 담(Jacopins)은 탁발종단(Jacopins)과 동일어이다. 따라서 시인은 거기에 담과 탁발종단이라는 이중적 의미를 담고 있다.
2) 14세기 장 드 베리의 총신으로 그 성격이 잔인하여 미움을 산 인물.
3) 고문할 때 사용하는 도구와 동의어로 이중적 의미.
4) 페르네 마르샹의 별명.
5)《유증시》23절의 표현의 반복.
6) Champion, t.II, p.512.
7)《신약》누가 복음 제16장 19-26절.

20

하늘과 땅 그리고 큰 은인과 불쌍한 어머니

마침내 《유언시》의 중심 부분이 시작된다.

비용은 이미 80절에서 유언을 시작한다고 선언하여 먼저 聖三位一體의 호명까지 해 놓고 그것에 이어지는 자기 자신의 신앙고백이 이외로 길어지고, 또 거기에서 탈선을 하는 바람에 85절에서 다시 신과 성모의 호명을 되풀이하며 이제 본격적으로 유언을 시작한다고 밝히고 있는데 그것은 말을 바꾸면, 《유언시》의 중심 부분의 시작을 의미한다.

> 제일 먼저 나의 불쌍한 영혼을
> 성삼위일체에 바치나니
> 신의 一體이신
> 성모에게 애원하고
> 천국의 거룩한 九品의
> 온 천사들에게 호소하여
> 이 선물이 존귀하신 聖座 앞에
> 옮겨지기 바라는도다. (85절)

> Premier, je doue de ma pauvre âme
> La glorieuse Trinité,

Et la commande à Notre Dame,

Chambre de la divinité,

Priant toute la charité

Des dignes neuf Ordres des Cieux

Que par eux soit ce don porté

Devant le Trône précieux.

시인은 우선 자기가 靈肉의 존재임을 확인한다. 그리고 그는 제일 먼저 자기의 〈영혼〉을 하늘에 바치고, 그 다음 자기의 〈육체〉를 땅에 남겨둘 셈이다.

그리하여 시인은 처음으로 〈나의 불쌍한 영혼〉을 聖三位一體에 바치기로 한다. 그러나 〈나의 불쌍한 영혼〉이라는 선물이 〈존귀하신 聖座 앞에〉 전해지지 않으면 안 된다. 그렇기 때문에 그는 그것을 聖母와 〈九品의 온 천사들〉에게 애원하고 호소하지 않을 수 없다.

성모는 신과 인간의 중개자라는 의미를 가지고 있다. 거기에서 바로 성모 숭배의 신앙이 유래한다.

그리고 九品은 하늘의 아홉 位階라는 의미이다.

일,[1] 나는 내 육체를

우리의 위대한 어머니이신 大地에 남겨두는데

굶주림에 너무 허덕인 까닭에

구더기들도 그것을 맛있다고는 하지 아니하리라.

빨리 해체되어 대지로 돌아가기 바라거니와

대지에서 나온 것이기에 대지로 되돌아가나니

모든 것은 그렇게 멀리 빗나가지 아니하는 한

제자리로 기꺼이 되돌아가는 법이로다. (86절)

Item, mon corps j'ordonne et laisse

A notre grand mère la terre;

Les vers n'y trouveront grand graisse,

Trop lui a fait faim dure guerre.

Or lui soit délivré grand erre:

De terre vint, en terre tourne;

Toute chose, se par trop n'erre,

Volontiers en son lieu retourne.

시인은 다음으로 〈내 육체〉를 만물의 어머니라고 하는 위대한 大地에 남겨두기로 한다. 그러나 그는 그때 다시 자기 자신을 응시하고 〈굶주림에 너무 허덕인 까닭에 구더기들도 그것을 맛있다고는 하지 아니하리라〉고 하여 자기의 현재의 신체적 상황과 사후의 신체적 특징을 암시하는 일을 잊지 않는다. 물론 그것은 그 특유의 익살이다. 그러나 그 익살에는 어떤 여운을 남기는 감동이 있다.

그리고 시의 후반은 《구약》 창세기에서 신이 아담에게 하는 말, 『너는 흙에서 난 몸이니 흙으로 돌아가기까지 이마에 땀을 흘려야 낟알을 얻어먹으리라. 너는 먼지이니 먼지로 돌아가리라』[2]를 그대로 원용한 표현이다.

일, 나에게는 아버지보다 더 큰 은인

메트르 기욤 드 비용,

그는 유모의 품에서 떠난 아기에 대한

어머니보다 인자하셨던 분이라,

많은 어려움에서 나를 구해 주곤 하셨는데

이번 일에 대하여는 좋지 않게 생각하고 있나니

그분에게 두 무릎을 꿇고 앉아 이번 일의 기쁨[3]일랑

전부 나에게 맡겨 주십사 기원하는도다. (87절)

Item, et à mon plus que père,

Maître Guillaume de Villon,

Qui m'a été plus doux que mère

A enfant levé de maillon:

Dejeté m'a de maint bouillon

Et de cetui pas ne s'éjoie,
Si lui requiers à genouillon
Qu'il m'en laisse toute la joie;

시인은 유언 수령자의 제1 순위에 〈아버지보다 더 큰 은인〉 기욤 드 비용을 내세운다. 그것은 《유증시》의 경우와 마찬가지이다. 그런데 《유증시》에서는 기욤 드 비용에 이어 제2 순위의 자리에 있는 〈무정한 여인〉이 여기에서는 제3 순위로 밀려나고 그 대신 거기에 《유증시》에는 나오지 않은 〈불쌍한 어머니〉가 자리한다. 우리는 《유증시》에 그 어머니가 나오지 않은 이유를 알지 못한다. 그리고 〈무정한 여인〉에 이어 이티에 마르샹·장 르 코르뉘가 등장하는데 그 순위는 《유증시》와 같지만 내용이 다르다.

시인은 《유증시》에서 기욤 드 비용에게 의심스러운 〈명성〉과 〈천막〉을 유증하고 있다. 그것은 하나의 치기와 해학이라고 할 수 있다. 그러나 여기에서는 〈아버지보다 더 큰 은인〉에 대하여 얼마나 감사의 마음과 보은의 뜻을 표하고 있는지 모른다. 물론 〈이번 일의 기쁨일랑〉은 반어적 표현이지만, 그것을 전부 자기에게 맡겨달라고 기원하고 있는 것은 그의 은인에 대한 배려에서 나온 진지한 말이다.

그리하여 시인은 큰 은인에게 1절의 시를 더 할애하여 그러한 보은의 뜻을 표현한다.

그분에게는 내 장서와
「악마의 방귀 이야기」를 남겨 주나니
사실을 다 불어 버린 놈
메트르 귀 타바리[4]가 정서한 것이로다.
假綴한 채로 책상 속에 넣어두거니와
조잡한 표현으로 쓰여져 있기는 하지마는
내용이 너무 유명한 것이라
그 결함을 보완해 주고도 남음이 있도다. (88절)

Je lui donne ma librairie

Et le roman du Pet au diable
Lequel maître Guy Tabarie
Grossa, qui est hom véritable.
Par cayeux est sous une table;
Combien qu'il soit rudement fait,
La matière est si très notable
Qu'elle amende tout le méfait.

시인은 아버지보다 더 큰 은인인 〈그분에게〉 그 옛날의 순진한 젊은 시절의 추억이라고 할 수 있는 〈장서와 「악마의 방귀 이야기」〉를 바치기로 한다.

「악마의 방귀 이야기」는 시인이 말하고 있는 바와 같이 그가 직접 쓰고 메트르 귀 타바리가 정서한 것이라고 하는데, 그것이 실제로 존재한 이야기인지 허구의 이야기인지 여기에서는 그렇게 문제가 되지 않는다. 중요한 것은 그 작품이 〈장서〉와 더불어 그 옛날의 순진한 젊은 시절의 추억이라고 하는 점, 그리고 그러한 추억을 〈그분에게〉 바치고자 하는 마음이 진지하다는 점이다.

그런데 시인은 그 진지한 태도를 갑자기 바꾸어, 그것은 〈조잡한 표현〉으로 쓰여져 있고 가철한 채로 서랍 속에 넣어두는 선물이기는 하지만 〈내용이 너무 유명한 것〉인 까닭에 그 결함을 보완하고도 남음이 있다고 그 특유의 익살을 떤다.

일, 내 불쌍한 어머니에게는
성모에게 기도하기 위한 발라드 한 편을 남기나니
그 어머니는 신도 아는 바와 같이 나 때문에
쓰디쓴 고통과 많은 슬픔을 겪었도다.
나는 신상에 재난이 생길 때마다
몸과 마음을 피할 수 있는 곳은
내 어머니밖에는 성도 城砦도 없나니
불쌍한 여자인지고! (89절)

Item, donne à ma pauvre mère

Pour saluer notre Maître,

Qui pour moi ot douleur amère,

Dieu le sait, et mainte tristesse :

Autre châtel n'ai ne fortresse

Où me retraye corps et âme,

Quand sur moi court male détresse,

Ne ma mère, la pauvre femme!

　시인은 큰 은인 기욤 드 비용에 이어 〈불쌍한 어머니〉를 제2 순위의 유언 수령자로 내세운다. 그는 《유증시》에서는 그 어머니에 대한 이야기를 하고 있지 않다. 그것은 어찌 보면 납득이 가지 않는 탈락이다. 우리는 그가 고의로 탈락시킨 것으로는 보지 않는다. 〈무정한 여인〉의 배신으로 아픈 상처를 달래러 먼길을 서둘러 떠나는 바람에, 그는 미처 어머니를 생각할 마음의 여유가 없었을는지 모른다. 아니면 그때 그는 자주 어머니를 만날 기회가 없어서 자연히 그의 마음에는 어머니의 그림자가 희미해져 있었을는지도 모른다. 그 어느 경우이건 《유증시》에 있어서의 어머니의 탈락은 잘 납득이 가지 않는 부분이다. 그런데 여기에서는 그 어머니가 바로 큰 은인인 기욤 드 비용에 이어 당당히 제2 순위라고 하는 명예로운 위치에 자리한다.

　시인은 이제 그 불쌍한 어머니를 그리움과 측은한 마음으로 생각한다. 그는 〈신상에 재난이 생길 때〉마다 큰 은인에게는 물질적인 배려를, 어머니에게는 정신적인 〈쓰디쓴 고통과 많은 슬픔〉을 안겨 주곤 하지 않았는가. 그는 외로운 방랑의 길에서 혹은 가혹한 감옥생활에서 혼자 견디기 어려운 고통을 겪을 때마다 그 어머니를 남모르게 부르곤 하지 않았는가. 사실 생각해 보면 그 어머니는 참으로 박복한 여자임에 틀림없다. 그 여자는 일찍 남편과 사별하고 하나밖에 없는 아들을 믿고 온갖 어려움을 견디며 살아왔는데, 그 아들은 그러한 불쌍한 어머니에게 어떤 기대와 위안을 주기는커녕 다만 무심함과 초조함을 안겨 주었을 뿐이다.

　시인은 그것을 잘 안다. 그가 죽고 홀로 남게 되면 그 어머니는 몸과 마음을 의지할 곳이 〈성모〉밖에는 없을 터이다. 그리하여 그는 소박하고 진정한 마음으로, 그리고 열렬하고 겸허한 태도로 그 불쌍한 어머니를 대신하여 「성모에게 기도하는 발라드」 한 편을 쓰고 동시에 그것을 어머니에게 남겨 주기로 한다.

1) 계산서 등의 항목을 가리키는 말 Item인데, 여기에서는 유언의 항목을 의미한다.
2) 《구약》 창세기 제3장 19절.
3) 반어적 표현.
4) 나바르 신학대학 절도사건의 공범자. 그는 체포되어 사건 일체를 자백해 버렸는데, 여기에
   서 시인은 그 사실을 말하고 있다.

21

성모에게 기도하는 발라드

BALLADE POUR PRIER NOTRE DAME

이 발라드의 이름도 클레망 마로가 붙인 것이다.

비용의 어머니는 당시 왕궁이 있는 右岸 생 포리 가에 살고 있었다고 한다. 따라서 셀레스텡 성당이 그의 어머니가 속해 있는 교구의 성당이며, 거기에서 소년 프랑수아는 어머니와 함께 자주 예배를 한 것으로 보인다. 그의 그러한 추억이 이 발라드의 시에 잘 드러난다.

시인은 〈불쌍한 어머니〉의 소박한 신앙과 기도를 평이한 말로 표현하고 있다. 그것은 그의 불쌍한 늙은 어머니의 신앙과 기도임은 물론이지만 동시에 여기에서는 그대로 그 자신의 신앙 고백이 되어 있다.

그리고 이 발라드는 폴 발레리가 격찬하고 있는 바와 같이 거의 현대어 그대로의 아름답고 소박하며 평이한 시라고 할 수 있다.

지상의 여왕이시며 지옥의 늪의 女帝이신
천국의 거룩한 성모여,
당신의 불쌍한 신자인 저를 받아 주시고
그만한 값어치가 있는 것은 아니지마는
당신의 선택된 사람들 사이에 끼게 해 주소서.
천국의 거룩한 성모여, 당신의 은총은
저를 죄의 여자로 만들기에는 너무나 크시며

그 은총 없이는 어떤 영혼도 천국으로 갈 자격이 없거니와
갈 수도 없나니, 이것은 거짓 없는 진심이외다.
그러한 신앙으로 살다가 죽으오리다.

Dame du ciel, régente terrienne,
Emperière des infernaux palus,
Recevez-moi, votre humble chrétienne,
Que comprise soie entre vos élus,
Ce nonobstant qu'onques rien ne valus.
Les biens de vous, ma Dame et ma Maîtresse,
Sont trop plus grands que ne suis pécheresse,
Sans lesquels biens âme ne peut mérir
N'avoir les cieux. Je n'en suis jangleresse:
En cette foi je veuil et mourir.

우리는 이 발라드의 시 1절을 읽고 우선 시인의 불쌍한 늙은 어머니가 경건한 분위기에 싸여 있는 성당의 거룩한 성모상 앞에 무릎을 꿇고 앉아 있는 모습을 떠올린다.

그 불쌍한 늙은 어머니는 이제 몸과 마음을 의지할 곳이 성모밖에는 없다. 그렇기 때문에 그만큼 그 어머니의 기도는 진지하고 겸허하다. 그 모습은 처절할 만큼 슬픔의 이미지를 띠고 우리에게로 다가온다.

그 어머니는 성모에게로 향하여 우선 그만한 자격은 없을 테지만 〈당신의 선택된 사람들〉 사이에 끼게 해 주도록 기원한다. 그것은 성모의 은총 없이는 어떤 영혼도 천국으로 갈 수 없다는 사실을 잘 알고 있기 때문이다. 그리고 그것은 그 어머니의 소박한 신앙이며 가식 없는 기도이다.

그리하여 그 어머니는 〈그러한 신앙으로 살다가 죽으오리다〉라고 성모에게 맹세한다.

당신의 아들에게 제가 그분의 신자임을 말해 주시고
그분에 의하여 저의 죄가 지워지며

그분이 저 이집트의 여자에게 한 것처럼
그리고 악마와 계약을 맺었거늘
당신의 은총으로 무죄 석방된 저 테오필르에게 한 것처럼
저를 용서하게 해 주소서.
미사에서 찬양하는 성체의 祕蹟을
더럽히는 일 없이 지니고 계시는 성모여,
저 죄를 범하지 않도록 저를 지켜 주소서.
그러한 신앙으로 살다가 죽으오리다.

A votre Fils dites que je suis sienne;
De lui soient mes péchés absolus;
Pardonne moi comme à l'Egyptienne
Ou comme il fit au clerc Theophilus,
Lequel par vous fut quitte et absolus
Combien qu'il cût au diable fait promesse.
Préservez-moi que ne fasse jamais ce,
Vierge portant, sans rompure encourir,
Le sacrement qu'on célèbre à la messe:
En cette foi je veuil vivre et mourir.

시인의 불쌍한 늙은 어머니는 여기에서 성모에게로 향하여 그 아들이신 예수 그
리스도의 독실한 신자임을 알려 주시고 그로 하여금 〈이집트의 여자〉와 〈테오필르〉
에게 한 것처럼 지은 죄를 용서하게 해 주시며, 그리고 다시는 죄를 짓는 일이 없도
록 지켜 주시기를 기원한다.

이집트의 여자는 이집트의 성녀 마리를 가리킨다. 그 여자는 처음 죄의 여자로 몸
을 파는 매춘행위를 하고 있었는데, 예루살렘 순례에서 깊이 회오하여 고난의 길을
걸음으로써 구제되었다고 한다. 13세기 시인 뤼트뵈프는 이 성녀의 일대기를 《성녀
마리의 기적극》으로 그려내고 있다.

테오필르는 처음 시리시아의 아다나 교회 사교 대리로 회계를 맡고 있었는데 사

교의 눈 밖에 나자 악마와 계약을 맺고 부와 영예를 얻었으나 나중에 크게 후회하여, 성모의 중개로 악마와의 계약을 취소하고 그 죄를 용서받았다고 한다. 뤼트뵈프는 그 이야기를 《테오필르의 기적극》으로 그려내고 있다.

저는 아무것도 모르는, 낫 놓고 기역자도 모르는
불쌍한 늙은 여자외다.
제가 속하고 있는 성당에는
竪琴과 琵琶가 그려진 천국의 그림과
죄인들이 업화에 타는 지옥의 그림이 있는데
하나는 저를 무섭게 하고 하나는 저를 기쁘고 즐겁게 하나니
하늘의 거룩한 성모여, 죄인은 독실한 신앙을 가지고
가식도 거짓도 없이 당신에게 매달리지 않을 수 없은즉
그 기쁨 저로 하여금 느끼게 해 주소서.
그러한 신앙으로 살다가 죽으오리다.

Femme je suis pauvrette et ancienne,
Qui rien ne sais; oncques lettre ne lus.
Au moutier vois, dont suis paroissienne,
Paradis peint où sont harpes et luthes,
Et un enfer où damnés sont boullus:
L'un me fait peur, l'autre joie et liesse.
La joie avoir me fais, haute déesse,
A qui pécheurs doivent tous recourir,
Comblés de foi, sans feinte ne paresse:
En cette foi je veuil vivre et mourir.

시인의 불쌍한 늙은 어머니는 성모에게로 향하여 일자무식한 몸이지만, 그러나 자기가 소속된 성당에 있는 〈竪琴과 琵琶가 그려진 천국의 그림〉과 〈죄인들이 업화에 타는 지옥의 그림〉을 보고 기쁨과 동시에 두려움을 느낄 줄은 안다고 고백한다.

그리고 그 어머니는 죄인으로서 독실한 신앙을 가지고 살아갈 터인즉, 〈천국의 그림〉이 자아내는 기쁨과 즐거움을 느끼게 해 주기를 기원한다.

당시의 셀레스텡 성당에 천국의 그림과 지옥의 그림이 그려져 있다는 사실은 1434년 파리를 찾아 그 명소와 유적에 관한 글을 쓴 기유베르 드 메쓰의 증언에 의하여 밝혀져 있다.

천국의 거룩한 성모여,
당신은 영원히 세상을 다스리는 예수를 가지셨사옵니다.
그 전능하신 신은 우리와 같은 약한 인간의 모습을 하시고
천국을 버리고 우리를 구하러 내려오셨다가
그 존귀하신 젊음을 죽음으로 바꾸셨으니
우리의 주는 바로 그분이심을 고백하외다.
그러한 신앙으로 살다가 죽으오리다.

Vous portâtes, digne Vierge, princesse,
Jésus régnant qui n'a ne fin ne cesse.
Le Tout-Puissant, prenant notre faiblesse,
Laissa les cieux et nous vint secourir,
Offrit à mort sa très clère jeunesse;
Notre Seigneur tel est, tel le confesse:
En cette foi je veuil vivre et mourir.

시인의 불쌍한 늙은 어머니는 마지막으로 성모에게로 향하여 예수 그리스도는 약한 인간의 모습을 하고 인간을 구제하러 천국에서 내려왔다가 그 존귀한 젊음을 죽음으로 바꾸었다고 찬양하고, 그렇기 때문에 그분이 바로 〈우리의 주〉라는 사실을 고백한다.

그리고 그 어머니는 〈그러한 신앙으로 살다가 죽으오리다〉라고 반복구를 되풀이하며 기도를 끝낸다.

그런데 여기에서 주목할 것은 이 마지막 절에는 머릿글자로써 VILLON이라는 이름을 아로새겨 놓고 있다는 점이다.

22

무정한 여인

　비용은 그의 불쌍한 어머니에게 측은한 마음으로 「성모에게 기도하는 발라드」를 써서 남겨놓은 다음 예의 〈무정한 여인〉을 유언 수령자로 내세운다.

　그 무정한 여인이 바로 《유증시》에서 시인을 배신하여 그의 〈핏기 사라져 비참하고 죽어 싸늘해진 내 심장〉[1]을 선물로 받은 여자이다. 그리고 그 여자는 《유언시》에서는 그 이름을 밝히고 「이중의 발라드」의 카트린느 드 보셀르로 등장하여 65절에서부터 70절까지 그로 하여금 사랑에 속은 가련한 〈순교자 연인〉의 자화상을 그려내게 한 장본인이다.

　　일, 내 사랑의 장미 아가씨에게는
　　심장도 간장도 남겨 주지 아니하나니
　　그녀는 많은 돈을 가지고 있지마는
　　그 밖의 것[2]을 좋아하는 것 같도다.
　　그러면? 돈이 가득 들어 있는 깊고 넓은
　　커다란 명주 지갑[3]이 좋으리라.
　　그러나 은전이건 동전이건[4] 그녀에게 가져가는 자는
　　내가 그 첫 본보기이지마는 혼이 나리로다. (90절)

　Item, m'amour, ma chère rose,

Ne lui laisse ne coeur ne foie:

Elle aimeroit mieux autre chose,

Combien qu'elle ait assez monnoie.

Quoi? une grande bourse de soie,

Pleine d'écus, parfonde et large:

Mais pendu soit-il, que je soie,

Qui lui laira écu ne targe.

시인은 그 무정한 여인을 〈내 사랑의 장미 아가씨〉로 부르고 있는데, 여기에서 〈장미〉는 연인을 의미하는 애칭 대명사로 쓰이고 있는 데 지나지 않다. 시인은 우선 그 여자에게는 〈심장도 간장도〉 남겨 주지 않는다고 한다. 그것은 그가 이미 〈유증을 취소할 생각은 추호도 없도다〉[5]라고 선언한 말에 위배되는 행위이다. 왜 그는 그러한 위배되는 행위를 서슴지 않고 하는 것일까. 그것은 그 여자의 배신행위에 대한 앙갚음이라고 해석되며, 어느 학자[6]도 말하고 있는 것처럼 〈심장〉과 〈간장〉은 신체의 器官을 가리키면서 동시에 〈심장〉이 진심(Cuer-Fin amor)을, 〈간장〉이 맹세(Foie-Foi)를 의미하는 까닭에 그 靈肉 양면의 선물을 그러한 부정한 여자에게는 남겨 줄 수 없다는 거부행위로 해석된다.

그리하여 시인은 그 여자가 〈심장〉과 〈간장〉이 아닌 다른 것, 즉 돈을 좋아하는 것 같으니까 〈돈이 가득 들어 있는 깊고 넓은 커다란 명주 지갑〉을 선물하는 것이 좋으리라고 비꼰다. 그런데 그는 그 깊고 넓은 커다란 명주 지갑에 담을 〈은전이건 동전이건〉 그 여자에게 가져가는 자는 자기처럼 혼이 날 것이라고 미소짓는다. 그것은 물론 외설적·해학적 표현이기 때문이다.

은전과 동전의 원어(écu와 trange)에는 15세기 프랑스의 돈(硬貨)을 의미하면서 동시에 기사의 전투용 방패를 의미하는 두 가지 뜻이 있으며, 여기에서는 깊고 넓은 커다란 명주 지갑(즉, 여자의 섹스)에 담을 돈(硬貨)을 가리키면서 동시에 사랑의 시합용 도구, 즉 남자의 섹스를 암시한다.

따라서 90절 마지막 2행을 다음 91절의 〈아랫부분이 화끈 다는 일〉이라는 표현과 결부시켜 생각해 보면 시인의 외설적 표현이 얼마나 신랄한가를 알 수 있다.

사실 그녀는 내가 없어도 그것[7]은 충분히 가지고 있도다.
그러나 나는 이제 그 점에는 개의치 아니하거니와
나의 가장 큰 슬픔도 벌써 과거지사가 되어 버렸은즉
이제는 아랫부분이 화끈 다는 일은 없으리로다.
그러므로 그 짓은 오입쟁이라는 별명을 가진
미쇼[8]의 후계자들에게 맡기나니
그의 무덤까지 뛰어가서 기도하고 올지어다.
그는 지금 상세르 산기슭 생 사튀르에 묻혀 있도다. (91절)

Car elle en a, sans moi, assez.

Mais de cela il ne m'en chaut;

Mes plus grands deuils en sont passés,

Plus n'en ai le croupion chaud.

Si m'en démets aux hoirs Michaut

Qui fut nommé le bon Fouterre;

Priez pour lui, faites un saut:

A Saint-satur gît, sous Sancerre.

시인은 자기가 죽어 없는 경우에도 그 여자에게는 그것은(남자의 섹스는) 부족함이 없을 터이므로 그 점에 관해서는 신경을 쓰지 않겠다고 야유한다. 그리고 그는 그 여자의 배신으로 겪은 〈큰 슬픔〉도 오랜 시간이 흘러감에 따라서 자연히 치유되고 이제는 담담한 심경일 뿐이라고 허세를 보인다. 그러나 그는 그렇기 때문에 〈이제는 아랫부분이 화끈 다는 일〉은 없다고 익살을 부린다.

그리고 시인은 그 여자에게 〈그 짓〉은 오입쟁이 미쇼의 후계자들에게 맡겨놓았으니까 빨리 〈상세르 산기슭 생 사튀르〉에 있는 그의 무덤으로 가서 기도하고 오라고 비꼰다.

시인은 미쇼의 무덤이 지금의 세르 주 생 사튀르 시에 있다고 하는데, 그것은 익살이며 거기에 그런 무덤이 있을 리 만무하다. 그는 방랑 도중 상세르 산기슭에서 본 어떤 옛 무덤을 떠올리고 그렇게 말하고 있는지 모른다.

그런데 생 사튀르(Saint Satur)라는 말에는 〈싫증내지 않고〉라는 의미가, 상세르 (Sancerre)라는 말에는 〈꼭 껴안는다〉(tenir fermement embrassé)는 의미가 있다고 보는 학자도 있다. 만약 그렇다면 그것은 빨리 미쇼의 무덤으로 가서 싫증내지 말고 꼭 껴안아 보고 오라는 의미가 된다.

> 그럼에도 불구하고 그녀에게보다는 오히려
> 사랑의 여신에게 보답하기 위하여,
> 사실 그녀에게서는 희망의 片鱗도
> 품지 못한 까닭에
> (나는 그녀처럼 뭇남자에 대하여
> 파렴치한 여자를 모르는데 그것이 답답한 일이로다.
> 아름다운 성녀 마리아의 이름으로 맹세하거니와
> 그것은 지금 나에게는 웃기는 일에 지나지 아니하도다.) (92절)

> Ce nonobstant, pour m'acquitter
> Envers Amour, plus qu'envers elle,
> Car oncques n'y pus aquêter
> D'amours une seule étincelle
> (Je ne sais s'à tous si rebelle
> A été, ce m'est grand émoi:
> Mais, par sainte Marie la belle!
> Je n'y vois que rire pour moi.)

시인은 그럼에도 불구하고 그 여자에게 어쨌든 선물을 하기는 해야 한다고 생각 한다. 그러나 그것은 그 여자를 위한다기보다는 〈사랑의 여신〉에 대한 보답으로 하 는 선물이다. 왜냐하면 그는 이제까지 그 여자에 대하여 〈희망의 편린〉도 가져보지 못했기 때문이다. 그리고 시인은 그 여자만큼 모든 남자에게 파렴치한 여자를 본 적 이 없는데, 그 이유를 전혀 모르니까 답답한 일이라고 일단은 자학인지 저주인지 분 간할 수 없는 말을 비추며 미련을 보이고 나서, 〈그것은 지금 나에게는 웃기는 일에 지나지 아니하다〉고, 그것도 〈아름다운 성녀 마리아의 이름으로〉 단호히 말한다.
　여기에서 〈성녀 마리아〉는 성모 마리아가 아니라 「성모에게 기도하는 발라드」 2절에 나오는 이집트의 성녀 마리를 가리키고 있다.

　　나는 그녀에게 전부 R자로 끝나는
　　발라드를 남겨 주리로다.
　　그런데 누구를 통하여 전할까? 그렇도다……
　　라 바르의 페르네가 좋으리라.
　　그는 순찰 도중에
　　예의 코가 비뚤어진 아가씨를 만나거든
　　다른 말은 하지 말고 단지 이렇게 말해 줄지어다.
　　〈이 더러운 갈보, 어디에서 오는 길인가?〉 (93절)

　　Cette ballade lui envoie
　　Qui se termine tout par R.
　　Qui lui portera? Que je voie……
　　Ce sera Pernet de la Barre,
　　Pourvu, s'il rencontre en son erre
　　Ma demoiselle au nez tortu,
　　Il lui dira, sans plus enquerre :
　　〈Triste paillarde, dont viens tu?〉

　시인은 드디어 그 여자에게 전부 R자로 끝나는 발라드 한 편을 써서 남겨 주기로 한다.
　사실 다음에 나오는 「연인에게 보내는 발라드」는 모든 행이 R자로 끝을 맺고 있다. 그것은 R자가 그 咽喉音 때문에 혐오와 사악의 감정을 자아낸다고 예로부터 일컬어지고 있기 때문이다. 그리고 시인은 그 발라드를 누구를 통해서 전할까 오랜 궁리 끝에 결국 라 바르의 페르네로 결정한다. 라 바르의 페르네는 다름 아닌 파리 샤틀레 경관 페르네 마르샹이다. 그는 12인조 경찰대의 한 사람으로 밤거리의 〈갈보〉

를 단속하는 일을 맡고 있는 까닭에 시인에 의하여 이미 《유증시》23절에서 호색가로 낙인이 찍히고 〈밀짚 세 다발〉을, 《유언시》 76절에서는 그 밖에 〈헌 돗자리〉를 선물로 받은 인물이다. 시인은 그 여자를 그러한 뚜쟁이 같은 인물과 만나게 함으로써 난처하게 만들고, 그 여자에 대한 분노를 폭발시키려고 한다. 그리하여 그는 라바르의 페르네에게 만약 그 여자를 만나는 경우 단지 〈이 더러운 갈보, 어디에서 오는 길인가?〉라고만 묻고 그 발라드를 전하라는 명령을 내린다. 물론 그것은 그 특유의 해학적·외설적·풍자적 표현이다. 그러나 그 표현 밑바닥에는 그의 그 여자에 대한 분노와 복수의 감정이 짙게 깔려 있다. 그리고 그 감정은 그대로 다음 발라드에 연결된다.

1) 《유증시》 10절.
2) 심장과 간장 이외의 것, 즉 돈을 의미한다.
3) 외설적 표현. 즉, 여자의 섹스를 암시한다.
4) 외설적 표현. 즉, 남자의 섹스를 의미한다.
5) 《유언시》 76절.
6) André Lanly, t.I, p.151.
7) 남자의 섹스를 가리킨다.
8) 호색가로 전설적인 인물. 《僞作 르나르 이야기》에는 『그 짓 때문에 그는 죽었는데 그처럼 좋아하는 자는 이전에는 없었다』라고 묘사되어 있다. 「제2화 943-4행」

23

연인에게 보내는 발라드

BALLADE A S'AMIE

이 발라드의 각행 머릿글자는 1절이 〈프랑수아〉(FRANCOYS), 2절이 〈마르트〉(MARTHEOS), 3절이 〈비용〉(UJJVONS)으로 시작되어 있다. 3절의 그것은 〈비용〉(VILLONS)으로 되어 있어야 할 터인데 다소 혼란을 보이고 있다. 우리는 정확히 되어 있어야 할 것이 그렇게 혼란을 보이게 된 이유를 알지 못한다. 아마도 그것은 필사 때의 잘못에 기인하고 있을는지 모른다.

이 발라드는 《유언시》를 쓰기 이전에 시도된 독립한 시라는 것은 의심의 여지가 없다. 마르트라는 이름은 이 발라드를 쓸 때 지어진 연인의 이름일 것이다. 그런데 그후 《유언시》를 쓰고 있을 무렵 이 발라드가 선물용으로 바뀌어 카트린느 드 보셀르에게 남겨 주게 되자, 마치 그 여자를 위하여 쓰여진 시처럼 보일 수밖에 없었을 것이라고 해석하는 뒤푸르네의 의견은 수긍할 만하다.

그리고 이 궁정풍 우아체 시는 嘲笑的인 자구를 사용하고 있는 점에서 《유증시》 첫부분의 시 분위기와 아주 유사하다. 그러나 이 발라드가 쓰여진 연대는 《유증시》 보다는 다소 뒤의 것으로 보인다.

그렇게 비싸게 군 사이비 미인이여,
친절한 체하면서 실은 냉정한
씹기에는 쇠보다도 딱딱한 연인이여,
그대는 나를 파멸로 모는 데 안성맞춤의 여자라 할 수 있나니

가련한 마음을 배반하고 죽이는 매력 하며
사람을 죽음으로 모는 감추어진 오만 하며, 비정한 눈 하며
법은 바라지 아니하는가? 그 가혹함 대신에
불쌍한 남자를 더 괴롭히지 아니하고 구해 줄 것을.

Fausse beauté qui tant coûte cher,

Rude en effet, hypocrite douleur,

Amour dure plus que fer à mâcher,

Nommer que puis, de ma défaçon seur,

Cherme félon, la mort d'un pauvre coeur,

Orgueil mussé qui gens met au mourir,

Yeux sans pitié, ne veut Droit de Rigueur,

Sans empirer, un pauvre secourir?

시인이 그 여자를 풍자하기 위하여 선택한 사구에는 알파벳의 R자가 가지는 혐오
스러운 音感과 대상으로 묘사된 여자의 性情이 잘 드러난다.

그 여자는 시인을 파멸시키기에 안성맞춤의 〈가련한 마음을 배반하고 죽이는 매
력〉, 〈사람을 죽음으로 모는 감추어진 오만〉, 그리고 〈비정한 눈〉을 가진 여인이다.

그렇기 때문에 시인은, 법은 〈그 가혹함 대신에 불쌍한 남자를 더 괴롭히지 아니
하고 구해 줄 것〉을 바라지 않는가라고 묻는다. 여기에서 법은 이를테면 마리 드 샹
파뉴의 트루아 궁정(cour de Troie)에서 열린 연애 재판의 법정(cour d'Amour)의 법
으로 그 법정 변호인의 변론과 같은 것을 말한다. 그리고 가혹함은 무정한 여인의
비정함을 의미한다. 따라서 그는 연애 재판의 법정이 변호인의 변론을 통하여 무정
한 여인의 비정함을 논박하여 불쌍한 남자를 구해 주어야 한다는 것이다. 그리고 이
발라드가 풀레가 말하고 있듯이 샤를 도를레앙에게 바치는 시인의 자기 추천서와
같은 시라고 한다면, 그 연애 재판의 법정은 샤를 도를레앙의 블루아 법정(cour de
Broie)일는지 모른다.

달리 구원을 찾았으면 좋았을 터이고

그러면 내 명예도 더럽혀지지 않았을 것을,
그런데 그 사랑을 잊을 수 없었으니
수치를 부여안고 멀리 피하지 않을 수 없도다.
여보 여보 귀족과 서민 여러분!
어찌하여 한번도 싸워보지 못하고 죽어야 하는가?
아니면 연민은 바라지 아니하는가? 그 본래의 뜻에 따라서
불쌍한 남자를 더 괴롭히지 아니하고 구해 줄 것을.

Mieux m'eût valu avoir été sercher
Ailleurs secours, c'eût été mon honneur;
Rien ne m'eût su hors de ce fait hâcher
Trotter m'en faut en fuite et déshonneur.
Haro, haro, le grand et le mineur!
Et qu'est-ce ci? Mourrai sans coup férir?
Ou Pitié veut, selon cette teneur,
Sans empirer, un pauvre secourir?

시인은 무정한 여인을 단념하고 달리 구원을 찾았다면 그의 명예를 더럽히는 일
은 없었을 터인데, 그 사랑을 잊을 수 없어서 결국 수치를 안은 채 멀리 피해야만
한다고 호소한다.

그렇기 때문에 시인은 〈연민은〉 그 본래의 뜻에 따라서 〈불쌍한 남자를 더 괴롭
히지 아니하고 구해 줄 것〉을 바라지 않는가라고 묻는다.

여기에서 〈달리 구원〉은 《유언시》의 문맥으로 보아 당연히 마르트를 가리키는 것
이지만, 이 발라드가 처음 독립한 시일 때는 그 마르트가 다름 아닌 〈사이비 미인〉
임에 틀림없다. 그리고 〈연민〉은 앞에서 본 법의 內實을 의미한다.

그대의 활짝 핀 꽃도 시들어 누래지면
떨어지는 날이 오리니
그때 내가 그래도 입을 놀릴 수만 있다면 웃어 주리라.

그러나 그럴 수가 없도다! 어리석은 짓이로다.
아, 나도 늙고 그대도 퇴색하여 추녀가 되나니
지금 시냇물이 흐를 때 실컷 마실지어다,
모든 사람에게 고통을 주지 말지어다, 늦기 전에
불쌍한 남자를 더 괴롭히지 아니하고 구해 줄 것을.

Un temps viendra qui fera dessécher
Jaunir, flétrir votre épanie fleur;
Je m'en risse, se tant pusse mâcher,
Las! mais nenni, ce seroit donc foleur:
Vieil je serai, vous laide, sans couleur;
Or buvez fort, tant que ru peut courir;
Ne donnez pas à tous cette douleur,
Sans empirer, un pauvre secourir.

   시인은 〈그대의 활짝 핀 꽃도 시들어 누래지면 떨어지는 날〉이 반드시 올 터인데 그때 만약 죽지 않고 살아 있다면 그 추한 모습을 조소해 주겠다고 복수의 불을 태운다. 그러나 그는 곧 그 복수의 불을 꺼 버린다. 그것은 어리석은 짓이라는 사실을 너무나 잘 알기 때문이다. 그리하여 그는 〈나도 늙고 그대도 퇴색하여 추녀가 되나니 지금 시냇물이 흐를 때〉 마음 놓고 실컷 마시자고 호소한다.

   여기에서 인생의 무상함 내지는 미의 덧없음이라고 하는 것은 이미 〈작년에 내린 눈〉의 발라드에서 본 바 있는 테마이다. 그리고 〈살아요, 그리고 사랑해요〉(Viamus atque amamus)는 인류의 오랜 공통적인 테마로 단지 르네상스 시대의 롱사르의 테마만은 결코 아니다.

연인들 중에서 가장 위대한 사랑의 왕자여,
나는 그대의 총애를 잃고 싶지 아니하거니와
고귀한 마음은 일체 주의 이름으로 행해져야 하나니
불쌍한 남자를 더 괴롭히지 아니하고 구해 줄 것을.

Prince 「amoureux」, des amants le graigneur,

Votre mal gré ne voudroie encourir,

Mais tout franc coeur doit, par Notre Seigneur,

Sans empirer, un pauvre secourir.

시인은 마지막으로 〈연인들 중에서 가장 위대한 사랑의 왕자〉의 총애에 매달린다. 그 가장 위대한 왕자는 뤼시앙 풀레 이후 샤를 도를레앙으로 믿어져 왔으나, 최근에 와서 그것은 오히려 시칠리아 왕이며 앙쥬의 르네 공 바로 그 사람일는지 모른다고 앙드레 뷔르제가 이설을 내세우고 있다.

24

연 적

《유증시》의 경우와 마찬가지로 〈무정한 여인〉에 이어 메트르 이티에 마르샹[1]이
유언 수령자로 등장한다.

일, 메트르 이티에 마르샹에게는
옛날에 내 검을 남겨 준 바 있거니와[2]
이번에는 10행으로 된 롱도
「심연 속에서」[3]를 남겨 주나니,
거기에 곡을 달고 竪琴에 맞추어
옛 사랑을 위하여 부른다는 조건이로다.
영원히 나를 원망할는지 모르는 일이라
나는 그녀의 이름은 말하지 아니하는도다. (94절)

Item, à maître Ythier Marchant,

Auquel mon brant laissai jadis,

Donne, mais qu'il le mette en chant,

Ce lai contenant des vers dix,

Et, au luth, un *De profundis*

Pour ses anciennes amours

Desquelles le nom je ne dis,
Car il me hairoit à tous jours.

이티에 마르샹은 이미 《유언시》 25절에서 아나그람(anagramme)에 의하여 암시되고 있는 것처럼 여자 문제에 있어서 분명히 시인과 어떤 관계가 있는 인물로 보인다. 만약 그것이 사실이라면 그 여자는 다름 아닌 카트린느 드 보셸르임에 틀림없다.

시인은 그에게 10행으로 된 롱도 「심연 속에서」를, 거기에 곡을 달고 竪琴에 맞추어 〈옛 사랑〉을 위하여 부른다는 조건부로 남겨 주기로 한다.

시인은 그 롱도를 「심연 속에서」라고 부르고 있는데 그것은 죽은 이를 추도하는 찬송가의 제목인 만큼 거기에는 그대로 넘길 수 없는 어떤 의미가 암시되어 있다. 그리고 〈옛 사랑〉은 그가 마르트에게 기울인 사랑일 터이지만, 뒤푸르네는 그것을 카트린느 드 보셸르에 대한 빈정거림이며, 그 여자의 질투심을 부채질하기 위한 고의의 지적이라고 해석하고 있다.

그러나 시인은 〈영원히 나를 원망할는지 모르는 일〉이기 때문에, 그 여자의 이름은 결코 밝힐 수 없다고 시치미를 뗀다. 물론 그것은 그 특유의 익살이다.

1) 시인의 어린 시절부터 대학 시절까지의 친구.
2) 《유증시》 11절.
3) 죽은 이를 추도하는 찬송가. 《구약》 시편 제129장.

25

롱 도

RONDEAU

이 시의 이름도 클레망 마로가 붙인 것이다.

그러면 시인이 부르는 이름 「심연 속에서」, 즉 데 프로퓐디스(De Profundis)는 그 시의 내용이 되어, 죽은 이를 추도하는 노래임을 의미한다.

죽음이여, 나는 그대의 무정함을 원망하나니
그대 내 연인의 목숨을 앗아가고
그래도 모자라서
이 아픈 마음 아랑곳하지 아니하는도다.

내 연인 가서 나는 힘도 생기도 잃었는데
어찌하여 내 연인 살아 있을 적에 그대 마음 해쳤을까?
      죽음이여!

우리들 몸은 둘이지마는 마음은 하나였거늘
마음이 죽었으니 이 몸도 죽어야 하고
살아 있어도 생명이 없으니
남 보기에 그림자 같도다.
      죽음이여!

Mort, j'appelle de ta rigueur,
Qui m'as ma maîtresse ravie,
Et n'es pas encore assouvie
Se tu ne me tiens en la langueur:

Onc puis n'eus force ne vigueur;
Mais que te nuisoit-elle en vie,
      Mort?

Deux étions et n'avions qu'un coeur;
S'il est mort, force est que dévie,
Voire, ou que je vive sans vie
Comme les images, par coeur,
      Mort!

이 롱도는 「연인에게 보내는 발라드」와 가까운 위치에 자리하고 있다는 점에서 마르트의 죽음을 슬퍼하면서 쓴 애도시로 보는 학자도 있다고 한다.

그러나 시인이 이 롱도를 굳이 이티에 마르샹에게 남겨 주고 있는 것은 그가 카트린느 드 보셀르에 대하여 빈정거리면서 동시에 연적 마르샹을 무능한 자로 취급하고 〈해 볼 테면 해 봐라!〉는 식으로 비꼬며, 그 위에 카트린느의 죽음을 바라는 저의를 조금 드러내려는 데 목적이 있다고 해석된다.

그리고 이 롱도는 그것을 《유언시》의 문맥에서 떠난 독립한 하나의 시로 보는 경우, 알랭 샤르티에풍의 진지한 한 편의 애도시가 된다.

26

결코 잊을 수 없는 사람들

메트르 이티에 마르샹에 이어 메트르 장 르 코르뉘[1]가 유언 수령자로 등장한다.
그 순위는 《유증시》의 경우[2]와 같다. 그러나 《유증시》에 있어서는 둘을 한데 묶어
등장시키고 있으나 여기에서는 장 르 코르뉘를 독립시켜 그에게 2절의 시를 할애하
고, 거기에 결코 잊을 수 없는 무엇인가를 암시한다.

일, 메트르 장 코르뉘에게는
다른 새로운 선물을 하려고 하는데
그는 내가 아주 어렵거나 일이 있을 때마다
언제나 나를 도와 주었기 때문이로다.
나는 그에게 메트르 피에르 보비뇽[3]에게서 빌린
정원을 양도하나니
집문을 다시 만들어 달고
박공도 다시 세워야만 하리라. (95절)

Item, à maître Jean Cornu
Autre nouveau lais lui veuil faire,
Car il m'a toujours secouru
A mon grand besoin et affaire:

Pour ce, le jardin lui transfère
Que maître Pierre Baubignon
M'arenta en faisant refaire
L'huis et redresser le pignon.

시인은 이미 《유증시》에서 장 르 코르뉘에게 이티에 마르샹과 함께 가지도록 脫糞 취미의 〈단검〉을 선사한 바 있는데, 여기에서는 그것과는 다른 〈메트르 피에르 보비뇽에게서 빌린 정원〉을 그에게 양도하기로 한다. 물론 그것은 〈집문〉과 〈박공〉을 다시 만들어 달거나 세워서 수리하지 않으면 안 되는 廢家이다.

그리고 〈아주 어렵거나 일이 있을 때마다 언제나 나를 도와 주었기 때문〉이라고 하는 것은 물론 반어적 표현이다. 〈정원〉이라 함은 정원이 달린 별장을 의미하고, 동시에 그것은 황폐한 정원이다. 〈빌린〉 것이라 함은 물론 시인 특유의 익살이다.

문이 없어서 언젠가는
숫돌과 괭이 자루를 분실한 적이 있는데
그때의 캄캄함이란 매 여덟 마리로도 아니 열 마리로도
종달새 한 마리 잡지 못할 정도였도다.
집은 잠그기만 하면 안전하거니와
간판 대신에 고리를 달아두었으니
누구건 그것을 가져가는 자는 좋아하지 말지어다.
피비린내나는 밤 감옥의 맛을 보게 되리로다! (96절)

Par faute d'un huis, j'y perdis
Un grès et un manche de houe.
Alors huit faucons, non pas dix
N'y eussent pas pris une aloue.
L'hôtel est sûr, mais qu'on le cloue.
Pour enseigner y mis un havet;
Et qui l'ait pris, point ne m'en loue:

Sanglante nuit et bas chevet!

　시인은 여기에서 그 폐가를 무대로 전개된 〈피비린내나는 밤〉의 모험을 떠올리고 있는 것으로 보인다. 그것은 무전향연의 장소라고 생각될 수도 있을 터이고, 시인 아니면 코퀴유 당의 아지트로 여겨질 수도 있다. 그런데 그것은 저의 있는 표현으로 되어 있어서 그 의미하는 바가 반드시 분명하지만은 않다.

　그리고 3행과 4행은 그때의 캄캄함이 칠흑 같은 밤의 어둠이라는 정도의 표현이겠지만 〈매 여덟 마리〉라든가 〈열 마리〉라는 의미는 아주 모호하다.

　그러한 표면적인 해석에 대하여 중세 샤르트뢰 학파의 生殖과 豊饒를 말하는 자연철학의 학설을 적용하여 〈문이 없어서〉는 폐가, 즉 반자연적인 행위에 의한 女陰의 파괴, 〈숫돌〉은 불알, 〈괭이 자루〉는 男根, 〈분실〉은 성교의 불가능, 〈매〉는 공격, 그리고 〈종달새〉는 페니스 등으로 설명하는 학자[4]도 있다. 그리하여 그는 95절의 〈집 문을 다시 만들어 달고〉 운운은 그 파괴된 女陰의 치료 회복, 즉 생식과 풍요의 힘의 회복을 의미한다고 그 이면의 내용을 읽고 있다.

> 일, 메트르 피에르 생 타망의 아내에게는
> 나를 거지처럼 다룬 까닭에
> (그러나 그녀의 영혼에 죄가 있어도
> 신이여, 친절하게 용서해 주소서!)
> 나는 움직이지 아니하는 백마[5]에 대하여
> 젊은 암말을
> 암노새에 대하여는
> 빨간 털의 당나귀를 바꾸어 주리라. (97절)

> Item, et pour ce que la femme
> De maître Pierre Saint-Amant
> (Combien, se coulpe y a à l'âme,
> Dieu lui pardonne doucement!)
> Me mit ou rang de caïmant,

Pour *le Cheval Blanc* qui ne bouge
Lui changeai à une jument,
Et *la Mule* à âne rouge.

《유증시》에서는 생 타망이 직접 유증 수령자로서 간판 이름의 〈백마〉와 〈암노새〉를 선물로 받고 있다. 그러나 여기에서는 유언 수령자가 생 타망이 아니라 그의 〈아내〉이다.

시인은 몹시 화를 내고 그의 〈아내〉의 죄를 용서하려고 하지 않는다. 따라서 〈그녀의 영혼에 죄가 있어도 신이여, 친절하게 용서해 주소서〉는 반어적 표현이다. 그렇다면 왜 그는 그처럼 화를 내는가. 그것은 〈나를 거지처럼 다룬 까닭〉이라고 한다면, 〈그녀의 영혼에 죄가 있어도〉라는 표현이 쓰이지는 않았을 터이다. 그 여자의 죄는 혹이면 간음죄가 아니었을까 한다. 이 시의 후반 4행이 그러한 억측을 가능하게 하고 있다.

《유증시》에서 생 타망은 〈백마〉를 선물로 받는데 그 백마는 동시에 생 타망 자신이기도 하다. 또 하나 선물로 받은 〈암노새〉는 그의 둔감한 〈아내〉 자신이다. 그렇다면 늙은 생 타망이 그러한 아내로써는 〈그것〉이 발기하지 않는 것은 너무나 당연하다. 그리하여 여기에서 시인은 움직이지 아니하는 〈백마〉에 대하여 힘이 있는 〈젊은 암말〉을 바꾸어 준다는 것이다. 그리고 그의 〈아내〉의 경우도 늙은 남편 대신에 정력이 왕성한 〈빨간 털의 당나귀〉를 바꾸어 준다면 규방에서 쓸쓸한 일은 결코 없을 것이라고 한다.

---

1) 시인의 학우이며 젊은 시절의 친구.
2) 《유증시》 11절.
3) 파리 샤틀레의 대소인.
4) David Kuhn, pp.426-31.
5) 간판 이름.

27

가까운 고관 나으리들

여기에서 유언 수령자의 순위는 《유증시》의 경우와 비교해 볼 때 다소 바뀌어진다. 《유증시》에서[1] 피에르 드 생 타망과 나란히 〈금강석〉과 〈꽁무니를 들어올린 얼룩말〉을 선물로 받은 블라뤼가 여기에서는 유언 수령자의 순위에서 탈락되어 있다.

블라뤼는 1461년의 기록에 의하면 당시 파리 금은 세공사의 조합장으로, 재무 담당의 두서넛 집안과 인척관계에 있었다고 한다. 따라서 그는 이티에 마르샹·장 르 코르뉘, 그리고 피에르 드 생 타망과 같은 그룹에 속하며, 그러한 의미에 있어서 시인의 학우의 한 사람이었을 터인데 그가 이번에 유언 수령자의 순위에서 탈락된 것은 기이한 일이다.

그리고 《유증시》에서 3절이나 스페이스가 주어져 철저할 만큼 그 우둔함이 야유된 바 있는 로베르 발레도 유언 수령자의 순위에서 탈락되어 있는데 그것도 이해가 되지 않는다.

그러한 탈락은 《유언시》가 《유증시》의 型에 맞추어 쓰여진 것은 틀림없지만, 그러나 그것을 초할 때 반드시 《유증시》를 눈앞에 두고 있지 않았음을 말해 주는 증거가 된다.

시인은 두 사람 대신에 드니 에슬렝과 메트르 기욤 샤뤼오를 새로운 유언 수령자로 선정하고 여기에 등장시킨다.

일, 파리의 選良

드니 에슬렝 나으리에게는
내가 목숨을 걸고
튀르지 주점에서 훔쳐낸 오니스 포도주
14통을 남겨 주는도다.
실컷 마시고 양식과 이성을 잃을 때에는
그 술통에 물을 부어넣어 주기 바라나니
술이란 왕왕 좋은 집안을 망하게 하는 것이로다. (98절)

Item, donne à sire Denis
Hesselin, élu de Paris,
Quatorze muids de vin d'Aunis
Pris sur Turgis à mes périls.
S'il en buvoit tant que péris
En fût son sens et sa raison,
Qu'on mette de l'eau ès barils:
Vin perd mainte bonne maison.

시인은 선량 드니 에슬렝 경에게 튀르지 주점에서 목숨을 걸고 훔쳐낸 〈오니스 포도주 14통〉을 남겨 주면서, 술이란 왕왕 좋은 집안을 망하게 하는 것이라고 무서운 충고를 한다. 〈선량〉[2]은 국고 특별부과세 징수를 위하여 국왕이 임명한 것임을 가리키는데, 어쨌든 그는 파리의 부르주아 자크 에슬렝의 아들로 1425년에 태어난다. 그러니까 시인보다 6세 위이다. 그리고 그는 재무 담당의 한 사람으로 나중에는 니콜라 드 루비에를 대신하여 파리 시장이 된다.(1470-4) 그런데 시인은 6세나 위인 그러한 고관 나으리를 마치 친구처럼 다루고 있다.

시의 내용으로 보아 그는 술을 좋아한 것으로 보이고, 또 그 직위를 이용하여 물을 탄 가짜 포도주를 판 적이 있는 것으로도 보인다.

〈1 뮈이〉(muid)는 2백68리틀인데 여기서는 편의상 1통으로 옮긴다. 그리고 〈튀르지 주점〉은 저 유명한 〈솔방울〉 주점을 가리키며, 거기에서 〈훔쳐낸〉 것이라 함은 물론 해학적 표현이다.

일, 내 변호인
메트르 기욤 샤뤼오에게는
무엇을 줄까? 마르샹이 자리를 굳히기 위하여 가지고 있는
내 단검을 남겨 주는데 그 칼집은 별도로 하는도다.
그 밖에 탕플르 대농장의
포장도로 위에서 주워 온
1로[3]의 금화를 잔돈으로 바꾸어 주나니
돈주머니를 부풀게 하기 위함이로다. (99절)

Item, donne à mon avocat,

Maître Guillaume Charruau,

Quoi? Que Marchant ot pour état,

Mon brant; je me tais du fourreau.

Il aura, avec ce, un reau

En change, afin que sa bourse enfle,

Pris sur la chaussée et carreau

De la grand clôture du Temple.

시인은 메트르 기욤 샤뤼오를 새로운 유언 수령자로 선정하여 그에게 〈마르샹이
자리를 굳히기 위하여 가지고 있는 내 단검〉을 칼집은 별도로 하고 남겨 주고, 〈1로
의 금화를 잔돈으로 바꾸어〉 곁들여 준다.

시인은 기욤 샤뤼오를 〈내 변호인〉이라고 부르고 있는데, 그것은 내 친구라는 정
도의 의미이다. 사실 샤뤼오는 시인과 거의 같은 시기(1449)에 학예대학을 나와 문
학사(licencié es Art)가 되어 있다.

시인은 《유증시》에서 문제의 〈단검〉을 이미 이티에 마르샹에게 선물한 바 있다.
단검은 기사의 장신구임과 동시에 脫糞과 男根을 의미한다. 전자로 보면 肛門이 되
고, 후자로 보면 그것은 말하지 않아도 분명하다.

그런데 이중적 표현을 좋아하는 시인은 또 〈1로의 금화〉를 곁들여 준다고 한다.

이 금화는 샤를 7세가 1429년부터 35년까지의 사이에 유통시킨 프랑스 왕국 금화로,
〈로Roëau, rot〉에는 화폐의 단위 이외에 〈구멍〉이라는 의미도 숨어 있어서 칼집은
별도로 하고 〈단검〉을 남겨 준다고 하니까, 그것이 무엇을 암시하고 있는지는 누구
나 알 수 있는 바이다. 한편 〈1로의 금화〉를 잔돈으로 바꾸어 〈돈주머니를 부풀게
하기 위함〉이라는 것은 풍자적·해학적 의미가 내포되어 있는 말이다. 사실 금화 한
개로는 부풀어질 리 만무하지만 잔돈으로 바꾸면 6백60개가 되므로 아마 〈돈주머니〉
가 가득해질 것임에 틀림없다.

〈탕플르 대농장〉은 파리 성벽을 따라서 탕플르 성문 앞으로 펼쳐진 농원으로, 성
지 수호를 위하여 1118년에 결성된 탕플리에 기사단 수도회의 파리 근거지로 조성
된 것이며, 넓은 경작지가 있었다고 한다.

일, 내 代訴人 푸르니에에게는
온갖 수고를 다 맡아 준 터이라
(그런 생각은 하지 않아도 되는 일이지마는)
돈주머니에서 네 줌의 돈을 꺼내 주나니
많은 소송에서 나를 구해냈기 때문이로다.
바로 그렇게 예수 그리스도도 나를 구해 주소서!
사실은 이기게 되어 있는 소송이로되
옳은 권리의 주장도 좋은 변호를 필요로 하는도다. (100절)

Item, mon procureur Fournier

Aura pour toutes ses corvées

(Simples sera de l'épargner)

En ma bourse quatre havées,

Car maintes causes m'a sauvées,

Justes, ainsi Jésus-Christ m'aide!

Comme telles se sont trouvées;

Mais bon droit a bon métier d'aide.

시인은 〈변호인 메트르 기욤 샤뤼오〉에게, 〈1로의 금화를 잔돈으로 바꾸어〉 주자
돌연 그가 속하고 있는 생 브누아 공동 신도단의 〈대소인 푸르니에〉를 떠올린 모양
이다. 그는 푸르니에에게 《유증시》에서[4] 이미 〈통이 얕은 모자〉와 〈엷은 가죽신〉을
선물한 바 있다. 그러나 그는 여기에서 또 〈네 줌의 돈〉을 돈주머니에서 꺼내 준다.

이 시의 의미 내용은 너무나 분명하다. 푸르니에는 해야 할 당연한 일을 했을 뿐
이고, 그러므로 시인은 아무것도 주지 않아도 될 터이지만 그래도 약간의 용돈을 주
는 데 그친다고 그 특유의 익살을 떨고 있다.

1) 《유증시》 12절.
2) 1464년 3월 24일부 기록에 의하면, 그는 〈국왕의 빵 관리 담당 및 파리 징세소 선출 관리인
   귀족 드니 에슬렝 경〉(Noble homme Sire Deni Hesselin escuyer pannetier du roy et esleu sur
   le fait des Aides de Paris)으로 불리고 있다.
3) 화폐의 단위. 1로는 27수이다.
4) 《유증시》 21절.

28

그리운 사람들

비용이 이 《유언시》를 쓰고 있을 무렵 그의 악우 레니에 드 몽티니[1]는 이미 형장의 이슬로 사라지고 없다. 따라서 시인은 그에 대한 추억은 마음 속 깊이 묻어 버리고 여기에서는 일체 언급하지 않는다.

그리하여 《유증시》에[2] 레니에 드 몽티니와 나란히 유증 수령자로 등장한 장 라기에만이 뒤의 105절에서 그 게걸스러움을 충족하게 되지만, 《유증시》에서는[3] 그보다 나중에 등장하여 〈물 먹이는 장소 포펭〉과 목로주점 〈솔방울〉을 선물로 받은 바 있는 호주가 메트르 자크 라기에가 여기에 한발 앞서 유언 수령자로 얼굴을 내민다.

일, 메트르 자크 라기에에게는
4플라크의 술값을 갚는다는 조건으로
클레브 광장의 큰 잔[4]을 남겨 주는도다.
(그렇게 되면 수고스러운 일이지마는
정강이와 장딴지의 가리개라는 것을 팔아
바지 벗은 채 덧신 신고 돌아와야만 하리라.)
나를 버려두고 솔방울 주점에서
앉거나 서거나 술을 마신다면 말이로다. (101절)

Item, je done à maître Jacques

Raguier *le Grand Godet* de Grève,

Pourvu qu'il paiera quatre plaques

(Dût-il vendre, quoi qu'il lui grève,

Ce dont on couvre mol et grève,

Aller nues jambes en chapin),

Se sans moi boit, assied ne lève,

Au trou de *la Pomme de Pin.*

　시인은 메트르 자크 라기에에게 이번에는 클레브 광장의 주점 〈큰 잔〉을 남겨 주기로 한다.

　자크 라기에는 명문가의 출신이면서도 너무 술을 좋아하여 늘 술집에 틀어박혀 있는 인물이다. 그리하여 그는 《유증시》에서 저 유명한 주점 〈솔방울〉을 선물로 받은 바 있는데, 여기에서 또 주점 〈큰 잔〉을 받게 된다면 소위 일차는 〈솔방울〉에서, 이차는 〈큰 잔〉에서 좋아하는 술을 언제든지 마음껏 마실 수 있는 셈이다. 그것은 그에게는 더 이상 바랄 수 없는 선물이다. 그런데 거기에는 하나의 조건이 있다 시인은 주점 〈큰 잔〉에 갚아야 할 〈4플라크의 술값〉이 있는 모양이다. 하나의 조건이란 바로 그 술값을 갚는다는 것이다. 당시 프라망 화폐가 유통되고 있었는데, 그 가치가 히락하고 있어서 〈4플라크〉는 프라망 貨 네 장에 지나지 않으며 얼마 되지 않은 돈이다.

　그리고 시인은 그가 만약 〈솔방울〉 주점에서 술을 마시게 되는 경우, 자기를 따돌려 놓고 혼자 가는 날에는 〈바지 벗은 채 덧신 신고 돌아와야만 하리라〉 하고 경고한다. 시인은 〈솔방울〉 주점에서는 자기 얼굴이 통한다는 것이다. 물론 그것은 그 특유의 반어적 · 해학적 표현이다.

　일, 메르뵈프와 니콜라 드 루비에

　두 사람에 대하여는

　암소도 황소도 남겨 주지 아니하나니

　그들은 암소건 황소건 소 치는 사람들이 아니라

　새매를 다루는 자들[5]인데

(농담으로 생각하지 말지어다)
정확한 겨냥으로 자고와 물떼새를 잡으러
마슈쿠 미망인의 가게로 가기 때문이로다. (102절)

Item, quant est de Merbeuf
Et de Nicolas de Louviers,
Vache ne leur donne ne boeuf,
Car vachers ne sont ne bouviers,
Mais chiens à porter éperviers,
(Ne cuidez pas que je me joue)
Et pour prendre perdrix, plouviers,
Sans faillir, sur la Machecoue.

시인은 《유증시》에 마지못하여 등장시킨 것처럼 마지막 34절에서 다룬 두 부르주아 귀족(bourgeois gentilshommes) 메르뵈프와 니콜라 드 루비에를, 여기에서는 호주가 라기에와 라기에에게 관계가 있는 〈솔방울〉 주점의 경영자 로벵 튀르지 사이에 끼워 놓는다. 명문가 출신의 호주가 라기에에 이어 부르주아들이 등장하는 것은 어찌 보면 시인의 聯想이 중단된 감이 없지는 않지만, 〈솔방울〉 주점이 쥬이브리가에 있을 뿐만 아니라 센 橋 건너편 샤틀레 근처의 손느리가에는 〈황금 사자〉라는 간판을 걸고 있는 아르눌레 마슈쿠(Arnoulet Machecoue)의 유명한 새고기 요리점이 있으니까, 그 연상이 반드시 중단된 것이라고만 할 수 없다.

메르뵈프와 니콜라 드 루비에는 《유증시》에서 〈옛 프랑과 에퀴가 가득 들어 있는 계란 껍질〉을 선물로 받는데, 여기에서는 〈암소도 황소도〉 받지 못한다. 그것은 그들이 소 치는 사람들이 아니라 당당한 귀족들이므로 그러한 선물을 할 수 없다는 의미인데, 물론 그것은 반어적·해학적 표현이다. 사실 그들은 나사 직물업자로서 악랄한 방법으로 돈을 번 사람들이요, 귀족이 되고 싶은 간절한 소망을 가진 인물들이다.

시인은 그렇기 때문에 그들을 새매 사냥이라는 귀족에게만 허용되어 있는 권리를 가지는 당당한 인물들로 격상시켜 주고, 그들의 사냥 방법을 오직 〈정확한 겨냥으로 자고와 물떼새를 잡으러 마슈쿠 미망인의 가게〉로 가는 것으로 빗대어 풍자한다.

일, 로벵 튀르지가 나에게로 온다면

나는 그에게 술값을 갚아 줄 터이지마는

그러나 만약 내 거처를 찾아내기라도 한다면

그는 점쟁이보다 나으리로다.

나는 그에게 파리 출신으로서 가지는

관리의 피선거권을 물려 주나니

내가 푸아투 사투리를 조금 쓴다 하더라도

그것은 두 귀부인이 나에게 가르쳐 준 데 지나지 아니하도다. (103절)

Item, vienne Robin Turgis

A moi, je lui paierai son vin;

Combien, s'il trouve mon logis,

Plus fort sera que le devin.

Le droit lui donnc d'óchevin,

Que j'ai comme enfant de Paris:

Se je parle un peu poitevin,

Ice m'ont dcux dames appris.

이 시는 다음 104절과 함께 시인 특유의 이중적 의미의 표현이다.

시인은 여기에서 표면상의 그것과는 다른 의미를 암시한다. 시 전반 4행은 이미 종종 나온 바 있는 〈솔방울〉 주점의 경영자 로벵 튀르지에 대한 야유이다. 시인이 로벵 튀르지의 가게에 빚을 지고 있다는 것은 77절과 101절의 시의 암시로 미루어 보아 분명하다. 그 암시는 뒤집으면, 그가 로벵 튀르지의 가게에 빚을 지고 있다는 것을 언제나 잊지 않고 염두에 두고 있다는 말이 된다. 그리하여 그는 빚을 갚아 줄 테니까 찾아올 수 있다면 찾아와도 좋지만, 그러나 〈내 거처를 찾아내기라도 한다면〉 그것은 점쟁이보다 나으리라고 익살을 떤다.

이 시의 후반 4행은 그 의미가 다소 모호하다. 시인은 로벵 튀르지에게 〈파리 출신으로서 가지는 관리의 피선거권〉을 물려 주기로 한다. 자유도시의 시장 보좌역 내지는 관리(echevin)가 임명이 아니라 선거에 의하여 정해지던 당시에는 모든 부르주아는 선거권과 피선거권을 가지고 있을 터이므로, 그것은 시인 특유의 해학적 표현에 지나지 않다.

그런데 〈푸아투 사투리를 조금 쓴다〉 운운하는 것은 무엇을 의미하는가. 샹피옹 이후 많은 학자는 그 표현에서 그의 부정적 저의를 읽고 그가 〈빚을 갚지 않겠다〉는 의도를 가진 것으로 해석하고 있다. 만약 그렇다면 〈두 귀부인〉이 그에게 푸아투 사투리를 가르쳐 주었다는 표현은 사실인 셈이다. 그리고 뒤푸르네는 〈두 귀부인〉을 시인이 일생 사랑하다가 배신당한 예의 카트린느 드 보셸르와 마르트라는 여자들의 암시일 것이라고 극언하기까지 한다.

우리는 〈푸아투 사투리를 조금 쓴다〉는 표현을 〈파리 출신〉과 연결시켜 생각하기로 한다. 즉, 시인이 〈파리 출신으로서 가지는 관리의 피선거권〉을 물려 주고자 할 때 그가 〈푸아투 사투리를 조금 쓴다〉고 하면 그가 과연 〈파리 출신〉인가 의심받을 수도 있기 때문에, 실제로 파리 출신이지만 푸아투 사투리를 쓰는 것은 결국 어떤 〈두 귀부인〉이 그것을 가르쳐 준 데 지나지 않다는 정도의 의미로 해석하기로 한다.

어쨌든 시인은 〈두 귀부인〉에 대한 설명을 계속한다.

그녀들은 대단한 미인이며 친절한 부인이거니와
브르타뉴와 푸아투의 변경
생 쥘리앙 드 보방트 근처의
생 제느루에 살고 있도다.
그러나 그녀들이 지금 나날을 보내고 있는 곳은
어딘지 정확히 말하지 아니하나니
천만에! 나는 그처럼 바보가 아닌즉
내 사랑은 감추어 두고 싶기 때문이로다. (104절)

Elles sont très belles et gentes,
Demeurant à Saint-Génerou,
Près Saint-Julien-de-Voventes,
Marche de Bretagne à Poitou.

Mais i ne di proprement ou
Iquelles passent tous les jours;
M'arme! i ne seu mie si fou,
Car i veuil celer mes amours.

　시인은 여기에서 〈두 귀부인〉이 대단한 미인일 뿐만 아니라 친절한 여성들이며, 지금 〈생 쥘리앙 드 보방트 근처의 생 제느루〉에 살고 있다고 말하면서도 그 정확한 거처만은 결코 밝힐 수 없다고 연막을 친다.

　어느 학자는 이 시에 나오는 두 지명 제느루(Génerou)와 보방트(Voventes)에서 〈빚을 갚지 않는다〉는 말을 꺼낸다. 그것은 〈나는 너에게서 산 물건에 청산을 하지 않는다〉(Génerou: je ne sou(s); Voventes: vo(s) ventes, 즉 je ne sous pas vos ventes.)는 의미가 된다고 한다.[6] 이 해석을 받아들이면 시인의 푸아투 방랑설은 무너져 버리는데, 이중적 의미의 표현을 좋아하는 시인인 만큼 그러한 말장난을 한 것일는지도 모른다. 만약 그렇다면 이 시의 첫머리 〈그녀들은 대단한 미인이며 친절한 부인〉이라는 표현은 아이러니로 보아야 할 것이다.

1) 시인의 어린 시절부터의 친구. 1429년에 태어나 1457년에 처형된다.
2) 《유증시》 17절.
3) 《유증시》 20절.
4) 주점의 간판 이름. 그 위치는 지금 파리 시청 광장 근처에 있었다고 한다.
5) 〈귀족들〉이라는 의미인데, 여기에서는 반어적 표현이다.
6) 《Romania》지, 80권. p.156.

29

샤틀레 경관과 경호 관계자들

　여기에서 샤틀레 경관들과 경호대원들이 유언 수령자로서 줄지어 등장한다. 그것은 장 라기에를 선두로 미쇼 뒤 푸르·드니 리쉬에·장 발레트·페르네 마르샹·카젱 솔레·장 르 루·장 마에·장 리우가 뒤를 잇는 당당한 隊列이다.

　그런데 《유증시》에서 니죵 城과 비세트르 城砦를 받은 그리니 영주 필리프 브뤼넬은, 소동과 죄악을 다스리는 은총을 선물로 받은 장 모탱과 피에르 바자니에와 함께 뒤로 밀려나 각각 136절과 138절에 등장한다. 그리고 저 유명한 수육상 피에르 드 라 드오르의 점원 장 트루베는 유언 수령자에서 탈락되어 모습을 감춘다.

> 일, 12인조 경관의 한 사람
> 장 라기에에게는
> 그의 생명이 존속하는 한 매일
> 탈무즈 과자 한 개를 주도록 명하거니와
> 그 과자를 바이이의 식탁에서 빼앗아
> 그의 주둥이에 쑤셔넣어 주고
> 모뷔에 샘물로 그의 목을 적셔 주기 바라나니
> 그는 분명히 먹을 걱정을 하였을 터이기 때문이로다. (105절)

Item, à Jean Raguier je donne,

Qui est sergent, voire des Douze,

Tant qu'il vivra, ainsi l'ordonne,

Tous les jours une tallemouse,

Pour bouter et fourrer sa mouse,

Prise à la table de Bailly;

A Maubué sa gorge arrouse,

Car au manger n'a pas failli.

시인은 장 라기에에게 이번에는 바이이의 식탁에서 빼앗아 온 〈탈무즈 과자〉 한 개를 일생 동안 매일 입에 넣어 줄 것을 약속한다. 그것은 고등법원의 판사이며 회계재판소의 검사인 바이이에게서 매일 뺨을 얻어맞는다는 의미의 반어적·해학적 표현이다. 왜냐하면 탈무즈(tallemouse)라는 말에는 따귀 때리기 내지는 주먹질이라는 뜻도 포함되어 있기 때문이다.

장 라기에는 《유증시》에서 시인의 악우 몽티니와 함께 등장하여 일금 1백 프랑을 받고 호된 꾸지람을 듣고 있는데,[1] 그 품행이 좋지 않음을 알 수 있다. 그는 여기에서 샤틀레 검찰장관 직속 12인조 기마대 경관의 한 사람으로 얼굴을 내밀고 있지만 실은 재무 담당의 유력한 인물로, 앞에 나온 자크 라기에하고는 형제간이고 샤를 7세의 주방장이었던 사람의 아들로서, 따라서 명문가 출신인 셈이다.

그리고 고등법원 판사이며 회계재판소 검사인 장 드 바이이의 집은 시테의 코롱브 가에 있었고 그 맞은편에는 유명한 모뷔에 샘물이 흐르고 있었다고 한다.

그런데 그 품행이 좋지 않은 기마대 경관과 회계재판소 검사와 그리고 시인, 거기에다가 따귀 때리기 내지는 주먹질을 의미하는 탈무즈 등으로 엮어져 있는 105절의 회화(caricature)의 의미는 과연 무엇인가. 그것이 분명하지 않다.

바이이가 손님 초대를 좋아하여 직업상 실업가들과 금융관계 사람들을 자주 초대하는 일이 있었다고 하니까[2] 장 라기에도 그 초대객의 한 사람이었고 그 무례함이 사람들의 눈에 거슬렸는지도 모른다.

일, 바보극단의 좌장에게는
하나의 훌륭한 바보로서 미쇼 뒤 푸르를

인사말과 함께 증정하나니
그는 이따금 멋있는 말도 잘하거니와
〈나의 달콤한 사랑이여!〉도 잘 부르는 놈인데
결국 약간의 의욕만 북돋우어 준다면
천하에 없는 진정한 바보인즉
그가 없는 곳에서는 마음이 편하도다. (106절)

Item, et au Prince des Sots

Pour un bon sot Michaut du Four,

Qui à la fois dit de bons mots

Et chante bien 〈Ma douce amour!〉

Je lui donne avec le bonjour;

Bref, mais qu'il fût un peu en point,

Il est un droit sot de sejour,

Et est plaisant ou il n'est point.

시인은 바보극단의 좌장에게 천하의 바보인 미쇼 뒤 푸르와 그의 인사말을 선물하기로 하는데, 그 의미하는 바는 거꾸로 샤틀레 체형 집행인인 미쇼 뒤 푸르를 야유하는 데 있다.

중세 말기의 희극에는 교훈극·광대극·바보극 등이 있고, 그것들은 전부 법원·재판소의 샤틀레 같은 법조관계의 하급 관리들이나 서기들이 단체(Corporation) 또는 조합(Confrérie)을 만들어 상연을 하고 있다. 그들이 말하자면 바조슈로 바보극단을 만들고 있는데, 그것을 통솔하고 상연·감독·관리 등을 맡는 역이 〈프렝스〉(prince), 즉 좌장이다. 당시 그 역을 기욤 게루가 맡고 있어서 결국 시인의 유언 수령자로서 선정된 셈이지만, 의미상의 주인공은 앞에서 본 바와 같이 바로 샤틀레 체형 집행인인 미쇼 뒤 푸르이다. 미쇼 뒤 푸르는 나바르 신과대학 절도사건이 1457년 3월에 발각되었을 당시 그 범행 현장의 실지 검증에 입회한 인물이다. 시인은 그 사실을 잘 알고 있다. 그렇기 때문에 그는 미쇼 뒤 푸르를 야유한다. 그는 그 야유의 묘미를 살리기 위하여 미쇼 뒤 푸르를 어릿광대로 만들고, 게다가 어떤 재미도 웃음도 없는 얼간이로 다루며 신랄하게 풍자한다.

　그리고 시 마지막 행의 〈그가 없는 곳에서는 마음이 편하도다〉는 뒤푸르네의 견해에 따라서 옮긴 것인데, 그 의미는 반대로 〈그놈을 만나면 큰일날 터인즉 주의하라〉는 경고이다.

　　　일, 20인조 11대 경관들에게는
　　　그 행동이 공명정대하며
　　　그 성질이 선하고 친절한 사람들이라
　　　드니 리쉬에와 장 발레트를 대표로 하여
　　　각각 커다란 리본 하나씩을 남겨 주는도다.
　　　그들의 펠트 모자에 달기 위한 것인데
　　　물론 내가 말하는 것은 도보 경관들인즉
　　　기마 경관들은 관계가 없기 때문이로다. (107절)

　　　Item, aux Onze-Vingts Sergents
　　　Donne, car leur fait est honnête
　　　Et sont bonnes et douces gens,
　　　Denis Richer et Jean Vallette,
　　　A chacun une grande cornette……
　　　Pour pendre…… à leurs chapeaux de fautres;
　　　J'entends à ceux à pied, hohette!
　　　Car je n'ai que faire des autres.

　시인은 20인조 11대 경관들을 하나로 묶어 유언 수령자로 등장시키고 드니 리쉬에와 장 발레트를 대표로 그들 전부에게 각각 〈커다란 리본〉 하나씩을 선물하기로 한다.

　20인조 11대는 샤틀레 검찰청 소속 도보 경관들을 가리키는 것으로, 20명을 1조로 편성한 조직이 11대가 되기 때문에 그렇게 불린다. 그것은 주로 파리 시내의 치안 유지와 범인의 체형 집행을 맡고 있는데, 그 중에는 성질이 악하고 못된 자가 섞여 있다. 따라서 〈성질이 선하고 친절한 사람들〉 운운은 반어적 표현이다. 그리고 〈기마 경관들〉은 파리 교외의 치안 유지를 맡고 있기 때문에 사실 시내에서 준동하는 시인 등에게는 하등 관계가 없는 셈이다.

그런데 20인조 11대 경관들이 선물로 받는 〈커다란 리본〉은 빌로드나 명주로 만든 띠를 가리키는 것으로, 그들은 그러한 띠를 붙인 두건을 쓰고 있었는데 때로는 그 띠가 너무 길어 목에 감기기도 했다고 한다. 그렇기 때문에 여기에서 시인의 해학은 이중적 의미를 내포하고 있다. 하나는 그들이 가지고 있는 띠 자체를 그들에게 선물한다는 것이요, 다른 하나는 그 띠를 교수형 밧줄로 보고 성질이 악하고 못된 놈들의 목을 감아 조인다는 것이다.

다시 한번 페르네에게는
물론 라 바르의 사생아를 말하는 것인데
좋은 집안의 착한 인물이라
그의 방패에 사선을 긋는 대신
납을 입힌 사각형 주사위 세 개와
아주 예쁜 카드 놀이 트럼프 패를 새겨 주는도다.
뭐 또 말인가? 그가 소리내건 아니 내건 방귀를 뀐다면
그 밖에 四日熱을 덧붙여 주리로다. (108절)

Derechef, donne à Perrenet……
J'entends le Bâtard de la Barre,
Pour ce qu'il est beau fils et net,
En son écu, en lieu de barre,
Trois dés plombés, de bonne carre,
Et un beau joli jeu de cartes.
Mais quoi? s'on l'ot vessir ne poirre,
En outre aura les fièvres quartes.

시인은 여기에서 다시 페르네 마르샹을 등장시키고 유언 수령자로 선정한다. 그는

이미 두 번이나 등장하고 있으므로[3] 이번이 세 번째의 등장인 셈이다.

페르네 마르샹은 〈라 바르의 사생아〉로 묘사되어 있어서 물론 〈좋은 집안의 착한 인물〉은 아닐 것이며, 따라서 그것은 반어적 표현에 지나지 않다.

당시 기사의 방패 표면에는 그 집안의 紋章을 새겨놓게 되어 있는데 서자 출신인 경우에는 〈사선〉이 그어진다. 시인은 페르네 마르샹의 인품을 생각하여 그의 방패에 〈사선〉 대신에 형편없는 〈사각형 주사위 세 개〉와 손때 묻은 〈트럼프 패〉를 새겨놓는다고 한다. 그리고 그가 방귀를 뀌면 〈四日熱〉을 덧붙여 준다고 익살을 떤다.

시인의 이상의 암시적 표현으로 미루어 보아, 페르네 마르샹은 아마도 출신과 인품이 아주 좋지 않은 경관이었던 것으로 추정된다.

일, 나는 숄레가 손도끼를 가지고
판자와 나무토막을 끊고 다듬어
물통이나 술통을 만드는 것을 원치 아니하며
그의 연장을 전부 리옹의 검으로
바꾸러 가기 바라기니와
나무망치만은 남겨두어야 하나니
그는 싸움이나 소동을 좋아하지 않는다고 하지마는
조금은 좋아하는 것 같도다. (109절)

Item, ne veuil plus que Cholet

Dole, tranche, douve ne boise,

Relie broc ne tonnelet,

Mais tous ses outils change voise

A une épée lyonnoise,

Et retienne le hutinet:

Combien qu'il n'aime bruit ne noise,

Si lui plaît-il un tantinet.

시인은 여기에서 카쟁 숄레에게 그의 통을 만드는 연장을 〈리옹의 검〉으로 바꾸러 가도록, 즉 경관이 되도록 해 준다.

카젱 숄레는 원래 통을 만드는 일을 업으로 하다가 그 연장을 버리고 샤틀레 경관이 된 인물로,《유증시》에서는 장 르 루와 함께 등장하여 〈오리 한 마리〉와 〈성 프란체스코 파 수도사의 긴 망또〉 등 많은 선물을 받은 바 있다.

그는 성격이 난폭한 경관이었던 것으로 보인다. 그것은 시인이 그의 연장 중에서 망치만은 버리지 말고 그대로 가지고 있다가, 싸움이나 소동을 아주 좋아하는 것 같으니까, 그때 싸움과 소동을 진압하는 데 사용하도록 권고하고 있기 때문이다.

일, 장 르 루에게는
선량하고 훌륭한 장사꾼이로되
마르고 호리호리한데에다가
숄레란 자도 느린 놈이라,
길가에서 만나는 암탉 놓치지 아니하고 잡을
자그마한 사냥개 한 마리와
긴 외투를 남겨 주나니, 이것으로 가리기만 한다면
잡은 것 감추어서 들킬 염려 없으리로다. (110절)

Item, je donne à Jean le Loup,
Homme de bien et bon marchand,
Pour ce qu'il est linget et flou,
Et que Cholet est mal serchant
Par les rues plutôt qu'au champ
Qu'il ne laira poulaille en voie,
Le long tabart et bien cachant
Pour les musser,* qu'on ne les voie.

시인은 카젱 숄레의 짝 장 르 루에게는 길가의 암탉을 잡을 〈자그마한 사냥개 한 마리〉와 잡은 암탉을 감출 〈긴 외투〉를 남겨 주기로 한다.

장 르 루는 원래 센 강 하천 감시인 노릇을 하다가 샤틀레 경관이 된 인물로,《유증시〉에서는 앞에서 본 카젱 숄레와 함께 등장하여 그와 똑같은 많은 선물을 받은 바 있다.

시인은 그들에게 길가에서 만나는 남의 암탉을 잡아 슬쩍 가로채도록 편의를 제공해 주는 것으로 미루어 보아 무전향연을 권하고 있는지 모른다. 거기에 시인도 함께 어울린 적이 있는 것이 아닌가 한다.

그리고 〈선량하고 훌륭한 장사꾼〉, 〈마르고 호리호리한데〉, 〈숄레란 자도 느린 놈〉 운운하고 있는 것은 물론 반어적 표현이다.

> 일, 숲의 금은 세공사에게는
> 꼬리도 머리도 다 갖추어진
> 사라센 産 생강 못 1백 개를 남겨 주나니
> 상자를 만들 때 박기 위한 것이 아니라
> 肛門과 男根을 결합하고
> 햄과 소시지를 꿰맬 때 박기 위한 것인데
> 꽃꼭지에서 젖이 솟아나오고
> 불알에서 피가 흐를 때까지 말이로다. (111절)

> Item, à *l'Orflvre de bois*
> Donne cent clous, queues et têtes,
> De gingembre sarrasinois,
> Non pas pour accoupler ses boetes,
> Mais pour joindre culs et quoettes,
> Et coudre jambons et andouilles,
> Tant que le lait en monte aux tettes
> Et le sang en dévale aux couilles.

시인은 〈숲의 금은 세공사〉라는 별명으로 불리는 장 마에에게 〈사라센 産 생강 못 1백 개〉를 선물하기로 하고 그 용도를 제시한다. 그것은 그가 취향을 바꾸어 장 마에에게 그려내 보인 한폭의 세밀화이다.

그런데 그 세밀화는 주인공이 샤틀레 경관이며 체형 집행인인 까닭에 두 가지 의미로 해석된다. 그 하나는 고문받을 때 피고의 육체적 변화를 그린 그림이라고 하는 튀안느의 학설이다. 다른 하나는 장 마에가 페르네 마르샹과 마찬가지로 갈보집을 경영한 것으로 보고 글자 그대로 남녀 교합의 모습을 그린 그림이라고 하는 이탈리아 학자 브뤼넬리의 학설이다. 우리는 시인의 취향과 시의 표현으로 보아 후자를 취하는 것이 더 자연스럽다고 생각한다.

그리고 생강 특히 동양산 생강은 12세기 이래로 강정 효과가 있다고 믿어져 널리 애용되어 왔다고 한다.

이상으로 샤틀레 경관 또는 체형 집행인의 행렬이 끝나고 파리 자치단체의 경호 관계자들이 등장한다.

경호대장 장 리우에게는
그와 그의 대원들을 위하여
늑대의 머리 여섯 개를 남겨 주나니
푸주한의 뚱뚱한 똥개에게서 빼앗아
막포도주로 삶은 것인즉
돼지 치는 놈이 먹는 따위의 고기는 아니로다.
그러한 비싼 고기를 먹을 수만 있다면
어떤 죄도 기꺼이 범할는지도 모르리라. (112절)

Au capitaine Jean Riou,

Tant pour lui que pour ses archers,

Je donne sis hures de loup

Qui n'est pas viande de porchers,

Pris à gros mâtins de bouchers,

Et cuites en vin de buffet.

Pour manger de ces morceaux chers,

On en feroit bien un malfait.

시인은 경호대장 장 리우에게 〈그와 그의 대원들〉 몫으로 〈늑대의 머리 여섯 개〉
를 선물하기로 한다.

장 리우를 비롯하여 그의 대원들은 전부 모피의 제조·판매를 업으로 하는 훌륭
한 신분을 가진 사람들이다. 그런데 시인이 그들에게 〈늑대의 머리〉라는 부정스런
고기를 선물하는 데에는 우리가 모르는 어떤 의미가 숨겨져 있을는지 모른다. 그러
나 그것은 시인의 그들에 대한 철저한 야유임에는 틀림없다.

그렇기 때문에 시인은 장 리우에게 다시 1절의 시를 할애하여 그에 대한 야유를
계속한다.

그 고기는 솜털 깃과 코르크에 비하면
조금은 위에 부담이 가는 것이지마는
兵舍 속으로 가지고 가거나
포위전 때 이용하면 좋으리로다.
그놈의 늑대가 덫에 걸린 것이고
똥개에 쫓기어 몰린 것이 아니라면
나는 장 리우의 주치의이니까
겨울에는 그 가죽으로 외투 안을 만들도록 명하는도다. (113절)

C'est viande un peu plus pesante
Que duvet n'est, plume ne liège;
Elle est bonne à porter en tente,
Ou pour user en quelque siège.
S'ils étaient pris à un piège,
Que ces mâtins ne sussent courre,
J'ordonne, moi qui suis son miège,
Que des peaux, sur l'hiver, se fourre.

시인은 여기에서 우선 그 늑대의 머리, 그것은 대단히 좋은 고기이다, 그러나 솜
털 깃과 코르크에 비하면 조금은 딱딱하여 소화가 잘 되지 않을는지 모르니까, 병사

로 가져가서 먹게 하거나 적에게 포위되어 식량이 끊길 때 먹게 하면 얼마나 좋은
고기인지 모른다!라고 익살을 떤다.

그리고 시인은 장 리우가 모피의 제조·판매를 업으로 하고 있는 인물임을 빗대
어 그 늑대의 가죽을 벗겨 모피를 만들고, 겨울에는 그것으로 외투 안을 만들어 팔
면 돈을 더 많이 벌 수 있을 것이라고 야유한다.

1) 《유증시》 17절.
2) Champion, t.II, p.559.
3) 《유증시》 23절, 《유언시》 76절.

30

軍用 특별부과세 징수관과 부르 라 렌느의 이발사

비용은 파리 샤틀레 검찰청 소속 경관들과 파리 자치단체 경호 관계자들에 대한 야유를 끝내고, 이어 두 인물의 회화를 그린다. 그 하나는 軍用 특별부과세 징수관 로비네 트루스카이유의 회화이고, 다른 하나는 부르 라 렌느의 이발사 페로 지라르의 그것이다.

> 일, 로비네 트루스카이유에게는
> 관청에 근무할 때(잘도 해먹었는데)
> 메추라기처럼 걸어다니지 아니하고
> 살찐 뚱뚱한 말을 타고 다녔으니
> 그가 감히 빌려달라 할 수 없는 사발 하나를
> 내 찬장에서 꺼내어 남겨 주는도다.
> 그것으로 살림이 갖추어질 터인즉
> 그에게는 그 밖의 부족함이 없으리로다. (114절)

> Item, à Robinet Trouscaille,
> Qui en service(c'est bien fait)
> A pied ne va comme une caille,
> Mais sur roncin gros et refait,

Je lui donne, de mon buffet,

Une jatte qu'emprunter n'ose;

Si aura ménage parfait:

Plus ne lui failloit autre chose.

시인은 로비네 트루스카이유에게 그의 부엌 살림의 구색을 갖추는 데 필요한 〈사발〉, 그것도 감히 빌려달라고 말할 수 없는 형편없는 사발 하나를 자기의 찬장에서 꺼내어 주기로 한다.

로비네 트루스카이유는 처음 재무부 국왕 참의 장 르 피카르의 서기로 있다가 1452년 재무부 정식 서기가 되고, 1457년에 샤토 티에리의 세무관, 1462년에는 국왕 비서가 된 인물이다.

시인은 그러한 인물을 앞에 나온 생 타망[1]과 마찬가지로 〈걸어다니지 아니하고 살찐 뚱뚱한 말을 타고〉 다녔다고 한 점으로 미루어 보아, 재무부 서기로서 상당한 위세를 보이고 있던 무렵의 그를 알고 지낸 것으로 보인다. 그는 그 지위를 이용하여 많은 축재를 한 모양인데, 그것과는 별도로 〈메추라기처럼〉 키가 작은 사나이로 볼품 없는 위인이었던 것 같다.

그런데 그가 말을 타고 관청을 드나드는 모습은 귀족의 흉내를 내는 것이고, 그 말도 준마가 아니라 〈살찐 뚱뚱한 말〉이니까 얼마나 가관이겠는가 하고 시인은 비꼰다. 그리고 그는 그 위인이 〈투구를 쓴 사나이〉라는 간판의 집에 살고 있어서 투구 대신에 찬장에서 꺼낸 사발을 선물하는데, 그것은 그가 귀족(기사)으로서 쓰고 있는 투구 위에다가 사발을 뒤집어엎어 놓으면 얼마나 가관이겠는가 하는 신랄한 야유이다.

트루스카이유(Troussecaille)를 분해하면 〈여자를 쫓는다〉(Trace 〈la〉 caille)는 의미가 된다. 그러한 의미에 있어서 관청의 출퇴근을 〈여자에의 서비스〉로 보고, 그 서비스를 〈살찐 뚱뚱한 말〉의 반어, 즉 〈마르고 앙상한 아내〉에의 서비스라고 한다면 너무 불쌍한 일이므로 부엌 찬장의 사발, 즉 하렘(harem)의 여자를 선물할 테니까 그 여자에의 서비스를 하면 좋을 것이다라는 해석이 가능하다고 한다.[2] 사실 사발은 창·지갑 등과 마찬가지로 여자의 섹스라는 의미를 내포하고 있다.

그러한 사발의 암시는 당시 이발사가 사용하고 있던 대야와 탕관을 연상하게 한 것인지는 모르지만, 시인은 제1차 방랑 때 어떤 관계를 가진 것으로 보이는 부르 라 렌느의 이발사 페로 지라르를 추억한다.

일, 부르 라 렌느의 면허받은 이발사
페로 지라르에게는
대야 두 개와 탕관 하나를 남겨 주나니
많은 고생 무릅쓰고 돈벌이를 하기 때문이로다.
지금부터 6년 전에
그는 자기 집에 나를 재워 주고
1주일간 살찐 돼지 고기 먹여 주었는데
푸라의 수녀원장이 그 증인이었도다. (115절)

Item, donne à Perrot Girart,

Barbier juré de Bourg-la-Reine,

Deux bassins et un coquemart,

'Puisqu'à gagner met telle peine.

Des ans y a demi-douzaine

Qu'en son hôtel de cochons gras

M'apâtela une semaine,

Témoin l'abbesse de Pourras.

시인은 〈자기 집에 나를 재워 주고 1주일간 살찐 돼지 고기 먹여〉 준 페로 지라르에게 그 은의를 생각하여 〈대야 두 개와 탕관 하나〉를 선물하기로 한다. 그것은 그의 익살이라기보다는 지난날의 생활의 한 단면에 대한 추억이다.

시인은 1456년 6월 어느날 저녁, 싸움을 걸어온 필리프 세르무아즈를 살해하고 파리를 떠나 피신한다. 그리하여 이듬해 1월 국왕의 사면장을 손에 넣고 파리로 돌아온다. 그동안 그는 어디를 방황하고 어떤 생활을 하고 있었는지 일체 밝혀져 있지 않다. 그런데 그 밝혀져 있지 않은 생활의 한 단면이 언뜻 드러나 보이는 것은 바로 이 시의 표현뿐이다.

부르 라 렌느는 파리에서 오를레앙 가도로 약 8킬로미터 지점에 있는 자그마한 마을이며, 페로 지라르는 그 마을의 면허받은 이발사이다. 시인은 그 집의 투숙객으로 1주일간 신세를 지고 있었는지, 푸라의 수녀원장과 모의하여 무전향연의 연극을 꾸미고 있었는지, 아니면 페로 지라르 자신이 악한으로 코쾨유 당과 연결되어 있어서 시인과 은근한 어떤 관계를 맺고 있었는지는 일체 알려져 있지 않다. 어떤 학자는[3] 페로 지라르가 아파트의 임대업을 하고 있었을는지도 모른다고 추정하고 있지만 그것도 상상에 지나지 않다.

〈푸라의 수녀원장이 그 증인〉이라는 점을 주시하는 경우, 만약 푸라의 수녀원장이 당시 포르 루아얄의 수녀원장으로 드물게 보는 불량한 여걸 위게트 뒤 아멜이라는 고증이 성립한다면, 시인은 그 여자를 사이에 두고 착실한 이발사를 미끼로 하여 연극을 꾸며 무전향연의 1막을 연출했을는지도 모르는 일이다.

그리고 그러한 마지막 행의 표현이 다음에 등장하는 탁발종단의 수도사들에 대한 공격의 도입을 이루고 있다고 보아도 무방할 것이다.

1) 《유언시》 97절.
2) Dufournet, pp.48-49.
3) Thuasne, t.III, p.80.

31

종단 사람들

부르 라 렌느에 있어서 그곳의 수녀원장을 끼워 놓은 무전향연의 연극이 비용으로 하여금 시의 연상을 당시 종단의 문란한 생활로 옮기게 한 것은 어쩌면 자연스러운 경로일는지 모른다.

시인은 《유증시》에서[1] 이미 탁발종단의 수두사·수녀에 대한 야유를 시두한 바 있고 《유언시》에서도[2] 약간의 풍자를 하고 있는데, 116절에서부터 120절까지에 걸쳐서는 그것을 확대·심화시키는 모습으로 공격을 가한다.

일, 托鉢宗團 수도사들과
데보트 파 수녀들과 그리고 베귄느 파 수녀들에게는
그것이 파리와 오를레앙 어느 곳에 있건
또는 이교도 튀를뤼펭의 남녀 신자 어느 쪽이건
나는 쟈코벵이라고 하는 기름진 수프와
프랑 과자를 제공하나니
먹고 난 다음에는 침대의 房帳 속에서
명상적인 私談을 해도 좋으리로다. (116절)

Item, aux Frères mendiants,
Aux Dévotes et aux Béguines,

Tant de Paris que d'Orléans,

Tant Turlupins que Turlupines,

De grasses soupes jacopines

Et flans leur fais oblation;

Et puis après, sous les courtines,

Parler de contemplation.

시인은 우선 正敎건 邪敎건 수도사들과 수녀들에게 〈쟈코벵이라고 하는 기름진 수프와 프랑 과자〉를 선물하기로 하고 공격의 화살을 던지기 시작한다. 탁발종단 수도사들은 글자 그대로 구걸하는 수도사들, 즉 프란체스코·도미니쿠스·카르멜·아우구스티누스 4종파의 수도사들을 가리키고, 데보트 파 수녀들은 신의 딸 혹은 信女라고 하는 종파 수녀들을 가리키며, 베귄느 파 수녀들은 12세기 프랑스에서 성립된 종단 수녀들을 가리킨다.

그리고 튀를뤼펭은 14세기 북프랑스에서 유행한 異敎이다. 그것은 고대 아다미트 식으로 발가벗고 성기를 드러내어 대중 앞에서 춤을 추는 등 추태를 보여 결국 해체당하게 되지만[3] 한때에는 파리에서도 성행할 만큼 유명했다고 한다. 시인은 그들에게 그러한 호화로운 식사를 제공하며, 식사가 끝난 다음에는 침대의 방장 속에서 명상적인 私談을 해도 좋다고 허락한다. 그것은 무엇을 의미하는지 긴 설명이 필요없지만, 그는 그것을 당시 유명한 설교가 장 제르송의 《명상의 書》를 연상하며 반대로 비꼰다.

그런데 시인은 이번에는 그것으로 만족하지 않고 신랄한 풍자를 계속한다.

그들에게 그것을 제공하는 것은 내가 아니라

모든 자식을 가진 어머니와 신이시며

그들이 신을 위하여 온갖 고생을 겪고 있으니

신은 그들에게 그렇게 보상하고 있는도다.

모든 훌륭한 신부들은 살지 않으면 아니 되고

특히 파리 신부들이 그러하거니와

만약 그들이 우리 代母들의 그것[4]을 만족시켜 준다면

그만큼 그녀들의 남편을 불쌍히 여기는 일이 되리로다. (117절)

Ce ne suis-je pas qui leur donne,

Mais de tous enfants sont les mères,

Et Dieu, qui ainsi les guerdonne,

Pour qui souffrent peines amères.

Il faut qu'ils vivent, les beaux pères,

Et mêmement ceux de Paris.

S'ils font plaisir à nos commères,

Ils aiment ainsi leurs maris.

이 시의 의미는 극히 평이하다.

시인은 여기에서 13세기의 파블리오를 그대로 8행시에 담은 것 같은 신랄한 풍자를 하고 있는 셈이다.

시인은 종교에 봄담고 있는 사람들이 자기들 비방하는 네에 내한 집요한 복수, 그들의 무서운 권모술수에 대한 정면적 공격을 반어적으로 풍자한다. 그리하여 그 풍자의 강력함은 한층 더 선명해진다. 사실 〈그들이 우리 代母들의 그것을 만족시켜 준다면 그만큼 그녀들의 남편을 불쌍히 여기는 일〉이 된다고 하는 풍자는 읽는 이로 하여금 섬뜩함을 느끼게 할 정도이다.

여기에서 시인은 언뜻 종교에 몸담고 있는 사람들을 공격한 바 있는 선배들을 떠올린다.

메트르 장 드 풀리외는

그들의 행위에 대한 이의 신청을 하였는데

대중 앞에서 수치스럽게도

그 이의 신청의 취소를 강요당하였도다.

메트르 장 드 묑도 그들을 놀려 주었고

마티우도 그들의 행위를 비웃었지마는

그러나 신의 성당에서 존중할 것은

존중하지 않으면 아니 되는 법이로다. (118절)

Quoi que maître Jean de Poullieu

En vousît dire *et reliqua,*

Contraint et en publique lieu,

Honteusement s'en révoqua.

Maître Jean de Meun s'en moqua

De leur façon; si fit Mathieu;

Mais on doit honorer ce qu'a

Honoré l'Eglise de Dieu.

시인은 13세기 후반부터 14세기 초반까지 생을 살며 탁발종단 사람들을 공격한 3명의 대학인 내지는 성직자의 이름을 들면서 논증적 고발을 한다. 그러나 그 논증적 고발은 단지 암유적 표현에 그치고 있다.

장 드 풀리외는 파리 대학 신학박사이며 저명한 설교가로, 《유증시》 12절에서 시인이 암시하고 있는 바와 같은 고해 청문권과 시신 매장권을 둘러싼 주임사제들과 수도사들의 항쟁에 있어서 주임사제들 편을 들고 수도사들을 신랄하게 고발하며 이의 신청을 제기했는데, 1321년 교황 장 22세에 의하여 유죄 선고를 받고 이에 저항하기는 했지만 결국 굴복하여 〈대중 앞에서 수치스럽게도 그 이의 신청의 취소〉를 당하고 만다.

장 드 묑은 이미 《유언시》 15절에 나온 고귀한 《장미 이야기》 후편의 작자로, 그의 종단 사람들에 대한 공격은 작품 속의 도처에 나타나 있으며, 특히 수도사들을 위선자로 다루고 있는 점은 여간 통렬한 것이 아니다.

마티우는 《비탄의 書》의 작자 마테오루스이다. 그는 장 드 묑과 마찬가지로 중세의 대표적인 여성 혐오 사상의 고취자이며 동시에 반교황주의자의 대표적 인물이다.

그런데 시인은 그들이라고 하더라도 〈신의 성당에서 존중할 것은 존중하지 않으면 아니 되는 법〉이라고 반어적·풍자적 표현을 하며 익살을 떠는 일을 잊지 않는다.

그리하여, 나는 그들의 종이라

일체의 언행에 있어서
그들을 진심으로 존중하고
그들에게 말없이 복종하기로 하였도다.
그들의 욕을 하면 바보 취급당하는데
서로 맞대서건 설교단에 있어서건 그 밖의 어디에서건
그들의 이야기는 하지 말아야 하나니
그들은 반드시 보복을 하기 때문이로다. (119절)

Si me soumets, leur serviteur

En tout ce que puis faire et dire,

A les honorer de bon coeur

Et obéir, sans contredire;

L'homme bien fol est d'en médire,

Car, soit à part ou en prêcher

Ou ailleurs, il ne faut pas dire:

Ces gens sont pour eux revancher.

이 시의 의미도 극히 평이하다.

시인은 만약 종단 사람들을 고발하고 이의 신청을 제기하는 경우, 그 경과가 어떻게 되는가 하는 것은 앞에서 본 선배들의 예로 충분히 알 수 있기 때문에 일체의 언행에 있어서 그들을 존중하고 그들의 명령에 복종하기로 한다는 것이다. 물론 그것은 그 특유의 반어적·풍자적 표현이다.

그러나 시의 후반 4행은 종단 사람들의 있는 그대로의 생리를 묘사하고 있다. 종단 사람들은 자기들에 대한 이야기를 하면 반드시 바보 취급을 할 뿐만 아니라 보복을 가한다는 점을 시인은 강조한다. 그렇기 때문에 시인은 〈어디에서건 그들의 이야기는 하지 말아야 하나니〉 하고 충고하는 일을 잊지 않는다. 그것도 신랄한 아이러니임은 물론이다.

일, 카르멜회의 수도원에 살며

혈색이 좋고 대담한 모습을 하고 있는
수도사 보드에게는
투구 한 개와 갈고리 달린 창 두 개를 남겨 주는도다.
그것은 데튀스카와 그 부하들이
그의 파란 새장을 훔쳐가지 못하게 함이로되
그 수도사가 늙었지마는 행복하지 아니함은
바로 보베르의 악마이기 때문이로다. (120절)

Item, je donne à frère Baude,

Demeurant en l'hôtel des Carmes,

Portant chère hardie et baude,

Une salade et deux guisarmes,

Que Detusca et ses gendarmes

Ne lui riblent sa *Cage vert.*

Vieil est: s'il ne se rend aux armes,

C'est bien le diable de Vauvert.

이 시는 일련의 종단 사람들에 대한 혐오 사상 전개의 일종의 부록(appendice) 과 같은 희화이다.

시인은 여기에서 카르멜회의 수도원에 살고 있는 보드라는 탁발종단의 한 수도사를 끌어들여 그에게 〈투구 한 개와 갈고리 달린 창 두 개〉를 선물하고 단단히 무장을 하게 한다. 그것은 시인의 탁발종단 사람들에 대한 우회적 공격이다. 왜냐하면 그는 그들을 직접 공격하는 것보다는 실례를 드는 방법이 한층 더 효과적이라고 생각하기 때문이다.

카르멜회의 수도원은 옛 지도에 의하면 생 미셸 성문 근처, 그러니까 현재의 〈카르므 가와 몽타뉴 생트 준비에브 가 사이의 모베르 광장 바로 가까이에 세워져 있었다〉[5]고 한다. 그 종파는 1309년에 창립된 것인데 그 수도원의 성모를 모신 곳은 14세기부터 15세기 초까지 사람들의 숭앙의 대상이 된다. 그러나 수도사들은 대학 관계자들의 미움을 받고, 실제로 기강도 문란하여 품행이 좋지 않은 못된 자들도 섞여 있던 것으로 보인다.

문제의 수도사 보드는 오귀스트 롱농이 발견한 고문서[6]에 이름이 나오는 보드 드 라 마르로 추정된다. 그리고 데튀스카는 텍스트에 따라서 그 표기가 다르지만, 그것은 시인이 대은인 기욤 드 비용이나 검찰총장의 체면을 생각하여 샤틀레 검찰청 형사 장 튀르캉의 이름을 변형한 까닭이라고 한다.

만약 그렇다면 시의 후반의 의미는 어렴풋이 드러난다. 수도사 보드는 주독으로 빨간 얼굴을 하고 있는데다가 늙었지만 힘이 왕성하여 젊은 여자 없이는 밤을 지낼 수가 없고, 한편 상대 여자는 수도원 근처에 살고 있는데 엉덩이가 가볍고 변덕스러우며, 장 튀르캉은 그 여자에게 잔뜩 눈독을 들이고 있다. 보드여, 그대는 장 튀르캉이 부하를 거느리고 그 여자를 빼앗으러 오면 어쩔 수 없이 대항해야 하는데 빈손으로는 싸울 수 없을 테니까 〈투구〉와 〈창〉으로 무장할 필요가 있으며, 그리하여 만약 싸움에 이긴다면 그대는 바로 〈보베르의 악마〉라는 것이다.

그리고 〈새장〉은 은어로 여자만이 가지고 있는 것(natura feminae)을 의미하고 그것이 바뀌어서 여자 자신을 가리키며, 〈파란〉 색은 生氣 혹은 봄 기운이 감도는 것을 의미하는즉 변덕스러움을 가리킨다고 한다. 따라서 〈파란 새장〉은 변덕스러운 여자 내지는 갈보를 의미하는 말이 되는 셈이다.

〈보베르의 악마〉는, 현재 파리 천문대가 있는 곳에서 뤽상부르 공원 일부까지의 공간이 옛날 국왕 로베르의 저택이 자리한 곳으로 그 저택에 사람이 살지 않게 되자 황폐하여 어느새 악마의 소굴이 되어 버렸는데, 바로 거기에 살고 있던 악마이다. 그것은 半人半蛇의 파란 수염이 난 괴물인데 무서운 포효 소리를 내어 지나가는 사람들을 괴롭히고 있었다고 한다. 당시 파리로 올라온 수도사들이 성왕 루이 9세에게 청원하여 그곳에 수도원을 세우자, 그 악마는 드디어 모습을 감추었다고 전해진다.

1) 《유증시》 32절.
2) 《유언시》 31 · 32절.
3) 1372년 9월 2일 이교로 선고받고 해체당한다.
4) 여자의 섹스를 가리킨다.
5) Champion, t.I, p.361.
6) Arch. Nat. 1648.

그 生涯와 詩 世界　379

32

종교재판소와 회계원 사람들

  비용은 누구보다도 가장 싫어한 종단 사람들에 대한 비판을 일단 끝내고 이어 종교재판소와 회계원 사람들의 회화에 착수한다.

  그때 시인의 추억은 그로 하여금 우선 좋든지 싫든지간에 관계를 맺은 바 있는 종교재판소 捺印係를 떠올리게 한다.

일, 저 捺印係에게는
꿀벌의 똥을 많이 씹었고
게다가 유능한 사람이라[1]
그의 인장에 미리 침을 발라 주며
단번에 선명히 날인할 수 있도록
그의 엄지손가락을 납작하게 눌러 주고 싶도다.
나는 지금 主敎區의 날인계를 문제삼고 있나니
다른 사람들은 신이 돌보아 주기 때문이로다! (121절)

Item, pour ce que le scelleur
Maint étron de mouche a mâché,
Donne, car homme est de valeur,
Son sceau d'avantage craché,

Et qu'il ait le pouce écaché

Pour tout empreindre à une voie;

J'entends celui de l'Evêché,

Car les autres, Dieu les pourvoie!

시인은 〈저 날인계〉를 유언 수령자로 선정하고 그에게는, 〈꿀벌의 똥〉을 씹으며 언제나 지저분하게 침을 흘리는 칠칠치 못한 사람이니까, 인장에 미리 침을 발라 주기로 한다. 그러나 그에게는 그것으로 부족하다. 그의 엄지손가락을 납작하게 눌러 주어야 한다. 그러면 그는 손가락이 아파서 저 큰 인장을 찍는 데 힘이 들 것이 아니겠는가.

〈꿀벌의 똥〉 운운은 蜜蠟을 의미하는 것으로, 그것을 씹어 서류에 바르고 그 위에 금속제 인장을 찍는데 그때 밀랍이 붙지 않도록 미리 인장에 침을 발라 준다는 익살이다.

그런데 예의 〈날인계〉라는 인물은 시인의 표현처럼 종교재판소의 날인계인데, 몇 사람의 이름이 고증되고 있기는 하지만 그것이 누구인지 확실하지 않다. 시인이 이 시를 쓴 1461년을 전후하여 그 일을 맡은 사람은, 시인과 마찬가지로 메트르 에스 아르인 사제 리샤르 드 라 바뤼였다고 한다.[2]

그리고 시인이 그 인물에게 어떤 원한이 있어서 그러한 유언을 하고 있는지도 분명히 알 수 없다. 그는 125절에서 같은 종교재판소 대소인 장 코타르에 대하여 언급하고 〈드니즈라는 여자가 모욕을 당했다고 운운하며〉 고소한 때의 변호를 맡은 바 있다고 하는데, 드니즈라는 여인이 모욕을 당했다면 그것은 시인이 그 여자의 사생활을 폭로한 경우일 터이고, 「이중의 발라드」 5절의 카트린느 드 보셀르 사건과 여간 유사하지 않으며, 거기에서도 그 여자의 사생활을 폭로했다고 하여 체형을 받고 있다. 만약 두 사건이 같은 것이고 드니즈와 카트린느가 같은 인물이라고 한다면, 종교재판소에의 드니즈의 고소는 《유언시》가 아니라 《유증시》 이전의 사건일 터이고 그때 시인에게 호의를 가지지 않은 날인계는 리샤르 드 라 바뤼가 아니라 로베르 코르델이었을는지도 모른다. 그러나 코르델도 고증 미상의 인물이다.

회계원 감사관 나으리들에게는

광에 칠을 하여 남겨 주고
항문이 헌 자가 있으면
각각 의자에 구멍을 뚫어 주나니,
내 허리에 찬 돈주머니를 빼앗은
저 오를레앙의 갈보 같은 미세라는 놈에게
많은 벌금을 물린다는 조건인데
그놈은 정말 더러운 녀석이로다. (122절)

Quant des auditeurs messeigneurs,

Leur granche ils auront lambroissée;

Et ceux qui ont les culs rogneux,

Chacun une chaize percée;

Mais qu'à la petite Macée

D'Orléans, qui ot ma ceinture,

L'amende soit bien haut tauxée:

Elle est une mauvaise ordure.

시인은 〈회계원 감사관 나으리들〉에게는 그 사무실이 마치 광과 같은 낡은 것이므로 거기에 칠을 하여 선물하고, 그들 중에는 치질 환자가 있을 터이므로 그 의자에 구멍을 뚫어 주기로 한다.

회계원은 국왕 필리프 르 벨에 의하여 14세기에 창설된 것으로, 왕가의 지출 일체에 관한 회계 사무를 지도하는 기관이다. 그것은 1명의 총재하에, 파리의 돈 많은 부르주아 중에서 선출된 몇 명의 메트르와 재무 행정관계자 중에서 선출된 일정수의 서기, 즉 감사관으로 구성된다. 그 감사관은 흔히 〈나으리〉라고 불리었으며, 사무실은 시테의 재판소와 나란히 세워진 건물 안에 있었으나 여간 낡고 조잡한 것이 아니었던 모양이다.

그리하여 시인은 그 광과 같은 사무실에 칠을 하여 선물하려고 한 것이고, 감사관들은 거의 노인들이며 그 의자가 딱딱한 것 같으니까 거기에 구멍을 뚫고 치질로 고생하는 나으리들의 엉덩이를 시원하게 해 주려고 하는 것이라고 익살을 떤다.

미세란 놈은 〈갈보 같은〉 자라고 하지만 물론 남자이다. 그는 이쓰당 주재 국왕 필리프 르 벨의 특사 메니르 시몽의 대리인으로 심술궂은 자그마한 인물인데, 시인 은 방랑생활 도중 그 인물과의 언짢은 싸움으로 〈허리에 찬 돈주머니〉의 몇 푼 되 지 않은 돈을 빼앗긴 것으로 보인다. 그리하여 그는 그 인물을 고의적으로 〈갈보 같 은 미세라는 놈〉이라고 부르며, 예의 감사관들에게 많은 벌금을 물리는 처벌을 호소 한다.

일, 메트르 프랑수아에게는
라 바크리라는 성을 가진 종교재판소 검사이기에
금은 세공을 한 것은 아니지마는
親衛隊의 쇠사슬 목가리개[3] 하나를 남겨 주나니
그는 뒤통수에 주먹찜을 받을 때
신과 성 조르쥬[4]를 저주하였기 때문이로다.
그것을 듣고 웃지 아니한 자 없다고 하는데
미치광이처럼 입을 크게 벌렸다 하는도다. (123절)

Item, donne à maître François,

Promoteur, de la Vacquerie

Un haut gorgerin d'Ecossois,

Toutefois sans orfaverie;

Car, quand reçut chevalerie,

Il maugréa Dieu et saint George,

Parler n'en oit qui ne s'en rie,

Comme enragé, à pleine gorge.

시인은 다시 종교재판소에 대한 추억을 떠올리고 거기의 검사 프랑수아 드 라 바 크리를 유언 수령자로 끌어들여 그에게 〈친위대의 쇠사슬 목가리개〉 하나를 선물하 기로 한다.

그 검사는 직책상 학생과 성직자의 범죄를 취조한 까닭에 그들로부터 여간 미움을 받지 않았고, 때로는 불의의 습격을 받는 위험에 직면한 적도 있었다고 한다.[5] 그러나 시인은 여기에서 그러한 일반적인 원한을 가지고 그 검사를 미워하는 것은 아니다. 그는 그 검사가 나바르 신학대학 절도사건이 발각되어 그 공모자의 한 사람인 귀 타바리가 체포되었을 때 그 취조를 맡은 까닭에 개인적인 원한을 가지고 그를 미워한다.

시인은 피카르 태생의 그 검사의 성 바크리가 소치기라는 의미가 있으므로 그것을 빗대어 그는 검사가 아니라 소치기라고 야유하거나, 그에게 국왕 친위대의 쇠사슬 목가리개의 반어적 의미인 교수형 밧줄을 선물하여 반대로 그의 처형을 풍자한다.

그리고 이 시의 징벌적 회화의 재미는 그 검사가 불의의 습격으로 〈뒤통수에 주먹찜을 받을 때〉의 장면을 가정하고, 그가 두 손으로 머리를 감싸며 비명을 지르는 모습의 묘사에서 느껴진다. 시인은 그 모습이 《황금 전설》에서 신을 믿으며 순교의 태연함을 보인 카파드키아의 성 조르쥬의 모습과 얼마나 다른가를 암시한다.

> 일, 메트르 장 로랑에게는
> 술을 통째로 혹은 병째로 마신
> 양친 부모의 죄 때문에
> 충혈된 불쌍한 눈을 하고 있는데
> 아침마다 눈을 닦을 수 있도록
> 내 여행용 주머니 안을 남겨 주는도다.
> 그가 브르쥬 대사교이기라도 한다면
> 명주 주머니쯤은 있을 것을, 그러나 그것은 너무 비싼 물건이로다. (124절)

> Item, à maître Jean Laurens,
> Qui a les pauvres yeux si rouges
> Pour le péché de ses parents
> Qui burent en barils et courges,
> Je donne l'envers de mes bouges
> Pour tous les matins les torcher:
> S'il fût archvêque de Bourges,

De cendal eût, mais il est cher.

시인은 또 하나의 검사 메트르 장 로랑을 떠올리고 그에게는 주독으로 충혈된 불쌍한 눈을 아침마다 닦도록 〈내 여행용 주머니 안〉을 선물하기로 한다. 장 로랑도 프랑수아 드 라 바크리와 함께 귀 타바리를 취조한 검사이다. 그는 15세기 초에 태어났다고 하니까 그때 나이가 많은 노인인 셈이다.

이 시에서 시인이 주독으로 충혈된 불쌍한 눈을 그 인물의 특징으로 포착하고 있는 묘사라든가, 음주를 악덕으로 보고 그 악덕을 직접 그 인물에 뒤집어씌우지 않고 양친 부모의 죄로 돌리며 어버이의 죄는 자식이 진다는 속담처럼 묘사하고 있는 점이 그 희화성을 선명히 부각시키고 있다. 그리고 때와 먼지투성이의 더러운 〈내 여행용 주머니 안〉으로 충혈된 눈을 닦는다면 어떻게 될 것인가. 그것은 그야말로 신랄한 해학이 아닐 수 없다.

브르쥬 대사교는 당시 장 쾌르이며 《유언시》 36절에 나오는 대부호 자크 쾌르의 아들이다.

그런데 이 시는 시인의 신배 위스다슈 대상의 발라드 「나이가 많은 한 사제가 늙은 노새에 타고……」에서 시상을 얻은 것이라고 한다.

일, 교회 재판에서 내 대소인이었던
메트르 장 코타르에게는
1파타르[6] 정도의 빚을 지고 있거니와
(사실 지금에야 그 생각이 난 것이지마는)
드니즈라는 여자가 모욕을 당했다고 운운하며
나를 고소한 때의 변호료인데
나는 그의 영혼이 천국에 갈 수 있도록
여기에서 추도시를 써 남겨 주는도다. (125절)

Item, à maître Jean Cotart,
Mon procureur en cour d'Eglise,
Devoie environ un patart

(Car à présent bien m'en avise)

Quand chicaner me fit Denise,

Disant que l'avoie maudite;

Pour son âme, qu'ès cieux soit mise,

Cette oraison j'ai ci écrite.

시인은 또 다른 한 종교재판소 관계 인물을 떠올린다. 그 인물은 이미 《유언시》 5절에 언뜻 얼굴을 내민 바 있는 장 코타르이다.

그 인물도 직책상 나바르 신학대학 절도사건의 공모자 귀 타바리의 심문에 입회한 한 사람인데, 시인은 여기에서 그를 〈교회 재판에서 내 대소인〉이었다고 회상하며 유언 수령자로 선정한다.

시인은 어쩌면 카트린느 드 보셀르와 같은 여인으로 보이는 드니즈의 고소에 의하여 체형 선고를 받았을 때 그가 자기의 변호를 맡은 바 있는데 그 변호료 1파타르를 아직 갚지 못한 일을 떠올린다. 그리하여 그때의 은혜에 보답하기 위하여 이미 사망[7]하고 없는 그의 영혼에 바치는 추도시 한 편을 써서 선물한다는 것이 이 시의 내용이며, 형식상으로는 다음 「추모의 발라드」의 序詩가 되는 셈이다.

1) 반어적 표현. 사실은 칠칠치 못한 사람이라는 의미이다.
2) Champion, t.I, p.411.
3) 반어적 표현. 교수형 밧줄을 의미한다.
4) 영국인의 수호신이다.
5) Champion, t.I, p.410.
6) 프라망 지방의 화폐 단위.
7) 1461년 1월에 사망한다.

33

추모의 발라드

BALLADE ET ORAISON

비용은 여기에서 메트르 장 코타르에 대한 회화를 사실적인 필치로 아주 선명하게 묘사해낸다.

포두나무를 심은 아버지 노아여,
동굴 속에서 술을 마시고
사람의 마음을 사로잡는 사랑의 여신에 이끌리어
자기 딸에게로 접근해 간 그대 로트여,
(그대를 비난하기 위하여 말하는 것은 아니로다)
음주법을 잘 아는 아르슈트리크리누스여,
그대들 세 분에게 비나니, 함께 거두어 주소서
지금은 없는 어진 메트르 장 코타르의 영혼을!

Père Noé, qui plantâtes la vigne,
Vous aussi, Loth, qui bûtes ou rocher,
Par tel parti qu'Amour qui gens enseigne
De vos filles si vous fit approcher
(Pas ne le dis pour vous le reprocher),
Archetriclin, qui bien sûtes cet art,

Tous trois vous prique vous veuillez pêcher
L'âme du bon feu maître Jean Cotart!

시인은 우선 1절에서 호주가의 守護聖이라고 생각되는 《구약성서》 속의 세 인물의 이름을 떠올린다. 그것은 〈지금은 없는 어진 메트르 장 코타르의 영혼〉을 위탁하기 위해서이다.

첫째 인물은 노아이다. 《구약》 창세기 제9장 20-21절에 『노아는 포도원을 가꾸는 첫 농군이 되었는데 하루는 포도주를 마시고 취하여 벌거벗은 채로 천막 안에 누워 있었다』라고 쓰여 있다.

둘째 인물은 로트이다. 《구약》 창세기 제19장 30-36절에 『로트는 소알에서 그 고장 사람들과 함께 사는 것이 두려워 두 딸을 데리고 소알에서 나와 산에 들어가 살게 되었다. 그는 두 딸과 함께 굴 속에서 살았다. 하루는 언니가 아우에게 말했다. 〈아버지는 늙어가고 이 땅에는 우리가 세상의 풍속대로 시집갈 남자가 없구나. 그러니 아버지께 술을 취하도록 대접한 뒤에 우리가 아버지 자리에 들어 아버지 씨라도 받도록 하자.〉 그날 밤 그들은 아버지께 술을 대접하고는 언니가 아버지 자리에 들었다. 그러나 아버지는 딸이 언제 들어왔다가 언제 일어나 나갔는지 통 몰랐다. 그 이튿날 언니가 아우에게 말했다. 〈간밤에는 내가 아버지 자리에 들었으니 오늘은 네 차례이다. 아버지께 술을 대접하고 자리에 들어라. 같이 아버지 씨를 받자.〉 그들은 그날 밤에도 아버지께 술을 대접하고 이번에는 아우가 아버지 자리에 들었다. 그러나 아버지는 딸이 언제 들어왔다가 언제 일어나 나갔는지 통 몰랐다. 이리하여 로트의 두 딸은 아버지의 아이를 가지게 되었다』라고 쓰여 있다. 《구약》 창세기의 그러한 이야기는 자손을 얻기 위한 父女相姦이며 딸의 발의에 의한 행위로 묘사되어 있는데, 시인은 그것을 사랑의 신의 사주에 의한 행위로 바꾸어 표현한다.

셋째 인물은 아르슈트리크리누스이다. 《신약》 요한 복음에 예수의 최초의 기록으로 가나의 혼례 때 물이 포도주로 화했다는 이야기가 나온다. 그 축하 연회의 담당을 라틴어로 아르슈트리크리누스라고하는데 그것이 와전되어 人名으로 잘못 전해져 있다. 연회의 담당이니까 〈음주법을 잘 아는〉 것은 당연한 일이다.

시인은 그것을 노아·로트와 함께 포도주의 三尊의 하나로 그 이름을 환기하고 그들에게 장 코타르의 영혼을 거두어 주기를 기원한다.

그는 옛날 그대들의 핏줄을 이어받고 태어나
빚 하나 살 돈을 가지지 못했다 하더라도
가장 좋고 비싼 술만을 마셨도다.
진정 누구에게도 손색이 없는 술꾼이라
그의 손에서 술병을 빼앗을 수 없거니와
조금도 주저하지 아니하고 맛있게 마셨으니
고귀한 분들이여, 지체없이 맞이하여 주소서
지금은 없는 어진 메트르 장 코타르의 영혼을!

Jadis extrait il fut de votre ligne,
Lui qui buvoit du meilleur et plus cher,
Et ne dût-il avoir vaillant un pigne;
Certes, sur tous, c'étoit un bon archer:
On ne lui sut pot des mains arracher;
De bien boire oncques ne fut fêtart.
Nobles seigneurs, ne souffrez empêcher
L'âme du bon feu maître Jean Cotart!

시인은 여기에서 먼저 장 코타르는 왜 술을 좋아하는 호주가가 되었는가 그 이유를 그가 三尊의 핏줄을 이어받고 태어난 까닭이라고 못박고, 그만큼 그가 비록 〈빚 하나 살 돈을 가지지 못했다 하더라도〉 가장 비싼 고급 술만 골라 마시는 당당한 술꾼이며, 그리고 타의 추종을 불허할 정도로 술을 맛있게 마시는 진정한 주호라는 점을 밝힌다.

그리고 시인은 엄숙한 마음으로 고귀한 三尊에게 그들 자신의 후예인 장 코타르의 영혼을 지체없이 맞이하여 주기를 기원한다.

비틀거리며 갈짓자로 걷는 醉漢처럼
그가 잠자리로 가는 것을 종종 본 적이 있으며
언젠가는 지나치게 과음하여

타박상을 입은 것을 기억하고 있는데
요는 아침이건 저녁이건 구별 없이 마시는
그 같은 호주가는 이 세상에서 찾아볼 수 없나니
그의 소리 들으시면 맞이하여 주소서
지금은 없는 어진 메트르 장 코타르의 영혼을!

Comme homme vieil qui chancelle et trépigne,
L'ai vu souvent, quand il s'alloit coucher,
Et une fois il se fit une bigne,
Bien m'en souvient, pour la pie juchier;
Bref, on n'eût su en ce monde cercher
Meilleur pïon, pour boire tôt ou tard.
Faites entrer quand vous orrez hucher
L'âme du bon feu maître Jean Cotart!

　시인은 다음으로 장 코타르가 어떻게 술 취한 모습을 하고 있는가, 그것은 마치 〈비틀거리며 갈짓자로 걷는 취한처럼〉 집으로 돌아가는 모습이 종종 목격될 뿐만 아니라, 때로는 너무 과음하여 길가에 넘어져 타박상을 입을 만큼 낮이나 밤이나 취해 있는 그야말로 취생몽사의 경지에 있다고 설명한다.

　그리고 시인은 여기에서 측은한 마음으로 고귀한 三尊에게 그들 자신의 그것과 조금도 다름없는 생을 살다가 간 장 코타르의 영혼을 맞이하여 주기를 기원한다.

제일인자여, 그는 목이 말라 침을 뱉지 못하고
언제나 〈도와 주오! 목이 타오!〉 외쳤거늘
그 갈증 한번 풀지 못하였도다
지금은 없는 어진 메트르 장 코타르의 영혼은.

Prince, il n'eût su jusqu'à terre cracher;
Toujours crioit: 〈Haro! la gorge m'ard.〉

Et si ne sut onc sa seuf étancher

L'âme du bon feu maître Jean Cotart.

시인은 마지막으로 장 코타르가 목이 말라 침을 뱉지 못하는 갈증을 풀지 못하고 늘 〈도와 주오! 목이 타오!〉라고 구조를 호소했으니, 제일인자에게 그의 호소를 받아 주기를 기원한다.

그런데 시인은 실제로 장 코타르에 대하여 어떤 감정을 가지고 있는 것일까. 만약 125절의 시를 표현 그대로 읽는다면, 시인이 젊은 혈기로 어떤 여자를 비방했으나 결국은 그 여자에게 물리어 기소되었을 때 그의 변호를 맡아 주었으니까, 장 코타르는 그의 은인이 되는 셈이다. 그는 그 은인에게 아직 그때의 변호료를 지불하지 못하고 있다. 그러나 그 은인은 죽어 지금은 없다. 그리하여 그는 그 은인의 영혼을 위로하고 평안을 기도하는 발라드라도 바치는 것이 도리라고 생각한다. 그러므로 그는 장 코타르를 〈선인〉으로 보고, 그 호주가로서의 모습을 선명한 필치로 그려내고 있는 것이다.

사실 프라피에를 비롯하여 기의 대부분의 학자들은 이 발라드를 시인의 장 코타르에 대한 은의의 표현으로 해석하고 있다.

그러나 시의 표현 그대로의 해석은 반어적·이중적 의미 내지는 해학적·풍자적 표현을 좋아하는 시인의 경우, 너무 단순하고 위험하다는 견해도 있다. 가령 뒤푸르네는 125절의 시를 다른 시각으로 본다. 122절을 제외한 일련의 시에는 파리 종교재판소 관계 사람 셋이 차례로 등장한다. 특히 123절의 프랑수아 드 라 바크리와 124절의 장 로랑은 그 재판소의 검사이다. 시인은 거기에서 장 코타르를 자기의 대소인이라고는 하지만 그도 역시 두 검사와 함께 귀 타바리의 심문에 입회한 인물이다. 뒤푸르네는 시인이 두 검사에 대해서는 신랄한 야유를 퍼붓고 있는 데 반하여 장 코 타르에 대해서는 아주 따뜻한 호의를 베풀고 있는 이유는 어디에 있는가 하는 의문을 가진다. 그리고 그는 125절과 함께 이 발라드도 반어적 의미로 해석해야 한다고 주장한다.

장 코타르가 드니즈의 사건에서 시인을 변호해 주었다고 하더라도 그것이 무슨 도움이 되었겠는가, 1파타르의 값어치도 없었다, 아니 변호라고 할 수 있는 정도도 아니었다, 그러니까 대신에 화풀이라도 하기 위하여 그 사나이를 믿을 수 없는 취한으로 묘사하고, 고귀하신 三尊에게 그의 영혼을 천국에서 받아 주지 않도록 기도하며, 비록 〈도와 주오! 목이 타오!〉라는 소리를 들어도 그것은 결국 자연히 치유되어 사라질 터이므로 관여하지 않기를 바란다는 것이다.

지금까지 이 발라드는 그 이미지의 선명성에 의하여 뒤에서 보는 「프랑 공티에를 반박하는 발라드」·「뚱보 마르고에 대한 발라드」와 함께 비용의 어느 일면을 대표하는 작품으로 생각되어 왔다. 시의 선명성에 매료되어 표현 그대로 받아들인다는 것은 너무 단순하고 위험하다는 해석이 뒤푸르네의 견해[1]인데, 그러나 〈선인〉이지만 옥의 티처럼 호주가 내지는 취한이다라고 하는 호의를 가지고 쓰여진 희화로 보는 것도 그렇게 무시할 수만은 없는 정취가 있다고 하겠다.

1) Dufournet, (〈Romania〉, 1964) p.321.

34

환전업자

　비용은 장 코타르의 영혼을 애도한 다음, 언뜻 자기 자신이 환전업을 하고 있다는 사실을 상기한다. 물론 그것은 시인 특유의 익살이다. 그 점에 있어서 그는 어떤 신분의 인물로도 임의로 분장할 수 있는 힘을 가지고 있다. 《유증시》에서 이미 그는 기사의 신분으로 분장한 바 있다. 뒤에서 다시 그는 〈내가 선녀의 후예〉라고 자처할 것이다. 여기에서 시인은 파리 환전교(pont d'échange) 위에서 환전업을 하는 상인이 된다. 그러나 그 업은 그가 직접 경영하지 않는다. 그는 일체의 권한을 관리인에게 위임하고자 한다. 그 관리인은 다름 아닌 당대의 부호 메를르의 아들이 될 것이다. 그러므로 이것은 환전업자 메를르에 대한 야유임은 물론이다.

　　일, 메를르의 아들에게는
　　이제부터 내 환전 업무의 관리를 맡기고자 하는데
　　내가 그 일에 종사하는 것이 귀찮아진 까닭이지마는
　　상대가 프랑스인이건 외국인이건
　　금화 세 개에 대하여 브르통 은화 여섯 개를
　　앙쥬로 금화 두 개에 대하여는 큰 앙쥬 금화 하나를
　　바꾸어 준다는 조건이 있나니
　　사랑을 하는 자는 마음이 후해야 하기 때문이로다. (126절)

Item, veuil que le jeune Mérle

Désormais gouverne mon change,

Car de changer envis me mêle,

Pourvu que toujours baille en change,

Soit à privé, soit à étrange,

Pour trois écus six brettes targes,

Pour deux angelots un grand ange;

Car amants doivent être larges.

시인은 이제부터 환전 업무에 종사하는 일이 귀찮아진 까닭에 그 일의 관리를 메를르의 아들에게 맡기기로 한다. 그러면 메를르라는 인물은 과연 누구인가. 당시 장 드 메를르와 제르맹 드 메를르 부자가 오늘의 은행에 해당하는 환전업을 경영하고 있는데 시인이 〈메를르의 아들〉이라고 하니까, 그 인물은 제르맹 드 메를르임에 틀림없다. 사실 그 인물은 1457년부터 독립하여 환전교 위에서 그 업을 하고 있었다. 만약 시인 특유의 아이러니라는 관점에서 〈아들, 즉 젊음〉을 반어적 의미로 해석한다면 그 인물은 부친인 장 드 메를르가 되는 셈인데, 그 풍자의 묘미는 어느 쪽을 택하더라도 다름없다. 어쨌든 시인은 그 인물을 잘 알고 있는 것으로 보인다. 이 시의 마지막 행 〈사랑을 하는 자는 마음이 후해야〉 한다고 말하는 것으로 미루어 보아, 그는 그 인물의 사랑의 행각도 잘 알고 있음에 틀림없다. 만약 그렇다면 이티에 마르샹의 경우와 마찬가지로, 그는 그 인물과 서로 여자관계를 이야기할 만큼 친한 친구 사이가 아닌가 한다.

여기에서 무일푼의 빈털터리인 시인이 거액의 부를 소유하는 환전업자로 분장한다. 그런데 그는 그 업에 별로 마음이 내키지 않은 것 같다. 그리하여 그는 누구에게 그 일의 관리를 맡기고자 한다. 그러나 그 일의 관리는 전문가가 아니면 안 된다. 만약 그렇게 되면 그는 직접 일을 하지 않고도 많은 돈을 벌 수 있다. 사실 그는 그렇게 하고 싶은 것이다. 그것이 바로 이 시의 표면적 의미이다.

그런데 환전업, 즉 돈을 교환해 주는 일에는 철칙이 있다. 그 철칙을 준수한다는 것이 그 관리 위임의 조건이다.

첫째는 환전할 때 금화 세 개에 대하여 브르통 은화 여섯 개를 바꾸어 준다는 조건인데, 그것은 3 대 6이니까 손님이 좋아한다. 그러나 이쪽은 실은 금 對 은, 양화 對 악화임으로 많은 돈을 벌게 되는 셈이다.

둘째는 앙쥴로 금화 두 개에 대하여 큰 앙쥬 금화 한 개를 바꾸어 준다는 조건인데, 그것은 2 대 1이지만 큰돈을 받는 손님은 좋아한다. 그러나 이쪽은 실은 어느 것이나 악화이지만 앙쥴로 금화가 보다 더 화폐 가치가 있으므로 많은 돈을 벌게 되는 셈이다.

그것은 당시 악독한 환전업자가 실제로 행한 수법일는지 모른다. 그렇다면 그것은 시인이 제르맹 드 메를르의 고리대금업자적 성격을 야유하는 신랄한 희화임에 틀림없다. 그것이 바로 이 시의 내면적 의미이다.

그리고 시인은 〈사랑을 하는 자는 마음이 후해야〉 한다는 반어적 의미의 표현을 하고 익살을 떠는 일을 잊지 않는다.

끝으로 이 시 126절은 앞의 종교재판소와 회계원 관계자들에 대한 유언과 뒤의 소위 불쌍한 세 고아와 가난한 두 성직자에 대한 유언 사이에 삽입되어 있어 그 둘을 연결하는 마디의 구실을 하고 있다는 점에 주목할 필요가 있다.

35

소위 불쌍한 세 고아와 가난한 두 성직자

비용은 여기에서 《유증시》의 순서로 되돌아와서, 소위 〈불쌍한 세 고아〉[1]와 〈가난한 두 성직자〉[2]를 다시 유언 수령자로 선정하고 그들에게 역시 〈연민의 정〉을 쏟으려고 한다.

첫째 그룹의 〈불쌍한 세 고아〉는 실제로 나이가 많은 고리대금업자이며 투기가인 거부 콜렝 로랑·지라르 고쑤엥·장 마르소이다. 그리고 둘째 그룹의 〈가난한 두 성직자〉는 실은 노트르담의 나이가 많은 고위 성직자 메트르 기욤 코텡·메트르 티보 드 비트리이다.

그런데 시인은 《유증시》에서는 그들의 이름을 분명히 밝히고 두 그룹에게 각각 2절의 시를 할애하고 있는데, 여기에서는 그들의 이름을 밝히지 않고 두 그룹에게 각각 4절의 시를 파격적으로 할애한다.

우선 첫째 그룹의 〈불쌍한 세 고아〉는 그전에는 〈잔돈 네 개씩〉을 받은 바 있는데, 이번에는 학교 교육을 받고 예의범절을 익히는 기회를 가진다.

일, 나는 이번 여행을 통하여
나의 불쌍한 세 고아가
크게 자라 나이를 먹고
이제는 어리석은 데가 없어
여기에서 살렝에 이르기까지

그들만큼 똑똑한 어린애가 없다는 것을 알았는데
마트렝 종파의 이름으로 맹세하거니와
그 정도의 젊은이라면 결코 바보는 아니리라. (127절)

Item, et j'ai su, ce voyage,

Que mes trois pauvres orphelins

Sont crûs et deviennent en âge,

Et n'ont pas têtes de belins,

Et qu'enfants d'ici à Salins

N'a mieux sachant leur tour d'école;

Or, par l'ordre des Mathelins,

Telle jeunesse n'est pas folle.

　시인은 실제로 〈이번 여행〉을 통하여, 그전에 《유증시》에서 그 이름을 밝히고 그들의 호회로운 생활, 그리고 그들이 탐욕과 인색을 야유한 바 있는 늙은 고리대금업자이며 투기가인 소위 〈불쌍한 세 고아〉가, 나이를 먹으면서도 여전히 건재하여 노익장을 과시하고 본래의 욕심을 드러내며 부의 증식을 추구하는 모습을 똑똑히 확인했다고 한다. 그것은 바로 〈이제는 어리석은 데가 없어 여기에서 살렝에 이르기까지 그들만큼 똑똑한 어린애가 없다는 것을 알았다〉고 하는 반어적 표현이 충분히 그 사실을 증명해 준다.

　그리하여 시인은 그들을 다시 한번 야유하지 않고서는 그 특유의 풍자적 성격을 달랠 수 없다. 그는 이제 굳이 그들의 이름을 다시 밝힐 필요를 느끼지 않는다. 그의 독자는 〈나의 불쌍한 세 고아〉라고만 하더라도 그것이 누구를 가리키는지 잘 알 수 있을 터이다.

　〈이번 여행〉이란 시인이 묑 쉬르 루아르 감옥에서 구사일생으로 목숨을 부지하여 해방되고(1461년 10월), 고통스러운 방랑을 거듭한 끝에 파리로 되돌아와서 파리 외곽의 어딘가에 몸을 숨기며, 그리고 《유언시》를 쓰기까지의 짧은 기간을 파리의 어디에서 지내고 있었을 터인데, 바로 그때를 가리키는 것으로 보인다. 따라서 거기에는 그 이전의 방랑생활은 포함되지 않는다.

살렝(Salins)은 쥐라 지방의 한 지명으로, 시인은 그들을 〈소금〉의 투기가에 걸맞는 그 말의 〈소금밭 혹은 염전〉이라는 의미에 빗대어 익살을 떨려고 고의로 그러한 지명을 선택한 것이 아닌가 한다.

그리고 마트렝 종파는 원래 1198년에 이교도에게 붙잡힌 그리스도 교도를 해방시킬 목적으로 개설된 수도사회이며, 그것이 1212년에는 파리에 정착하고 그 장소가 시인이 자란 라탱 구의 마트렝 교회 근처에 있어서 그 이름을 따서 그렇게 불린 것이라고 한다. 그런데 마트렝 교단의 시조 성 마트렝(3세기의 고해 사제)은 로마 황제 마쿠시미리아누스의 미친 딸을 치유한 것으로 유명하며, 따라서 〈백치〉를 〈마트렝 님〉이라고 부른다고 한다.

> 그러므로 그들을 공부시키자고 하는데
> 어디로 보낼까? 피에르 리쉬에르 선생 門下가 좋으리라.
> 〈도나〉는 그들에게 너무 어려워
> 그 때문에 고생시키고 싶지 아니하나니
> 너무 학문을 시키지 아니하고
> 아베 살뤼스 티비 데퀴스를 가르쳐 주는 것이
> 더 좋을 터인즉
> 학문을 한 자 반드시 우두머리가 된다는 법은 없도다. (128절)

> Si veuil qu'ils voisent à l'étude;
> Où? sur maître Pierre Richer,
> Le *Donat* est pour eux trop rude:
> Je ne les y veuil empêcher,
> Ils sauront, je l'aime plus cher,
> *Ave salus, tibi decus,*
> Sans plus grands lettres ensercher:
> Toujours n'ont pas clercs l'audessus.

시인은 그들을 교육시키고자 한다. 사실 그들의 행동을 보면 그 야성이 너무 지나칠 만큼 드러나 보인다. 그리하여 그는 그들을 당시 유명한 피에르 리쉬에르 선생 문하로 보내기로 한다.

그런데 시인은 과연 그들에게 어떤 교육을 바라고 있는 것일까. 당시의 학생은 누구나 도나쓰(Donatus)의 라틴어 문법을 필수과목으로 선택해야 한다. 그러나 그들은 머리가 우둔한 까닭에 그 공부는 어려울는지 모른다. 그것은 원래 그들은 인색하기 때문에 〈도나〉(Donat), 즉 사람에게 나누어 준다는 행위는 상상하기 어렵다는 의미이다. 그렇기 때문에 그들에게는 차라리 〈아베 살뤼스 티비 데퀴스〉(Ave salus tibi decus), 즉 〈축복하도다 황금이여 그대에게 경의를!〉이라는 황금 찬가를 가르쳐 주는 것이 좋을는지 모른다. 그것은 원래 그들은 하나같이 돈밖에 모르는 황금만능주의자라는 의미이다.

〈피에르 리쉬에르 선생 문하가 좋으리라〉고 하는 것은 생 튀스타슈 교회 사제 피에르 리쉬에르가 개설한 학당이 너무 유명하여 그의 문하에 많은 학생이 모여든 사실을 가리킨다.

〈도나〉는 4세기의 저명한 문법학자 아에리우스 도나쓰의 《수사 8부론》을 가리킨다. 그것은 중세 대학의 필수과목이었다고 한다. 그러나 여기에서는 그 라틴어 뮤자 〈Donat〉(주다)를 따서, 그것은(주는 일은) 그들에게는 어렵다(고리대금업자들에게는 어렵다)고 비꼬는 의미로 사용하고 있다. 그러니까 그들에게는 차라리 〈아베 살뤼스 티비 데퀴스〉라는 말이 걸맞는다는 것이다. 그런데 한 학자는 〈티비 데퀴스〉에 이중적 의미를 부여하여 〈티비 데퀴스〉는 프랑스어로 〈아 투아 데 퀴〉(à toi des culs, 네 똥구멍이나 빨아라!)라는 발음이 가능하다고 주장한다.[3]

그들이 그것만을 공부하기 바라며
그 이상 깊이 들어가는 것은 금하는도다!
그랑 크레도의 이해에 대하여는
그러한 어린애들에게는 너무 무리이리라.
나의 커다란 외투를 둘로 찢어
그 반을 돈으로 바꾸어
프랑 과자를 사 주고자 하나니
젊은이는 다소 미식을 좋아하기 때문이로다. (129절)

Ceci étudient, et ho!

Plus procéder je leur défends.

Quant d'entendre le grand *Credo*,

Trop forte elle est pour tels enfants.

Mon long tabart en long je fends;

Si veuil que la moitié s'en vende

Pour eux en acheter des flans,

Car jeunesse est un peu friande.

시인은 그들이 황금 찬가만을 공부하고 그 이상의 깊은 학문은 바라지 않는다.

〈그랑 크레도〉는 누구나 암송하는 신조인데, 시인은 그들에게서 그 이해를 바란다는 것은 무리한 일이라고 한다. 그랑 크레도는 〈크레도 인 데움〉(Credo in Deum)으로 시작하는 使徒信經으로 니케아 신경이라고도 불리며 미사 때 암송되는 기도인데, 시인은 그것을 〈그랑 크레디〉(Grand Credit, 즉 장기 신용 대부)에 빗대어 단기 대부에 급급하는 그들에게서 장기 신용 대부를 바란다는 것은 어림도 없는 일이라고 하는 의미를 담는다.

그리고 시인은 자기의 커다란 외투 반쪽을 찢어 돈으로 바꾸고, 그것으로 미식을 좋아하는 그들에게 프랑 과자를 사 주고자 한다. 그것은 4세기의 성자 마르탱이 로마 병사였을 때 아미엥에서 추운 겨울, 반나체의 가난한 사람이 지나가는 것을 보고 외투 반쪽을 찢어 건네 주었다는 고사를 본떠 원용한 풍자적·해학적 의미이다.

그런데 그들이 매를 맞는 한이 있더라도

예의범절만은 배우기 바라는도다.

두건을 깊숙이 뒤집어쓰고

허리띠에 손가락을 갖다대며

누구 앞에서건 은근히

〈아 무엇이오니까? 천만에외다!〉라고 말한다면

그때 사람들은 말하리라

〈좋은 집안의 자제들인지고!〉(130절)

Et veuil qu'ils soient informés
En moeurs, quoi que coûte bature;
Chaperons auront enformés
Et les pouces sur la ceinture,
Humbles à toute créature,
Disant: 〈Han? Quoi? Il n'en est rien!〉
Si diront gens, par aventure:
〈Veci enfants de lieu de bien!〉

시인은 〈학문을 한 자 반드시 우두머리가 된다는 법은 없기〉 때문에 그들에게 깊은 학문은 바라지 않고 다만 〈예의범절〉만은 꼭 가르쳐 주고자 한다.

그것은 그들이 〈두건을 깊숙이 뒤집어쓰고 허리띠에 손가락을 갖다대며〉 사람들에게 은근한 태도를 보이고, 길에서 재무자를 만나 채무 이행이 늦어져 미안하다는 인사를 받는 경우 〈아 무엇이오니까? 천만에외다!〉라고 대답할 수 있는 예의범절을 가르쳐 주어야 보호자로서 마음이 놓일 터이며, 그렇게 되면 사람들은 그 예의범절에 대하여 〈좋은 집안의 자제들인지고!〉라는 칭찬을 아끼지 않는다는 반어적·풍자적 의미이다. 그런데 〈두건을 깊숙이 뒤집어쓰고 허리띠에 손가락을 갖다대는〉 고리대금업자의 거만한 태도는 기욤 마르샹 간행의 《죽은 이 무도회 그림》(1424)의 모습 그대로라고 한다.

시인은 여기에서 시상을 둘째 그룹의 〈가난한 두 성직자〉에게로 옮긴다.

일, 나는 옛날에 내 증서를 남겨 준
가난한 두 성직자를 기억하고 있거니와
등나무처럼 곧은 아름다운 소년들의 모습을 보고
그 증서를 그들을 위하여 아주 증정하며
일정한 날에 꼬박꼬박
귀드리 기욤의 집에서 나오는

마치 손에 쥔 것처럼 확실한
집세를 받는 권리를 마련해 주는도다. (131절)

Item, et mes pauvres clergeons
Auxquels mes titres résignai,
Beaux enfants et droits comme joncs
Les voyant, m'en dessaisinai;
Cens recevoir leur assignai,
Sûr comme qui l'auroit en paume,
A un certain jour consigné
Sur l'hôtel de Gueuldry Guillaume.

시인은 옛날 《유증시》에서[4] 〈가난한 두 성직자〉의 이름을 밝히고 그들에게 성직자 자격증서(Beneficium)와 기요 귀드리의 집에서 나오는 집세를 받는 권리를 양도하기로 한 일을 떠올리고, 여기에서는 다만 〈가난한 두 성직자〉라고만 부르며 〈이번 여행〉을 통하여 그들이 고령임에도 불구하고 〈등나무처럼 곧은 아름다운 소년들의 모습〉을 하고 있다는 것을 확인한 까닭에, 그 자격증서를 아주 증정할 뿐만 아니라 귀드리 기욤의 저택에서 나오는 확실한 집세를 받는 권리를 마련해 주기로 한다.

시인은 1462년에는 둘이 다 80세가 되는 노인으로 죽음을 눈앞에 둔 그들을 〈등나무처럼 곧은 아름다운 소년들〉이라고 하거나, 그리고 그들에게 아주 증정한다는 〈성직 취득 증서〉는 대학이 발부하는 것임에도 불구하고 반대로 그가 그것을 고위 성직자인 그들에게 증정하기로 한다고 하는데, 그것은 물론 그 특유의 이중적·해학적 표현이다.

그들은 젊어서 놀기를 좋아하되
내 마음에 거슬리는 일을 한 적이 없으며
30년이나 40년의 세월이 흐른다면
신의 뜻에 따라 전혀 다른 사람이 되리라.
아주 착하고 어진 어린애들인즉

그들의 기분을 상하게 하는 자는 나쁜 놈이요,

그들을 차거나 때리는 자는 미친놈이라

사실 어린애도 크면 어른이 되는 법이로다. (132절)

Quoique jeunes et ébattant

Soient, en rien ne me déplaît:

Dedans trente ans ou quarante ans

Bien autres seront, se Dieu plaît.

Il fait mal qui ne leur complaît;

Ils sont très beaux enfants et gents;

Et qui les bat ne fiert, fol est,

Car enfants si deviennent gens.

시인은 〈가난한 두 성직자〉들이 젊은 까닭에 놀기를 좋아하지만 〈내 마음에 거슬리는 일〉은 한 적이 없으며, 지금은 비록 젊은 그들이지만 3,40년 후에는 신의 뜻에 따라서 아주 〈다른 사람〉이 될 것이라고 한다. 그것은 지금 그들이 늙어 내 마음을 거슬리는 일만 골라서 하며, 3,40년 후에는 죽음의 여신의 뜻에 따라서 죽어 흙이 된다는 그 특유의 반어적·풍자적 의미의 표현이다.

그리고 시인은 그렇게 착한 어린애들을 마음 상하게 하거나 때리는 자는 나쁜 놈이요, 미친놈이라고 한다. 그것은 〈어린애도 크면 어른이 되는 법〉이기 때문이라고 언뜻 보기에 너무나 당연한 이유를 들고 있지만, 그 말 속에는 바로 그의 반어적·해학적 의미가 감추어져 있다.

그런데 7행 〈미친놈〉의 〈미치다〉(fol est)는 바로 〈폴레〉(follet)로, 거기에 〈부르 라렌느의 주임사제이며 샤를 7세의 유해를 생 드니로 이장할 때 그 경비를 맡은 폴레를 읽을 수 있다〉[5]고 하지만, 그 폴레가 노트르담의 두 고위 성직자에게 과연 여기에서 말하는 징벌을 가할 수 있는지는 의문이다. 만약 그 암유를 받아들인다고 하더라도 7행의 의미는 〈치고 때리는 놈은 누구인가? 그는 폴레이다!〉로 되어 여간 부자연스럽지 않다.

그들이 18인 성직자 학당 장학금을 받았으면 하여
내가 그 운동을 하고자 하는데
그들은 석 달간이나 깨어나지 않는다는
쥐처럼 잠을 결코 자지 아니하는도다.
좌우간 잠이란 놈은 슬픔의 씨앗이라
젊은 시절에는 그 젊음을 즐기게 해 주지마는
늙어서 즐겨야 할 때에는 마지막까지
그 늙음을 밤샘하며 일하게 강요하는 것이로다. (133절)

Les bourses des Dix 「et」 Huit Clercs
Auront; je m'y veuil travailler:
Pas ils ne dorment comme loirs
Qui trois mois sont sans réveiller.
Au fort, triste est le sommeiller
Qui fait aiser jeune en jeunesse,
Tant qu'en fin lui faille veiller
Quand reposer dût en vieillesse.

시인은 그 〈가난한 두 성직자〉들에게 〈18인 성직자 학당 장학금〉을 얻어 주기로 한다.

〈18인 성직자 학당〉은 가난하고 병약한 성직 희망의 학생들을 위하여 세운 학당으로, 처음에는 노트르담의 관리하에 있었으나 나중에는 자선병원 곁으로 옮겨져 그 병원의 관리하에 놓인다. 따라서 그 학생들은 병원에서 사망자가 나오면 거기에 성수를 뿌리며 기도하는 일을 맡는다.

그리고 그들이 받는 장학금은 형식상 노트르담에서 두 늙은 고위 성직자 회원이 그 책임을 맡고 있음은 물론이다. 따라서 시인이 〈가난한 두 성직자〉들, 즉 두 늙은 고위 성직자들이 받을 장학금을 그 책임을 맡은 두 늙은 고위 성직자들 자신에게서 얻어 주려고 운동한다고 하니까, 그것은 얼마나 신랄한 야유인가를 알 수 있다.

어쨌든 장학금 취득 조건은 우선 머리가 좋은 수재이어야 하고, 다음은 잠을 자지 않고 열심히 공부하는 자이어야 한다. 그러므로 그들은 3개월간이나 잠을 자는 쥐처럼 잠을 자는 일은 없어야 한다. 그런데 그 잠이 문제이다. 잠을 즐기지 말아야 할 젊은 시절에는 잠이 많고, 잠을 즐겨야 할 늘그막에는 잠이 없어 진정 〈잠이란 놈은 슬픔의 씨앗〉이다. 그것은 그들이 생 브누아 교회에서 성무 일을 볼 때 어쩌다가 꾸벅꾸벅 졸고 있는 모습을 시인이 어린 시절에 목격한 적이 있는데, 바로 그 기억에서 나온 신랄한 풍자라고 한다.[6]

> 그러면 그들을 위하여 聖職綠의 관리자에게
> 그러한 추천의 편지를 쓰나니
> 그들은 은인인 나를 위하여 기도를 할지어다
> 아니면 그들의 귀를 잡아당겨 줄지어다!
> 혹자는 내가 그처럼 두 젊은이에게 기울이는 정을 보고
> 크게 놀랄는지 모르는 일이로되
> 성자 축하의 마음으로 맹세하거니와
> 나는 그들의 어머니를 결코 만난 적[7]은 없도다! (134절)

> Si en récris au collateur
> Lettres semblables et pareilles:
> Or prient pour leur bienfaiteur
> Ou qu'on leur tire les oreilles.
> Aucunes gens ont grands merveilles
> Que tant m'encline vers ces deux;
> Mais, foi que dois fêtes et veiles,
> Onques ne vis les mères d'eux!

시인은 여기에서 드디어 〈가난한 두 성직자〉들을 위하여 〈성직록의 관리자〉에게 추천서를 써보내기로 한다. 그러므로 그들은 그를 은인으로 섬기고 감사의 기도를 해야 한다. 만약 그렇지 않으면 그만한 징벌을 받지 않으면 안 된다. 물론 그것은 익살이다.

그리고 사람들은 왜 시인이 그처럼 두 젊은이에게 애정을 쏟는지 의아하게 생각할지 모른다. 그러나 그렇게 의아하게 생각할 필요는 없다. 그것은 그가 결코 그들의 어머니를 만난 적이 없기 때문이다. 사실 그보다 30년 이상의 연장자가 되는 두 늙은 고위 성직자의 어머니를 만난 적이 있을 리 만무하다.

시인은 그 두 늙은 고위 성직자가 얼마나 생 브누아 교회의 반감을 사고 있는가, 그리고 그 자신이 얼마나 그들을 미워하고 있는가를 여기에서 그 특유의 이중적·반어적 그리고 풍자적·외설적 의미의 표현으로 묘사한 신랄한 회화 속에 담고 있다.

1) 《유증시》 25-26절.
2) 《유증시》 27-28절.
3) Tuasne, t.III, p.343.
4) 《유증시》 27-28절.
5) Lanly, t.I, p.207.
6) Champion, t.II, pp.304-5.
7) 외설적 의미의 표현이다.

36

두 거부와 그리니 영주

비용은 여기에서 우선 《유증시》에서는 선을 보인 적이 없는 파리 부르주아의 거부 미쇼 퀴 두와 샤를로 타란느를 새로운 유언 수령자로 등장시키고, 다음은 일찍 《유증시》에[1] 그 얼굴을 내민 바 있는 〈그리니 영주〉라는 필리프 브뤼넬을 다시 등장시킨다.

일, 미쇼 퀴 두와 샤를로 타란느 나으리에게는
1백 수의 돈과
(어디에서 가져올 것인가? 물어도 걱정할 것은 없도다
만나[2]처럼 하늘에서 떨어지리라)
그리고 겉도 창도 무두질한 가죽으로 만든
구두 한 켤레를 남겨 주나니
쟌느[3]를 아니면 쟌느 같은 여인을
나에게 인사시켜 준다는 조건이로다. (135절)

Item, donne à Michaut Cul d'Oue
Et à sire Charlot Taranne
Cent sous (s'ils demandent: 〈Pris où?〉
Ne leur chaille: ils vendront de manne)

Et unes houses de basane,
Autant empeigne que semelle,
Pourvu qu'ils me salueront Jeanne,
Et autant une autre comme elle.

시인은 미쇼 퀴 두와 샤를로 타란느 나으리를 새로운 유언 수령자로 선정하고 그들에게 돈 1백 수와 구두 한 켤레를 선물하기로 한다. 그러나 그것은 자기에게 쟌느 아니면 쟌느 같은 여자를 소개시켜 준다는 조건이 붙은 선물이다.

여기에서 무일푼의 빈털터리인 시인이 파리 시 행정관과 부르주아 대조합장을 지낸 거부 미쇼 퀴 두와, 그리고 파리 부르주아 출신의 거부 샤를로 타란느 나으리에게 돈 1백 수와 구두 한 켤레를 증정한다는 것은 역시 그 특유의 해학적 의미의 표현에 다름 아니다.

그런데 이 시의 후반 4행의 내용은 그들과 시인과의 관계에 있어서 과연 어떤 의미를 가지고 있는지 알 수 없다. 다만 〈구두 한 켤레〉가 무엇을 가리키는지를 알 수 있을 뿐이다. 그것은 두 사람에게 구두 한 켤레를 증정한다고 하니까 한 사람이 한 짝씩 나누어 가지게 되는데, 결국 한 사람이 구멍(여자의 섹스) 하나씩을 차지한다는 의미이다.

그리고 퀴 두(Cul d'Oue, 매의 궁둥이)라는 성은 여간 우스꽝스러운 것이 아니다. 미쇼라는 이름도 미셸(Michel)의 변형이다. 사실 《유언시》 91절에도 〈오입쟁이란 별명을 가진 미쇼〉[4]라는 전설적인 이름이 나오는데, 여기에서 그 이름과 견주고 있는 점으로 미루어 보아, 미쇼 퀴 두도 오입쟁이로서는 결코 타의 추종을 불허하는 인물일는지 모른다. 만약 그렇다면 〈여인을 나에게 인사시켜 준다는 조건〉은 극히 자연스러운 야유가 되는 셈이다. 그러나 그때 야유의 대상은 미쇼 퀴 두에게 한정되고 샤를로 타란느는 단지 들러리에 지나지 않는 인물이 되어 버린다.

일, 그리니 영주에게는
옛날에 비세트르 성을 남겨 주었거니와
다시 빌리 탑을 남겨 주는도다.
문과 창이 어디엔가

예사롭지 못한 데가 있거든

전부 수리해야 한다는 조건이 있도다.

좌우에 있는 나으리들에게서 경비를 뜯어내기 바라나니

나도 돈이 없고 그도 돈이 없기 때문이로다. (136절)

Item, au seigneur de Grigny

Auquel jadis laissai Vicêtre,

Je donne la tour de Billy,

Pourvu, s'huis y a ne fenêtre

Qui soit ne debout ne en être,

Qu'il mettre très bien tout à point.

Fasse argent à dêtre et senêtre:

Il m'en faut, et il n'en a point.

시인은 일찌 《유증시》에서[5] 비세트르 성을 니종 성과 함께 남겨 쥬 바 있는 그리니 영주라고 불리는 필리프 브뤼넬에게 이번에는 〈빌리 탑〉을 선물하기로 한다.

필리프 브뤼넬은 그리니 영지를 소유하고 있는 까닭에 〈그리니 영주〉라고 불리고 있었는데, 그 자신도 역시 그렇게 자칭하고 있었다고 한다. 그는 《유증시》 당시에도 아주 가난하여 생활이 문란하고, 게다가 싸움을 하는 등 항상 문제를 일으켜 조용한 날이 없었다. 그것은 《유증시》의 표현이 입증해 주고 있다. 그런데 그는 여기에서도 그 가난에서 벗어나지 못하고 있는 모양이다.

시인은 그리니 영주에게 황폐하여 거의 폐허가 되어 버린 〈빌리 탑〉을 증정하는데, 그 탑의 〈문과 창이 어디엔가 예사롭지 못한 데가 있거든 전부 수리해야 한다는 조건〉을 붙인다. 그러나 그 수리비는 가난한 그리니 영주에게는 부담이 되는, 거의 감당해낼 수 없는 것이다. 그래서 〈나도 돈이 없고 그도 돈이 없기 때문〉에 주위의 나으리들에게서 뜯어낼 수밖에 없다.

시인은 그처럼 그리니 영주에 대해서는 그 야유의 어조가 여간 부드럽지 않으며, 어찌 보면 적지 않은 동정을 쏟고 있는 것처럼 보인다.

1) 《유증시》 18절.
2) 종교에 있어서의 초자연력.
3) 어떤 여자인지 고증 미상.
4) 《유언시》 91절 6행.
5) 《유증시》 18절.

37

샤틀레 관계 사람들

시인은 여기에서 그 시상을 다시 샤틀레 쪽으로 돌리고 아직 문제삼지 않은 사람들을 차례로 등장시킨다.

그들은 우선 《유증시》의 후미에[1] 나온 바 있는 파리 무역 상인 장 드 라 가르드를 선두로 하여, 샤틀레 대소인 피에르 준부아, 샤틀레 공증인 겸 서기관 피에르 바자니에, 샤틀레 배심판사 메트르 장 드 뤼엘, 샤틀레 공증인 장 모탱, 샤틀레 예심판사 니콜라 로넬의 순으로 행렬의 일단을 형성하고 그 행렬의 맨 끝에 샤틀레 검찰장관 로베르 데스투트빌르를 세우며 등장한다.

일, 티보 드 라 가르드에게는……
티보? 아니 장이란 이름이렸다.
나에게 손해가 되지 아니하는 무엇을 줄까?
(나는 금년 내내 많은 손해를 입었도다
신이여, 나에게 그 보상을 해 주소서, 아멘!)
그렇도다, 정말 작은 통[2]이 좋으리라!
준부아는 원로인데다 아주 예쁜 코를 하고 있나니
통째로 마시는 데 안성맞춤이로다. (137절)

Item, à Thibaud de la Garde……

Thibaud? Je mens, il a nom Jean.
Que lui donrai-je, que ne perde?
(Assez j'ai perdu tout cet an;
Dieu y veuille pourvoir, *amen!*)
Le Barillet, par m'âme, voire!
Genevois est plus ancien
Et plus beau nez a pour y boire.

시인은 티보, 아니 장 드 라 가르드에게 이번에는 〈작은 통〉을 선물하기로 한다. 그것은 피에르 준부아에게도 안성맞춤의 선물이다.

장 드 라 가르드는 호기 있는 무역상이지만 그의 부친이 유명한 공중인이며 국왕 비서로 있는 까닭에, 샤틀레 관계 사람들의 행렬 선두에 자리한 것으로 보인다. 그는 《유증시》의 후미에 등장하여 〈황금 반죽통〉[3]을 받고 절구공이로 열심히 겨자를 이긴 바 있는데, 그것은 외설스러운 행위를 의미함은 물론이다.

시인은 여기에서 그를 코퀴(cocu), 즉 오쟁이진 사나이로 취급한다. 왜냐하면 티보라고 부르고 또 장이라고 부르는 것은 아내를 빼앗긴 사나이를 의미하기 때문이다. 따라서 술집의 간판 이름 〈작은 통〉을 증정하는 것은 아내를 빼앗긴 쓸쓸함을 술이라도 마시거나 아니면 그것을 아내 대용으로 이용하라는 의미일는지 모른다.

여기에서 들러리로 등장한 피에르 준부아는 샤틀레의 노트르담 참사회 대소인이다. 그의 〈예쁜 코〉는 빨간 코를 가리키며, 《유언시》 124절의 〈충혈된 불쌍한 눈〉과 마찬가지로 주독의 징후를 나타내는 것임은 물론이다.

일, 바자니에에게는
공중인 겸 형사부 서기이라
메트르 장 드 뤼엘의 집에서 따온
丁香을 가득히 한 바구니 전해 주나니
모탱과 로넬에게도 마찬가지인즉,
이 정향의 선물에 덧붙여
성 그리스토풀에게 종사하는 영주[4]를

어질고 착한 마음으로 섬기기 바라는도다. (138절)

Item, je donne à Basanier
Notaire et greffier criminel,
De girofle plein un panier
Pris sur maître Jean de Ruel,
Tant à Mautaint, tant à Rosnel,
Et, avec ce don de girofle,
Servir de coeur gent et isnel
Le seigneur qui sert saint Christofle.

시인은 여기에서 바자니에뿐만 아니라 장 모탱과 니콜라 로넬에게도 메트르 장 드 뤼엘의 집에서 따온 丁香을 한 바구니씩 선물하기로 하고, 동시에 〈성 그리스토풀에게 종사하는 영주〉를 진심으로 섬기기를 희망한다.

《유증시》에서 〈영주의 은총〉을 유증받은 바지니에외 모탱이 어기에서 처음 선을 보이는 로넬과 함께 등장하고 있으니까, 당시 샤틀레 예심판사로 있던 3명이 전부 나타난 셈이다.

장 드 뤼엘은 샤틀레 배심판사로 향료상을 경영하는 형제가 있어서 〈丁香을 가득히 한 바구니〉라는 이미지가 시인의 머리에 떠오른다. 그 이미지는 관리에 대한 뇌물을 암유한다. 당시 배심판사는 그 직책상 뇌물을 받아도 묵인된 까닭에 바자니에·모탱·로넬이 직무 이행을 위하여 그에게 뇌물을 바친 것으로 보인다. 그런데 시인은 그 뇌물을 다시 뤼엘의 집(아니면 그의 형제의 향료상 가게)에서 가지고 와서 그것을 선물하기로 하는데, 바로 거기에 이 시의 재미가 있다.

그리고 〈성 그리스토풀에게 종사하는 영주〉는 샤틀레 검찰장관 로베르 데스투트빌르를 가리키는 것으로, 시인은 그들에게 그를 진심으로 섬기도록 당부한다.

그 영주에게는 일체의 婦德을 갖춘
그의 부인을 위하여 한 편의 발라드를 바치나니
사랑의 신이 모든 남자들에게 그러한 상을 주지 아니한다 하더라도 나는 놀라지 아니하리로다.
그는 저 시칠리아의 르네 왕이 개최한
기마시합에 나가서 그 부인을 정복해 왔는데
그때 그는 옛날 헥토르나 트로이루스와 마찬가지로
말없이 무훈을 세웠다 하는도다. (139절)

Auquel cette ballade donne
Pour sa dame qui tous bien a.
S'Amour ainsi tous ne guerdonne,
Je ne m'ébahis de cela,
Car au Pas conquêter l'alla
Que tint Regnier, roi de Secile,
Où si bien fit et peu parla
Qu'oncques Hector fit ne Troïle.

시인은 〈영주〉라고 불리는 로베르 데스투트빌르에게 〈일체의 부덕을 갖춘 그의 부인을 위하여〉 한 편의 발라드를 바치기로 한다. 그리고 그는 로베르 데스투트빌르가 그의 아름다운 앙브루아즈 드 로레 부인을 아내로 맞이하기까지의 기사적인 로맨스를 간단히 이야기[6]한다.

시칠리아 왕이며 앙쥬 공 르네는 1446년에 소뮈르에서 대기마시합을 개최한다. 젊은 기사 로베르 데스투트빌르는 그때 앙쥬의 대집사 보보 경을 격파하여 무훈을 세우고 당시 파리 검찰장관의 외동딸 앙브루아즈 드 로레를 아내로 맞이한다. 보보 경은 이탈리아 문화에 심취한 기사로, 보카치오의 콩트 《피로스트라스》를 번역한 바 있다. 거기에 트로이의 용장 헥토르의 이야기 그리고 그의 동생 트로이루스와 브리세세다의 사랑 이야기가 나오는데, 〈옛날 헥토르나 트로이루스와 마찬가지로〉 운운하는 표현은 보보 경의 패배와 데스투트빌르의 승리를 암유하고 있다.

1) 《유증시》 33절.
2) 술집 간판 이름.

3) 술집 간판 이름.
4) 샤틀레 검찰장관 로베르 데스투트빌르를 가리킨다.
5) 《유증시》 21절.
6) Champion, t.I, pp.329-32.

38

로베르 데스투트빌르를 위한 발라드

BALLADE POUR ROBERT D'ESTOUTEVILLE

이 발라드의 이름도 클레망 마로가 붙인 것이다.

르베 본이나 그 밖의 사본에는 그러한 이름이 없다. 그런데 비용이 이 발라드의 아크로스티슈(acrostiche), 즉 1절 1행에서 2절 6행까지의 각행 첫글자에 〈앙브루아즈 드 로레〉(AMBROISE DE LORÉ)라는 로베르 데스투트빌르의 부인 이름을 새겨놓은 이유를 아는 사람은 알 수 있을 것이다.

이 발라드는 우아체의 용어와 알레고릭(allégorique)한 문체, 그리고 악의 없는 표현으로 인해, 이제까지 비용 시 중에서 가장 졸작으로 여겨져 초기의 습작이 아닌가 하고 생각되어 왔다. 그러나 최근(1964) 이 발라드의 시 내용을 허심탄회하게 검토한 결과, 거기에는 루이 11세에 의한 로베르 데스투트빌르의 장관직 파면(1461년 8월) 이후 남편의 고뇌에 대하여 염려하는 앙브루아즈 드 로레 부인의 애틋한 사랑의 감정이 나타나고 있다는 점에 주목하고, 이 발라드가 《유언시》 138-139절과 같은 시기에 쓰여진 것으로 추정되고 있다.[1]

그리고 이 발라드는 전체적으로 볼 때 남편이 아내를 사랑하는 애처 송가이고, 동시에 성서적인 레알리슴의 부부생활 찬가이다. 사실 각절의 시는 그것이 엇갈리는 형식으로 짜여져 있다.

　　새벽, 새매가 환희에 무르익어
　　고귀한 본능에 움직여 날뛰는 시간,

지빠귀가 지저귀고 기쁨에 젖어 파닥거리며
짝을 찾아 날개 포갤 때,
나는 욕망에 몸을 불태우며 그대에게 기꺼이
저 연인들이 달콤하다 생각하는 것을 바치고자 하는데
사랑의 신이 그것을 책에 쓰고 있음을 알기 바라나니
바로 거기에 우리가 함께 사는 목적이 있도다.

Au point du jour, que l'éprevier s'ébat,

Mû de plaisir et par noble coutume,

Bruit la mauvis et de joie s'ébat,

Reçoit son pair et se joint à sa plume,

Offrir vous veuil, à ce Désir m'allume,

Ioyeusement ce qu'aux amants bon semble.

Sachez qu'Amour l'écrit en son volume,

Et c'est la fin pour quoi sommes ensemble.

시인은 여기에서 우선 〈나〉, 즉 남편이 새벽은 자연 그 자체의 본능적인 환희의 행위가 이루어지는 시간인데; 그때 자연의 고동에 맞추어 자기의 욕망을 불태우며 〈그것을〉 아내에게 바치고자 하는 심리적 충동으로부터 묘사하기 시작한다. 그것은 남편이 아내를 사랑하는 애처 송가이다.

그리고 그는 그것을 〈연인들이 달콤하다 생각하는〉 행위라고 찬미하며, 아내에 대한 〈사랑의 봉사〉라고 믿는다. 왜냐하면 〈사랑의 신이 그것을 책에 쓰고 있음〉을 알기 때문이다. 여기에서 〈책〉이란 성서를 의미함은 물론이다. 따라서 그것은 성서적인 레알리슴의 부부생활 찬가이다.

그대는 두말 없이 죽음이 나를 소멸하게 하는 순간까지
완전히 내 마음의 귀부인
내 권리를 위하여 싸우는 부드러운 월계수
나에게서 모든 고뇌를 제거하는 올리브 나무,

이성은 내가 그대에게 사랑의 봉사를 게을리하지 말고
그것을 습관으로 삼기 바라는데
(그 뜻에 있어서 이성과 나는 일치하나니)
바로 거기에 우리가 함께 사는 목적이 있도다.

Dame serez de mon coeur, sans débat,

Entièrement, jusque mort me consume,

Laurier souef qui pour mon droit combat,

Olivier franc m'ôtant toute amertume,

Raison ne veut que je désaccoutume,

(Et en ce veuil avec elle m'assemble),

De vous servir, mais que m'y accoutume;

Et c'est la fin pour quoi sommes ensemble.

남편은 아내를 완벽하고 영원한 〈귀부인〉(Dame)으로 생각한다. 여기에서 〈귀부인〉
이란 중세 기사들의 사랑하는 의중의 여성을 의미한다. 따라서 그의 아내에 대한 생
각은 기사의 사랑하는 의중의 여성에 대한 그것과 같다.

그리고 그는 아내를, 장관직을 박탈당한 자기에 대하여 그 직위를 되찾아 주려고
노력하는 다정한 〈월계수〉로 보며, 동시에 자기의 일상의 모든 고통을 위로해 주려
고 애쓰는 고귀한 〈올리브 나무〉로 생각한다. 그것은 바로 애처 송가이다.

그렇기 때문에 그는 아내에 대하여 〈사랑의 봉사〉를 게을리하지 않고 습관으로
삼는 것을 이성적 행위로 본다. 그것은 다름 아닌 부부생활 찬가이다.

하물며 종종 그처럼 화를 내는 운명의 신의 장난으로
내 위에 슬픔이 던져질 때,
그대의 부드러운 눈동자는 그 운명의 악의를
마치 바람이 연기를 날려보내듯 몰아내는데,
내가 그대의 밭에 뿌리는 씨는
그 열매 나에게 닮아 헛되지 아니하고

신은 밭을 갈고 비옥하게 하도록 명하나니
바로 거기에 우리가 함께 사는 목적이 있도다.

Et qui plus est, quand deuil sur moi s'embat,

Par Fortune qui souvent si se fume,

Votre doux oeil sa malice rabat,

Ne mais ne mains que le vent fait la fume.

Si ne perds pas la graine que je sume

En votre champ quand le fruit me ressemble.

Dieu m'ordonne que le fouïsse et fume;

Et c'est la fin pour quoi sommes ensemble.

남편은 아내를, 變轉無常한 운명의 신의 장난에 의한 악의를 〈마치 바람이 연기를 날려보내듯〉 자기에게서 무산시켜 주는 〈부드러운 눈동자〉라고 찬양한다. 그것은 물론 애처 송가이다.

그리고 그는 성서적 비유[2]를 원용하여 아내의 〈밭을 갈고 비옥하게〉 하고 거기에 씨를 뿌리는 행위야말로 신의 명령이라고 생각한다. 그것은 물론 부부생활 찬가이다.

공주여, 내가 여기에 요약하는 것을 들어 주기 바라거니와
내 마음 그대에게서 떠나지 아니하고
그대 마음 나에게서 떠나지 아니하나니
바로 거기에 우리가 함께 사는 목적이 있도다.

Princesse, oyez ce que ci vous résume:

Que le mien coeur du vôtre désassemble

Ja ne sera: tant de vous en présume;

Et c'est la fin pour quoi sommes ensemble.

끝으로 남편은 아내에게 이제까지 요약해서 말한 진정한 사랑의 이야기에 귀를

기울여 주기를 간절히 바란다. 그리고 그는 〈내 마음〉과 〈그대 마음〉이 하나로 합일하니 누구도 갈라놓을 수 없다고 한다.

그리하여 시인은 〈바로 거기에 우리가 함께 사는 목적이 있도다〉라는 반복구를 되풀이하게 하며, 로베르 데스투트빌르의 앙브루아즈 드 로레 부인에 대한 애처 송가와 성서적인 레알리슴의 부부생활 찬가를 맺게 한다.

여기에서 주목되는 것은 시인의 본질이라고 할 수 있는 직설적인 레알리슴이 그의 시 전체(《유증시》이건 《유언시》이건)를 떠받치고 있는데, 그것과는 달리 이 발라드의 경우는 송가 내지는 찬가에 알맞는 문체로써 묘사되어 있다는 점이다.

1) Dufournet, (〈Romania〉, 1964) p.343.
2) 《신약》 누가 복음 제13장 8-9절.

39

중상하는 자

  비용은 샤틀레 관계 사람들에 대한 유언을 끝내고 문득 1456년 말부터 1461년 말까지의 방랑생활 중에서 겪은 두 사건의 추억을 떠올린다. 그 하나가 부르주에서 겪은 중상사건이다.

  시인은 여기에서 우선 《유증시》에 그 얼굴을 내밀지 않은 페르드리에 형제 장과 프랑수아를 유언 수령자로 선정하고 선을 보인다.

일, 장 페르드리에 나으리와
그의 동생 프랑수아에게는 아무것도 주지 아니하는도다.
그러나 그들은 나를 도와 주고
그들의 재산을 나누어 가지기를 바랐는데,
내 친구 프랑수아는 부르주에서
반은 명령하듯 반은 간청하듯
이글이글 타오르는 것 같은 빨간 혀를
나에게 강요한 바 있도다. (140절)

Item, à sire Jean Perdrier
Rien, n'à François, son second frère.
Si m'ont voulu toujours aidier

Et de leurs biens faire confrère;

Combien que François mon compère

Langues cuisants, flambants et rouges,

Mi-commandement, mi-prière,

Me recommanda fort à Bourges.

시인은 여느 때와는 달리 페르드리에 형제 장과 프랑수아를 유언 수령자로 선정해 놓고서도 그들에게는 〈아무것〉도 선물하지 않기로 한다.

페르드리에 형제는 파리의 부유한 환전업자의 아들로, 아마도 시인이 가까이 사귀던 친구가 아닌가 한다. 그것은 그가 동생 프랑수아를 〈내 친구〉라고 부르고 있는 점으로 미루어 알 수 있다. 그리고 그는 그들에게 도움을 청하고 보기 좋게 거절당한 일이 있는 것으로 보인다. 그것은 그가 반어적으로 〈그들은 나를 도와 주고 그들의 재산을 나누어 가지기를 바랐는데〉라고 말하고 있는 점으로 미루어 알 수 있다.

그런데 시인은 부르주에서 그들 형제와 관련이 있는 어떤 중상사건을 겪은 것이 아닌가 한다. 그러나 그 중상사건의 진상은 전혀 밝혀져 있지 않다.

여기에서 문제가 되는 것은 〈이글이글 타오르는 것 같은 빨간 혀〉에 관한 해석이 학자에 따라서 다르다는 점이다. 가령 튀안느는, 〈빨간 혀〉를 페르드리에 형제 특히 동생 프랑수아의 〈혀〉로 여기고, 다음 발라드의 주제 〈사람을 중상하는 혀〉로 보며, 시인을 부르주 대사교 장 쿠르에게 고발한 〈혀〉일 것이라고 해석한다. 그리고 그 고발의 내용은 그에게 이교도라는 혐의를 뒤집어씌운 중상이라고 생각한다.[1] 그런데 뒤푸르네는 이에 대하여, 그 이교도라는 혐의를 밖으로 드러내지 않고 〈이글이글 타오르는 것 같은 빨간 혀〉를 火刑의 훨훨 타는 불꽃의 혀로 해석하고, 그것을 먹도록 강요한 것은 어떤 극형 운운하는 협박이 아닌가 하고 생각한다.[2] 그렇다면 누구에게 그 극형을 고발한 것인지, 또 무엇 때문에 그 고발을 〈반은 명령하듯 반은 간청하듯〉 행한 것인지 분명히 밝혀지지 않으면 안 된다. 그런데 그것이 분명하지 않다. 그리고 〈부르주에서〉라는 표현만을 가지고 곧 부르주 대사교에게 극형을 고발했다고 생각하는 것은 그대로 믿기 어려운 일이다.

어쨌든 이 140절의 시는 그 의미 내용이 모호하다. 사실 그것은 비용 시 중에서 가장 난해한 시의 하나이며, 刊行者에 의하여 교정은 일치되어 있으면서 그 해석은 반드시 일치되고 있지 않다.

　　나는 타이유방의 料理書에서
　　튀김 요리의 장을 처음부터 끝까지
　　속속들이 찾아보았지마는
　　어디에도 혀 요리에 관해서는 언급이 없도다.
　　그러나 마캐르는 분명히
　　탄 맛을 내기 위하여
　　악마를 털도 뽑지 아니하고 통째로 튀기는
　　요리법을 나에게 써 주었는데, 그것은 정말이로다. (141절)

　　Si allai voir en Taillevent,
　　Ou chapitre de fricassure,
　　Tout au long, derrière et devant,
　　Lequel n'en parle jus ne sure.
　　Mais Macquaire, je vous assure,
　　A tout le poil cuisant un diable,
　　Afin qu'il sentît bon l'arsure,
　　Ce recipe m'écrit, sans fable.

　시인은 강요받은 〈빨간 혀〉를 먹기 위해서는 그것을 요리하지 않으면 안 된다. 그리하여 그는 요리의 권위자 기욤 티렐의 일명 타이유방의 요리서를 꺼내어 〈튀김 요리〉의 장을 속속들이 찾아본다. 그러나 그 처방은 발견되지 않는다.

　그때 시인은 마캐르라는 이름을 떠올린다. 마캐르라는 이름은 옛날부터 악한 내지는 반역자의 대명사로 알려져 몇 편의 샹숑 드 제스트(chansons de geste), 즉 무훈시 속에도 나타나고, 샤를마뉴 대왕의 젊은 왕비 시비르의 비극과 관련하여 악명이 높기도 하다. 같은 이름의 마캐르가 요리사로서 《성 바코스 殉敎》 속에 나온다. 그리고 역시 같은 이름의 마캐르가 알렉산드리아의 순교의 성자로서 《황금 전설》에 등장하는데, 거기에는 그가 악마를 통째로 튀겨 요리하는 기적이 묘사되어 있다.

시인은 그러한 반역자·요리사·성자로서 알려져 있는 세 사람의 마캐르를 한 사람의 마캐르에 대입하고 요리사 〈마캐르〉를 만들어 그에게서 프랑수아 페르드리에가 먹도록 강요한 〈빨간 혀〉의 요리법을 배운다. 그것은 〈탄 맛을 내기 위하여 악마를 털도 뽑지 아니하고 통째로 튀기는 요리법〉이다.

그러므로 140절에서 피해자는 시인이고 가해자는 프랑수아 페르드리에이지만, 여기에서는 반대로 피해자는 프랑수아 페르드리에(반역자 마캐르)이고 가해자는 시인(성자 마캐르)이며, 그리고 〈악마〉는 프랑수아 페르드리에이고, 요리사 마캐르의 제자는 시인이 되는 셈이다.

1) Tuasne, t.III, pp.371-74.
2) Dufournet, t.II, p.121.

40

발라드
BALLADE

　비용은 전설적 인물인 마캐르를 가상적 요리사로 창조하고 그에게서 배운 〈악마를 털도 뽑지 아니하고 통째로 튀기는 요리법〉에 따라서 프랑수아 페르드리에가 먹도록 강요한 〈빨간 혀〉를 〈사람을 중상하는 혀〉로 바꾸어, 그것을 통째로 튀긴 요리로 만들어 보이다.

　그리하여 시인은 〈사람을 중상하는 혀〉가 받는 징벌이 얼마나 가증스러운 것인가를 철저히 묘사하여 그것을 한 편의 발라드 속에 담는다. 그것은 〈사람을 중상하는 혀〉를 통째로 튀긴 요리의 시식을 위한 일종의 전시를 방불케 한다.

　　鷄冠石 속에서, 砒素덩어리 속에서
　　유황과 초석과 그리고 생석회 속에서
　　잘 씹을 수 있도록 비등하는 납 속에서
　　유태 여자의 똥과 오줌으로 만든
　　잿물에 녹인 비계와 송진 속에서
　　문둥이의 다리를 씻은 구정물 속에서
　　발과 헌 각반에 끼얹은 물거품 속에서
　　독사의 피와 독약 속에서
　　늑대와 여우와 그리고 오소리의 쓸개즙 속에서
　　저·사람을 중상하는 혀를 튀길지어다!

En riagal, en arsenic rocher,
En orpiment, en salpêtre et chaux vive,
En plomb bouillant pour mieux les émorcher,
En suif et poix détrempés de lessive
Faite d'étrons et de pissat de juive,
En lavailles de jambes à meseaux,
En raclure de pieds et vieux houseaux,
En sang d'aspic et drogues venimeuses,
En fiel de loups, de renards et blaireaux,
Soient frites ces langues ennuyeuses!

시인은 여기에서 〈사람을 중상하는 혀〉를 통째로 튀긴 요리를 여러 가지로 만들어 그 다채로운 요리들을 차례로 첫째 식탁 위에 전시해 놓는다.

계관석 속에서 튀긴 혀
비소의 덩어리 속에서 튀긴 혀
유황·초석·생석회 속에서 튀긴 혀
잘 씹을 수 있게 녹인 납 속에서 튀긴 혀
유태 여자의 똥·오줌으로 만든 잿물에 녹인 비계·송진 속에서 튀긴 혀
문둥이의 다리를 씻은 구정물 속에서 튀긴 혀
발과 헌 각반에 끼얹은 물거품 속에서 튀긴 혀
독사의 피와 독약 속에서 튀긴 혀
늑대·여우·오소리의 쓸개즙 속에서 튀긴 혀

시인은 그것으로 만족하지 않고 다른 요리를 만들기 시작한다.

고기는 좋아하되 물은 싫어하는
잇몸에 이 하나 없는 늙은 까만 고양이 뇌장 속에서
그 고양이만큼의 값어치는 있을
늙은 미친개의 거품과 침 속에서

예리한 가위로 잘게 자른
천식증이 있는 암노새의 거품 속에서
쥐와 개구리와 두꺼비와 그리고 위험한 짐승
뱀과 도마뱀과 그리고 그 밖의 고귀한 새들이
함께 얼굴과 코를 담그고 헤엄치는 물속에서
저 사람을 중상하는 혀를 튀길지어다!

En cervelle de chat qui hait pêcher,

Noir et si vieil qu'il n'ait dent en gencive,

D'un vieil mâtin qui vaut bien aussi cher,

Tout enragé, en sa bave et salive,

En l'écume d'une mule poussive

Détranchée menue à bons ciseaux,

En eau où rats plongent groins et museaux,

Raines, crapauds et bêtes dangereuses,

Serpents, lézards et tels nobles oiseaux,

Soient frites ces langues ennuyeuses!

시인은 그리하여 만들어진 다른 요리들을 차례로 둘째 식탁 위에 전시해 놓는다.

늙은 까만 고양이의 뇌장 속에서 튀긴 혀
늙은 미친개의 거품과 침 속에서 튀긴 혀
천식증이 있는 암노새의 거품 속에서 튀긴 혀
쥐·개구리·두꺼비·뱀·도마뱀·새들이 헤엄치는 물속에서 튀긴 혀

시인의 〈사람을 중상하는 혀〉에 대한 복수는 그 정도로 달랠 수는 없는 모양이다.
그는 또 다른 요리를 계속한다.

만지면 위험한 昇汞水 속에서

살아 있는 구렁이의 배꼽 속에서
이발사[1]의 물받이에 보름달이 뜨면
혹은 까맣게 혹은 파보다도 새파랗게 보이는
응결하는 핏속에서
암종성의 궤양과 흘러나오는 종기 속에서
유모가 아기의 강보를 헹구는 더러운 대야 속에서
갈보들의 자그마한 욕조 속에서
(이 말을 이해하지 못하는 자는 갈보집을 드나들지 않은 놈인데)
저 사람을 중상하는 혀를 튀길지어다!

En sublimé dangereux à toucher,
Et ou nombril d'une couleuvre vive,
En sang qu'on voit ès palettes sécher
Sur les barbiers quand pleine lune arrive,
Dont l'un est noir, l'autre plus vert que cive,
En chancre et fic, et en ces claires eaues
Où nourrices essangent leurs drapeaux,
En petits bains de filles amoureuses
(Qui ne m'entend n'a suivi les bordeaux)
Soient frites ces langues ennuyeuses!

시인은 이번에도 만들어진 또 다른 요리들을 차례로 셋째 식탁 위에 전시해 놓는다.

승홍수 속에서 튀긴 혀
살아 있는 구렁이의 배꼽 속에서 튀긴 혀
이발사의 물받이에 응결하는 핏속에서 튀긴 혀
암종성 궤양과 종기 속에서 튀긴 혀
아기의 강보를 헹구는 더러운 대야 속에서 튀긴 혀
갈보들의 자그마한 욕조 속에서 튀긴 혀

시인은 그래도 부족해서 요리 하나를 더 만들기로 한다.

　　제일인자여, 이 모든 맛있는 음식을
　　만약 천이나 주머니나 체를 가지지 아니하면
　　똥·오줌이 묻은 바지 속에라도 싸두기 바라는데
　　그러나 우선은 돼지의 똥덩어리 속에서
　　저 사람을 중상하는 혀를 튀길지어다!

　　Prince, passez tous ces friands morceaux,
　　S'étamine, sac n'avez ou bluteaux,
　　Parmi le fond d'unes braies breneuses;
　　Mais, par avant, en étrons de pourceaux
　　Soient frites ces langues ennuyeuses!

시인은 마지막으로 만들어진 요리 하나를 별도의 넷째 식탁 위에 전시해 놓는다.

　　돼지의 똥덩어리 속에서 튀긴 혀

　그리고 시인은 제일인자를 불러놓고 네 개의 식탁 위에 전시해 놓은 그 많은 튀
김 요리를 보관하는데, 천·주머니·체 등이 좋겠지만 만약 그것들이 없으면 〈똥·
오줌이 묻은 바지 속에라도 싸서〉 잘 간수해 두기를 간곡히 부탁한다. 그것은 물론
맛있는 좋은 튀김 요리이니까, 오래 보관해 두고 먹어야 한다는 신랄한 야유이며 익
살이다.
　그리하여 시인은 프랑수아 페르드리에에 대한 철저한 복수를 완료한다. 만약 프랑
수아 페르드리에가 직접 이 발라드를 읽는다면 아마도 그는 소름이 끼칠 만큼 놀라
고 큰 비명을 지를는지도 모를 일이다.

　1) 당시의 이발사는 외과 의사를 겸하고 있었다.

41

권력을 가진 자

　비용은 방랑생활 중에서 겪은 것으로 보이는 또 하나의 사건에 대한 추억을 떠올린다. 그가 부르주에서 겪은 사건은 아직 상세히 밝혀져 있지 않아서 아주 모호한 것이지만, 앙제에서 겪은 사건은 그렇게 모호한 것만은 아니다.

　시인이 앙제에의 여행을 한 사실은 확실하다. 그것은 《유증시》 첫부분에서 시인이 스스로 말하고 있으며, 1458년에 체포된 나바르 신학대학 절도사건의 공범자 귀 타바리의 공술에서도 밝혀져 있다. 그러나 그 여행의 동기에 대해서는 이설이 있어서 반드시 분명하다고 할 수는 없다. 귀 타바리의 공술은 앙제에 사는 돈 많은 성직자의 동정을 살피러 간 것이라고 하는데, 이에 반하여 앙드레 부르제는 시인이 앙쥬 공이며, 시칠리아 왕 르네에게 접근하여 그 측근 시인으로 받아 주기를 간청하러 간 것이라고 한다. 어쨌든 그의 앙제에의 여행은 1457년 이른 봄이라고 보아도 틀림없을 것 같다.

　앙제에서 시인을 르네에게 소개하는 일은 르네의 파리 재판소 대소인 앙드리 쿠로가 맡기로 되어 있다. 그런데 앙드리 쿠로는 그 일을 성공시키지 못한 것으로 보인다.

　일, 메트르 앙드리 쿠로에게는
　「프랑 공티에를 반박하는 발라드」를 남겨 주거니와
　높은 자리에 앉은 독재자에 대하여는

아무것도 바라지 아니하는도다.
현자[1]는 힘 없는 가난한 사람이
권력 있는 자에 대항하여 싸우기를 원치 아니하나니
강자가 그물을 치고
약자가 그 그물에 걸리지 아니하도록 함이로다. (142절)

Item, à maître Andry Couraud
Les Contredits Franc Gontier mande;
Quant du tyran séant en haut,
A cetui-là rien ne demande.
Le Saige[1] ne veut que contende
Contre puissant pauvre homme las,
Afin que ses filés ne tende
Et qu'il ne trébuche en ses lacs.

　시인은 앙드리 쿠로를 유언 수령자로 선정하여 그에게 「프랑 공티에를 반박하는 발라드」를 남겨 주기로 하고, 곧 〈높은 자리에 앉은 독재자〉를 들며 그에게서는 아무것도 바라지 않는다고 덧붙인다.
　〈높은 자리에 앉은 독재자〉를 앙쥬 공이며 시칠리아 왕 르네로 본다면, 〈아무것도 바라지 아니하는도다〉라는 표현은 르네가 시인의 요청을 받아들이지 않았음을 암시하는 것으로 해석된다. 시인은 마음 속으로는 불만을 느끼면서도 결국 물러서지 않을 수 없다. 권력을 가진 자에게 맞서는 것은 위험한 일이다. 그것은 현자 솔로몬이 가르치는 교훈이기도 하다.
　그리하여 시인은 〈독재자〉를 예의 소개자 앙드리 쿠로로 바꾸어 놓고, 그에게 불만을 털어놓는다. 그것은 앙드리 쿠로를 빗대어 간접적으로 르네에게 던지는 공격의 화살임은 물론이다.

　나는 공티에 따위는 두려워하지 아니하는데
　그는 신하도 없거니와 나와 마찬가지로 재산도 없도다.

우리는 여기에서 논쟁을 전개하나니
그는 자기의 빈곤을 찬양하고
겨울이건 여름이건 가난을 바라며
내가 불행이라 생각하는 것을
행복이라 보기 때문이로다.
어느 쪽이 잘못인가? 이제 나는 그것을 따지리라. (143절)

Gontier ne crains: il n'a nuls hommes
Et mieux que moi n'est hérité,
Mais en ce débat-ci nous sommes,
Car il loue sa pauvreté,
Etre pauvre hiver et été,
Et à félicité répute
Ce que tiens à malheurté.
Lequel a tort? Or en dispute.

　시인은 여기에서 우선 〈공티에 따위는 두려워하지 아니한다〉고 반어적 의미의 표현을 하며, 실제로 르네 왕은 두려워하지 않을 수 없는 권력을 가진 자임을 암시한다. 그것은 〈그는 신하도 없거니와 나와 마찬가지로 재산도 없는〉 것이 아니라 그 반대이기 때문이다. 앙쥬 공이며 시칠리아 왕 르네는 두려운 권력을 가진 자일 뿐만 아니라 아는 사람은 다 아는 전원 시인이기도 하다. 그는 젊은 부인에의 목가적인 사랑을 「르노와 쟌느통」이라는 시에서 표현하고 있다. 그것은 14세기의 고위 성직자 (모의 사교)이며 국왕(샤를 4세와 필리프 6세)의 비서이던 필리프 드 비트리의 시풍을 모방한 시이다. 필리프 드 비트리는 전원생활의 아름다움과 행복을 읊은 「프랑 공티에의 노래」를 남기고 있다.
　시인은 그 시 내용을 그대로 빌려 그것과는 아주 다른 행복론을 전개한 발라드를 쓰고 간접적으로 르네에게 공격의 화살을 던지는데, 직접적인 상대를 일부러 앙드리 쿠로로 정한 것은 하나의 편법에 지나지 않다. 시인은 그 발라드를 르네의 측근 앙드리 쿠로에게 보내면, 그는 그것을 틀림없이 르네에게 보일 것이라는 예측을 한 셈이다.

　그러니까 앙쥬 공이며 시칠리아 왕인 권력을 가진 자와 일개 방랑시인인 권력이 없는 자의 대결, 한편에서는 행복이라고 생각하는 것을 다른 한편은 불행이라고 생각하는 논쟁이 결국 다음 발라드에서 전개된다.

　1) 솔로몬을 가리키고 있을 것이다.

42

프랑 공티에를 반박하는 발라드

LES CONTREDITS DE FRANC GONTIER BALLADE

이 발라드의 이름도 클레망 마로가 붙인 것이다.

비용은 이 발라드에서 필리프 드 비트리의 「프랑 공티에의 노래」의 詩語를 그대로 사용하면서, 그것을 거꾸로 뒤집어 강력한 관능적인 사랑을 찬미하며 극히 현실적인 행복론을 전개한다.

돗자리를 깐 방안, 벌겋게 단 숯불가의
부드러운 새털 이불 위에 앉은 뚱보 수도사와
그 곁에 드러누운 희고 부드러우며 상냥한
그리고 진하게 화장을 한 귀부인 시도안느가
밤낮으로 强精酒[1]를 마시면서
웃으며 장난하고 서로 애무하며 입맞추고
보다 더 육체적인 쾌락을 즐기려고 발가벗은 모습을
나는 장붓구멍으로 보았는데
그때 깨달은 사실은 이 세상의 슬픔을 잊기 위하여는
편하게 사는 이상의 보물은 없다는 것이로다.

Sur mol duvet assis, un gras chanoine,
Lez un brasier, en chambre bien nattée,

A son côté gisant dame Sidoine

Blanche, tendre, polie et attintée,

Boire hypocras, à jour et à nuitée,

Rire, jouer, mignonner et baiser,

Et nu à nu, pour mieux des corps s'aiser,

Les vis tous deux, par un trou de mortaise:

Lors je connus que, pour deuil apaiser,

Il n'est trésor que de vivre à son aise.

시인은 여기에서 당시 성직자만큼 확실하게 생활이 보장된 것은 없다는 사실을 떠올렸는지는 모르지만 〈뚱보 수도사〉를 등장시키고, 그의 상대로 〈귀부인 시도안느〉를 짝지어 준다. 〈뚱보 수도사〉나 〈귀부인 시도안느〉는 어떤 특정한 사람을 가리키고 있다기보다는 당시 생활의 여유가 있는 일반 남녀를 대표하는 인물로 보면 된다.

시인은 그러한 두 남녀가 좋은 방, 따뜻한 화롯가의 부드러운 이불 위에 앉거나 드러누워서 서로 애무하며 입맞추고 밤낮으로 강정주를 마시며 〈보다 더 육체적인 쾌락을 즐기려고 발가벗은 모습〉에 주목한다.

그리하여 시인은 그때 하나의 사실을 깨닫는다. 오직 〈편하게 사는 이상의 보물은 없다〉는 사실이다. 물론 그것은 이 발라드의 내용적인 주제임과 동시에 형식적인 반복구이다. 그런데 그것은 시인의 가장 현실적 행복론의 핵을 이루고 있는 표현이다.

그리고 이 발라드 1절은 시인의 자유분방한 모든 시 중에서도 그 밀도가 가장 짙은 것의 하나로 알려져 있다.

프랑 공티에와 그의 아낙 엘렌느가

그러한 달콤한 생활을 즐겼다고 하면

심한 악취가 나는 양파와 산파를

토스트[2]에 발라먹지는 아니하였으리라.

그들이 좋아하는 엉긴 우유나 잡탕 요리에

나는 주저치 아니하고 조금의 값어치도 인정하지 아니하는도다.

그들이 장미나무 밑에서 자는 즐거움을 자랑한다면

의자 달린 침대에서 자는 즐거움과 어느 쪽이 좋은가?
말해 볼지어다! 판단에 시간은 걸리지 아니하나니
편하게 사는 이상의 보물은 없다는 것이로다.

Se Franc Gontier et sa compagne Hélène

Eussent cette douce vie hantée,

D'oignons, civots, qui causent forte haleine

N'acontassent une bise tostée.

Tout leur maton, ne toute leur portée,

Ne prise un ail, je le dis sans noiser.

S'ils se vantent coucher sous le rosier,

Lequel vaut mieux? Lit côtoyé de chaise?

Qu'en dites-vous? Faut-il à ce muser?

Il n'est trésor que de vivre à son aise.

시인은 여기에서 드디어 필리프 드 비트리의 「프랑 공티에의 노래」를 문제삼고
농부 공티에와 그의 아낙 엘렌느가 〈심한 악취가 나는 양파와 산파를 토스트에 발
라 먹는〉 전원생활에서 구가하는 행복을 극히 관념적이고 목가적인 진부한 것으로
꼬집는다. 그리고 그는 만약 그들이 〈뚱보 수도사〉와 그의 연인 〈시도안느〉의 저 달
콤한 생활을 현실적으로 즐긴 일이 있다면, 그러한 관념적이고 목가적인 진부한 행
복의 미망에서 깨어났을 것이라고 확신한다.

그리하여 시인은 그들이 좋아하는 〈엉긴 우유나 잡탕 요리〉에 조금의 값어치도
인정하지 않고, 그들에게 〈장미나무 밑에서 자는 즐거움〉과 〈의자 달린 침대에서 자
는 즐거움〉 가운데 어느 쪽이 좋은가 하고 물으며, 결국 〈편하게 사는 이상의 보물
은 없다〉는 그의 행복론을 전개해 나간다.

그들은 보리와 귀리로 만든 딱딱한 갈색 빵을 먹고
일년 내내 물만 마시고 있도다.
여기에서부터 바빌론[3]까지의 참새들이 모두 지저귄다 하더라도

그러한 식사에는 단 하루도 아니 반나절도
나는 참지 못하리라.
프랑 공티에가 신의 뜻에 따라
엘렌느와 함께 들장미 아래에서 희희낙락하는데
그것으로 만족한다 하더라도 내가 거북할 것은 없거니와
농사일이 얼마나 즐거운 것인지는 모르지마는
편하게 사는 이상의 보물은 없다는 것이로다.

De gros pain bis vivent d'orge et d'avoine,
Et boivent eaue tout au long de l'année.
Tous les oiseaux d'ici en Babyloine
A tel école une seule journée
Ne me tendroient, non une matinée.
Or s'ébattue, de par Dieu, Franc Gontier,
Hélène o lui, sous le bel églantier·
Se bien leur est, cause n'ai qu'il me pèse;
Mais quoi qu'il soit du laboureux métier,
Il n'est trésor que de vivre à son aise.

시인은 프랑 공티에와 엘렌느가 〈보리와 귀리로 만든 딱딱한 갈색 빵을 먹고 일
년 내내 물만 마시고〉도 행복하다고 하는데, 그러한 식사는 누가 뭐라고 하더라도
결코 참을 수 없다고 한다. 그리고 그는 제아무리 신의 뜻에 따르는 일이라고 하더
라도 〈들장미 아래에서 희희낙락하는〉 것이나 〈농사일〉이 즐겁다고 하는 것이 현실
적으로는 허위이며 가식에 지나지 않는다고 생각한다.
　그러니까 시인은 현실적으로 〈편하게 사는 이상의 보물은 없다〉는 반복구를 그의
행복론의 표현으로 되풀이할 수밖에 없다.

　제일인자여, 우리를 빨리 화해시키는 판정을 내리소서.
　나로 말하면 누구에게도 주저하면서

어린 시절부터 사람들의 이야기를 들었으니
편하게 사는 이상의 보물은 없다는 것이로다.

Prince, juge, pour tôt nous accorder.
Quant est de moi, mais qu'à nul ne déplaise,
Petit enfant, j'ai oï recorder:
Il n'est trésor que de vivre à son aise.

　시인은 마지막으로 제일인자를 부르고, 파리에서 태어나 거기에서 자란 파리지앵
으로서 어린 시절부터 듣고 믿게 된 〈편하게 사는 이상의 보물은 없다〉라는 극히
현실적이고 소박한 그의 행복론의 주장에 빨리 승리의 판정을 내려 주시며, 서로 더
이상 무의미한 논쟁을 계속하지 않도록 〈화해시켜〉 주시기를 바란다고 한다.

1) 강정주는 계피·생강·호두 열매를 포도주에 넣어 끓여서 만든 술로 催淫劑의 효능이 있다
　고 한다.
2) 이것은 오늘날과 같은 토스트가 아닌 타이유방의 《요리서》에 의하면, 포도주에 넣어 튀긴
　빵으로 흔히 먹는 음식이었다고 한다.
3) 이것은 아시리아의 바빌론이 아니라 이집트 카이로의 바빌론을 가리킨다.

43

파리 여자들 Ⅰ

비용은 일단 방랑생활에 대한 회상을 끝내고 그 시상을 그리운 파리로 옮긴다. 그리하여 그는 우선 여기에서 방랑생활 중에도 언제나 떠올랐다가는 사라지고, 사라졌다가는 다시 떠오르곤 하던 파리지엔의 모습을 화폭에 담는다. 그것은 가히 〈파리 풍경〉이라고 할 만하다.

일, 귀부인 드 브뤼예르는
성서를 잘 알고 있는 사람이라
그 부인과 그녀의 제자인 아가씨들에게
복음서 이외의 설교를 하는 권리를 남겨 주나니
주둥이를 험하게 놀리는 저 음탕한 여자들을
바른길로 되돌려 주기 위함인데
묘지 구역에서가 아니라
직물 시장에서 설교하면 더욱 좋으리로다. (144절)

Item, pour ce que sait sa Bible
Ma damoiselle de Bruyères,
Donne prêcher hors l'Evangile
A elle est à ses bachelières,

Pour retraire ces villotières
Qui ont le bec si affilé,
Mais que ce soit hors cimetières,
Trop bien au marché au filé.

시인은 먼저 드 브뤼예르 귀부인과 그 부인의 제자인 아가씨들에게 복음서 이외의 설교하는 권리를 선물하기로 한다. 드 브뤼예르 귀부인은 카트린느 드 브뤼예르로, 재무원 회계 담당 지라르 드 브뤼예르의 부인이다. 〈귀부인〉이라고 옮긴 〈마 드무아젤르〉(Ma damoiselle)는 현재의 아가씨(Mademoiselle)라는 미혼녀의 경칭이 아니다. 그것은 기혼·미혼·과부에 관계가 없다. 당시 고위직 부인 내지는 기사의 부인은 담므(Dame), 준기사의 부인과 기혼·미혼의 여자는 다무아젤르(Damoiselle), 그리고 그보다 지위가 낮은 여자는 흔히 담므라고 불리었다고 한다.

어쨌든 드 브뤼예르 귀부인은 1444년에 과부가 되고 1465년에는 80이었다고 하니까, 시인이 그 부인을 알게 되었을 때에는 이미 70이 넘은 노파였던 셈이다. 그런데 그 부인은 시인의 학생 시절의 소요사건과 깊은 인연이 있는 인물이다. 그의 최초의 작품 「악마의 방귀 이야기」의 〈악마의 방귀〉는 바로 그 부인의 저택 앞에 있는 기묘한 모양의 큰 경계석의 이름으로, 학생들은 그 경계석을 생트 준비에브 산정에 옮겨놓고 샤틀레 검찰청 경관들과 일대 소동을 벌이는데, 그것을 〈악마의 방귀 사건〉이라고 한다. 따라서 그는 그 부인과는 오랜 지기가 되는 셈이다. 샹피옹에 의하면[1] 그 부인은 당시 70이 넘은 부유한 미망인으로, 신앙심이 깊은 반면 교만하고 소송을 좋아하는 노파였다고 한다.

여기에서 시인은 그 부인의 그러한 성격의 양면을 포착하여 그 부인과 그 부인의 제자인 아가씨들로 하여금 파리지엔, 특히 〈주둥이를 험하게 놀리는〉 저 음탕한 여자들을 설교하도록 하여 바른길로 인도하게 한다. 그렇기 때문에 그 설교의 장소도 레 지노상 묘지(Cimetières des Innocents)가 아니라 거기에 인접한 방사 시장(Marché au fillé)이다. 실제로 거기에서 일하는 여공들은 거의가 입이 험하고 행동이 의심스러운 여자들이다.

그런데 시인은 그 노파가 아무리 교만하고 소송을 좋아하는 인물이라고는 하지만 상대의 여자들도 입이 험한 젊은 아가씨들인 까닭에 그 설교는 그렇게 쉽지만은 않을 것이라고 하는 의미를 암시한다.

　그리하여 시인은 결국 파리지엔의 수다를 주제로 하는「파리 여차에 대한 발라드」를 쓰고 파리지엔의 생리를 되새기면서 그 여자들을 그리워한다.

　1) Champion, t.I, pp.458-63.

44

파리 여자에 대한 발라드

BALLADE DES FEMMES DE PARIS

이 발라드의 이름도 클레망 마로가 붙인 것이다.

그 주제는 파리 여자들과 여러 나라 여자들의 수다를 겨루는 일종의 말하기 콩쿠르(concours)이다.

비용은 카트린느 드 브뤼예르와 그 동류들의 추억에서 시상을 어린 시절부터 접한 파리의 거리에 대한 정경으로 옮긴다. 그 첫째 정경은 파리 여자들이 수다를 떠는 모습이다.

> 플로렌스나 베니스 여자들은
> 말을 잘하는 까닭에
> 사랑의 중매자로서는
> 옛날 여자들만큼 능란하다 하지마는
> 비록 롱바르지아나 로마 여자건
> 주네브나 피에몽이나 사부아 여자건
> 나는 보증하거니와
> 파리 여자의 입에는 당하지 못하도다.

> Quoiqu'on tient belles langagères
> Florentines, Vénitiennes,

Assez pour être messagères,

Et mêmement les anciennes;

Mais soient Lombardes, Romaines,

Genevoises, à mes périls,

Pimontoises, Savoisiennes,

Il n'est bon bec que de Paris.

시인은 여기에서 우선 사랑의 중매자가 말을 잘한다는 것은 동서고금을 묻지 않고 일반화된 상식인데, 그러한 사랑의 중매자로서 옛날 여자만큼 능란한 플로렌스·베니스 여자건, 롱바르지아·로마 여자건, 그리고 주네브·피에몽·사부아 여자건간에 결코 〈파리 여자의 입에는 당하지 못한다〉고 증언한다.

나폴리 여자들은 연단에서

아주 당당하게 말을 잘한다 하며

독일과 프러시아 여자들은

여간 수다스럽지 아니하다 하지마는

비록 그리스나 이집트 여자건

헝가리나 그 밖의 나라들

에스파냐나 카탈루냐 여자건

파리 여자의 입에는 당하지 못하도다.

De beau parler tiennent chaières,

Ce dit-on, les Napolitaines,

Et sont très bonnes caquetières

Allemandes et Prussiennes;

Soient Grecques, Egyptiennes,

De Hongrie ou d'autres pays,

Espagnoles ou Catelennes,

Il n'est bon bec que de Paris.

그 生涯와 詩 世界 443

시인은 다음으로 연단에서 연설하는 자가 말을 잘한다는 것도 하나의 일반화된 상식인데, 연단에서 당당하게 말을 잘하는 나폴리 여자건, 여간 수다스럽지 않다는 독일·프러시아 여자건, 그리스·이집트 여자건, 그리고 헝가리·에스파냐·카탈루냐 여자건간에 결코 〈파리 여자의 입에는 당하지 못한다〉고 확언한다.

> 브르타뉴나 스위스 여자들은 말재주가 없어
> 가스코뉴나 툴루즈 여자들과 마찬가지로
> 프티 퐁[1]의 생선장수 아낙들에 걸리면
> 꼼짝달싹하지 못하거니와
> 비록 로렌이나 영국이나 칼레 여자건
> 바랑시엔[2]의 피카르디 여자건
> (나라 이름을 다 열거해 버렸는데)
> 파리 여자의 입에는 당하지 못하도다.

> Brettes, Suisses n'y savent guères,
> Gasconnes, n'aussi Toulousaines :
> De Petit Pont deux harengères
> Les concluront, et les Lorraines,
> Angloises et Calaisiennes,
> (Ai-je beaucoup de lieux compris?)
> Picardes de Valenciennes ;
> Il n'est bon bec que de Paris.

시인은 파리 여자 중에서도 프티 퐁(Petit Pont)의 생선장수 아낙들의 수다는 너무나 유명하여 말재주가 없는 브르타뉴·스위스 여자나 가스코뉴·툴루즈 여자가 그 여자들에게 걸리면 꼼짝달싹하지 못하는데, 그만큼 로렌·영국·칼레 여자건 바랑시엔의 피카르디 여자건 〈파리 여자의 입에는 당하지 못한다〉고 공언한다.

제일인자여, 파리 여자들에게

수다 상을 주기 바라나니
비록 이탈리아 여자에 대하여 뭐라 하건
파리 여자의 입에는 당하지 못하도다.

Prince, aux dames Parisiennes
De bien parler donnez le prix;
Quoi que l'on die d'Italiennes,
Il n'est bon bec que de Paris.

시인은 마지막으로 이탈리아 여자가 말을 잘한다고 하더라도 결코 〈파리 여자의
입에는 당하지 못한다〉고 결론짓고, 제일인자로 하여금 파리 여자들에게 〈수다 상〉
을 수여하도록 그 여자들을 추천한다.

1) 파리 시테 서쪽 센 강에 걸려 있는 다리로, 다리 양쪽에 상점이 즐비해 있다.
2) 바랑시엔은 에노(Hainaut)의 수도인데 시인은 피카르디 지방으로 착각한 것 같다. 피카르디
   수도는 아미엥(Amiens)이다.

45

파리 여자들 Ⅱ

비용은 파리의 방사시장과 어시장에서 일하는 여자들의 수다에 대한 화폭에서 시상을 차례로 교회에 모이는 파리 여자들에 대한 추억으로, 파리의 수녀원과 수녀의 문란한 행위에 대한 풍자로, 파리의 부유한 계층의 저택에 고용된 하인과 하녀들의 이중적 행위에 대한 해학으로, 그리고 뚱보 마르고에 대한 야유로 옮긴다. 그리하여 〈파리 정경〉은 시인의 피토레스크한 필치로 극명히 묘사되어 나간다.

바라볼지어다, 파리 여자들이 이삼 명
수도원이나 성당 안에서
드레스의 긴 자락 주름을 깔고 앉은 모습을.
가까이 다가서서 움직이지 말지어다
그러면 그대 마크로브도 옛날에 하지 못한
훌륭한 판단을 거기에서 들으리라.
귀를 기울이고 무엇인가를 배울지어다
그것은 오직 훌륭한 교훈뿐이로다. (145절)

Regarde m'en deux, trois, assises
Sur le bas du pli de leurs robes,
En ces moutiers, en ces églises;

Tire-toi près, et ne te hobes;
Tu trouveras là que Macrobes
Oncques ne fit tels jugements.
Entends; quelque chose en dérobes:
Ce sont de beaux enseignements.

　시인은 누구든지 우선 수도원이나 성당 안에서 파리 여자들이 드레스의 긴 자락 주름을 깔고 앉은 모습을 바라보고, 다음은 조용히 다가서서 그 여자들의 이야기에 귀를 기울이라고 한다. 그것은 그 여자들의 이야기에서 옛날 마크로브가 한 것보다 더 〈훌륭한 판단〉을 들을 수 있기 때문이다.

　마크로브는 5세기의 로마 작가 마크로비우스로 키케로의 《스키피오의 꿈》의 주석과 대화체의 《사튈르날리스》의 저서로써 중세에 있어서는 그 예민한 비평과 판단이 존중되어 왔는데, 시인은 여기에서 그것을 역으로 활용하여 하느님에 대한 기도는 잊고 무슨 소리인지 모르는 수다를 떠는 모든 계층의 파리 여자들을 풍자한다. 따라서 마지막 행의 〈그것은 오직 훌륭한 교훈뿐이로다〉 하는 표현은 물론 반어적 의미로 사용된 말이다.

　그러한 수도원과 성당 안에서의 파리 여자들의 모습은 시인으로 하여금 시상을 파리의 수녀원과 수녀들의 문란한 행위로 옮기게 한다.

　　일, 아주 유서 깊은 장소라 하는
　　몽마르트르 산에는
　　발레리앙 산이라 불리는 언덕을 붙여 주어
　　둘을 하나로 되게 하거니와
　　그 밖에 내가 로마에서 받아가지고 온
　　면죄부 3개월분을 남겨 주나니
　　그러면 남자가 들어가지 못하는 이 수녀원으로
　　많은 선남 신도가 밀려 들어가게 되리로다. (146절)

Item, et au mont de Montmartre,

Qui est un lieu mout ancïen,

Je lui donne et adjoins le tertre

Qu'on dit de mont Valérien;

Et, outre, plus d'un quartier d'an

Du pardon qu'apportai de Rome:

Si ira maint bon chrétïen

En l'abbaye où il n'entre homme.

시인은 몽마르트르 산과 발레리앙 산을 하나가 되게 하고 거기에 〈면죄부〉를 남겨두기로 한다. 그것은 남자가 들어갈 수 없게 되어 있는 수녀원에 〈많은 선남 신도〉가 들어가도 좋다는 의미인데, 물론 당시의 수녀들의 문란한 행위에 대한 신랄한 풍자이다.

몽마르트르 산에는 수녀원이 있다. 그 수녀원은 1134년 샤를 루이 르 그로와 그의 부인에 의하여 건립된 〈아주 유서 깊은〉 곳으로 처음에는 60명이 넘는 수녀들이 있었으나, 당시에는 겨우 6명의 수녀밖에 되지 않고, 그 여자들의 행위도 여간 문란하지 않았다고 한다.[1]

발레리앙 산은 파리 서쪽에 있는 자그마한 언덕으로 거기에는 수도사들이 은거하는 수사원이 있다.

따라서 그 수녀원에다가 수도사들이 은거하는 수사원을 붙여 주어 둘을 하나로 되게 한다는 것은 수도사와 수녀의 임의로운 교제를 가능하게 해 준다는 의미이다. 그것은 시인이 당시의 수녀들의 문란한 행위를 비꼬고 조소하고 있음을 암시한다. 거기에다가 〈로마에서 받아가지고 온 면죄부 3개월분〉을 남겨 준다는 것은 시인 특유의 해학적 표현임은 물론이다.

그리고 시의 장면은 바뀌어 부유한 계층의 저택에 고용되어 있는 하인과 하녀들의 이중적 생활이 전개된다.

일, 良家의 하인과 하녀들은

(이렇게 말하더라도 나에게는 거북하지 아니한데)

나으리와 마님이 잠자는 동안에

타르트와 프랑 과자와 치즈 튀김을 만들어
밤중에 잔치를 베풀어도 좋으리라.
(술 일고여덟 되쯤은 아무것도 아니지마는)
그 다음에는 큰소리내지 말기 바라나니
나는 당나귀 타기 놀이를 연상시켜 주리로다. (147절)

Item, valets et chamberières
De bons hôtels(rienn ne me nuit)
Faisant tartes, flans et goyères,
Et grands rallias à minuit:
(Rien n'y font sept pintes ne huit),
Tant que gisent seigneur et dame,
Puis après, sans mener grand bruit,
Je leur ramentois le jeu d'âne.

시인은 여기에서 양가의 하인과 하녀들에게 나으리와 마님이 잠자는 동안 맛있는
음식과 많은 술을 준비하여 〈잔치〉를 베풀고, 그 다음에는 소리를 내지 말고 〈당나
귀 타기 놀이〉, 즉 사랑의 행위를 하도록 권한다.

당시의 양가의 하녀들은 거의 학생들의 정부이며 주인이 잠자는 동안 지하실에서
밀회를 하고 있었다고 하는데, 시인은 그 여자들의 그러한 이중적 생활을 비꼬고 있다.

시인은 양가의 하녀들의 이중적 생활을 묘사한 다음, 그것과 대조적인 〈양가의 아
가씨들〉을 떠올린다.

일, 부모와 숙모가 있는
양가의 아가씨들에게는
진정 아무것도 남겨 주지 아니하나니
전부 하인과 하녀들에게 주어 버렸기 때문이로다.
그런데 가난한 아가씨들은 약간의 것으로 만족할 터인즉
자코뱅 파 수도원에서 버려지는

그 많은 음식도 그녀들에게는
여간 맛있는 것이 되지 아니하리라. (148절)

Item, et à filles de bien,
Qui ont pères, mères et antes,
Par m'âme! je ne donne rien,
Car tout ont eu valets, servantes.
Si fussent-ils de peu contentes:
Grand bien leur fissent maints lopins,
Aux pauvres filles, entrementes
Qu'ils se perdent aux Jacopins.

시인은 양가의 아가씨들에게는 〈전부〉 하인과 하녀들에게 주어 버렸기 때문에 아무것도 남겨 줄 것이 없지만, 그러나 〈가난한 아가씨들〉에게는 자코뱅 파 수도원에서 버려지는 〈많은 음식〉을 가져다 주기로 한다.

4행의 〈전부〉는 향연과 무도, 그리고 환락 일체를 의미한다.

5행의 〈가난한 아가씨들〉은 처음에는 부모와 친척이 있는 양가의 아가씨들이었는데, 어쩌다가 이제는 가난한 처지가 되어 버린 까닭에, 수도원에 출입하며 웃음을 팔고 있는 것으로 보인다.

6행의 자코뱅 파는 도미니쿠스라고 불리는 그리스도교의 한 종파로 성 도미니쿠스에 의하여 1255년 창시된 것이라고 한다.

여기에서 시인은 그 〈가난한 아가씨들〉에게는 약간의 것으로 만족할 터이므로, 그것을 조금 나누어 주기만 하더라도 만족하리라 하고 동정하고 있다.

그리고 시인의 시상은 남자들의 체취가 물씬 풍기는 수도원의 내부로 깊이 파고들어 간다.

셀레스텡이나 샤르트뢰 수도원에서도 마찬가지이지마는
수도원 생활이 아무리 엄격하다 하더라도
거기에는 가난한 아가씨들이 필요로 하는 것을

많이 갖추고 있도다.
자크린느와 페레트가 그 증인이거니와
이자보도 〈정말이에요!〉라고 말하고 있는데
그녀들은 아주 허기를 느끼고 있는 까닭에
지옥으로 떨어지는 일은 없으리로다. (149절)

Aux Célestins et aux Chartreux；

Quoique vie mènent étroite,

Si ont-ils largement entre eux

Dont pauvres filles ont soufraite；

Témoin Jacqueline et Perrette

Et Isabeau qui dit ： 〈Enné!〉,

Puisqu'ils en ont telle disette,

A peine seroit-on damné.

시인은 어느 수도원에서도 〈가난한 아가씨들〉이 필요로 하는 것을 많이 갖추어 놓고 있는데, 그것이 아깝게도 버려지고 있다고 비꼰다.[2]

시인은 이 〈버려진다〉(se perdre)는 말에 〈타락한다〉는 의미를 부여하여 그것을 이중적 의미의 표현으로 사용한다. 〈버려진다〉에 〈타락한다〉를 겹쳐 놓으면 그것은 가난한 아가씨들이 버려지고 있을 만큼 남아도는 많은 음식을 얻어먹고 배가 부른 다음에는 결국 타락의 길을 걷는다는 의미가 된다. 그렇기 때문에 그 여자들은 〈지옥으로 떨어지는 일〉은 결코 없을 터이다.

그 증인이 바로 자크린느와 페레트이다. 그리고 이자보의 경우는 〈정말이에요!〉라고 자백하고 있지 않은가. 따라서 세 여자는 다름 아닌 〈가난한 아가씨들〉인 셈이다.

그런데 〈수도원 생활이 아무리 엄격하다 하더라도〉라는 표현은, 천금의 무게를 가지고 독자의 마음을 울린다.

그리고 파리 풍경의 마지막 등장 인물은 뚱보 마르고와 그 동류들이다.

일, 뚱보 마르고에게는

상냥한 얼굴과 모습을 남겨 주나니
신에게 맹세하여 말하거니와
아주 신앙이 깊은 여자이기에
나는 그녀를 진정으로 사랑하고
그녀도 나를 사랑하거늘, 귀여운 여자로다.
누구건 그녀를 우연히 만나거들랑
다음 발라드를 읽어 주기 바라는도다. (150절)

Item, à la grosse Margot
Très douce face et pourtraiture,
Foi que dois *brulare bigot,*
Assez dévote créature;
Je l'aime de propre nature,
Et elle moi, la douce sade.
Qui la trouvera d'aventure,
Qu'on lui lise cette ballade.

시인은 뚱보 마르고를 유언 수령자로 등장시키고 그 여자에게는 〈상냥한 얼굴과 모습〉을 남겨 주며, 동시에 한 편의 〈발라드〉를 선물하기로 한다.

마르고에 관해서는 그 실재성이 의문시되어 오귀스트 롱뇽 이후 많은 학자들이 그것은 술집 내지는 갈보집의 〈간판〉 이름이라고 추정하고 있다. 그러나 마르고라는 이름의 누각이 노트르담 경내 근처에 있었다는 사실이 마르셀 슈옵과 피에르 샹피옹의 고증에 의하여 밝혀져 있다.[3] 그리고 마르고라는 이름이 창녀들 사이에서는 흔히 사용되고 있던 점으로 미루어 보아 뚱보 마르고는 분명히 존재한 인물이라고 해야 한다.

문제가 되는 것은 이 시와 다음 발라드에서 보는 바와 같은 관계가 시인과 뚱보 마르고 사이에 실제로 있었는가 하는 점인데, 그것을 긍정하는 학자와 부정하는 학자가 있다. 그것을 긍정하는 경우, 시인의 일생에는 과실 살인범·가택 침입범이라는 죄명에 갈보의 기둥서방이라는 오명이 덧붙여지는 셈이다. 그러나 우리는 거기까지 추리를 밀고 갈 필요를 느끼지 않는다.

　시인은 그러한 거리의 여자들과 늘 사귀고 있었고, 그 예로 〈투구장수 아낙〉의 이야기를 듣고 그것을 아름다운 일련의 시로 묘사해내고 있다. 사실 그의 풍부한 상상력과 강력한 구성력을 생각한다면 그에게 있어서 이 시와 다음 발라드에서 보는 바와 같은 정경을 그려내는 일쯤은, 그것이 실재한 관계이건 아니건간에 그렇게 어려운 일만은 아니다.

1) Champion, t.II, pp.508-12.
2) 《유언시》 148절 6행.
3) Champion, t.I, pp.200-8.

46

뚱보 마르고에 대한 발라드

BALLADE DE LA GROSSE MARGOT

데이비드 쿤은 《비용 詩法》에서 이 발라드를 세밀히 분석하고 있다.[1] 그 분석에 의하면 이 발라드는 고전극과 마찬가지로 3일치의 법칙에 따르는 3막으로 된 인형극(marionnette)풍의 자그마한 드라마라고 한다.

우선 시간은 24시간 동안에 일어난 사건, 장소는 갈보집 내부.

제1막은 두 꼭두각시가 영위하는 일상의 기본생활, 즉 손님을 접대하는 장사의 장면. 그것은 하루 중 언제 행해지는지 그 점은 확실하지 않다.

제2막은 그날의 장사의 결과를 계산하고 이익과 손실을 결제하는 장면. 그것은 일상의 기본생활을 규제하는 법의 발동으로 이해된다.

제3막은 그 이익과 손실을 결제하는 외적 일상성에서부터 또 다른 내적 일상성으로 이행하는 장면. 그것은 장사의 사회성·규제성에서부터 육체적·물리적 행위로 옮겨지는 일상성의 묘사이다.

그리고 줄거리는 그렇게 되풀이되는 하루의 행동에 의하여 통일되어 있다. 데이비드 쿤의 그러한 분석은 아주 당돌한 것이기는 하지만 여간 선명하고 재미있는 해석이 아니다.

그 미인을 진정으로 사랑하며 봉사한다고
나를 비열하고 바보라 생각해야 하는가?
그녀의 마음 속에는 남자가 원하는 묘한 보물이 있도다.

나는 그 사랑을 위하여 검과 방패도 잡거니와
손님이 오면 얼른 술병을 들어
소리내지 아니하며 술에 시름을 잊고,
물과 치즈와 빵과 과일을 권하거나
돈을 잘 지불하는 손님에게는 말하는도다,
〈좋지요! 발정하거들랑 또 오시구려
우리가 경영하는 이 갈보집으로.〉

Se j'aime et sers la belle de bon hait,
M'en devez-vous tenir ne vil ne sot?
Elle a en soi des biens à fin souhait.
Pour son amour ceins bouclier et passot;
Quand viennent gens, je cours et happe un pot,
Au vin m'en vois, sans démener grand bruit;
Je leur tends cau, fromage, pain et fruit.
S'ils payent bien, je leur dis que 〈bien stat;
Retournez ci, quand vous serez en ruit,
En ce bordeau où tenons notre état.〉

　시인은 우선 갈보의 기둥서방 노릇을 한다고 반드시 〈비열하고 바보〉라고 생각할
수만은 없지 않은가 하고 자조적으로 반문한다. 그는 마르고라는 미인의 마음 속에
는 〈남자가 원하는 묘한 보물〉이 있기 때문에 거기에 이끌려 그 여자를 사랑하고, 〈사
랑〉하기 때문에 그 여자에게 진정으로 〈봉사〉할 뿐이다. 그러니까 그것은 〈검과 방
패〉도 잡을 수 있는 결연한 각오에서 나온 순수한 행위이다.
　그리하여 시인은 마르고를 도와 줄 수밖에 없는데, 술로 시름을 달래며 손님을 정
중히 대접하고, 그리고 마음이 후하여 돈을 잘 지불하는 손님에게는 〈좋지요! 발정
하거들랑 또 오시구려〉라고 인사하며 은근히 둘이 경영하는 갈보집을 선전한다. 그
것은 데이비드 쿤이 말하는 둘의 일상적인 기본생활이다.

그러나 마르고가 화대도 받지 아니하고 빈손으로 자러 올 때
큰일이 벌어지지 아니할 수 없는데
나는 그녀가 보기도 싫거니와 죽여 버리고 싶도록 밉도다.
그녀의 드레스와 허리띠와 재킷을 빼앗아 가지고
화대 대신이라고 욕을 퍼부어 주면,
그녀도 두 손을 허리에 대고 악마 같은 놈이라 떠들어대며
예수 그리스도가 죽어도 그럴 수는 없다고 단언하도다.
그러면 나는 장작을 잡아 후려치고
그녀의 코에서는 피가 흐르는도다,
우리가 경영하는 이 갈보집에서.

Mais adoncques il y a grand déhait
Quand sans argent s'en vient coucher Margot;
Voir ne la puis, mon coeur à mort la hait.
Sa robe prends, demi-ceint et surcot,
Si lui jure qu'il tendra pour l'écot.
Par les côtés se prend cet Antéchrist,
Crie et jure par la mort Jésus-Christ
Que non fera. Lors empoigne un éclat;
Dessus son nez lui en fais un écrit,
En ce bordeau où tenons notre état.

어느 갈보집이건 언제나 마음이 후하여 돈을 잘 지불하는 손님만 드나드는 것은 아니다. 둘이 경영하는 갈보집도 예외일 수는 없다. 그러면 마르고는 화대를 받지 못하고 빈손으로 자러 올 수밖에 별도리가 없다. 그때 둘 사이에는 험악한 분위기가 감돌고 저주와 욕설을 교환하며 마침내는 유혈의 싸움이 벌어진다. 마르고는 두 손을 허리에 대고 〈악마 같은 놈〉이라고 하며 대들고, 시인은 〈그녀의 코〉에서 피가 흐르도록 장작으로 후려친다. 그것은 데이비드 쿤이 말하는 그날의 이익과 손실을 결산하는 장면이며, 일상의 외적 생활을 규제하는 법의 발동이다.

그러고 나서 화해를 하면
그녀는 나에게 독 있는 풍뎅이보다 더 구린 방귀를 풍 뀌고,
활짝 웃으며 내 목에 팔을 감아
〈어서! 어서요〉 재촉하고 내 넓적다리를 치지마는,
우리는 다 취해 있어서 그만 깊은 잠을 자도다.
그리고 이내 잠이 깨어 그녀의 아랫배가 쑤시면
그녀는 배의 씨앗이 망가지지 않도록 내 위로 기어오르고
나는 그녀 밑에서 신음하며 도마보다 더 납작해져 버리는데
그녀는 음탕한 짓으로 나를 완전히 기진맥진하게 하는도다,
우리가 경영하는 이 갈보집에서.

Puis paix se fait et me fit un gros pet,

Plus enflé qu'un velimeux escarbot.

Riant, m'assied son poing sur mon sommet,

〈Go! go!〉 me dit, et me fiert le jambot.

Tous deux ivres, dormons comme un sabot.

Et au réveil, quand le ventre lui bruit.

Monte sur moi que ne gâte son fruit.

Sous elle geins, plus qu'un ais me fais plat,

De paillarder tout elle me détruit,

En ce bordeau où tenons notre état.

　둘은 서로 진정으로 사랑하기 때문에 그날의 손실에 대한 울분을 극복하고 곧 〈화
해〉를 하게 된다. 그때 마르고는 〈구린 방귀〉를 뀌며 남자의 목에 팔을 감고 〈음탕
한 짓〉을 요구한다. 결국 시인은 그 여자의 밑에 깔려 그 〈음탕한 짓〉으로 기진맥진
해져 버린다. 그것은 데이비드 쿤이 말하는 육체적・물리적 행위로 옮겨진 일상성의
묘사이며, 일종의 변태적 애욕의 장면이다.
　그런데 7행의 〈배의 씨앗〉(son fruit)은 구문상으로나 「로베르 데스투트빌르를 위

한 발라드」 3절 5행의 〈내가 그대의 밭에 뿌리는 씨〉에서의 연상으로, 마르고의 뱃속의 〈애기〉로 해석되어 왔으나, 뱃속에 아기를 가진 갈보라는 해석은 비현실적인 것이라고 해야 한다. 따라서 그것은 이 발라드 1절 3행의 〈그녀의 마음 속에는 남자가 원하는 묘한 보물〉이라는 표현에서 유추하여 마르고의 생식기(organes génitaux) 내지는 유방(appas)으로 해석하는 편이 옳다[2]고 생각된다.

바람 불고 서리 내리며 얼음 얼어도 나는 빵 걱정이 없고,
음탕한 남자이기에 음탕한 여자가 따르는데
어느 쪽이 더 나은가? 피장파장이요
서로가 닮은지라 들쥐에 고양이로다.
수치를 좋아하면 수치가 우리를 좋아하고
명예를 피하면 명예가 우리를 피하는도다,
우리가 경영하는 이 갈보집에서는.

Vente, grêle, gèle, j'ai mon pain cuit.
Je suis paillard, la paillarde me suit.
Lequel vaut mieux? Chacun bien s'entresuit.
L'un l'autre vaut; c'est à mau rat mau chat.
Ordure aimons, ordure nous assuit;
Nous défuyons honneur, il nous défuit,
En ce bordeau où tenons notre état.

시인은 마지막으로 갈보의 기둥서방 노릇을 하는 처지를 냉소적으로 묘사한다.
　우선 시인은 어떤 경우에도 〈빵 걱정〉을 하지 않아도 되는데, 그것은 단지 그의 기생충적 생활이라고만 볼 수 없는 분명한 이유를 가진다. 그것은 음탕한 남자에 음탕한 여자가 따르는, 말하자면 〈들쥐에 고양이〉처럼 서로가 닮은 상호 보완적 관계이다. 그렇기 때문에 둘이 경영하는 갈보집에서는 〈수치를 좋아하면 수치가 우리를 좋아하고 명예를 피하면 명예가 우리를 피하는도다〉라고 시인은 노래한다.
　그리고 이 시의 아크로스티슈(acrostiche)에 시인의 이름 비용[VILLON]이 아로새

겨져 있다는 점에 주목할 필요가 있다.

1) David Kuhn, pp.24-41.
2) David Kuhn, p.39.

47

파리 여자들 Ⅲ

　비용의 파리 풍경에 대한 묘사, 즉 파리 여자들을 주제로 하는 화폭의 행렬은 계속된다. 그 마지막 행렬에는 뚱보 마르고와 동류의 두 창녀가 앞서고, 마지막으로 시인이 결코 잊을 수 없는 한 남자가 뒤에 서서 그 후미를 장식한다.

　　일, 여자의 우상이라 불리는 마리옹과
　　키다리라고 하는 쟌느 드 브르타뉴에게는
　　학생이 선생을 가르치는
　　공립학교의 경영을 허가해 주나니
　　그러한 거래가 행해지지 아니하는 장소는
　　뫵의 감옥을 제외하면 달리 없도다.
　　그러므로 나는 말하거니와 〈간판은 무용지물
　　사실 그 따위 훈련은 어디에서나 아주 공통적인 것이로다!〉 (151절)

　　Item, à Marion l'Idole
　　Et la grande Jeanne de Bretagne
　　Donne tenir publique école
　　Où l'écolier le maître enseigne,
　　Lieu n'est où ce marché se tiengne

Sinon à la grille de Meun;
De quoi je dis: 〈Fi de l'enseigne,
Puisque l'ouvrage est si commun!〉

시인은 마리옹과 쟌느 드 브르타뉴를 유언 수령자로 선정하고 그 두 여인에게 〈학생이 선생을 가르치는 공립학교의 경영〉을 허가해 주기로 한다.

마리옹과 쟌느 드 브르타뉴는 뚱보 마르고와 마찬가지로 파리의 창녀들이다. 특히 〈여자의 우상이라 불리는 마리옹〉은 르 탕튀의 아내(혹은 애첩)로 당시의 기록에 나와 있다고 한다.

〈학생이 선생을 가르치는 공립학교〉는 갈보집을 가리키는 해학적 표현이다. 5행의 〈그러한 거래〉와 8행의 〈그 따위 훈련〉은 다 매춘행위를 의미하는 말이다.

그리고 묑의 감옥은 《유언시》 첫부분에 나오는 오를레앙 교구 티보 도씨니가 관장하는 감옥임은 물론이다.

일, 노엘 졸리에게는
내 정원에서 꺾어온
한줌의 버드나무 가지 회초리 형벌밖에는 주지 아니하고
그놈을 멋대로 내버려 두기로 하도다.
징벌은 좋은 시여물이 되거니와
누구도 그것을 받고 유감으로 생각해서는 아니 되는데
나는 앙리의 손에 의하여
그놈에게 2백20대의 매를 치도록 명하는도다. (152절)

Item, et à Noël Jolis
Autre chose je ne lui donne
Fors plein poing d'osier frais cueilli
En mon jardin; je l'abandonne.
Châtoy est une belle aumône,
Ame n'en doit être marri:

Onze-vingts coups lui en ordonne,
Livrés par la main de Henri.

　시인은 여기에서 노엘 졸리를 유언 수령자로 등장시키고 그놈에게 〈회초리 형벌〉을 가하기로 하며, 파리 체형 집행인인 앙리 쿠젱의 손에 의하여 〈2백20대의 매〉를 치도록 명령한다.

　마리옹과 쟌느 드 브르타뉴의 연상은 시인으로 하여금 다시 예의 〈무정한 여인〉 카트린느 드 보셀르를 떠올리게 한 것임에 틀림없다. 당시 파리 여자들이 죄의 길로 타락해 가는 과정을 묘사한 58절에서부터 62절과 「이중의 발라드」까지의 일련의 시에서 시인은 자조적인 고백을 하고 있거니와, 그 속에서 옛날의 연인 카트린느 드 보셀르라는 이름을 들고 있다. 그는 그 타락한 여자 때문에 체형을 받은 일이 있는데, 그를 거기까지 밀고 간 장본인이 바로 노엘이라는 사람이다. 그 장본인인 노엘이 바로 여기에서 파리 체형 집행인인 앙리 쿠젱의 손에 의하여 〈2백20대의 매〉를 유언으로 받게 되어 있는 노엘 졸리와 동일 인물임은 두 곳의 콘텍스트로 미루어 보아 의심의 여지가 없다.

　카트린느 드 보셀르의 연상은 시인으로 하여금 자연히 지난날에 체형을 받은 쓰디쓴 일을 추억하게 하고, 그 추억이 노엘에 대한 앙갚음으로 되어 여기에서 폭발한 것이라고 한다면, 152절의 시는 당연히 「파리 여자에 대한 발라드」에서부터 시작되는 일련의 파리 여자들의 묘사를 맺는 복수의 화폭이라고 보아도 무방할 것이다.

48

불우한 사람들과 방탕한 젊은이들 Ⅰ

　당시의 진정한 유언서를 보면 그 대체적인 유언이 끝나는 말미에는 반드시 자선 병원이나 그와 유사한 단체에 어떤 희사를 하게 되어 있다. 그것은 죽음에 임하여 이 세상에서 손에 넣은 일체의 것을 불우한 사람들에게 남겨 줌으로써 마지막 봉사를 하고, 생을 깨끗이 정리하며 저세상으로 옮아간다는 그리스도교적 정신이다.

　비용은 모든 점에 있어서 진정한 유언서를 그대로 답습하고 있는 《유언시》에서 그 중요한 항목을 간과하지는 않는다. 그리하여 시인은 그러한 여러 단체에 각각 거기에 걸맞는 희사를 한다.

일, 자선병원과 가난한 진료소에는
무엇을 남겨 주어야 할는지 모르지마는
여기에서 농담을 할 때도 처지도 못 되나니
불우한 사람들이 아주 고통을 받고 있기 때문이로다.
그들에게 먹다 남은 것이라도 보내 주기 바라고
탁발 수도사들에게는 내 거위를 남겨 준 바 있거니와
적어도 그 뼈만이라도 보내 주고 싶은데
가난한 자에게는 잔돈이라도, 하는도다. (153절)

Item, ne sais qu'à l'Hôtel Dieu

Donner, n'à pauvres hôpitaux;

Bourdes n'ont ici temps ne lieu,

Car pauvres gens ont assez maux:

Chacun leur envoie leurs os.

Les Mendiants ont eu mon oie;

Au fort, et ils auront les aulx:

A menue gent, menue monnoie.

시인은 여기에서 우선 자선병원과 진료소의 불우한 사람들을 떠올리고 그들에게는 〈먹다 남은 것〉이라도 보내 주고, 그리고 탁발 수도사들에게는 거위의 〈뼈〉만이라도 보내 주기로 한다.

이 시에서부터 점점 어두운 분위기가 깔린다. 《유증시》의 경우와 마찬가지로 자선병원과 진료소의 불우한 환자들이 등장하는데, 그것은 시인이 《유증시》의 유증을 일일이 기억하고, 그 기억을 여기에서 다시 부연하고 있음을 말해 준다. 그는 《유증시》 32절에서 〈거세된 수탉과 기름진 암탉〉을 유증한 바 있다. 여기에서는 압운관계로 그것이 〈내 거위〉(mon oie)로 바뀌고 〈그 뼈만이라도〉 보내지기를 바란다고 한다.

그리고 〈가난한 자에게는 잔돈이라도〉라는 속담이 멋으로 원용된 탓도 있겠지만 이 시는 《유증시》의 경우와는 달리 전체적으로 적지 않은 인정미가 느껴진다. 그것은 〈여기에서 농담을 할 때도 처지도 못 된다〉고 하는 표현에 잘 드러난다. 그리고 그 표현을 달리 살펴보면 결국 지금까지의 유증·유언은 조소·야유·풍자·해학 등의 취미에 의한 산물이라는 사실을 시인 스스로 자백하고 있는 셈이다.

일, 약초장수 앙쥴로[1]의 이웃에 사는

콜렝 갈레르느라 불리는 내 이발사에게는

커다란 얼음덩어리를 남겨 주나니

(어디에서 가져왔느냐구? 마르느 강에서 가져왔는데)

그가 겨울을 편히 지낼 수 있게 하기 위함이로다.

그것을 위 곁에 갖다대기 바라거니와

그렇게 겨울 동안 요양을 한다면

그는 다음 여름에는 아마도 더위를 느끼게 되리라. (154절)

Item, je donne à mon barbier

Qui se nomme Colin Galerne,

Près voisin d'Angelot l'herbier,

Un gros glaçon (pris où? en Marne),

Afin qu'à son aise s'hiverne.

De l'estomac le tienne près:

Se l'hiver ainsi se gouverne,

Il aura chaud l'été d'après.

시인은 콜렝 갈레르느라고 불리는 단골 이발사를 유언 수령자로 등장시키고 그에게는 〈커다란 얼음덩어리〉를 선물하기로 한다.

콜렝 갈레르느는 본명이 니콜라 갈레르느이며 콜렝은 애칭이다. 시인의 그에 대한 유언에는 아주 잔인한 데가 있다. 《유증시》 31절의 〈단골 이발사〉[2]에게는 〈내 머리를 깎은 머리털〉을 유증하고 있는데, 여기에서는 마르느 강에서 가져온 〈커다란 얼음덩어리〉를 선물한다. 그리고 이 이발사는 위병을 앓고 있다. 얼음덩어리로 위를 한 겨울 동안 얼린다면 어떻게 될 것인가. 내년 여름에는 분명히 지옥의 불에 타 죽게 되리라는 것이다.

이 시의 재미는 이발사의 이름 갈레르느(Galerne)라는 어휘에 〈서북풍〉이라는 의미도 있어 거기에서 〈커다란 얼음덩어리〉를 유추해내고 있는 점이다. 따라서 〈커다란 얼음덩어리〉는 멋을 부린 것이며, 그 의미는 시의 표현처럼 그렇게 심각한 것이 아니라는 해석이 가능하다. 만약 그렇다면 이 시는 153절에서 속담을 원용한 것처럼 의외로 시인의 말장난일는지도 모른다.

일, 고아원의 주워 온 애들에게는 아무것도 남겨 주지 아니하고

버려진 애들을 위로해 주어야 하나니

여자의 우상 마리옹[3]의 학교로 가면

그들을 분명히 찾아낼 수 있기에

나는 그들에게 내 학교의 교훈을 말해 주려고 하는데
그렇게 오랜 시간은 걸리지 아니하리라.
고집스럽고 어리석은 생각일랑 하지 말고
잘 들어 주기 바라는도다! 이것이 마지막 교훈이기 때문이로다. (155절)

Item, rien aux Enfants trouvés;
Mais les perdus faut que console.
Si doivent être retrouvés,
Par droit, sur Marion l'Idole.
Une leùon de mon école
Leur lairai, qui ne dure guère.
Tête n'aient dure ne folle;
Ecoute, et vecy la dernière.

시인은 고아원의 〈버려진 애들〉을 위로해 주어야 하기 때문에 그들에게는 〈내 학교의 교훈〉인 「버려진 애들에 대한 교훈의 발라드」를 선물하기로 한다.

여기에서 말하는 고아원은 15세기 초엽 노트르담 참사회에 의하여 세워진 것으로 〈주워 온 애들〉을 수용하는 시설이며, 자선병원에 속해 있다. 시인은 〈주워 온 애들〉이나 〈버려진 애들〉이나 결국 같은 의미의 말인데 여기에서는 그것을 구별하여 멋을 부리고 있다. 따라서 그는 〈주워 온 애들〉에게는 관심이 없고 단지 〈버려진 애들〉만을 위로해 주어야 한다는 것이다.

그런데 〈버려진 애들〉이라는 말은 방탕한 젊은이들을 의미한다. 그것은 인생의 길에서 발을 잘못 들여놓고 악의 심연으로 빠져들어 간 젊은이들이다. 시인 자신이 그 한 사람으로서 그들의 생활을 잘 알고 있다. 그것은 〈여자의 우상 마리옹의 학교〉, 즉 갈보집으로 가면 그들을 틀림없이 찾아낼 수 있다는 표현이 입증해 준다. 따라서 그 화폭은 그만큼 어두운 뉘앙스를 띤다.

1) 앙줄로 포지를 가리킨다.
2) 같은 니콜라 갈레르느이다.
3) 《유언시》 151절.

49

버려진 애들에 대한 교훈의 발라드

BELLE LEÇON AUX ENFANTS PERDUS

이 발라드의 이름도 클레망 마로가 붙인 것이다.

여기에서 버려진 애들이란 물론 방탕한 젊은이들을 의미하는 말이지만, 그러나 그들은 악의 길에 발을 들여놓으면서 거기에 그대로 머물러 있지도 못하고 그렇다고 그것을 깊이 혀오하면서 바로 거기에서 벗어나지도 못하는, 말하자면 악 속에 있으나 악 속에서는 안주할 수 없는 인간들이다.

비용은 그러한 인간의 한 사람으로서 생을 산 실제적 체험을 그 밑바닥에 깐 일종의 체험적 교훈을 그들에게 제시한다. 그러므로 그것은 그만큼 진지하고 추호의 장난이나 거짓이 없는 가르침이다.

> 홍안의 미소년들이여, 그대들의 모자를 장식하는
> 가장 아름다운 장미꽃을 잃어버리리라.
> 새 잡는 끈끈이처럼 무엇이건 빼앗는 성직자들이여,
> 만약 몽피포나 뤼엘로 가게 되면
> 그대들의 피부에 주의하기 바라나니,
> 체포되면 재판에 호소할 수 있으리라 믿고
> 거기에서 뛰노는 바람에
> 콜렝 드 카이외는 생명의 꽃을 잃었기 때문이로다. (156절)

Beaux enfants, vous perdrez la plus
Belle rose de vo chapeau;
Mes clercs près prenant comme glus,
Se vous allez à Montpipeau
Ou à Ruel, gardez la peau:
Car, pour s'ébattre en ces deux lieux,
Cuidant que vausît le rappeau,
Le perdit Colin de Cayeux.

시인은 버려진 애들, 즉 〈홍안의 미소년들〉과 〈성직자들〉을 부르고 그들에게 우선 금품을 훔치거나 빼앗는 행위는 그야말로 생명을 건 노름이다, 그것은 체포되는 경우 재판에 호소할 수 있는 따위의 안이한 장난이 아니다, 바로 그 때문에 콜렝 드 카이외는 〈생명의 꽃〉을 잃었다라고 가르친다.

〈모자를 장식하는 가장 아름다운 장미꽃〉은 생명의 꽃을 의미한다. 당시 학생 성직자 등이 악의 길에 발을 들여놓고 생명의 꽃을 잃는 경우가 많았다는 것은 주지의 사실이다.[1]

몽피포는 뫙 쉬르 루아르 근처에 있는 성채 이름이고, 뤼엘은 파리의 낭테르 근처에 있는 마을 이름이다. 그 발음이 은어의 〈피페〉(piper), 〈뤼에〉(ruer), 즉 〈속이다〉, 〈빼앗다〉와 유사하여 거기로 간다는 것은 〈훔치러 간다〉는 의미가 된다.

콜렝 드 카이외는 시인의 친구로, 나바르 신학대학 절도사건의 공범자이며 코퀴유 당원이다. 그는 체포되자 학생의 자격을 들어 상고했지만 받아들여지지 않고 1460년 9월 교수형에 처해진다.

그것은 서푼짜리의 노름이 아니라
생명이나 영혼을 건 노름인데
노름에 지면 후회도 소용없고
수치와 불명예 속에 죽을 수밖에 없거니와
가령 이긴다 하더라도 저 카르타고 여왕
디도를 아내로 삼을 수 있는 것도 아닌즉,

하찮은 노름에 그처럼 생명을 거는 사나이는
미친 자요 수치스러운 사람이로다. (157절)

Ce n'est pas un jeu de trois mailles,

Où va corps, et peut-être l'âme.

Qui perd, rien n'y sont repentailles

Qu'on n'en meure à honte et diffame;

Et qui gagne n'a pas à femme

Dido, la reine de Carthage.

L'homme est donc bien fol et infâme

Qui, pour si peu, couche tel gage.

　시인은 여기에서 그것은 서푼짜리의 노름이 아니라 생명과 영혼을 건 노름임을
다시 강조하고, 노름에 지면 반드시 생명을 잃게 되며, 비록 노름에 이기는 경우에도
〈카르타고 女王 디도〉와 같은 여자를 아내로 맞을 수 있는 것도 아니기 때문에, 그
따위 하찮은 노름에 생명을 건다는 것은 미친 짓이요, 수치스러운 짓이라고 가르친다.
　〈카르타고 여왕 디도〉는 《아이네아스》에 나오는 카르타고의 전설적인 여왕이다.
여왕 디도는 트로이가 함락된 후 폭풍우로 표류하고 있는 아이네아스를 구해 주는
데 그에게 반하여 사랑하게 되고, 결국 둘은 사냥을 하는 도중에 맺어진다. 그러나
아이네아스가 카르타고를 떠나자 여왕 디도는 火葬檀에 올라가 분신 자살해 버린다.
유럽 중세 문학에서는 이 여왕 디도를 절세의 미인으로 묘사하고 있다.

모두 내 이야기에 좀더 귀를 기울일지어다!

한 대의 차에 실은 포도주도

겨울에는 불 곁에서 여름에는 나무 그늘에서 마시면

다 없어져 버린다 함은 진실이거늘

그대들은 돈이 있어도 접목은 하지 아니하고

곧 탕진해 버리고 마는데

누구에게 물려 주려고 생각한 적이 있는가?

부정으로 번 돈은 유익하게 쓰이지 아니하는 법이로다. (158절)

Qu'un chacun encore m'écoute!
On dit, et il est vérité,
Que charterie se boit toute,
Au feu l'hiver, au bois l'été.
S'argent avez, il n'est enté,
Mais le dépendez tôt et vite.
Qui en voyez-vous hérité?
Jamais mal acquît ne profite.

시인은 끝으로 그러한 노름으로 돈을 손에 넣는다 하더라도 그 돈은 〈접목은 하지 아니하는〉 한 자연히 탕진되어 버리게 마련이다, 그것은 한 대의 차에 실은 포도주도 조금씩 마시게 되면 결국 없어져 버리는 이치와 같다, 사실 부정으로 번 돈은 결코 유익하게 쓰이지 않는 법이다, 그러니까 〈내 이야기〉에 모두 귀를 기울이라는 것이다.

1) Champion, t.I, chap. 5.

50

나쁜 생활을 하는 자에 대한 좋은 교훈의 발라드

BALLADE DE BONNE DOCTRINE A CEUX DE MAUVAISE VIE

이 발라드의 이름도 클레망 마로가 붙인 것이다.

그 시상은 「버려진 애들에 대한 교훈의 발라드」의 연속이지만, 여기에 등장하는 인물은 비록 〈나쁜 생활을 하는 자〉라고 하더라도 화폐 위조자를 제외하고는 악의 제2의 카테고리에 속하는 비교석 쇠실이 사버운 자들이다.

사실 그대가 교황의 면죄부를 파는 자

주사위의 속임수를 쓰는 사기꾼·노름꾼

그리고 화폐 위조자라 하자

그대는 마치 信義 없는 배반자가

끓는 물에 데어 죽는 것처럼 불에 타 죽게 되리로다.

그대가 도둑이 되어 훔치고 빼앗는다고 하자

그것이 어디로 가게 된다고 생각하는가?

전부 술집과 여자의 호주머니로.

Car ou soies porteur de bulles,

Pipeur ou hasardeur de dés,

Tailleur de faux coins et te brûles

Comme ceux qui sont échaudés,

Traître parjurs, de foi vidés;
Soies larron, ravis ou pilles:
Où en va l'acquêt, que cuidez?
Tout aux tavernes et aux filles.

시인은 하나의 교훈으로서 먼저 교황의 면죄부를 파는 자, 주사위의 속임수를 쓰는 사기꾼·노름꾼, 그리고 화폐 위조자를 떠올리며 그들에게 만약 도둑이 되어 금품을 훔치거나 빼앗는 경우, 그러한 부정으로 번 돈은 전부 〈술집과 여자의 호주머니〉로 들어가고 결국 그 죄과로 지옥의 〈불에 타 죽게〉 된다는 사실을 일깨운다.

여기에 등장하는 인물들은 화폐 위조자를 제외하면 거의 악의 제2의 카테고리에 속하는 자들임은 물론이다.

수치를 모르는 철면피 어릿광대처럼
그대가 시를 쓰고 풍자를 하고 심벌즈를 치고 비파를 튕기고
곡예를 하고 재담을 늘어놓고 플루트를 불고
시골과 도시를 돌아다니면서
속극·희극·교훈극을 공연한다고 하자
그리고 카르타 화투 九柱戲의 노름으로 돈을 번다고 하자
그것이 어디로 가게 되는가, 귀를 기울일지어다!
전부 술집과 여자의 호주머니로.

Rime, raille, cymbale, luthes,
Comme fol feintif, échontés;
Farce, brouille, joue des flûtes;
Fais, ès villes et ès cités,
Farces, jeux et moralités,
Gagne au berlan, au glic, aux quilles,
Aussi bien va, or écoutez!
Tout aux tavernes et aux filles.

시인은 다음 종글뢰르(Jongleur), 즉 어릿광대를 떠올리며 그들에게 공연이나 노름으로 돈을 번다고 하더라도 그것은 전부 〈술집과 여자의 호주머니〉로 들어가고 만다는 사실을 지적한다.

당시 종글뢰르, 즉 어릿광대들은 전국 방방곡곡을 누비고 돌아다니면서 사람들에게 오락을 제공하고 있는데, 그들 중에는 악에 물든 자도 섞여 있다. 그것은 당시의 기록에 종종 나타나고 있는 일이다. 그리고 그들은 스스로 풍자시나 희극을 작시·작곡하고 몸소 배우가 되어 대중 앞에서 연기를 해 보이고 있는데, 그들 중에는 지식인(clerc)도 섞여 있다.

　　그러한 수치스러운 생활을 청산한다고 하자
　　그대가 낫 놓고 기역자도 모른다면
　　밭에서 땅을 파고 목장에서 풀을 베고
　　말과 노새를 돌보며 빗질을 해야 하나니
　　잠고 일하번 충분한 빌이도 있으리로다.
　　그러나 삼을 찌고 껍질을 벗긴다 하더라도
　　그 노동의 대가가 어디로 굴러가게 되는가?
　　전부 술집과 여자의 호주머니로.

　　De tels ordures te recules,
　　Laboure, fauche champs et prés,
　　Sers et panse chevaux et mules,
　　S'aucunement tu n'es lettrés;
　　Assez auras, se prends en grés.
　　Mais, se chanvre broyes ou tilles,
　　Ne tends ton labour qu'as ouvrés?
　　Tout aux tavernes et aux filles.

시인은 이어 낫 놓고 기역자도 모르는 날품팔이를 떠올리며, 그들에게 노동의 대

그 生涯와 詩 世界　473

가로 번 돈도 마침내는 전부 〈술집과 여자의 호주머니〉로 들어가게 된다는 사실을
밝힌다.

　　짧은 바지랑 장식끈이 붙은 저고리랑
　　가운이랑 그리고 모든 옷이랑을
　　아직 더러워지기 전에 가져갈지어다
　　전부 술집과 여자의 호주머니로.

　　Chausses, pourpoints aiguilletés,
　　Robes, et toutes vos drapilles,
　　Ains que vous fassiez pis, portez
　　Tout aux tavernes et aux filles.

　시인은 마지막으로 그들이 돈이 떨어지는 경우 소지품은 물론 입은 옷까지 전부
〈술집과 여자의 호주머니〉로 들어가게 된다는 사실을 경고한다.
　결국 시인은 어느 카테고리에 속하건 그들이 훔치거나 빼앗은 돈, 노름으로 딴
돈, 노동으로 번 돈이 전부 〈술집과 여자의 호주머니〉로 들어가게 되어 있다는 사실
을 자기 자신의 체험을 통하여 뼈저리게 느끼고 있다. 따라서 그는 그것을 〈좋은 교
훈〉으로서 〈나쁜 생활을 하는 자〉에게 제시하고 있는 것이다.

51

불우한 사람들과 방탕한 젊은이들 Ⅱ

비용은 159절의 시에서 「나쁜 생활을 하는 자에 대한 좋은 교훈의 발라드」의 결론이라고 하기보다는 「버려진 애들에 대한 교훈의 발라드」의 결론을 내린다. 그것은 두 발라드가 같은 주제를 담고 있다고 하더라도 뒤의 발라드는 앞의 발라드, 즉 156절·157절·158절에 이은 삽입시이기 때문이다.

> 육체의 즐거움이기는 하되 영혼의 병이 되어 썩은
> 방탕 무뢰한의 도배들이여, 나는 그대들에게 말하고 있나니
> 처형되어 죽을 때 사람을 새까맣게 만들어 버리는
> 저 불길한 교수형 밧줄을 주의하고 피할지어다
> 그것은 물어뜯는 아픔이로다.
> 가능한 한 최선의 생을 보내고
> 신의 이름으로 기억해 둘지어다
> 언젠가는 죽는 날이 온다는 것을. (159절)

> A vous parle, compains de galle,
> Qui êtes de tous bons accords.
> Gardez-vous tous de ce mau hâle
> Qui noircit les gens quand sont morts;

Eschevez-le, c'est un mal mors;
Passez-vous au mieux que pourrez;
Et pour Dieu, soyez tous records:
Une fois viendra que mourrez.

시인은 〈방탕 무뢰한의 도배들〉을 떠올리며, 그들에게 언젠가 죽는 날이 온다는 엄연한 사실을 기억하여 〈저 불길한 교수형 밧줄〉을 피하도록 주의하고 〈가능한 한 최선의 생〉을 살도록 가르친다.

방탕 무뢰한의 도배들(compains de galle)뿐만 아니라 버려진 애들(les enfants perdus) 과 미소년들(beaux enfants)은 전부 코퀴유 당원(les compagnons de la Coquille)을 가리키고 있다.

그리고 이 시의 내용은 《은어시》, 특히 2번 노래의 그것과 같다. 그것은 방탕 무뢰 한의 도배들이 서로 주고받는 경고를 그 내용으로 하고 있다.

52

맹인들과 죽은 이들

비용은 〈방탕 무뢰한의 도배들〉에게 자기 자신의 체험을 그 밑바닥에 깐 교훈을 제시하고, 그것을 계기로 악의 심연에서 죽음의 허무로 시상을 옮긴다. 그리하여 시인은 죽음의 평등성과 인간 사업의 허무성을 부연해 나간다.

그런데 그것은 맹인들의 시선에 비친 죽은 이들의 모습으로 묘사된다.

일, 프로방스의 그것이 아니라
파리의 켕즈 뱅 맹인원에는
(3백 명 맹인원이라 불리는 것과 같은 뜻인데)
나는 그들에게 은의를 느끼고 있기에
케이스는 없지마는 나의 커다란 안경을 남겨 주나니
그것은 내가 기꺼이 동의하는 바이라
레 지노상 묘지에서 옳은 자와 그른 자를
선별하는 데 쓰이게 하기 위함이로다. (160절)

Item, je donne aux Quinze-Vingts
(Qu'autant vaudroit nommer Trois Cents)
De Paris, non pas de Provins,
Car à ceux tenu je me sens,

Ils auront, et je m'y consens,

Sans les étuis, mes grands lunettes,

Pour mettre à part, aux Innocents,

Les gens de bien des déshonnêtes.

시인은 파리의 켕즈 벵 맹인원을 떠올리고 거기에 수용되어 있는 불쌍한 맹인들에게 〈나의 커다란 안경〉을 선물하기로 한다.

켕즈 벵 맹인원은 1260년 聖王 루이 9세에 의하여 건립된, 맹인을 수용하기 위한 시설이다. 불어로 켕즈 벵(Quinze-Vingts)은 〈15×20〉이니까 〈3백 명 맹인원〉이라는 의미가 되며, 사실 처음에는 〈3백 명 맹인원〉(Trois Cents)이라고 불리었다고 한다. 여기에서 〈프로방스의 그것이 아니라〉 함은 프로방스에도 맹인원이 있기 때문에 단지 압운관계로 삽입한 표현만은 아니라고 한다.[1]

시인이 그 맹인들에게 선과 악을 잘 선별해 볼 수 있는 〈나의 커다란 안경〉을 선물하는 것은, 맹인원 바로 곁에 레 지노상 묘지의 納骨堂에서 선인의 해골과 악인의 해골을 잘 구별해 보도록 하기 위함이다.

그리하여 시인은 레 지노상 묘지에 대한 명상을 시작한다.

그 묘지에는 놀이도 웃음도 없도다.

생전에는 재산이 있어 호화로운 큰 침대에 자고

튀어난 뱃속에 포도주를 퍼붓고

향락의 생을 보내고 향연을 베풀어 춤을 추고

그리고 언제나 그렇게 살려고 하였다 하더라도

그것이 그들에게 무슨 소용이 있었는가?

그러한 쾌락은 일체 사라져 버리고

지금 남은 것은 그 오점뿐이로다. (161절)

Ici n'y a ne ris ne jeu.

Que leur valut avoir chevances,

N'en grands lits de parement jeu,

Engloutir vins en grosses panses,

Mener joies fêtes et danses,

De ce faire prêt à toute heure?

Toutes faillent telles plaisances,

Et la couple si en demeure.

　시인은 레 지노상 묘지에는 이제 환락도 희열도 그 그림자를 남기고 있지 않다고 지적하며, 생전에 그처럼 화려한 큰 침대, 좋은 음식에다가 향연을 베풀고 춤을 추는 등 생을 즐기려고 하는 사람들에게 있어서 이제는 그러한 향락이 무슨 소용이 있는가 하고 묻고, 〈지금 남은 것은 그 오점뿐〉이라고 답한다.

　그것은 생전의 어떤 호화로운 향락도 사후에는 일체 허무하다고 하는 《구약》 전도서 제1장 2절 『헛되고 헛되니 모든 것이 헛되도다』의 사상적 표현이다. 그리고 시인은 그러한 생의 허무성에서 죽음의 평등성으로 시상을 옮긴다.

　　그 묘지 納骨堂에 쌓인

　　두개골을 바라보고 있노라면

　　전부 청원 심사원 나으리들과

　　적어도 회계 감사원 나으리들이거나

　　아니면 전부 짐꾼들이었을 터인데,

　　나는 그 어느 쪽이라 말할 수 없나니

　　거기에서는 사교건 초롱지기건

　　그 두개골을 구별할 수 없기 때문이로다. (162절)

Quand je considère ces têtes

Entassées en ces charniers,

Tous furent maîtres des requêtes,

Au moins de la Chambre aux Deniers,

Ou tous furent portepaniers:

Autant puis l'un que l'autre dire:

그 生涯와 詩 世界　479

Car d'évêques ou lanterniers,

Je n'y connois rien à redire.

시인은 레 지노상 묘지의 납골당에 쌓인 두개골 중에는 고관의 것도 있고, 짐꾼의 것도 있으며, 그리고 사교의 것도, 초롱지기의 것도 있을 터인데 그러나 이제는 그것들을 구별할 수는 없게 되어 있다고 한다.

청원 심사원은 민사에 관한 청원을 심사하여 왕실에 보고하는 곳이고, 회계 심사원은 왕실의 회계를 맡아보는 곳이다. 따라서 그 관리는 전부 프랑스 왕국의 고관들이다. 그리고 그 고관과 짐꾼의 대비는 교회의 직책으로 말하면 사교와 초롱지기의 관계에 해당한다.

그런데 레 지노상 묘지는 아주 협소하여 더 이상 시체를 매장할 수 없게 되자 옛 묘지까지 파헤쳐 그 두개골을 납골당에 함께 모아 쌓아놓았다고 한다.[2]

생전에 그 두개골 중의 어떤 것은
다른 것에 머리 숙여 인사하고,
어떤 것은 다른 것을 지배하여
두려워하게 하거나 봉사하게 하였거늘
지금 거기에는 만사가 끝나고
전부 함께 섞인 잡동사니로만 보이는데
그 영주권도 빼앗기고
이제는 성직자라고도 선생이라고도 불리지 아니하는도다. (163절)

Et icelles qui s'enclinoient

Unes contre autres en leurs vies,

Desquelles les unes régnoient,

Des autres craintes et servies,

Là les vois toutes assouvies,

Ensemble en un tas pêle-mêle.

Seigneuries leur sont ravies;

Clerc ne maître ne s'y appelle.

　시인은 일단 그 두개골을 생전으로 환원시켜 그것의 위상을 재연해 보인다. 어떤 것은 다른 것에 굽실거리고, 어떤 것은 다른 것에 군림한다. 그리고 그는 그렇지만 지금은 그것의 위상은 흔적도 없이 사라지고 전부 함께 섞인 잡동사니로 화하여 〈성직자〉나 〈선생〉이라는 호칭도 없다고 한다.

　그것은 죽음의 평등성·보편성이요, 지배·피지배의 구별이 없는 일체의 소멸의 세계이다.

　　　이제 그들은 죽었으니 신이여, 그 영혼을 구하소서!
　　　그들의 육체로 말하면
　　　크림과 밀가루죽과 쌀밥을
　　　즐겁고 맛있게 먹고 지내던
　　　영주건 귀부인이건 다 썩어빠지고
　　　그 뼈도 재로 변헤 비렀으니
　　　거기에는 향락도 웃음도 관계가 없도다.
　　　다정하신 예수여, 그들을 용서하소서! (164절)

　　　Or ils sont morts, Dieu ait leurs âmes!
　　　Quant est des corps, ils sont pourris,
　　　Aient été seigneurs ou dames,
　　　Souef et tendrement nourris
　　　De crème, fromentée ou riz;
　　　Et les os déclinent en poudre,
　　　Auxquels ne chaut d'ébats ne ris.
　　　Plaise au doux Jésus les absoudre!

　시인은 이제 그들은 죽었으니 신에게 그 영혼을 구제해 주기를 빌고, 그 육체는 썩어빠지고 재로 변해 버렸으니 거기에는 향락도 웃음도 머물러 있지 않는다고 한다.

그것은 161절의 시상에의 回歸, 즉 생전에 누리는 향락의 허무함을 표현한 내용이
다. 인간의 향락·죽음·부패·해골·소멸이라고 하는 시인 특유의 순환론은 《잡시》
14.에서 다시 부연된다.

시인의 죽음에 대한 명상은 켕즈 벵 맹인원의 불쌍한 맹인들에게 〈나의 커다란
안경〉을 선물하는 것으로 시작되어, 마지막으로 다음 시의 〈섭정 나으리〉 등 고위
고관들에 대한 격렬한 풍자로 끝난다.

> 나는 그 죽은 이들에게 이 유언을 쓰고
> 섭정 나으리들과 대법원·고등법원·지방법원 판사들에게
> 그것을 전하거니와
> 그들은 부당한 탐욕을 증오하고
> 공공의 이익을 위하여 뼈와 살을 깎는 사람들이라
> 그들이 언젠가 죽는 날에는
> 신과 성 도미니쿠스에 의하여
> 용서되기를 바라는도다. (165절)

> Aux trépassés je fais ce lais
> Et icelui le communique
> A régents, cours, sièges, palais,
> Haineurs d'avarice l'inique,
> Leaquels pour la chose publique
> Se sèchent les os et les corps:
> De Dieu et de saint Dominique
> Soient absous quand seront morts.

시인은 이 시를 저승의 〈죽은 이들〉에게 보내는 유언이라고 하며, 그것을 고위 고
관들이 언젠가 죽을 때 그들을 통하여 저승의 〈죽은 이들〉에게 보내기로 한다.

그 고위 고관들은 사직 당국의 관리로서 부정을 미워하고 공익을 위하여 〈뼈와
살을 깎는 사람들〉이라고 시인은 말하고 있지만, 그것은 물론 반어적 표현이다. 왜냐

하면 그는 그들이 언젠가 죽게 되는 날에는 신과 성 도미니쿠스에 의하여 용서되기를 바라고 있기 때문이다.

　여기에서 성 도미니쿠스는 도미니쿠스 파의 탁발종단을 가리키는 것으로, 당시 종교재판을 맡고 있었다고 한다.

1) Lanly, t.II, p.265.
2) Champion, t.I, p.500.

53

그 밖의 사람들 Ⅰ

비용은 《유증시》의 경우와 마찬가지로 《유언시》에서도 유언 수령자 선정에서 누락된 사람들을 떠올리고, 166절에서부터 172절까지의 시에서 그들에게도 유언을 한다. 따라서 그것은 《유언시》의 補遺라고 해도 무방하다.

그 선두에 시인의 옛 친구의 한 사람으로 파리의 부유한 나사 상인 자케〔자크[1]〕 카르동이 등장한다.

일, 자케 카르동에게는 아무것도 남겨 주지 아니하나니
그를 내 유언에서 제외시키려는 것이 아니라
다음과 같은 목가밖에는
그에게 줄 만한 것이 없기 때문인즉,
그 목가는 마리옹 라 포타르드를 위하여 쓰여진
「마리오네트」의 곡조이거나
「귀유메트여, 네 문을 열어라」의 곡조로 불린다면
겨자를 이기러 가는 콧노래에 안성맞춤이로다. (166절)

Item, rien à Jacquet Cardon,

Car je n'ai rien pour lui d'honnête,

Non pas que le jette à bandon,

Sinon cette bergeronnette;

S'elle eût le chant *Marionnette*

Fait pour Marion la Peautarde,

Ou d'*Ouvrez votre huis, Guillemette,*

Elle allât à la moutarde:

　시인은 자케(자크) 카르동을 떠올리고 그에게 아무것도 남겨 주지 않기로 하고, 그 대신 〈다음과 같은 목가〉, 즉 「샹송」 한 편을 선물하여 그것을 그 옛날 여자를 사러 갈 때 부르던 노래의 곡조에 맞추어 부르게 한다면 〈겨자를 이기러 가는 콧노래〉에 안성맞춤이라고 생각한다.

　자케(자크) 카르동은 《유증시》에서 생 타망과 로베르 발레와 같은 당당한 고관들의 뒤에 등장하고 있는데, 《유언시》에서는 발레와 함께 시인의 기억에서 잊혀져 있다가 여기에서 겨우 떠올려져서 유언 수령자 대열에 뒤늦게 끼게 된다. 그것은 〈내 유언에서 제외시키려는 것이 아니라〉고 하는 표현이 반증해 주고 있다.

　그리고 〈겨자를 이기리 기는 콧노래〉는 갈보 마리옹 라 포타르드를 사러 가는 콧노래라는 의미이다. 그것은 시인이 그 옛날 자케(자크) 카르동과 함께 여자를 사러 갈 때 부르던 「마리오네트」나 「귀유메트여, 네 문을 열어라」에 대한 추억에서 나온 해학적 표현이다. 마리오네트나 귀유메트는 다 갈보 이름임은 물론이다.

1) 《유증시》 16절에는 자크 카르동이란 이름으로 등장하고 있다.

+--+

54

샹 송

CHANSON

+--+

이 샹송은 한 편의 롱도(rondeau)라고 해야 할 시이다. 그리고 이 시는 비용이 묑
쉬르 루아르 감옥에서 해방된 후 쓰여진 것으로 보인다.

내가 하마터면 생명을 잃을 뻔한
모진 감옥에서 돌아올 적에
운명이 아직 나를 원망한다면
운명의 잘못이라 생각할지어다!

나에게는 생각되거니와 운명이 이제는
이성에 따라 만족해도 좋을 것이로다
　　감옥에서 돌아올 적에.

그래도 운명이 이성을 잃고
내가 죽는 것을 굳이 보려고 한다면
신이여, 육신에서 떠난 내 영혼을
천국의 높은 곳에 있게 해 주소서!
　　감옥에서 돌아올 적에.

Au retour de dure prison
Où j'ai laissé presque la vie,
Se Fortune a sur moi envie
Jugez s'elle fait méprison!

Il me semble que, par raison,
Elle dût bien être assouvie
        Au retour.

Se si pleine est de déraison
Que veuille que du tout dévie,
Plaise à Dieu que l'âme ravie
En soit lassus, en sa maison,
        Au retour.

　시인은 여기에서 일생 집요하게 따라다니는 〈운명〉의 가혹함을 원망하고, 그 속박에서 벗어나고 싶은 심정을 궁정풍 서정시로 담담하게 표현한다.

　시인은 자케(자크) 카르동에게 이 샹송을 목가로서 「마리오네트」의 곡조나 「귀유메트여, 네 문을 열어라」의 곡조에 맞추어 부르라고 한다. 목가는 목녀가 주인공으로 등장하고, 그 목녀를 대상으로 하는 연애행위를 노래하는 것이다. 이 샹송은 그러한 목가하고는 거리가 멀다. 그러니까 바로 거기에 시인의 자케(자크) 카르동에 대한 야유가 있다고 하겠다.

55

그 밖의 사람들 Ⅱ

유언 수령자 선정에서 누락된 두 번째 인물이 등장한다. 그것은 노트르담 성직자 회원 장 로메르이다.

일, 메트르 장 로메르에게는
내가 선녀의 후예이기에
사랑을 받는 비결을 남겨 주는도다.
그러나 물론 그러한 생각은 하지 아니하겠지마는
모자를 쓴 여자건 안 쓴 여자건 이쪽에서 열을 올리지 말고
오지에 르 다누아를 무색하게 할 만큼
저쪽에서 하룻밤에 1백 번의 정사를 하게 하기 바라거늘
그에게는 그것쯤은 싱거운 짓이 되리로다. (167절)

Item, donne à maître Lomer,
Comme extrait que je suis de fée,
Qu'il soit bien aimé, mais d'aimer
Fille en chef ou femme coeffée,
Ja n'en ait la tête échauffée,
Ce qui ne lui coûte une noix,

Faire un soir cent fois la faffée,
En dépit d'Ogier le Danois.

　시인은 장 로메르를 떠올리고 그에게는, 〈선녀의 후예〉로서 마법을 사용하여 여자의 〈사랑을 받는 비결〉을 선물하기로 한다. 그런데 거기에는 조건이 붙는다. 그것은 이쪽에서 열을 내지 말고 저쪽에서 〈하룻밤에 1백 번의 정사〉를 하게 한다는 조건이다. 그 조건을 이행하면 오지에 르 다누아를 무색하게 하는 일일 터인데, 사실 〈그에게는 그것쯤은 싱거운 짓〉이 되리라고 한다.

　오지에 르 다누아는 중세 문학 서사시나 이야기 속에 나오는 전설적인 인물로 충성스러운 사람, 반역자, 여성의 보호자, 요정 모르강의 연인, 그리고 그 밖의 여러 가지 성격을 가지고 등장하고 있다. 여기에서 문제가 되는 것은 그가 요정 모르강의 요술에 의하여 그의 나이 98세임에도 젊은이의 정력을 되찾아 그 여자와의 사이에서 자식을 얻는다고 하는 전설이다. 15세기의 그 전설에는 모르강에게 예의 자식을 회임시키는 밤의 정사 이야기가 자세히 설명되어 있다고 한다.

　시인은 그 전설의 이야기를 원용하여 〈내가 선녀의 후예〉라고 자칭하고 있으며, 따라서 그의 사랑의 비결을 전수받은 장 로메르는 〈오지에 르 다누아를 무색하게 할 만큼〉의 정력을 가지게 된다는 것이다.

　샹피옹은 장 로메르가 파리 시테에 준동하는 거리의 여자, 즉 창녀들을 시테의 성역에서 일소하는 역할을 맡은 사실을 고문서에서 밝혀내고 있다. 그러나 그 역할과 이 시의 시상과는 어떤 관계도 없는 것으로 보인다. 굳이 여자의 〈사랑을 받는 비결〉을 반어적 표현으로 보고 여자의 미움을 받는다는 의미로 해석할 수 있으나, 그렇게 되면 후반 3행의 의미와 연결이 되지 않는다.

　유언 수령자 선정에서 누락된 세 번째 인물이 등장한다. 그것은 〈사랑에 애타는 연인들〉이다.

　일, 사랑에 애타는 연인들에게는
　메트르 알랭 샤르티에의 유증 이외에
　그들의 머리맡에 놓인
　눈물로 가득한 聖水器와 함께

일년 내내 푸르른 들장미 잔가지 하나를
성수 살포기로서 남겨 주나니
그 대신 이 불쌍한 비용의 영혼을 위하여
찬송가 하나를 불러 주기 바라는도다. (168절)

> Item, donne aux amants enfermes,
> Outre le lais Alain Chartier,
> A leurs chevets, de pleurs et larmes
> Trétout fin plein un bénoitier,
> Et un petit brin d'églantier,
> En tous temps vert, pour guepillon,
> Pourvu qu'ils diront le psautier
> Pour l'âme du pauvre Villon.

시인은 여기에서 〈사랑에 애타는 연인들〉을 떠올리고 그들에게 안성맞춤의 알랭 샤르티에의 「연가」와, 그리고 그것보다 더 걸맞는다고 생각되는 〈눈물로 가득한 성수기〉에다가 성수 살포기로 사용할 〈푸르른 들장미 잔가지〉를 선물하기로 한다. 그런데 그는 그 대신 〈이 불쌍한 비용의 영혼〉을 위하여 찬송가를 불러 주기를 바란다.

〈사랑에 애타는 연인〉은 중세 문학 궁정풍 우아체 연애시 속에는 반드시 나오는 문학적 조형의 하나로, 15세기 초엽의 시인 알랭 샤르티에의 「무정한 미인」에 등장하는, 〈미인〉을 동경하는 창백한 연인이 그 전형이다. 비용은 그 전형에 자기 자신을 맞추어 분장하고 〈사랑의 순교자〉[1]로 자처하고 있다. 그의 그러한 분장 자체가 하나의 패러디인 것과 마찬가지로 여기에서도 〈사랑에 애타는 연인들〉을 비꼬고 있는 동시에 궁정풍 우아체 연애시 일반을 풍자하고 있는 것으로 보인다.

〈알랭 샤르티에의 유증〉은 「무정한 미인」 속에 나오는 대체로 다음과 같은 것이다. 『사랑에 애타는 연인들에게는/ 그들이 아픔이 가벼워지기를 바라는 까닭에/ 각자의 생각에 따라/ 샹송·격언의 노래·발라드의 작시를 유증하는도다』(Je laisse aux amoureux malades/ Qui ont espoir d'allegement/ Faire chansons, ditz, et balades,/ Chacun en son entendement.)[2]

　비용이 〈알랭 샤르티에의 유증〉을 사랑에 애타는 연인들에게 선물하는 것은 그 상황이 비슷하기 때문이지만 샤르티에의 연인(궁정풍 시인)이 그러한 상황 속에서도 역시 작시를 계속하는 데 반하여, 비용은 자기 자신이 분장하는 〈사랑의 순교자〉를 죽이고 있는 점에 차이가 있다. 임종시 〈그들의 머리맡〉에 성수기와 성수 살포기를 선물한다는 것이 그 사실을 의미한다. 그러나 그 성수기는 눈물로 가득 차 있는데다가 푸르른 들장미 잔가지를 곁들여 놓았으니 그의 시는 고갈될 리 없다는 자긍심이 엿보인다.

　유언 수령자 선정에서 누락된 네 번째 인물이 등장한다. 그것은 시인의 친구의 한 사람, 자크 쟘이다.

　　일, 메트르 자크 쟘에게는
　　목숨을 걸고 재산을 모으는 놈이라
　　원하는 만큼의 여자들과 약혼하는 권리를 남겨 주는도다.
　　그런데 결혼하는 권리는? 아니로다.
　　그는 누구를 위하여 재산을 모으는가? 가족을 위해서인가?
　　먹는 음식까지도 낭비라고 불평하는 놈인데
　　나는 생각하거니와 암퇘지에 속한 재산은 새끼 돼지에게
　　당연히 귀속되지 않으면 아니 된다는 것이로다. (169절)

　　Item, à maître Jacques James,
　　Qui se tue d'amasser biens,
　　Donne fiancer tant de femmes
　　Qu'il voudra; mais d'épouser? riens.
　　Pour qui amasse-il? Pour les siens,
　　Il ne plaint fors que ses morceaux;
　　Et qui fut aux truies, je tiens
　　Qu'il doit de droit être aux pourceaux.

　시인은 메트르 자크 쟘을 떠올리고 그에게 〈원하는 만큼의 여자들과 약혼하는 권

그 生涯와 詩 世界　491

리〉를 선물하기로 한다. 그런데 거기에는 〈결혼하는 권리〉는 부여되지 않는다는 단서가 붙어 있다.

이 시는 《유언시》 중에서 가장 난해한 것 중의 하나로 알려져 있다. 여러 학자들의 학설을 종합해 보면 대체로 다음과 같다. 자크 쟘은 파리 시 소속 토목업자의 아들로 많은 재산과 가옥을 가지고 있다. 그 가옥 중의 하나는 생 마르탱 像의 간판을 건 목욕탕으로, 거기에 많은 창녀들이 출입하고 있다. 그는 거기에서 창녀들을 중매하는 일을 한다. 여기에서 시인은 그러한 자크 쟘의 性行을 포착하여, 부전자전이다, 암돼지의 재산은 새끼 돼지의 것이다, 그리고 창녀들이 번 돈으로 먹고 살고 있다라고 하는 등 그렇게 그를 신랄하게 비꼬고 있는 것이다.

유언 수령자 선정에서 누락된 다섯 번째 인물이 등장한다. 그것은 〈들창코의 왕실 집사〉로 불리는 사람이다.

일, 들창코의 왕실 집사에게는
언젠가 내 빚을 갚아 준 사람이라
그 보답으로 마레샬(元帥)로 봉해 주나니
그것은 거위와 물오리 새끼에 편자를 박는 마레샬(蹄鐵工)이로다.
그리고 囹圄의 지리함을 달래도록
객적은 시를 보내 주겠는데
원한다면 불쏘시개로 사용해도 좋을 터인즉
노래를 좋아하여도 지겨울 때가 있도다. (170절)

Item, le camus Sénéchal,

Qui une fois pays mes dettes,

En récompense, maréchal

Sera pour ferrer oies, canettes,

En lui envoyant ces sornettes

Pour soi désennuyer; combien,

S'il veut, fasse en des allumettes:

De beau chanter s'ennuie on bien.

시인은 들창코의 왕실 집사를 떠올리고, 그에게는 빚을 갚아 준 보답으로 〈마레샬〉로 봉해 주고 〈객적은 시〉를 선물하기로 한다.

시인이 여기에서 야유의 대상으로 한 들창코의 왕실 집사(지방 총독)의 인물 고증에 대해서는 두 사람의 이름이 거명되고 있다. 한 사람은 부르보네 주 왕실 집사로 프랑스 왕국 원수(maréchal)인 루이 드 부르봉이고, 또 한 사람은 노르망디 주 왕실 집사로 역시 프랑스 왕국 원수인 피에르 드 브레제이다. 당시의 고관 초상화가 남겨져 있다면 그 기묘한 모습을 통하여 예의 인물이 누구인지 곧 추정될 수 있을 터이지만 그것이 없기 때문에 인물 고증이 그렇게 쉽지만은 않다. 5행의 〈영어의 지리함〉 운운하는 표현으로 미루어 보아, 샤를 7세인 아버지와 사이가 아주 나쁜 루이 11세는 즉위하자마자 선왕의 충신이며 對영국 전쟁에서 많은 무훈을 세운 브레제를, 관직을 박탈하고 죄를 뒤집어씌워 로슈 감옥에 가두어 버리는데 시인은 그 사실을 알고 있었던 것이 아닌가 한다. 들창코의 왕실 집사를 브레제로 보는 경우, 그는 프랑스 왕국 원수이기 때문에, 그를 〈마레샬〉(元帥)로 봉하는 것은 이상한 일이 아니지만, 그것이 군을 통솔하는 원수를 의미하는 마레샬이 아니라 동물의 발에 편자를 박는 〈마레샬〉(蹄鐵工)이라고 하는 데 바로 그에 대한 신랄한 야유가 있다.

그리고 〈객적은 시〉도 이 170절의 시를 가리키는 것인지 《유언시》 전체를 가리키는 것인지, 아니면 브레제 자신도 기사로서의 무훈 이외에 궁정풍 우아체 시를 쓴 사실이 알려져 있는 만큼 그의 시를 가리키는 것인지 확실하지 않다. 전자의 경우라면 시인의 태도는 은근한 오만을, 후자의 경우라면 그의 태도는 은근한 조소를 드러내고 있는 것이라고 할 수 있다.

그렇기 때문에 〈언젠가 내 빚을 갚아 준 사람〉 운운은 믿기 어려우며 반어적 표현으로 생각된다.

유언 수령자 선정에서 누락된 여섯 번째 인물이 등장한다. 그것은 야경 대장 장 아를레이다.

　　일, 야경 대장에게는
　　필리베르와 뚱보 마르케라는
　　두 예쁜 꼬마 侍童을 보내 주나니

그들은 거의 한평생을
헌병사령관에게 시종하여
아주 똑똑하게 되었는데
아, 만약 해고되어 버린다면
그들은 맨발로 돌아가야 하리로다. (171절)

Item, au Chevalier du Guet

Je donne deux beaux petits pages,

Philibert et le gros Marquet,

Lesquels servi, dont sont plus sages,

La plus partie de leurs âges,

Ont le prévôt des maréchaux,

Hélas! s'ils sont cassés de gages,

Aller leur faudra tous déchaux.

시인은 야경 대장 장 아를레를 떠올리고 그에게 필리베르와 뚱보 마르케라는 두
꼬마 시동을 보내 주기로 한다. 그것은 물론 반어적 표현이다.

야경 대장 장 아를레는 이미 《유증시》 19절에 등장하여 〈투구〉를 선물로 받은 바
있는 인물이다. 야경 대장은 다른 司直 장관과 마찬가지로 두 시동을 거느리게 되어
있는데, 그러한 관례에 따라서 그에게 두 시동이 보내어진다는 것이다. 그런데 그 두
시동은 실은 잘생긴 젊은 시동들이 아니라 산전수전 다 겪은 그리고 이제 막 해고
될는지도 모르는 늙은 경관들이다. 거기에 바로 이 시의 신랄한 풍자가 있다. 그것은
《유증시》 19절 그대로의 풍자인데, 왜 여기에서 그러한 풍자가 다시 표현되어 있는
지 그 이유는 확실하지 않다.

유언 수령자 선정에서 누락된 마지막 인물이 등장한다. 그것은 샤틀레 경관 장 샤
플랭이다.

일, 샤플랭에게는
막 삭발한 풋나기 성직자의 내 권한을 남겨 주나니
약식 미사를 집행하는 역할은 맡아도

대단한 지식을 필요로 하는 것은 아니로다.
그리고 내 주임사제의 지위도 물려 줄 것이로되
그는 영혼에 대한 책임을 지고 싶지 아니하고
시녀들과 귀부인이 아니면
참회를 듣고 싶지 않다 하는도다. (172절)

Item, à Chappelain je laisse

Ma chapelle à simple tonsure,

Chargée d'une sèche messe

Où il ne faut pas grand lecture.

Résigné lui eusse ma cure,

Mais point ne veut de charge d'âmes;

De confesser, ce dit, n'a cure

Sinon chamberières et dames.

시인은 마지막으로 장 샤플랭을 떠올리고 그에게는 〈막 삭발한 풋나기 성직자의 내 권한〉을 선물하기로 한다. 시인은 실제로 〈메트르〉 칭호를 취득하고 있으며, 따라서 성직 수령을 희망할 수 있는 권리를 가지고 있다. 그러나 그는 현실적으로 그 권리를 희망한 적은 없다.

약식 미사(sèche messe)는 예배를 하지 않고 단지 성경의 한구절을 읽는 정도의 미사이다.

그리고 시인은 〈내 주임사제의 지위〉 운운하고 있는데, 물론 그는 그러한 지위를 가진 바 없다.

이 시의 재미는 시인이 샤틀레 12인조 경관 장 샤플랭을 그 이름 샤플랭(Chapelain)의 뜻인 〈사제〉로 포착하여 그에게 〈성직자의 내 권한〉을 부여하며 익살을 떨고 있는 데 있다. 그리고 〈시녀들과 귀부인이 아니면〉 운운하고 있는 점으로 미루어 보아, 샤플랭은 아마도 다른 동료들과 마찬가지로 여자를 좋아한 방탕아였을는지도 모른다.

1) 《유증시》 6절 7행, 《유언시》 「마지막 발라드」 1절 6행.
2) éd. du Chesne, p.503.

56

죽음의 모든 절차에 관계하는 사람들 Ⅰ

비용은 유언 수령자 선정에서 누락된 인물들에 대한 유언 배분을 끝내고 마침내는 현실의 유언 서식에 따라서 유언 집행·무덤 지정·묘비명 작성·장례식 거행 등 자기 자신의 죽음의 모든 절차로 시상을 옮긴다.

일, 훌륭한 인물인 장 드 칼래에게는
이 몸이 태어나서 30년 내내 만난 적도 없고
내 이름도 모르는데
내 마음 속을 속속들이 알고 있는 사람이라
이 유언의 전반에 걸쳐
결국 어떤 어려운 사정이 생길 경우에는
그 세부에 이르기까지
자유로이 처리하는 권한을 부여하는도다. (173절)

Pour ce que sait bien mon entente
Jean de Calais, honorable homme,
Qui ne me vit des ans a trente
Et ne sait comme je me nomme,
De tout ce testament, en somme,

S'aucun y a difficulté,

L'ôter jusqu'au res d'une pomme

Je lui en donne faculté.

　시인은 여기에서 장 드 칼래를 유언 집행인으로 선정하고, 그에게 〈이 유언의 전반에 걸쳐 결국 어떤 어려운 사정이 생길 경우에는 그 세부에 이르기까지 자유로이 처리하는 권한〉을 부여하기로 한다.

　장 드 칼래는 유명한 샤틀레 재판소 공증인이다. 시인은 그가 자기를 만난 적도 없고 자기 이름도 모르는데 〈내 마음 속을 속속들이 알고 있는 사람〉이라고 말하고 있지만 그것은 반어적 표현임은 물론이다.

　그리고 앙드레 부르제가 추정하는 바와 같이 시인이 묑 쉬르 루아르 감옥에서 티보 도씨니에 의하여 성직자 자격을 박탈당했다고 한다면 그는 세속인이 되어 있을 터이다. 그러니까 시인이 티보 도씨니가 관장하는 사교재판소 유언 담당자가 아니라 샤틀레 재판소 유언 취급 공증인을 여기에서 자기의 유언 집행인으로 지명하고 있는 것은 충분히 수긍할 만한 바이다.

　　이 유언의 자구 해석과 설명
　　용어의 定義와 轉寫
　　그 삭제와 보완
　　유언의 유효 기간 설정과 파기 등
　　글을 쓸 줄은 모르지마는 전부 그의 손으로 된 것이라
　　유언의 내용 설명과 의미 해석도
　　좋게 하건 나쁘게 하건 그의 자유인즉
　　나는 그 일체를 동의하는 바이로다. (174절)

De le gloser et commenter,

De le définir et décrire,

Diminuer ou augmenter,

De le canceller et prescrire

De sa main, et ne sût écrire,

Interpréter et donner sens,

A son plaisir, meilleur ou pire,

A tout ceci je m'y consens.

시인은 한걸음 더 나아가서 이 유언의 자구 해석과 설명, 용어의 정의와 전사, 그 삭제와 보완, 그리고 유언의 유효 기간 설정과 파기 등은 물론, 유언의 내용 설명과 의미 해석을 좋게 하건 나쁘게 하건간에 일체의 권한을 장 드 칼래에게 부여하기로 한다.

그런데 〈글을 쓸 줄은 모르지마는 전부 그의 손으로 된 것〉이라고 함은 물론 반어적 표현이다.

그리고 내가 모르는 사이에
만약 누가 죽음에서 영원한 생으로 옮아간 경우
이 유언의 취지에 따라
그 일체의 것이 완전히 이행되기 위하여는
예의 유물을 다른 사람에게 넘겨 주는 권한도
그에게 부여하고자 하나니
그가 욕심으로 그것을 가로채려 할 때에는
나는 그것을 그의 양심에 호소할 수밖에 없도다. (175절)

Et s'aucun, dont n'ai connaissance,

Etoit allé de mort à vie,

Je veuil et lui donne puissance,

Afin que l'ordre soit finie,

Pour être mieux parassouvie,

Que cette aumône ailleurs transporte,

Car, s'il l'appliquoit par envie,

A son âme je m'en rapporte.

시인은 여기에서 유언 수령자가 사망하는 경우 〈유언의 취지〉가 이행되지 않을 수도 있다는 것을 예상하여, 〈예의 유물을 다른 사람에게 넘겨 주는 권한〉도 그에게 부여하기로 한다.

그리고 시인은 그가 욕심으로 그 유물을 가로채려고 하는 경우에는, 그것은 〈그의 양심〉에 호소할 수밖에 달리 방법이 없다고 생각한다. 실제로 그것은 유언 취급 공증인으로서는 가슴에 못을 박는 신랄한 비꼼으로 들리는 말일 터이다.

> 일, 내 무덤은 다른 곳이 아니라
> 생트 아부아 교회 안에 만들도록 명하거니와
> 屍身으로가 아니라 그림으로 그린 모습을
> 누구나 볼 수 있도록
> 그렇게 경비가 들지 아니하거든
> 내 초상을 墨畵로 그려 주기 바라는도다.
> 비석은? 필요 없으며 개의치 아니하나니
> 그것은 마루에 너무 무게가 가기 때문이로다. (176절)

> Item, j'ordonne à Sainte Avoie,
> Et non ailleurs, ma sépulture;
> Et, afin qu'un chacun me voie,
> Non pas en char, mais en peinture,
> Que l'on tire mon estature
> D'encre, s'il ne coûtoit trop cher.
> De tombel? rien: je n'en ai cure,
> Car il grèveroit le plancher.

시인은 자기의 무덤을 생트 아부아 교회 안에 만들도록 그 장소를 지정한다. 그것은 그 교회가 탕플르 가의 오귀스텡 종파 수녀원 2층에 있으며, 따라서 거기에는 누구도 매장될 수 없기 때문에 하나의 신랄한 해학에 지나지 않다. 실제로 그 교회를 자기의 永眠의 장소로 택한 시인들이 있는데, 위스타슈 데샹과 기욤 알레크시도 이미 그 교회에의 매장이라는 해학을 노래하고 있다.[1]

그 교회의 그러한 특수한 사정이 시인의 시상을 자극하고 예의 신랄한 해학을 낳게 한 것으로 보인다. 시인 자신은 결코 죽지 않으며 단지 〈사랑의 순교자〉로 분장한 자가 지금 죽음에 임하고 있을 뿐이다. 따라서 그는 매장될 리도 없고 매장되고 싶은 생각도 없다. 그렇기 때문에 그는 〈屍身으로가 아니라 그림으로 그린〉〈내 초상〉을 묵화로 그려 주기를 바란다. 〈비석은? 필요 없으며 개의치〉 않는다고 하는 것은 바로 그 때문이다. 그런데 그는 마루에 너무 무게가 가기 때문이라고 익살을 부리고 있다.

> 일, 내 墓穴 주위에는 다른 것은 필요 없고
> 다음 墓碑銘을
> 선명하게 아주 굵은 글씨로
> 만약 필기 도구가 없거든
> 석고의 벽에 조금도 상처가 나지 않도록
> 목탄이나 흑석으로 써 주기 바라는도다.
> 그러면 적어도 나에 대한 추억이
> 그대로 명랑한 익살꾼으로 남게 되리라. (177절)

> Item, veuil qu'autour de ma fosse
> Ce qui s'ensuit, sans autre histoire,
> Soit écrit en lettre assez grosse,
> Et qui n'auroit point d'écritoire,
> De charbon ou de pierre noire,
> Sans en rien entamer le plâtre;
> Au moins sera de moi mémoire,
> Telle qu'elle est, d'un bon folâtre.

시인은 〈내 묘혈〉 주위에는 아무것도 필요 없고, 단지 〈시신〉 대신에 누운 〈내 초

상〉 앞에 다음 〈묘비명〉을 굵은 글씨로 선명하게 써 주기를 바랄 뿐이다. 그것은 그
가 〈나에 대한 추억이 그대로 명랑한 익살꾼으로 남게 되리라〉고 굳게 믿고, 또 그
렇게 되기를 바라고 있기 때문이다.

1) Champion, t.I, pp.291-92.

57

묘비명과 롱도

EPITAPHE ET·RONDEAU

묘비명은 비용이 〈사랑의 순교자〉로서 죽음에 임하게 된 그 원인과 상황을 묘사
한 것이다.

이 높은 방에 누워 잠자는 자
사랑의 신의 화살을 맞고 쓰러진
프랑수아 비용이라 불리는
가난한 어린 학생.
그는 한 고랑의 땅도 가지지 아니하였도다.
아는 사람은 아는 일,
그는 탁자·의자·빵·바구니 전부를 나누어 주었도다.
신의 이름으로 그를 위하여 이 小曲을 부를지어다.

CI GÎT ET DORT EN CE SOLIER,
QU'AMOUR OCCIT DE SON RAILLON,
UN PAUVRE PETIT ECOLIER
QUI FUT NOMMÉ FRANÇOIS VILLON.
ONCQUES DE TERRE N'EUT SILLON.
IL DONNA TOUT, CHACUN LE SAIT:

TABLES, TRÉTEAUX, PAIN, CORBILLON.
POUR DIEU, DITES-EN CE VERSET:

〈이 높은 방에 누워 잠자는 자〉는 이 시가 비록 묘비명의 형식을 취하고 있지만 무덤으로 지정된 곳이 생트 아부아 교회 2층이기 때문에 〈지하에 잠자는 자〉라고는 쓸 수 없으며, 따라서 그렇게 표현된 것으로 보인다.

시인이 〈사랑의 순교자〉라고 자처하고 있는 것은 《유증시》 첫머리부터의 일이며, 《유언시》 69절과 「이중의 발라드」 5절 등에서도 그러한 태도를 취하고 있다.

〈한 고랑의 땅도 가지지 아니하였도다〉는 다음 소곡 3-4행의 〈접시 하나, 사발 하나, 미나리 하나의 값어치도 가지지 아니하였도다〉에 연결되어 〈가난한 어린 학생〉을 부각시키고 있다.

다음 小曲은 묘비명의 시상과 형식을 롱도로 바꾸어 놓은 것이다.

주여 이 사람에게 안식을 주시고
영원한 빛을 내리소서.
그는 접시 하나, 사발 하나, 미나리 하나의
값어치도 가지지 아니하였도다.

껍질이 벗겨진 순무처럼
머리털도 수염도 그리고 눈썹도 깎이었도다.
이 사람에게 안식을 주소서.

법의 준엄함이 그를 추방하고
그는 〈상고한다!〉 말하였는데
그것이 그렇게 어려운 말이 아니거늘
삽으로 궁둥이를 얻어맞았도다.
이 사람에게 영원한 안식을 주소서.

REPOS ETERNEL DONNE A CIL,

SIRE, ET CLARTÉ PERPÉTUELLE,
QUI VAILLANT PLAT NI ECUELLE
N'OT ONCQUES, N'UN BRIN DE PERSIL.

IL FUT RÉS, CHEF, BARBE ET SOURCIL,
COMME UN NAVET QU'ON RET OU PÈLE.
REPOS ETERNEL DONNE A CIL.

RIGUEUR LE TRANSMIT EN EXIL
ET LUI FRAPPA AU CUL LA PELLE,
NONOBSTANT QU'IL DÎT: 〈J'EN APPELLE!〉
QUI N'EST PAS TERME TROP SUBTIL.
REPOS ETERNEL DONNE A CIL.

　1절 5-6행의 〈껍질이 벗겨진 순무처럼 머리털도 수염도 그리고 눈썹도 깎이었도다〉는 법적 형벌의 결과라고 하는 학자도 있으나, 오히려 《유증시》 40절 4행의 〈빗자루처럼 말라 까맣고〉의 부연 설명으로 보아야 할 것이다. 왜냐하면 법적 형벌은 2절에서 설명되어 있기 때문이다. 묘비명에서는 그의 죽음이 〈무정한 여인〉의 탓이라고 암시하고 있지만 여기에서는 그 죽음의 원인이 고소에 의한 법적 형벌과 추방에 있다고 한다. 그 형벌과 추방은 사실은 묑 쉬르 루아르 감옥 토굴에의 감금 그리고 성직자 자격 박탈을 의미하는 것이라고 한다.[1] 만약 그렇다면 이 시의 시상은 165절에 이어지는 「샹송」에 직결된다. 그리고 이 시의 고백은 자기를 회화화하면서 《유언시》 첫머리의 티보 도씨니에 대한 공격의 陰畵가 되고 《유언시》의 구성에 통일성을 부여하고 있는 셈이다.

1) André Burger, p.228. Jean Dufournet, p.63.

58

죽음의 모든 절차에 관계하는 사람들 Ⅱ

　비용은 여기에서 자기의 장례에 대한 만단의 준비를 갖춘다. 그것은 첫째 임종을 알리는 打鐘(178-179절), 둘째 유언 집행인 지명(180-183절), 셋째 파리 사법재판소 판정관에 대한 주문(184절), 넷째 장례 때의 등화에 대한 배려(185절), 다섯째 마지막으로 생진에 좋긴 나쁘건간에 사귀었던 모든 사람들과의 자별 인사(「용서를 비는 발라드」)와 사망 통고(「마지막 발라드」)의 순서로 이어진다.

　　일, 장례 때에는 유리로 만든 큰 종을
　　난타해 주기 바라는도다
　　종소리 울려 퍼지는 동안에
　　가슴 설레이지 아니하는 자 없겠지마는.
　　그 종은 옛날 온갖 좋은 나라들을 구했다 하는데
　　아는 사람은 다 아는 일,
　　그 종소리 울리면 경관이건 벼락이건
　　전부가 다 악을 버렸다 하는고야. (178절)

　　Item, je veux qu'on sonne à branle
　　Le gros beffroi qui est de verre,
　　Combien qu'il n'est coeur qui ne tremble,

Quand de sonner est à son erre.

Sauvé à mainte belle terre,

Le temps passé, chacun le sait:

Fussent gens d'armes ou tonnerre,

Au son de lui, tout mal cessoit.

　시인은 임종을 알리는 종으로 노트르담의 큰 종 자크린느를 쳐 주기 바란다. 그 큰 종은 왕과 귀족, 그리고 위대한 인물의 임종 때 외에는 치지 않기로 되어 있다. 그런데 그는 그 종을 난타해 주기를 바란다. 그 종의 난타는 파리의 비상사태를 알리는 신호이다.

　그리고 그 종은 자주 파손되어 그때마다 수리해야 하는 까닭에, 시인은 그것을 〈유리로 만든 큰 종〉이라고 비꼬고 있다.[1]

　종치는 사람들에게는 빵덩어리 네 개를
　만약 적다 하면 여섯 개를 남겨 주나니
　아무리 부자라도 그렇게 주지는 아니하는데
　내가 주는 빵은 성 에티엔느의 돌덩어리로다.
　볼랑은 찢어지게 가난한 자이라
　종치는 사람으로 해 주거니와
　내가 보기에는 그것으로 1주일은 살 수 있으리라.
　그리고 또 한 사람은? 결국 장 드 라 가르드이로다. (179절)

Les sonneurs auront quatre miches,

Et se c'est peu, demi-douzaine;

Autant n'en donnent les plus riches,

Mais ils seront de saint Etienne.

Volant est homme de grand peine:

L'un en sera; quand j'y regarde,

Il en vivra une semaine.

Et l'autre? Au fort, Jean de la Garde.

시인은 종치는 사람들에게는 빵을 선물하기로 한다. 실제로 장례 때 종치는 사람에게 그 사례로서 빵을 나누어 주는 것이 관례이다. 시인은 그들에게 아주 후하게 빵 여섯 개를 나누어 주기로 하는데 그 빵덩어리는 성 에티엔느의 돌덩어리라고 한다. 그것은 《신약》 사도행전 제7장 54-60절의 순교자 에티엔느가 돌에 맞아 죽는 이야기를 원용한 풍자적 표현이다.

그리고 반어적 표현을 좋아하는 시인은 한낱 인부에 지나지 않는 종치는 사람에, 파리의 대부호 두 사람을 임명한다. 그들은 파리의 부유한 대상인 기욤 드 볼랑과 향료 상인 장 드 라 가르드이다. 특히 후자는 이미 《유증시》 33절과 《유언시》 137절에 등장한 바 있는 인물이다. 따라서 〈찢어지게 가난한 자〉라고 함은 반어적 표현이다.

> 모든 일을 잘 완수하고 처리하기 위하여
> 내 유언 집행인으로서 몇 사람을 지정하나니
> 그들은 모나지 아니한 성품이라
> 채권자들을 만족시켜 줄 것이로다.
> 대단한 허풍선이도 아니거니와
> 고마운 것은 부자들이라
> 유언 관리자가 될 수 있을 터인즉
> 어서 적을지어다, 나는 그 6명의 이름을 들리라. (180절)

> Pour tout ce fournir et parfaire,
> J'ordonne mes exécuteurs,
> Auxquels fait bon avoir affaire
> Et contente bien leurs detteurs.
> Ils ne sont pas mout grands vanteurs,
> Et ont bien de quoi, Dieu mercis!
> De ce fait seront directeurs.
> Ecris: je t'en nommerai six.

시인은 자기의 유언이 하나하나 잘 처리될 수 있도록 유언 집행인을 몇 사람 지정해 둘 필요를 느낀다.

그런데 시인의 유언 수령자들은, 말하자면 그의 채권자들이기 때문에 그 유언 집행인은 부자가 아니면 안 된다. 그리하여 그는 그 6명의 이름을 든다. 그런데 그 6명 중 3명은 사실 유명한 사람들인 데 반하여 나머지 3명은 실제로 그의 친구들로 방탕한 사람들이다.

그것은 형사부 代官
메트르 마르텡 벨르페.
다음은 누구? 그렇다 생각나는도다
콜롱벨 나으리
그는 마음에 들고 좋다고 생각되면
그 역할을 맡아 주리라.
그리고 다음은 누구? 미셸 쥬브넬.
이 세 사람만으로 족하나니, 나는 일체를 맡기리로다. (181절)

C'est maître Martin Bellefaye,
Lieutenant du cas criminel.
Qui sera l'autre? J'y pensoie:
Ce sera sire Colombel;
S'il lui plaît et il lui est bel,
Il entreprendra cette charge.
Et l'autre? Michel Jouvenel.
Ces trois seuls, et pour tout, j'en charge.

시인은 여기에서 우선 샤틀레 검찰청 형사부 대관(부관) 마르텡 드 벨르페, 다음은 국왕 측근이며 재무관 기욤 드 콜롱벨, 그리고 트루아의 代官 미셸 쥬브넬의 유명한 이름들을 들며 그들에게 일체를 맡기기로 한다.

물론 그것은 시인 특유의 해학적 표현이다.

　　그러나 그들이 처음 드는 경비에 겁이 나서
　　그 역할을 사양하거나
　　전적으로 거절하는 경우에는
　　다음 지명하는 사람들을 위촉하나니
　　그들 셋은 다 훌륭한 인물들인데,
　　먼저 고결한 시종 기사 필리프 브뤼넬
　　다음은 그 이웃에 사는
　　메트르 자크 라기에. (182절)

　　Mais, ou cas qu'ils s'en excusassent,
　　En redoutant les premiers frais,
　　Ou totalement refusassent,
　　Ceux qui s'ensuivent ci-après
　　Institue, gens de bien très:
　　Philippe Brunel, noble écuyer,
　　Et l'autre? Son voisin d'emprès,
　　Si est maître Jacques Raguier.

　시인은 만약 181절에서 그 이름을 든 3명이 〈처음 드는 경비에 겁이 나서〉 그 역할을 사양하거나 거절하는 경우에는 그 대신 다른 3명을 지명하고 그들에게 그 일을 맡기기로 한다.

　그리하여 시인은 사실은 방탕한 세 사람을 〈다 훌륭한 인물〉이라고 추켜세우며 먼저 필리프 브뤼넬, 다음은 자크 라기에의 이름을 든다. 전자는 《유증시》 18절에 〈그리니 영주〉로 등장하고 있는 시인과 동연배의 방탕한 귀족이고, 후자는 《유증시》 20절에 등장하여 〈목로주점 솔방울〉 등을 받은 바 있는 역시 방탕한 인물이다.

　그리고 다음은? 메트르 자크 샴,

이 훌륭하고 명예로운 세 사람은
자기들의 영혼을 구제하기 바라며
우리 주이신 신을 두려워하나니
그들의 재산을 털어넣더라도
이 유언의 명령을 이행하지 않을 수 없거니와
감독을 받을 필요도 없을 터인즉
그들의 마음대로 행동하기 바라는도다. (183절)

Et l'autre? Maître Jacques James,

Trois hommes de bien et d'honneur,

Désirant de sauver leurs âmes

Et doutant Dieu Notre Seigneur.

Plus tôt y meteront du leur

Que cette ordinaire ne baillent;

Point n'auront de contreroleur,

Mais à leur seul plaisir en taillent.

시인은 여기에서 나머지 한 사람도 지명한다. 그것은 169절에 등장하고 있는 아주
의심스러운 인물이다.

그리하여 시인은 그러한 세 사람을 〈훌륭하고 명예로운〉 인물이며 〈영혼을 구제〉
하고자 하는 독실한 신앙인이라고 야유하고, 그러니까 그들에게는 결코 〈감독〉을 둘
필요가 없다고 그들의 일상적 행위를 비꼰다.

유언 판정관이라 불리는 사람은
내 유언에서 아무것도 받지 못하는데
그것은 젊은 사제이며
토마 트리코라 하는 놈이 되리라.
내 모자의 장식끈[2]을 저당하는 일이 있더라도
나는 그의 경비로 기꺼이 술을 마시리로다!

만약 그가 당구 놀이를 할 줄 안다면
내 손으로 페레트 구멍을 양보해 주리라. (184절)

Des testaments qu'on dit le Maître

De mon fait n'aura *quy* ne *quot*,

Mais ce sera un jeune prêtre

Qui est nommé Thomas Tricot.

Volontiers busse à son écot,

Et qu'il me coûtât ma cornette!

S'il sût jouer en un tripot,

Il eût de moi *le Trou Perrette*.

시인은 유언 판정관에 옛 학우의 한 사람 토마 트리코를 지명하고, 그에게 아무것도 받지 못한다고 분명히 해 둔다.

시인이 173절에서 〈이 유언의 전반에 걸쳐〉 자유로이 처리하는 권한을 장 드 칼래에게 부여한 것은 시인이 비합법적이라고 하더라도 역시 성직자 자격을 박탈당하고 있기 때문이다. 그러나 한평생 성직자로서 생을 사는 꿈을 버리고 있지 않은 시인은 아직 사교재판소에 대한 공소에 미련을 가지지 않을 수 없다. 그 미련의 일단이 바로 사교재판소 공소인인 〈유언 판정관〉 토마 트리코를 물고 늘어지는 것으로 나타나고 있다.

토마 트리코는 시인과 동학이지만 아마도 시인과는 반대로 착실한 학생이었을는지 모른다. 랑리는 그가 童貞이었을 것이라고 추정하고 있다.

그런데 풍자적 표현을 좋아하는 시인의 비꼼이라는 데 역점을 둔다면 그는 오히려 여자를 좋아한 인물이었던 것으로 생각된다. 그것은 〈당구 놀이〉라든가 당구장 간판 이름 〈페레트 구멍〉이 무엇을 의미하는지 말하지 않아도 자명한 일이기 때문이다.

燈火의 기름에 관하여는
기욤 뒤 뤼에게 맡겨두고

壽衣의 네 모를 잡는 역할은
내 유언 집행인들에게 부탁하는도다.
수염과 머리털과 음모와 그리고 눈썹이
이전에 없는 아픔을 느끼게 하고
그 아픔은 나를 몹시 괴롭히고 있으니
모든 분들에게 용서를 비는 시간이 되었도다. (185절)

Quant au regard du luminaire,

Guillaume du Ru j'y commets.

Pour porter les coins du suaire,

Aux exécuteurs le remets.

Trop plus mal me font qu'oncques mais

Barbe, cheveux, pénil, sourcils.

Mal me presse, temps désormais

Que crie à toutes gens mercis.

시인은 〈등화의 기름〉에 관한 일은 기욤 뒤 뤼에게, 〈수의의 네 모를 잡는 역할〉
은 유언 집행인들에게 맡기기로 한다.

〈등화의 기름〉은 글자 그대로의 뜻과 함께 당시 학생들 사이에서는 포도주를 의
미하는 말로 사용되고 있었다고 한다. 그러니까 시인은 〈등화의 기름〉에 관한 일을
파리의 포도주 대상인 기욤 뒤 뤼에게 맡긴 것이다. 그리고 시인이 이 세상을 하직
할 때 한잔 쭉 들이켜는 흑포도주(vin morillon)[3]도 이 〈등화 기름〉을 책임진 기욤
뒤 뤼가 제공하는 것일른지도 모른다.

어쨌든 시인은 이제 단말마의 고통을 느끼고 모든 분들에게 용서를 비는 시간이
임박한 것을 의식한다.

1) Champion, t.I, p.395.
2) 생명을 의미한다.
3) 《유언시》「마지막 발라드」 마지막 절 3행.

59

용서를 비는 발라드
BALLADE DE MERCI

비용은 마침내 이 한많은 세상을 하직하고 이제 막 저 평온한 세상에의 길을 떠날 참이다. 그는 생전에 좋거나 나쁘거나 관계를 맺은 모든 사람들을 떠올리고 그들에게 용서를 빌며 작별을 고한다.

> 샤르트뢰 파와 셀레스텡 파 수도사들에게
> 탁발회 수도사들과 독신회 수녀들에게
> 게으름뱅이들과 구두 소리 내는 멋쟁이들에게
> 사랑을 하는 종복들과 목에 딱 붙는 저고리를 입고
> 겉옷을 걸친 귀여운 거리의 여자들에게
> 황갈색의 옹색한 구두를 신고도 괴로운 표정을 하지 아니하는
> 사랑에 애타는 바람둥이들에게
> 모든 분들에게 나는 용서를 비는 바이로다.

> A Chartreux et à Célestins,
> A Mendiants et à Dévotes,
> A musards et claquepatins,
> A servants et filles mignottes
> Portants surcots et justes cottes,

A cuidereaux d'amour transis,

Chaussant sans méhaing fauves bottes,

Je crie à toutes gens mercis.

시인은 파리에서 태어나 그곳에서 자라고 그리고 그곳을 사랑해 왔다. 그러니까 그가 먼저 떠올린 것은 파리의 형형색색의 다채로운 간판이 즐비하고 피토레스크한 광경이 펼쳐지는 거리 그리고 그 거리를 오가는 각양각색의 많은 사람들의 모습이다. 거기에는 수도사와 수녀, 게으름뱅이와 멋쟁이, 사랑을 하는 종복과 귀여운 거리의 여자, 그리고 사랑에 애타는 바람둥이 등이 있다. 그것은 시인이 살아온 환경이며 그 환경의 주민들이다. 따라서 그는 우선 그들 모두에게 용서를 빌며 작별을 고한다.

보다 많은 사람을 끌기 위하여

젖통까지 드러내 보이는 갈보들에게

싸움을 거는 거리의 깡패들에게

원숭이를 끌고 다니는 요술쟁이들에게

6명씩 짝지어 방광 초롱을 들거나

꼭지에 리본을 단 지팡이 인형을 들고

휘파람을 불며 가는 바보극단의 남녀 어릿광대들에게

모든 분들에게 나는 용서를 비는 바이로다.

A fillettes montrant tétins,

Pour avoir plus largement hôtes,

A ribleurs, mouveurs de hutins

A bateleurs trayant marmottes,

A fous, folles, à sots, à sottes,

Qui s'en vont sifflant six à six

A vessies et mariottes,

Je crie à toutes gens mercis,

파리의 피토레스크한 번화가에는 남자를 유혹하는 갈보, 싸움을 거는 깡패, 원숭이를 끌고 다니는 요술쟁이, 그리고 바보극단의 남녀 어릿광대 등도 있다.

그것은 시인이 좋아한 분위기이며 그 분위기를 자아내는 사람들이다. 따라서 그는 그들 모두에게 용서를 빌고 작별을 고한다.

그런데 그러한 사람들에 대한 용서와 작별은 시인으로 하여금 고통스러운 지난날들을 회상하게 한다. 그것은 뫼 쉬르 루아르 감옥의 영어생활에 대한 회상이다.

> 수많은 날들 아침 저녁으로
> 나에게 딱딱한 빵 껍질을 갉아먹게 한
> 지금 같으면 말똥만큼도 두려워하지 아니할
> 저 잔인한 개새끼들은 예외로다.
> 그놈들에게는 트림이나 방귀라도 뀌어 주고 싶지마는
> 이렇게 누워 있으니 할 수가 없도다.
> 결국 싸움을 피하기 위하여
> 모든 분들에게 나는 용서를 비는 비이로다.

> Sinon aux traîtres chiens mâtins
> Qui m'ont fait ronger dures crôtes,
> Mâcher maints soirs et maints matins,
> Qu'ores je ne crains trois crottes.
> Je fisse pour eux pets et rottes;
> Je ne puis, car je suis assis.
> Au fort, pour éviter riottes,
> Je crie à toutes gens mercis.

시인은 뫼 쉬르 루아르 감옥의 간수들에 대한 회상을 73-74절에서 이미 표현한 바 있다. 거기에서 그는 그 두목 티보 도씨니를 비롯하여 그의 사법재판소 판사 에티엔느 플래장스, 체형 집행인 로베르의 이름들을 들고 그들 일당을 신이 고리대금업자를 사랑한 것처럼 사랑하리라고 말하고 있는데, 그 감옥에서 해방된 지 시간적으로도 상당한 시일이 경과하고 공간적으로도 멀리 떨어져 있는 지금은 그들이 조금도 두렵지 않으며 오히려 방귀라도 뀌어 주고 싶지만, 임종의 자리에 누워 있으니 별도리가 없다고 한다.

그리하여 시인은 그 밖의 모든 사람들에게 용서를 빌고 작별을 고한다.

    그놈들의 늑골 열다섯을 나란히 세워 놓고
    납덩어리나 그와 비슷한 덩어리를 끼운
    커다랗고 묵중한 망치로 때려부수어 주기 바라나니
    모든 분들에게 나는 용서를 비는 바이로다.

    Qu'on leur froisse les quinze côtes
    De gros maillets forts et massis,
    De plombées et tels pelotes.
    Je crie à toutes gens mercis.

시인은 임종의 자리에서도 그들에 대한 원한에서 벗어나지 못한다. 그리하여 그는 자기를 대신하여 그들의 늑골을 부수어 주기 바란다. 그는 그만큼 그들에 대하여 증오의 불을 태우고 있다.

시인 자신의 말은 증오로 가득 찬 그러한 작별로 끝을 맺지만, 아직 사망 통고가 남아 있다. 그는 그것을 몸소 써서 남겨놓는다.

60

마지막 발라드

BALLADE FINALE

이 「마지막 발라드」는 비용의 사망 통지와 장례 초청인데 그것은 제3자의 입을
통하여 표현된다.

불쌍한 비용의 유언은
여기에서 닫히고 끝났도다.
장례를 알리는 종소리 들리거든
주홍색 같은 빨간 옷을 입고
그의 매장에 참가할지어다.
그는 사랑의 순교자로서 죽었기 때문인즉
그것은 그가 자기 불알에 걸고 맹세한 말이로다
이 세상을 하직하고 떠나려 할 때.

Ici se clôt le testament

Et finit du pauvre Villon.

Venez à son enterrement,

Quand vous orrez le carillon,

Vêtus rouge com vermillon,

Car en amour mourut martyr :

Ce jura-il sur son couillon

Quand de ce monde vout partir.

　장례에 참가하는 사람들은 원래 검은 옷을 입고 가는 것으로 되어 있다. 그러나 순교자의 미사에는 사제 및 그 밖의 성직자들은 빨간 복장을 하는 것이 교회의 관례라고 한다.

　비용의 죽음은 사랑의 행각이기는 하지만 역시 순교이기 때문에 〈주홍색 같은 빨간 옷을 입고 그의 매장에 참가〉하라는 해학적 표현이 된 것이다.

그리고 그 말은 거짓으로 생각되지 아니하나니

그는 사랑하는 여자에게 마치 더러운 인간처럼

미움을 받고 쫓겨난 후

여기에서 루시용까지의 방랑의 길에는

수풀이건 덤불이건

그의 누더기옷 조각이 떨어지지 아니한 곳은 없다고

거짓 없는 고백을 하였기 때문이로다

이 세상을 하직하고 떠나려 할 때.

Et je crois bien que pas n'en ment,

Car chassé fut comme un souillon

De ses amours haineusement;

Tant que, d'ici à Roussillon,

Brosse n'y a ne brossillon

Qui n'eût, ce dit-il sans mentir,

Un lambeau de son cotillon,

Quand de ce monde vout partir.

　여기에서 비용이 사랑의 순교자로서 사망한 사실에 대한 고백이 표현되어 있는데, 그 표현은 《유증시》 3-7절과 《유언시》 65-70절에 상응하는 내용이다. 그는 사랑하는 여자에게 배신을 당하고 그 때문에 방랑의 길에서 신산과 고초를 겪은 사실을 고백한다. 그것은 〈여기에서 루시용까지〉 수풀이건 덤불이건 그의 누더기옷 조각이 떨어져 있지 않은 곳이 없을 정도이다.

> 그러한 몰골에 더욱 이렇게 죽을 적에
> 그는 누더기밖에 걸치지 아니하고
> 더구나 임종에는 무참하게도
> 사랑의 신의 화살에 찔리었으니
> 그는 혁대의 버클핀에 찔린 것보다
> 더 격렬한 아픔을 느꼈도다
> (그것은 진정 놀라운 일인데)
> 이 세상을 하직하고 떠나려 할 때.

> Il est ainsi et tellement,
> Quand mourut n'avoit qu'un haillon;
> Qui plus, en mourant, malement
> L'épognoit d'Amour l'aiguillon;
> Plus aigu que le ranguillon
> D'un baudrier lui faisoit sentir
> (C'est de quoi nous émerveillon)
> Quand de ce monde vout partir.

사랑의 순교자는 누더기의 몰골에다가 임종의 자리에 누워 있으면서도 〈사랑의 신의 화살〉을 맞고 남자의 상징(男根)에 〈격렬한 아픔〉을 느낀 사실을 고백한다. 그것은 그가 죽을 때까지도 그 특유의 해학 취미를 그대로 가지고 있었다는 의미이다.

> 쇠황조롱이처럼 우아한 제일인자여,
> 마지막 순간에 그가 어떻게 하였는지 알지어다.
> 그는 흑포도주 한잔을 쭉 들이켰도다

이 세상을 하직하고 떠나려 할 때.

Prince, gent comme émerillon,
Sachez qu'il fit au départir:
Un trait but de vin morillon,
Quand de ce monde vout partir.

사랑의 순교자는 이 세상을 하직하는 마지막 순간에도 알콜 농도가 짙은 모리용 (흑포도주) 한잔을 쭉 들이켜고 떠난 사실을 고백한다.

그런데 그 모리용(흑포도주)의 선택의 이면에는 생 제르맹 데 프레 수도원장으로 종종 파리 대학과 문제를 일으킨 바 있는 에르베 모리용의 이름에 대한 생각이 깔려 있으며, 그 옛날의 대학 소요사건에 대한 추억이 그러한 이중적 의미의 야유가 되어 표현된 것으로 보는 학자도 있다.

그리하여 《유언시》는 비용이 분장하는 〈사랑의 순교자〉의 사망 통지로 끝나는데, 그의 시 전체는 《유증시》 첫머리의 창백한 〈사랑의 순교자〉에서 시작하여 《유언시》 마지막의 가련한 〈사랑의 순교자〉의 죽음으로 끝나는 구성을 가진다.

맺음말

우리는 지금까지 《유언시》를 차례차례로 극명히 뒤밟아 온 셈이다.

이 작품에는 원한의 복수가 있고, 인간의 은의가 있다. 참회의 토로도 있거니와 인생의 해학도 있다. 청춘의 회고도 있거니와 사랑의 논의도 있다. 그리고 도덕적 훈계도 있거니와 사회의 풍자도 있다 그러니까 거기에는 비용의 전생애의 사상과 감정이 거의 그대로 담겨져 있는 셈이다. 그런데 이 작품을 읽은 솔직한 감상은, 시인의 복수의 書라는 인상이 짙었다.

실제로 《유언시》는 뮁 쉬르 루아르 감옥 책임자 티보 도씨니에 대한 원한의 폭발에서 시작된다. 그런데 시인이 그곳에 어떤 죄로 투옥되었는지, 왜 그렇게 가혹한 취급을 받아야 했는지, 그것은 그가 밝히려고 하지 않았기 때문에 알 길이 없다. 다만 그 원한이 보통의 것이 아님을 알 수 있을 뿐이다. 그것은 시 첫부분에 표현되어 있을 뿐만 아니라 시 전체를 꿰뚫고 있는 라이트 모티프가 되어 있다. 그리고 《유언시》에 삽입되어 있지 않은 《잡시》의 두 편의 시[1]에서도 똑같은 상태의 회상과 호소가 표현되어 있는데, 우리는 그것과 《유언시》 첫부분이 같은 외부 환경, 같은 정신적 位相에서 나온 것임을 알 수 있다. 물론 《잡시》「9. 벗들에게 보내는 서간시」는 그 참상을 다소 익살스러운 표현으로 친구들에게 호소하고 있으며, 《잡시》「11. 비용의 마음과 몸의 논쟁시」는 그 참상의 원인을 자기 분석에 의하여 추구하고 있다. 그것은 자기 변명 내지는 자기 비판으로 보인다. 그러한 자기 변명과 자기 비판은 물론 현재의 시점에서 쓰여진 것이다. 그러나 《유언시》 첫부분은 그러한 자기 변명과 자기 비판을 일단 겪은 현재이며, 따라서 그것은 시간적으로는 뒷부분에 위치해야 한다. 실제로 시간적 전후관계는 있다고 하더라도 묑 쉬르 루아르 감옥생활이 그에게 미친 정신적 영향은 그렇기 때문에 오히려 큰 것이며, 그의 사교 티보 도씨니에 대한 원한은 그러한 의미에서 《유언시》 전체를 지배하는 라이트 모티프가 되어 있는 것이다. 따라서 이 작품은 우선 그의 사교 티보 도씨니에 대한 저주의 시요, 복수의 書이다.

시인의 복수는 단지 그것으로 그치지 않고 《유언시》의 특수한 카테고리에 속하는 인물들, 이를테면 신흥 종파 사람들, 파리 샤틀레 경관들, 고리대금업자들, 투기가들, 그를 배신한 여자들, 그리고 노트르담 참사 회원들에 대한 표현에서도 엿볼 수 있다. 그런데 신흥 종파에 대한 조소는 13세기 이후 파리 대학 내지는 부르주아의 전통적 불만이고, 고리대금업자와 투기가에 대한 원한은 파리 서민의 공통적 분노이며, 샤틀레 경관에 대한 비난은 파리 대학 소요사건 때부터의 일반적 불평이다. 그리고 그러한 감정은 일종의 嘲笑와 야유 형식으로 이미 《유증시》에 나타나고 있다. 그렇기 때문에 《유언시》에 그러한 표현이 엿보인다고 하여 단지 그것만을 가지고 곧 이 작품의 특징을 운운할 수는 없다. 그러나 그 조소와 야유에는 어떤 쓴맛이 가미되어 있다. 그것은 다만 사회 풍자에 그치지 않고 그의 〈신산과 고초〉[2]에 기인한 개성의 심화와 감정의 굴곡이 자아내는 일종의 시 분위기이다. 따라서 그러한 표현은 그만큼 심각한 것이다. 시인의 내부에 그러한 변화를 가져오게 한 원인을 어떤 학자[3]는 〈묑의 체험〉이라는 말로 표현한다. 묑 쉬르 루아르 감옥의 처우가 얼마나 가혹한 것인가는 앞에서 이미 지적한 바와 같거니와, 그것은 시인으로 하여금 그때까지 외부로 향한 시선을 내부로 향하게 한 요인이 된다. 《잡시》 3.의 반복구에서 〈나 이외의 것은 전부 잘 알도다〉[4]라고 표현하고 있는데, 그것은 그가 내부에 메스를 가하기 시작한 사실을 의미한다. 《잡시》 11.에서 시작되는 그것은 양심의 규탄이며, 따라서 그는 회오의 방향으로 나아간다. 《유언시》 12절은 시의 연결로 미루어 보아 그 규탄과 회오의 연속이며, 그러한 의미에서 앞에서 지적한 두 시는 분명히 시간적 연관이 있다. 회오는 자기 인식의 출발이요, 그것은 자연히 자기의 있는 그대로의 상황에 관한 원인 규명으로 발전해 나간다. 그가 자기의 어리석음의 원인을 젊은 시절의 광기로 생각하는 한[5], 청춘 회고의 테마가 거기에 계속되는 것은 극히 당연하다. 그리하여 그는 〈미칠 듯한 젊은 시절〉[6]의 추억에서 연애 체험으로 나아간다. 그의 연애 체험

은 이미 《유증시》에 나타나고 있다. 그러나 그것은 앙제로 떠나는 동기를 설명하는
데 사용되고 있을 뿐이다. 《유언시》에서는 그 불행한 사랑의 고백이 너무 진지하다.
그는 사랑의 고통과 그 원인을 다시 극명히 추구해 나가면서 자기의 〈가난〉의 결과
는 그럴 수밖에 없다고 생각한다. 〈가난〉, 그것은 그를 일생동안 집요하게 따라다닌
모든 불행의 원겁이다. 그리하여 《유언시》 70절까지는 거의 그 〈가난〉의 고백으로
이루어지고 거기에 〈학사님〉이라는 전형적 지식인의 思辨이 가해져 그 체험을 보편
화하면서 죽음·늙음·사랑·운명·허무의 사상이 전개된다. 그 전개에서 나타나는
침잠과 고통이 유언 배분의 부분[7]에서 보이는 조소·야유와 두드러진 대조를 이루
고 있다. 그 때문에 《유언시》의 2부 구조라는 면이 드러난다.[8] 그러한 의미에서 이
작품은 불가해한 수수께끼를 담은 것이라 할 수 있다.

　그렇기 때문에 우리는 시인에 관한 연구와 자료를 가능한 한 원용하여 그의 감정
의 기복은 물론 그의 생의 경험을 추적하고, 그것을 그의 표현과 연관시켜 《유언시》
의 새로운 분석을 시도하며 그 불가해한 수수께끼를 풀어본 셈이다.

1) 《잡시》 9·11.
2) 《유언시》 1절.
3) Gustave Cohen, p.97.
4) 《잡시》 3.
5) 《잡시》 11. 13-14행.
6) 《유언시》 26절.
7) 《유언시》 중심에 해당하는 부분, 즉 85절에서 마지막까지.
8) 그러므로 우리는 《유언시》를 Ⅰ·Ⅱ로 나누어 뒤밟아 본 것이다.

IV

<h1 style="text-align:center">머리말</h1>

《잡시》는 초기 작품 《유증시》뿐만 아니라 주요 작품 《유언시》에 포함되어 있지 않은 비용 시 16편으로 구성되어 있다. 그것은 《유증시》 이전에 쓰여진 것으로 보이는 시, 1456년부터 1461년 묑 쉬르 루아르 감옥에서 해방되어 파리로 돌아올 때까지의 방랑생활 중에 쓰여진 시, 그리고 《유언시》 이후에 쓰여진 시의 모음이다. 《유언시》 이후에 쓰여진 시가 《유언시》에 포함되어 있지 않은 것은 당연한 일이지만, 그 이전에 쓰여진 시가 왜 거기에 수록되어 있지 않은지 그 이유는 알 수 없다.

우리는 그 이유를 다만 추측해 볼 수 있을 뿐이다. 그것은 거기에 수록하기에는 너무 조잡한 시로 생각되었거나, 아니면 작품 구조 자체로 보아 거기에 합당하지 않은 시로 판단되었기 때문일는지 모른다. 그리고 그 시 자체가 독립한 시로서 의미를 가지는 까닭에 斷章(fragment)으로 남겨놓는 편이 낫다고 생각되었을는지도 모르는 일이다.

1

충고의 발라드

BALLADE DE BON CONSEIL

이 발라드의 이름은 오귀스트 롱뇽이 붙인 것이다.

이 발라드는 15세기 말엽에 간행된 《알랭 샤르티에 작품집》 속에 삽입되어 있던 시인데, 4절 1행부터 6행까지의 각행 머릿글자에 비용(VILLON)이라는 시인의 이름이 새겨져 있어서 〈비용 시〉로 파별된 것이다. 그것을 발견한 사람은 네덜란드이 비용 학자 베이방크이다.

이 발라드의 제작 연대에 관해서는 정설이 없으나 대부분의 학자들은 시 속에 너무 교훈이 많을 뿐만 아니라, 나열적이고 깊이가 없어서 초기의 것으로 추정하고 있다. 그러나 반드시 그렇다고만 할 수 없다. 그것은 《유언시》 156-159절과 《잡시》 11.도 이 시와 유사한 詩句로 쓰여져 있기 때문이다.

어쨌든 시인은 실제로 생의 체험을 통하여 얻은 소중한 교훈을 〈충고〉의 형식으로 읊어나간다.

이성을 잃고 비틀어져서
지혜도 없고 양식도 없는
사악한 마음에 찬 인생의 패배자들이여,
무지몽매하고 비겁하여
인간으로 태어난 이치에 반하여 살다가
가증스러운 죽음에 몸을 맡기는 패륜의 광인들이여,

아, 어찌하여 그대들은 수치로 인도하는 소행을 두려워하고
자기의 마음을 뉘우치려 하지 아니하는가?
볼지어다, 얼마나 많은 젊은이들이 죽어가는가를
남을 치고 남의 것을 빼앗았기 때문에.

Hommes faillis, bertaudés de raison,
Dénaturés et hors de connoissance,
Démis du sens, comblés de déraison,
Fous abusés, pleins de déconnoissance,
Qui porcurez contre votre naissance,
Vous soumettant à detestable mort
Par lâcheté, las! que ne vous remord
L'horribleté qui à honte vous mène?
Voyez comment maint jeunes homs est mort
Par offenser et prendre autrui demaine.

각자가 자기 마음 속의 과오를 보며
복수를 생각하지 말고 참을지어다.
참고 기다리는 덕망 있는 자들도
이 세상은 감옥이라는 것을 알고 있거늘
남을 부당하게 때리고 넘어뜨리고 훔치고 약탈하고 겁탈하고
사람을 죽이는 것은 참으로 천박한 짓이로다.
그러한 행위에 자기의 청춘을 바치는 사람은
신을 두려워하지 아니하고 진리에 등을 돌리는 자인데
마침내는 손의 고통을 이기지 못하여 몸을 비틀게 되리라
남을 치고 남의 것을 빼앗았기 때문에.

Chacun en soi voie sa méprison,
Ne vous vengeons, prenons en patience;

Nous connoissons que ce monde est prison
Aux vertueux franchis d'impatience;
Battre, rouiller pour ce n'est pas science,
Tollir, ravir, piller, meurtrir à tort.
De Dieu ne chaut, trop de verté se tort
Qui en tels faits sa jeunesse démène,
Dont à la fin ses poings doloreux tord
Par offenser et prendre autrui demaine.

속임수를 쓰고 아부하고 속이면서 미소짓고
금품을 강요하고 거짓말을 하고 본심을 숨기면서 긍정하고
연막을 치고 사기를 치고 독을 치고
죄를 범하면서 살고 이웃을 믿지 못하여 의심 속에서 잠을 자고
그러한 짓에 어떤 값어치가 있는가?
그러므로 우리는 적선의 노력을 하고
용기를 되찾고 신에게 위안을 찾아야 하는데
우리는 1주일에 하루도 편안한 날을 가지지 못하거니와
우리가 초래한 죄악은 일가 친척에게 되돌아가는도다
남을 치고 남의 것을 빼앗았기 때문에.

Que vaut piper, flatter, rire en traison,
Quêter, mentir, affirmer sans fiance,
Farcer, tromper, artifier poison,
Vivre en péché, dormir en défiance
De son prouchain sans avoir confiance?
Pour ce conclus: de bien faisons effort,
Reprenons coeur, ayons en Dieu confort,
Nous n'avons jour certain en la semaine;
De nos maux ont nos parents le ressort

Par offenser et prendre autrui demaine.

평화롭게 살고 불화의 씨를 제거하고
젊은이나 늙은이나 모두 마음을 하나로 할지어다.
신의 가르침이 그것을 원하고 使徒도 분명히 그것을
「로마인에의 편지」에서 되새기고 있도다.
우리에게는 질서와 직업과 신분의 보장이 필요하나니
그 점을 명심하고 진정한 항구를 버리지 말지어다
남을 치고 남의 것을 빼앗았기 때문에.

Vivons en paix, exterminons discord;

Jeunes et vieux, soyons tous d'un accord:

La loi le veut, l'apôtre le ramène

Licitement en l'épître romaine;

Ordre nous faut, état ou aucun port.

Notons ces points; ne laissons le vrai port

Par offenser et prendre autrui demaine.

이 발라드는 오귀스트 롱뇽이 「충고의 발라드」라고 그 이름을 붙인 것처럼 좋은
충고(bon conseil)들이 담담하게 나열되어 있을 뿐, 그렇게 깊은 뜻이 담겨져 있지 않
기 때문에 별로 주석을 빌지 않고도 이해되는 평이한 시이다.

1절 〈인생의 패배자들〉, 〈패륜의 광인들〉 속에서 우리는 시인 자신의 모습을 볼 수
있다.

2절 〈참고 기다리는〉 운운하는 것은 이 세상, 즉 현세는 일체가 일시적이고 공허
한 생이요, 저세상, 즉 내세만이 영원하고 진실한 생이라고 하는 그리스도교적 세계
관에서 나온 표현이다. 따라서 〈덕망 있는 자들도 이 세상은 감옥이라는 것을 알고
있거늘〉 하물며 〈남을 부당하게…… 죽이는 것은 참으로 천박한 짓이로다〉로 이어
진다.

3절 〈금품을 강요하고〉 운운하는 표현에는 〈교황의 면죄부를 파는〉[1] 행위가 포함
된다고 해석하는 학자도 있다.

마지막 절 〈使徒〉는 성 바울을 가리키고 「로마인에의 편지」는 《신약》 로마서 제12
장 4-6절에 『사람의 몸은 하나이지만 그 몸에는 여러 가지 지체가 있고 그 지체의
기능도 각각 다릅니다. 그와 같이 우리도 수효는 많지만 그리스도 안에서 한몸을 이
루고 각각 서로의 지체 구실을 하고 있습니다』라고 쓰여 있는 표현을 가리키는 것
으로 보인다.

1) 《유언시》 「나쁜 생활을 하는 자에 대한 좋은 교훈의 발라드」 1절 1행.

2

속담의 발라드

BALLADE DES PROVERBES

이 발라드의 이름은 폴 루이 자코브가 붙인 것이다. 이 발라드는 다음 「3. 寸言의 발라드」와 마찬가지로 각행의 머릿글자가 전부 같은 글자로 시작되어 있다. 그것은 竝列體 형식이라고 하여, 14세기에서 15세기에 걸쳐 유행한 하나의 類型이다. 이 발라드의 머릿글자는 〈Tant〉인데 여기에서 그것을 그대로 나타나게 옮길 수는 없는 일이다.

염소도 매인 땅을 너무 긁으면 잠자리가 불편해진다
물동이도 넘치면 깨어진다
쇠도 달구면 빨개진다
쇠도 두드리면 부서진다
사람도 값어치만큼 대우를 받는다
떠나간 사람은 잊혀지게 마련이다
사람을 속이면 미움을 받는다
크리스마스도 부르면 찾아오도다.

Tant gratte chèvre que mal gît,
Tant va le pot à l'eau qu'il brise,
Tant chauffe-on le fer qu'il rougit,

Tant le maille-on qu'il se débrise,
Tant vaut l'homme comme on le prise,
Tant s'éloigne-il qu'il n'en souvient,
Tant mauvais est qu'on le déprise,
Tant crie-l'on Noël qu'il vient.

말이 많으면 앞뒤가 맞지 않는다
평이 좋으면 우대를 받는다
약속을 하면 식언하게 된다
원하면 이루어지게 되는 법이다
찾는 사람이 많을수록 비싼 것이다
찾으면 결국 손에 넣게 된다
찾는 사람이 적을수록 평범한 것이다
크리스마스도 부르면 찾아오도다.

Tant parle-on qu'on se contredit,
Tant vaut bon bruit que grâce acquise,
Tant promet-on qu'on s'en dédit,
Tant prie-on que chose est acquise,
Tant plus est chère et plus est quise,
Tant la quiert-on qu'on y parvient,
Tant plus commune et moins requise,
Tant crie-l'on Noël qu'il vient.

개도 좋아해야 기르게 된다
노래도 유행해야 널리 불려진다
과일도 소중히 하면 썩어 버린다
堡壘도 되풀이 공격하면 결국 함락된다
주저하다가 일을 망쳐 버린다

성급히 굴면 일이 잘 되지 않는다
욕심을 부리면 얻은 것도 놓쳐 버린다
크리스마스도 부르면 찾아오도다.

Tant aime-on chien qu'on le nourrit,

Tant court chanson qu'elle est apprise,

Tant garde-on fruit qu'il se pourrit,

Tant bat-on place qu'elle est prise,

Tant tarde-on que faut l'entreprise,

Tant se hâte-on que mal advient,

Tant embrasse-on que chet la prise,

Tant crie-l'on Noël qu'il vient.

장난도 심하면 웃음이 나지 않는다
낭비가 심하면 속옷까지 빼앗긴다
마음이 후하면 빈털터리가 된다
현재 가지고 있는 것이 장래 약속된 것보다 낫다
신을 사랑하니까 교회를 떠난다
자기 것을 주어 버리면 결국 남의 것을 꾸어야 한다
바람이 바뀌어 마침내는 삭풍이 된다
크리스마스도 부르면 찾아오도다.

Tant raille-on que plus on n'en rit,

Tant dépent-on qu'on n'a chemise,

Tant est-on franc que tout y frit,

Tant vaut 〈Tiens!〉 que chose promise,

Tant aime-on Dieu qu'on fuit l'Eglise,

Tant donne-on qu'emprunter convient,

Tant tourne vent qu'il chet en bise,

Tant crie-l'on Noël qu'il vient.

제일인자여, 바보도 오래 살면 똑똑해진다
가면 결국 돌아오게 마련이다
때려 주면 똑똑하게 되는 법이다
크리스마스도 부르면 찾아오도다.

Prince, tant vit fol qu'il s'avise,
Tant va-il qu'après il revient,
Tant le mate-on qu'il se ravise,
Tant crie-l'on Noël qu'il vient.

이 발라드는 폴 루이 자코브가 그 이름을 붙인 것처럼 〈속담〉 형식을 빌려 시상의 단편들을 간결하게 표현해낸, 역시 주석을 빌지 않아도 잘 이해되는 아주 평이한 시이다.

2절 〈우대를 받는다〉를 〈사면장을 받는다〉로 해석하면, 이 발라드의 제작 연대는 1455년 6월 시인의 첫 방랑생활 중이 된다고 하는 학자도 있다. 그것은 가히 수긍할 만한 해석이다.

4절 5행의 해석에는 이 설이 있다. 사본 F에서는 〈fuit〉의 f가 s로 대치되어 있다. 만약 f를 살리면 〈교회로 간다〉가 〈교회를 떠난다〉로 바뀌게 된다. 우리는 후자를 택하기로 한다. 그것은 형식화한 신앙이 싫어서 〈교회를 떠난다〉는 의미인데, 16세기 종교개혁의 움틈 같은 것이 느껴지기 때문이다.

마지막 절의 의미를 1456년부터 1461년까지의 방랑생활과 인생 체험에서 《유언시》 첫부분 12-14절의 표현과 같은 〈회오〉로 되돌아온 시인의 심경을 담은 것으로 본다면, 이 발라드의 제작 연대는 1460년 전후가 되는 셈이다.[1]

1) Lanly, t.II, p.316.

3

寸言의 발라드
BALLADE DES MENUS PROPOS

이 발라드도 「2. 속담의 발라드」와 마찬가지로 각행의 머릿글자가 전부 같은 글자로 시작되어 있다. 그것은 〈je connois〉로 시작되는 병렬체 형식이다.

우유 속에 빠진 파리는 잘 보인다
사람 됨은 그 옷으로 안다
맑은 날씨와 흐린 날씨는 잘 구별된다
사과는 그 나무로 안다
나무는 그 樹液으로 안다
모든 것은 비슷할 때 곧 식별된다
부지런한 자나 게으른 자는 곧 알게 된다
나 이외의 것은 전부 잘 알도다.

Je connois bien mouches en lait,
Je connois à la robe l'homme,
Je connois le beau temps du laid,
Je connois au pommier la pomme,
Je connois l'arbre à voir la gomme,
Je connois quand tout est de mêmes,

Je connois qui besogne ou chomme,
Je connois tout, fors que moi-mêmes.

깃을 보면 저고리를 안다
수도사는 그 긴 옷으로 안다
종을 보면 그 주인을 안다
수녀는 너울 쓴 것을 보면 안다
도둑은 은어를 써도 안다
어릿광대는 우유 먹는 것을 보면 안다
포도주는 그 통을 보면 안다
나 이외의 것은 전부 잘 알도다.

Je connois pourpoint au collet,
Je connois le moine à la gonne,
Je connois le maître au valet,
Je connois au voile la nonne,
Je connois quand pipeur jargonne,
Je connois fous nourris de crèmes,
Je connois le vin à la tonne,
Je connois tout, fors que moi-mêmes.

말과 당나귀는 잘 구별된다
말의 짐과 당나귀의 짐은 잘 구별된다
베아트리스이건 이자벨이건 잘 알 수 있다
더하여 합을 내는 계산패도 안다
꿈과 잠은 구별된다
보헤미아의 이단도 안다
로마의 권력도 안다
나 이외의 것은 전부 잘 알도다.

Je connois cheval et mulet,

Je connois leur charge et leur somme,

Je connois Biatris et Belet,

Je connois jet qui nombre et somme,

Je connois vision et somme,

Je connois la faute des Boems, ͻ

Je connois le pouvoir de Rome,

Je connois tout, fors que moi-mêmes.

제일인자여, 요컨대 무엇이든지 잘 안다
안색이 좋은 사람도 창백한 사람도 안댜
일체를 파괴하는 죽음도 안다
나 이외의 것은 전부 잘 알도다.

Prince, Je connois tout en somme,

Je connois coulourés et blêmes,

Je connois mort qui tout consomme,

Je connois tout, fors que moi-mêmes.

이 발라드도 그 이름이 말해 주는 것처럼 〈寸言〉 형식을 빌려 시상의 단편들을
간결하게 표현한, 별로 깊은 뜻이 숨겨져 있지 않은 것이기 때문에 그렇게 어려움
없이 이해되는 평이한 시이다.

2절 〈도둑은 은어를 써도 안다〉는 것은 《유언시》 159절, 또는 《은어시》의 일면을
연상하게 한다.

3절 〈보헤미아의 이단〉은 1415년 교황 알렉산데르 5세에 의하여 파문이 선고되고,
콘스탄스 종교회의에 의하여 화형에 처해진 요한 프스 일파를 가리킨다. 비용의 시
대에도 그 잔당이 있어서 그들을 설복하기 위하여 바르 종교회의에서는 장 카르리
에를 프라그로 파견한 바 있는데, 그 일행에 기욤 드 비용도 포함되어 있었다고 하

니까 시인은 그들의 존재를 잘 알고 있었음에 틀림없다.[1]

　마지막 절의 회의와 자기 인식의 표현으로 미루어 보아 이 발라드는 「2. 속담의
발라드」와 거의 같은 시기인 1460년 전후에 쓰여진 시로 보인다.

1) Lanly, t.II, p.320.

4

逆說의 발라드

BALLADE DES CONTRE-VÉRITÉS

이 발라드의 이름은 오귀스트 롱뇽이 붙인 것이다.
이 발라드도 역시 〈Ne〉로 시작되는 병렬체 형식의 시이다.

공복을 느낄 때만이 일에 열중한다
적에의 봉사만이 봉사이다
한다발의 풀을 씹을 때만이 맛을 안다
잠자는 사람에의 감시만이 감시이다
잔인함만이 인자함이다
겁 많은 사람들에게서만이 안전을 느낀다
배신자의 신앙만이 신앙이다
연애하는 사람만큼 분별 있는 자는 없도다.

Il n'est soin que quand on a faim

Ne service que d'ennemi,

Ne mâcher qu'un botel de fain,

Ne fort guet que d'homme endormi,

Ne clémence que félonie,

N'assurance que de peureux,

Ne foi que d'homme qui renie,

Ne bien conseillé qu'amoureux.

아기를 배게 하는 짓은 목욕탕에 한한다
추방된 자의 명성만큼 훌륭한 명성은 없다
주먹으로 때린 후에야 웃음이 나온다
빚을 진 바 없다고 잡아뗄 때의 칭찬만큼 즐거운 것은 없다
아첨에 있어서만 진정한 사랑이 있다
불행의 조우만큼 좋은 만남은 없다
거짓말만이 진정한 진술이다
연애하는 사람만큼 분별 있는 자는 없도다.

Il n'est engendrement qu'en boin

Ne bon bruit que d'homme banni,

Ne ris qu'après un coup de poing,

Ne lotz que dettes mettre en ni,

Ne vraie amour qu'en flatterie,

N'encontre que de malheureux,

Ne vrai rapport que menterie,

Ne bien conseillé qu'amoureux.

근심 속에서 사는 것만이 진정한 휴식이다
〈피!〉라고 말하는 것만이 존경의 방법이다
위조 화폐를 만드는 것만큼 자랑은 없다
부은 자의 몸만큼 건강한 것은 없다
비겁함만이 가장 대담함이다
화를 낸 사람에게만 분별이 있다
덤벙거리는 여자에게밖에는 온화함을 느끼지 못한다
연애하는 사람만큼 분별 있는 자는 없도다.

Ne tel repos que vivre en soin,

N'honneur porter que dire: 〈Fi!〉,

Ne soi vanter que de faux coin,

Ne santé que d'homme bouffi,

Ne haut vouloir que couardie,

Ne conseil que de furieux,

Ne douceur qu'en femme étourdie,

Ne bien conseillé qu'amoureux.

진실을 말할까?

아플 때만큼 여자와 자고 싶을 때는 없다

슬픈 寓話만큼 진실한 이야기는 없다

용감한 체하는 자만큼 비겁한 놈은 없다

멜로디만큼 듣기 싫은 소리는 없다

연애하는 사람만큼 분별 있는 자는 없도다.

Voulez-vous que verté vous die?

Il n'est jouer qu'en maladie,

Lettre vraie qu'en tragédie,

Lâche homme que chevalereux,

Orrible son que mélodie,

Ne bien conseillé qu'amoureux.

이 발라드는 부정의 〈Ne〉로 통일되어 있으며, 일체가 〈역설〉적으로 표현되어 있다. 가령 1절 1행의 경우 〈공복을 느낄 때〉 사람은 일을 할 생각이 나지 않는 것이 보통인데 그것을 역설적으로 말하면 그때만이 〈일에 열중한다〉가 된다.

여기에서 중요한 것은 경우에 따라서는 사물을 역설적으로 표현할 때 오히려 그 사물의 심층부가 잘 드러난다는 점이다. 시인은 아마도 그 점을 노린 것이 아닌가 한다.

그리고 여기에서 마지막 절의 머릿글자에 〈비용〉(VILLON)이라는 이름이 아로새겨져 있다는 사실을 간과해서는 안 될 것이다.

5

프랑스의 적에 대한 발라드

BALLADE CONTRE LES ENNEMIS DE LA FRANCE

이 발라드의 이름은 가스통 파리스가 붙인 것이다.

이 발라드는 고대 신화·동방 신화·구약성서, 그리고 역사 이야기에 나오는 위대한 인물을 등장시키고 그 비극적 고난과 최후를 빌려 프랑스 왕국에 적대하려는 시 ᄃ름 저주한 시이다. 그것은 역시 병렬체 형식으로 이루어져 있지만 비용의 다른 시에서는 볼 수 없는 10음절 11행이라는 기이한 시절 구성으로 되어 있는 점으로 미루어 보아, 〈비용 시〉로 인정하기를 주저하는 학자도 있다. 그러나 오늘날 대부분의 학자들은 이 발라드를 〈비용 시〉로 인정하는 데 이의를 제기하지 않는다.

아이송이 황금 양털을 찾을 때 본
저 불을 토하는 짐승을 길에서 만나기 바라노라
혹은 나브고도노조르처럼
7년간 인간에서 짐승으로 바뀌어지기 바라노라
혹은 헬레네를 약탈한 까닭에 트로이 사람들이 입은
저 재난과 무서운 전쟁을 겪기 바라노라
혹은 탄탈로스와 프로세르피나와 함께
지옥의 늪 속에 떨어지기 바라노라
혹은 다이달로스 탑 속에 감금되어
욥보다 더 신산 고초를 겪기 바라노라

프랑스 왕국에 재앙 있기를 원하는 자는!

Rencontré soit de bêtes feu jetant
Que Jason vit, quétant la Toison d'or;
Ou transmué d'homme en bête sept ans
Ainsi que fut Nabugodonosor;
Ou perte il ait et guerre aussi vilaine
Que les Troyens pour la prise d'Hélène;
Ou avalé soit avec Tantalus
Et Proserpine aux infernaux palus;
Ou plus que Job soit en grieve souffrance,
Tenant prison en la tour Dedalus,
Qui mal voudroit au royaume de France!

알락해오라기처럼 물속에 머리를 처박고
4개월간 養魚池 속에서 노래라도 부르기 바라노라
혹은 현금으로 터키 대왕에게 노예로 팔리어
황소처럼 멍에가 매어지기 바라노라
혹은 막달라 여인처럼 30년간
아마나 양털 실오라기 하나 걸치지 아니하고 있기 바라노라
혹은 나르시스처럼 물에 빠져 죽기 바라노라
혹은 압살롬처럼 머리채로 목매어 죽기 바라노라
혹은 유다처럼 절망 때문에 목매어 죽기 바라노라
혹은 마쥬의 수도사 시몬처럼 몸을 망치기 바라노라
프랑스 왕국에 재앙 있기를 원하는 자는!

Quatre mois soit en un vivier chantant,
La tête au fond, ainsi que le butor;
Ou au grand Turc vendu deniers comptants,

Pour être mis au harnais comme un tor;
Ou trente ans soit, comme la Magdelaine,
Sans drap vêtir de linge ne de laine;
Ou soit noyé comme fut Narcissus,
Ou aux cheveux, comme Absalon, pendus,
Ou, comme fut Judas, par Despérance;
Ou puist périr comme Simon Magus,
Qui mal voudroit au royaume de France!

옥타비아누스 시대가 되돌아와서
그놈의 뱃속에 그의 보물을 쏟아넣기 바라노라
혹은 성 빅토르처럼 풍차 속에서
움직이는 두 돌절구 사이에 넣어지기 바라노라
혹은 바다 속에 던져져서 숨을 쉬지 못하고
고래 뱃속에 심겨져서 요나처럼 고통받기 바라노라
혹은 태양 빛에서 차단되어
유노의 보물도 베누스의 쾌락도 빼앗기고
사르다나팔루스 왕처럼
軍神 마르스에 의하여 모진 벌을 받기 바라노라
프랑스 왕국에 재앙 있기를 원하는 자는!

D'Octovien puist revenir le temps:
C'est qu'on lui coule au ventre son trésor;
Ou qu'il soit mis entre meules flottant
En un moulin, comme fut saint Victor;
Ou transglouti en la mer, sans haleine,
Pis que Jonas ou corps de la baleine;
Ou soit banni de la clarté Phébus,
Des biens Juno et du soulas Vénus,

Et du dieu Mars soit pugni à outrance,

Ainsi que fut roi Sardanapalus,

Qui mal voudroit au royaume de France!

제일인자여, 에올루스의 종들에 의하여

글라우쿠스가 다스리는 怒濤의 숲으로 끌려가기 바라노라

혹은 평화도 희망도 빼앗기기 바라노라

덕을 갖출 만한 놈이 아니기 때문이로다

프랑스 왕국에 재앙 있기를 원하는 자는!

Prince, porté soit des serfs Eolus

En la forât où domine Glaucus,

Ou privé soit de paix et d'espérance:

Car digne n'est de posséder vertus,

Qui mal voudroit au royaume de France!

이 발라드는 신화·성서·역사 등에 나오는 많은 인물들이 등장하고 있어서, 그 인물들이 겪은 사건의 배경에 대한 주석을 빌지 않고서는 그렇게 간단히 이해되지 않는 시이다.

1절 〈아이송〉은 에손과 아르키메드의 아들로 아이오리데스 가계에 속한다. 그는 숙부 페아리스에게 왕위를 빼앗기고 코르키데스의 왕궁에서 황금 양털을 가지고 돌아오면 왕위를 돌려 준다는 약속을 받은 후, 그 위험한 탐험을 기도하여 아르고스의 용사 50명을 모으고 아르고노트 탐험대를 편성하여 출발한다. 황금 양털은 프리쿠소스라는 인물이 숲속을 방황하다가 발견한 황금색 양의 모피인데, 코르키데스의 아에테스 왕이 소중히 보관하고 있는 보물로 용과 황소에 의하여 지켜져 있다. 아이송은 코르키데스에 도착하자 곧 아에테스의 딸 메데아와 사랑하는 사이가 되어 그 여자의 도움으로 그 보물을 지키는, 코에서 불을 토하는 황소를 잠재우고 황금 양털을 손에 넣어 귀국한 후 결국 왕위에 오른다. 〈나브고도노조르〉는 기원전 605년부터

552년까지 카르데아를 다스린 왕으로, 두 번이나 예루살렘을 공략하여 바빌론을 점령한 전제군주이다. 《구약》 다니엘 제4장 24-25절에는 『임금님(나브고도노조르) 해몽은 이렇습니다. 그것은 지극히 높으신 하느님께서 임금님을 두고 내리신 판결입니다. 임금님께서는 세상에서 쫓겨나 들짐승과 같이 살게 되셨습니다. 소처럼 풀을 뜯고, 하늘에서 내리는 이슬에 몸을 적시며 일곱 해를 지내게 되셨습니다. 그리고 나서야 인간 왕국을 다스리는 분이 바로 지극히 높으신 하느님이심을 깨닫게 되실 것입니다. 그리고 지극히 높으신 하느님께서는 겸손한 사람을 좋게 보시고 그런 사람을 높은 자리에 올려 앉혀 나라를 다스리게 하신다는 것을 깨닫게 되실 것입니다』라고 쓰여져 있다. 〈헬레네〉는 뎃시리아의 메넬라오스 왕의 아내로 절세의 미인이다. 그 여자는 트로이의 파리스 왕자에게 납치되는데 그 때문에 트로이 전쟁이 일어난다. 호메로스의 《일리아드》는 그 여자의 탈환을 주제로 한 작품으로, 10년간의 포위 끝에 트로이 성은 불타 버리고 그 주민은 피살되거나 포로가 되어 결국 트로이는 멸망한다. 〈탄탈로스〉는 리지아의 전설적인 왕으로, 어느날 諸神의 식탁에 초대되었을 때 술과 안주를 훔쳐 그것을 인간에게 먹이려고 하다가 그 때문에 벌을 받고 지옥으로 떨어져 호숫가의 과일나무에 묶인 몸이 된다. 그는 굶주림으로 그 나무의 열매를 먹으려고 하지만 입이 열매에 닿지 않았고, 갈증으로 그 호수의 물을 마시려고 하지만 입술이 물에 닿지 않았다고 전해진다. 〈프로세르피나〉는 그리스 로마 신화에 나오는 농경의 여신 케레스의 딸로 바다의 신 포세이돈(프르돈)에게 납치되어 지옥의 여왕이 된다. 〈다이달로스〉는 원래 그리스인인데 크레타 섬에 망명한 건축기사로 미궁 라비린트를 세운 것으로 유명하다. 어느날 그는 크레타의 파시패아 왕비를 위하여 목조 암소 조각을 만들었기 때문에 미노스 왕의 노여움을 사서 아들 이카로스와 함께 자기가 만든 미궁 속에 갇히게 되지만 날개를 만들어 거기에서 탈출하는 데 성공했다고 전해진다. 〈욥〉은 《구약》 욥기에 나오는 인물로, 거기에는 신의로 인한 그의 시련에 관한 비참한 이야기가 쓰여져 있다.

2절 〈터키 대왕〉은 폭군 오스만 왕을 가리킨다. 그가 얼마나 잔인한 짓을 했는지 유럽 사람들에게는 소름이 끼칠 정도라고 한다. 〈막달라 여인〉은 유대의 막달라 태생으로 보통 막달라 성녀 마리아로 불린다. 그 여자는 만년에 남불 생트 보모의 동굴에서 은둔생활을 한다. 그 여자의 경우는 그 은둔생활에서 나체로 지내지는 않았다고 한다. 한편 이집트의 캇파루나움 태생인 이집트 성녀 마리아는 죄악의 생활을 하다가 참회하여 사막으로 몸을 피하고 〈잠자리로는 지면밖에 없고 몸에 걸친 것으로는 모발밖에 없으며 마시는 것으로는 눈물밖에 없는〉 비참한 은둔생활을 한다. 학자 중에는 비용이 두 성녀 마리아를 구별하지 않고 있다고 설명하는 사람이 있는데, 시인은 전작품 속에서 두 성녀를 구별하고 여기에서 〈막달라 여인처럼 30년간〉이라고 할 때 물론 막달라 성녀 마리아를 가리키고 있지만 〈아마나 양털 실오라기 하나 걸치지 아니하고〉라고 할 때에는 이집트 성녀를 떠올리면서, 막달라 성녀 마리아가 만년에 남불의 동굴에서 은둔생활을 한 전설을 생각한 것으로 보인다. 〈나르시스〉는 《유언시》「이중의 발라드」에서 이미 설명한 바 있다. 〈압살롬〉은 다비드의 아들로 아버지에 반역하여 예루살렘에서 쫓겨나 에프라임 숲의 싸움에서 패하고 도망가려고 하다가 그 장발이 나뭇가지에 걸리는 바람에 요압에게 피살된다.(《구약》 사무엘 하) 〈유다〉는 예수를 팔고 나중에 후회하여 스스로 목을 매고 죽는다.(《신약》 마태 복음 제27장 1-5절) 〈마쥬의 수도사 시몬〉은 사마리아에 살며 세례를 받고 있었는데 베드로와 요한이 그곳으로 갔을 때 세례를 수여하는 권리를 돈으로 사고 싶다고 했으나 둘에게 거절당한다. 《황금 전설》에 의하면 베드로와 요한은 그후 로마에서 시몬을 다시 만나게 되는데 그때 그는 공중을 훨훨 날고 있었다. 베드로는 돌을 던져 시몬에게 붙어 있는 악마를 쫓아 주지만 이내 시몬은 땅에 떨어져 죽는다.

　3절 〈옥타비아누스〉는 중세 설화집 《7賢人 이야기》에 나오는 전설적인 왕으로 욕심이 많아 금과 은을 탐낸다. 그 때문에 로마인은 그를 미워하여 황금 그릇 속에서 용해한 금을 그의 입 안에 쏟아넣는 바람에 그는 죽는다.(제7화) 〈성 빅토르〉는 마르세이유 태생 로마 군인으로 열렬한 그리스도 교도이기 때문에 디오클레티아누스 황제 시대의 그리스도 교도 박해 때 체포되어 303년 풍차의 두 돌절구 사이에 놓여 협살당한다. 〈요나〉는 이스라엘의 다섯 번째 예언자로 속죄의 도리를 설교하기 위하여 신의 소명을 받고 니네베인에게로 가게 되어 있는데, 처음에는 신의 소명에 따르지 않고 쟈프아에서 배를 타고 페니키아로 가다가 선상에서 선원에 의하여 바다 속으로 던져진다. 그는 고래의 뱃속에 삼켜져서 3일간 생명을 유지하고 구제되는데 그 후에는 신의 소명에 따르고 니네베인에게로 가서 포교를 한다.(《신약》 요나서) 〈사르다나팔루스〉는 아시리아의 니누스와 세미라미스 왕조 마지막 왕으로 음탕하고 과욕한 사람이었다고 한다. 그는 바빌로니아 大神官 아르바세스가 인솔하는 반군에 패하여 몸소 대화형대를 만들고 거기에 대신과 시녀, 그리고 보물과 함께 몸을 던져 죽었다고 전해진다.

  마지막 절 〈에올루스〉는 바람의 신으로 12명의 아들과 함께 모든 바람을 다스린 지배자이다. 〈종들〉은 바람의 신이 다스리는 모든 바람을 가리킨다. 〈글라우쿠스〉는 거친 바다를 가리킨다. 〈노도의 숲〉은 옛사람이 거친 바다를 표현한 말이다. 〈덕을 갖출 만한 놈이 아니라〉고 함은, 덕은 그리스도교적 구제에의 바람인데 그러한 구제의 의지가 없는 놈이라는 의미이다.

6

롱 도

RONDEAU

이 롱도는 단편적인 소곡에 지나지 않지만 인간이 생활하는 한 풍속의 적나라한 일면을 풍자하고 있는 데 짜릿한 재미를 느끼게 하는 시이다.

쥬넹 라브뉘
목욕탕에 가요

목욕탕에 가거들랑
쥬넹 라브뉘

발가벗고 몸을 씻어
욕조 속에 몸 담가요
쥬넹 라브뉘
목욕탕에 가요.

Jenin l'Avenu
Va-t'en aux étuves,

Et toi la venu,

Jenin l'Avenu,

Si te lave nu
Et te baigne ès cuves.
Jenin l'Avenu,
Va-t'en aux étuves.

쥬넹은 이름이고 라브뉘는 별명이라고 한다.

학자 중에는 쥬넹이라는 이름과 라브뉘라는 별명을 당시의 문헌 속에서 찾으려고 하는 사람이 있으나 쥬넹(Jenin)이 코퀴(cocu), 즉 오쟁이진(아내를 빼앗긴) 남편을 의미하고 있는 점만을 보아도 이 시의 재미를 충분히 느낄 수 있다.

7

블루아 詩試合의 발라드

BALLADE DU CONCOURS DE BLOIS

이 발라드의 이름은 오귀스트 롱뇽이 붙인 것이다.

샤를 도를레앙이 애용한 〈잡기첩〉(典據 V)에는 블루아 詩試合에 응한 11명의 시인들의 같은 테마의 작품이 筆寫되어 있는데, 비용의 이 발라드는 일곱 번째에 자리하고 있다.

그 시시합의 테마 〈샘물 곁에 있으되 목말라 죽는다〉는 1453년의 도를레앙 공 자신의 발라드 첫행에 나오는 표현 그대로이다. 공의 그 발라드에 비하여 비용의 이 발라드가 훨씬 뛰어난 시라고 하는 것은 거의 모든 학자들의 일치하는 평가이다. 여기에서 주목해야 하는 것은 비용이 단지 사랑을 하는 사람의 안타까운 모순과 당착을 내용으로 하는 그 테마를 자기 자신의 심리적 분석을 통하여 표현해내고 있다는 점이다.

나는 샘물 곁에 있으되 목말라 죽으며
불처럼 뜨거운데 이를 덜거덕거리면서 떨고
내 고향에 있으되 먼 타향에 와 있으며
숯불에 몸을 태우면서 오한을 느끼고
벌레처럼 헐벗고 있으되 帝王처럼 몸을 꾸미며
울면서 웃거니와 바라지 아니하면서 기다리고
슬픈 절망 속에서 편안한 생활을 되찾으며

흥겨워하되 어떤 기쁨도 느끼지 못하고
강력하면서 힘도 권력도 없으며
환영은 받지마는 누구에게도 푸대접받는고야.

Je meurs de seuf aprés de la fontaine,
Chaud comme feu, et tremble dent à dent;
En mon pays suis en terre lointaine;
Lez un brasier frissonne tout ardent;
Nu comme un ver, vêtu en président,
Je ris en pleurs et attends sans espoir;
Confort reprends en triste désespoir;
Je m'éjouis et n'ai plaisir aucun;
Puissant je suis sans force et sans pouvoir,
Bien recueilli, débouté de chacun.

나에게 불확실한 것만큼 확실한 것은 없으며
분명한 것을 제외하면 모호한 것은 없고
확실한 것을 제외하면 의심할 것이 없으며
오랜 지혜를 돌발적인 사실로 간주하고
노름에서 전부 따고도 언제나 빼앗기고 있으며
새벽인데도 〈잘 자요!〉 인사하고
드러누워 있으되 전락을 여간 두려워하지 아니하며
모든 것을 기다리면서 무엇 하나 가지지 아니하고
유산을 기다리는데 누구의 상속자도 아니며
환영은 받지마는 누구에게도 푸대접받는고야.

Rien ne m'est sûr que la chose incertaine;
Obscur, fors ce qui est tout évident;
Doute ne fais, fors en chose certaine;

Science tiens à soudain accident;
Je gagne tout et demeure perdant;
Au point du jour dis: ⟨Dieu vous doint bon soir!⟩
Gisant envers, j'ai grand paour de choir;
J'ai bien de quoi et si n'en ai pas un;
Echoite attends et d'homme ne suis hoir,
Bien recueilli, débouté de chacun.

일체 무관심하면서 모든 일에 신경을 쓰며
돈을 벌되 거기에 개의치 아니하고
달콤한 말을 하는 사람이 더 나를 괴롭히는 자이며
가장 옳은 말을 하는 사람이 더 나를 모욕하고
백로를 까만 까마귀라 하며
믿게 해 주는 사람만이 내 친구이고
나를 해치는 자만이 가장 나를 돕는 사람이며
농담이나 진실이나 다 오늘의 나에게는 하나이고
모든 것을 기억하고 있으되 조금도 표현할 수 없으며
환영은 받지마는 누구에게도 푸대접받는고야.

De rien n'ai soin, si mets toute ma peine
D'acquérir biens et n'y suis.prétendant;
Qui mieux me dit, c'est cil qui plus m'ataine,
Et qui plus vrai, lors plus me va bourdant;
Mon ami est, qui me fait entendant
D'un cygne blanc que c'est un corbeau noir;
Et qui me nuit, crois qu'il m'aide à pourvoir;
Bourde, verté, aujourd'hui m'est tout un;
Je retiens tout, rien ne sait concevoir,
Bien recueilli, débouté de chacun.

너그러운 제일인자여, 부디 이해해 주기 바라나니
나는 이해성은 있으되 지혜도 분별도 없고
일개의 인간이로되 만인의 법의 가르침에 따르도다.
그 이상 무엇을 할까? 무엇을? 내가 맡긴 것을 되돌려 받음인데
환영은 받지마는 누구에게도 푸대접받는고야.

Prince clément, or vous plaise savoir
Que j'entends mout et n'ai sens ne savoir:
Partial suis, à toutes lois commun.
Que sais-je plus? Quoi? Les gages ravoir,
Bien recueilli, débouté de chacun.

이 발라드는 그렇게 이해하기 어려운 시는 아니나 몇 군데 모호한 표현이 있어서
약간의 주석을 빌리지 않으면 안 된다.

1절 〈샘물 곁에 있으되 목말라 죽으며〉는 찰찰 샘솟는 맑은 물이 손이 닿는 곳에
있는데, 그것을 떠서 마실 수 없는 연인의 안타까운 마음의 표현이다. 〈울면서 웃거니
와〉는 비용의 정신의 이중성을 말할 때 거의 모든 학자가 인용하는 유명한 구절이다.

2절 〈오랜 지혜〉는 지혜(science)의 원어가 학문·지식이라는 의미도 있는데, 지혜
이건 학문(지식)이건 오랜 경험과 노력에 의하여 이루어지는 것이다. 시인은 그것을
순간적 직관과 대비시키고 있다.

3절 〈믿게 해 주는 사람〉은 〈백로를 까만 까마귀라 하며〉 나를 믿게 해 주는 사람
을 가리키고 있음은 물론이다.

마지막 절 〈일개의 인간〉은 원어 파르시알(partial)을 徒輩 내지는 불손한 놈으로
그대로 옮기면 오해의 소지가 있어서 달리 표현한 것이다. 〈맡긴 것을 되돌려 받음〉
은 고래로 그 진의의 파악이 어려운 표현이라고 한다. 문제는 맡긴 것(gage)이 무엇
을 의미하는가에 있다. 그 원어는 담보물, 혹은 고용인의 급료를 의미하는 말인데,
어느 의미로 해석하느냐에 따라서 내용이 달라진다. 고용인의 급료로 해석하면 그것

을 되돌려 받는다는 것은 시인이 이전에 블루아 궁전에 고용되었던 사실과 이번에 다시 고용을 간청한다는 것을 의미하고, 담보물로 해석하면 그것은 시인이 이전에 거기에 머물렀을 때 공에게서 얼마의 빚을 지고 그 대신 맡겨놓은 소지품을 되돌려 받는다는 것을 의미한다. 그런데 그 어느 경우이건 사실은 분명하지 않다.

8

마리 도를레앙에게 보내는 書簡詩

—마리 도를레앙의 탄생을 축하하는 頌歌—

EPÎTRE A MARIE D'ORLÉANS
OU
LE DIT DE LA NAISSANCE DE MARIE D'ORLÉANS

이 시의 副題는 오귀스트 롱뇽이 붙인 것이다.

이 시도 비용이 샤를 도를레앙과의 관계에 대하여 쓴 것인데 8連詩 10절 사이에 「이중의 발라드」를 삽입시킨 형식으로 된 《잡시》 중에서 가장 긴 1백32행의 장시이다. 그런데 랑리는 여기에 삽입된 「이중의 발라드」를 I로 하고 그 뒤를 이은 8連詩 4절을 II로 하여 「이중의 발라드」를 전후편으로 나누고 있는데 그 이유는 알 수 없다. 우리도 그 분류에 따르기로 한다. 그것은 단지 시의 길이가 짧을수록 거기에 우리의 호흡을 맞추기가 쉽기 때문이다.

이 시의 제작 연대는 샤를 도를레앙과 마리 드 클레브 사이에, 결혼 후 16년이라는 不毛의 긴 세월이 경과한 1457년 12월 19일, 딸 마리가 태어났을 때 쓰여진 것이라고 하는 학설과, 그로부터 2년 8개월 후인 1460년 7월 17일 마리가 오를레앙 성으로 첫 入城했을 때 쓰여진 것이라고 하는 학설이 있는데, 후자가 유력시되어 있다.

> 한 혈통이 높은 하늘에서 보내어졌도다
> -베르길리우스 「목가」 IV, 7.
> *Jam nova progenies celo demittitur alto.*
> *Veirgile, Eglogues IV, 7.*

아, 높은 하늘에서 이 지상에 보내어진
영광스러운 孕胎

고귀한 백합의 훌륭한 혈통
예수의 지극히 소중한 선물
우아하여라 그 이름은 마리
연민의 샘이요 은총의 원천
내 눈의 기쁨이요 위안
그대 우리의 평화를 마련하고 다지는도다!

O louée conception
Envoyée ça jus des cieux,
Du noble lys digne scion,
Don de Jésus très précieux,
MARIE, nom très gracieux,
Font de pitié, source de grâce,
La joie, confort de mes yeux,
Qui notre paix bâtit et brasse!

그러므로 그대 부자에게는 평안
가난한 이에게는 생명의 양식
심술궂은 자와 인색한 자의 추방
극히 필요한 탄생이기에
원죄에서 벗어나 잉태되어
정결하게 태어났으니
나는 경건하게 말하거늘
그대 영원한 신의 至高의 보물이로다!

La paix, c'est assavoir, des riches,
Des pauvres le sustentement,
Le rebours des félons et chiches,
Très nécessaire enfantement,

Conçu, porté honnêtement
Hors le péché originel,
Que dire je puis saintement
Souvrain bien de Dieu éternel!

그대 이름 성모의 재생이요 백성의 기쁨
선한 사람의 위안이요 악한 자에 대한 피신처
어진 영주의 귀중한 피를 이은
유일한 맏딸
클로비스의 嫡子 후손이기에
높은 하늘에서 창조되고 陶冶되어
완벽한 모습을 하였으니
기쁨과 평화를 주기 위함이로다!

Nom recouvré, joie de peuple,
Confort des bons, des maux retraite;
Du doux seigneur première et seule
Fille, de son clair sang extraite,
Du dêtre côté Clovis traite;
Glorieuse image en tous faits,
Ou haut ciel créée et pourtraite
Pour éjouir et donner paix!

그대 帝王에 의하여
신에의 사랑과 두려움 속에서 고귀한 배에 잉태되어
귀천의 구별 없이 모든 사람에게
모든 장소에서 크게 환영을 받고 있나니
다투는 자를 화해시키고
갇힌 자에게 자유를 주며

그 속박과 쇠사슬을 끊기 위하여
신의 사랑이 뽑아 만든 분이로다.

En l'amour et crainte de Dieu
Es nobles flancs César conçue,
Des petits et grands en tout lieu
A très grande joie reçue,
De l'amour Dieu traite, tissue
Pour les discordés rallier
Et aux enclos donner issue,
Leurs liens et fers délier.

단순한 생각에 젖어 자란
분별없는 사람들은
신의 뜻에 반하여
무지몽매에 사로잡혀서
그대 아들이기를 바랐거늘
그러나 아, 일체는 신의 뜻대로 되도다
나는 그것을 다행이라 믿나니
신은 최선을 다하기 때문이로다.

Aucunes gens, qui bien peu sentent,
Nourris en simplesse et confits,
Contre le vouloir Dieu attentent,
Par ignorance déconfits,
Désirant que fussiez un fils;
Mais qu'ainsi soit, ainsi m'aist Dieux,
Je crois que ce soit grands proufits.
Raison: Dieu fait tout pour le mieux.

〈주여, 그대가 한 일에 의하여
나를 기쁘게 해·주었도다〉하는
《시편》의 작자의 표현을 인용하여 말하거니와
행운의 별 아래에서 태어난 귀한 아기
천성이 그지없이 어질어
하늘의 만나요 신의 선물이라
우리의 모든 선을 보상하고
우리의 악을 진정으로 용서하는 분이로다!

Du Psalmiste je prends les dits:
Delectasti me, Domine,
In factura tua, si dis:
Noble enfant, de bonne heure né,
A toute douceur dcstiné,
Manne du ciel, céleste don,
De tous bienfaits le guerdonné
Et de nos maux le vrai pardon!

　앙드레 부르제는 이 시의 마리에 대한 찬송에 있어서 시인은 공주 마리와 성모 마리아를 이중 묘사하고 있는 점을 투시하고 있다. 성모 마리아도 공주 마리와 마찬가지로 양친이 결혼 후 18년 만에 태어났다는 점과, 3세 때 신전의 메시아 강림이 예언된 것으로 생각되어 온 점 등이 그것이다.
　〈베르길리우스 「목가」〉는 시인이 마리의 탄생에 비유하기 위하여 여기에 인용한 것으로 보인다.
　2절 〈원죄〉는 물론 아담과 이브가 범한 죄를 가리킨다.
　3절 〈유일한 맏딸〉은 샤를 도를레앙이 처음 결혼한 이자벨(국왕 샤를 6세의 딸)과의 사이에 쟌느라는 딸을 두었는데, 쟌느는 달랑송의 장 2세와 결혼 후 곧 사망하여 세상 사람들의 기억에서 사라져 버린 까닭에 시인은 그렇게 부른 것이 아닌가 한다.

〈클로비스의 嫡子〉는 마리가 메로빙거 왕조(Mérovingiens)의 처음 왕 클로비스의 혈통을 이어받은 것은 아니지만 시인은 〈왕통〉이라는 의미로 표현한 것임에 틀림없다. 그것은 성모 마리아가 다비드의 피를 이어받은 것으로 생각되는 사실과 같다.

4절 〈갇힌 자〉는 시인 자신으로 볼 수도 있고, 또는 1460년경 시인이 오를레앙 시의 감옥에 갇혀 있었을는지 모른다는 상상을 낳게 하기도 하는데, 그러나 그러한 생각은 무리한 것이라는 해석이 유력하다.

6절 〈그대가 한 일〉은 성모 마리아가 3세 때 이미 15의 계단을 마치 어른처럼 걸어 올라갔다고 하는 것인데, 그것은 다음 「이중의 발라드 II」 3절에서 시인이 카산드라·에코·쥬디트·루크리스·디도 등 고대 오리엔트의 유명한 여성들의 이름을 들어 그 여성들의 모습을 3세의 공주 마리 속에 보고 있는 사실과 일치한다.[1]

이중의 발라드 I
DOUBLE BALLADE I

나는 어떤 책에서 읽은 바 있거니와
〈그대의 눈앞에서 그대를 칭찬하는 자를
적으로 생각할지어다〉 하였는데
그 말의 진위는 어찌 되었건
진실한 사람은 마음 속에
커다란 선을 생각하면 여기저기에서
그것을 밝히지 아니하고서는 배기지 못하나니
선은 선이라 말하지 아니할 수 없도다.

Combien que j'ai lu en un dit:
Inimicum putes, y a,
Qui te presentem laudabit,
Toutefois, nonobstant cela,
Ocques vrai homme ne cela
En son courage aucun grand bien,

Qui ne le montrât çà et là:
On doit dire du bien le bien.

세례 요한은 그렇게 행동하고
신의 어린 양의 도래를 알렸는데
그의 예언 틀리지 아니하여
대중들 사이에 널리 퍼졌으며
성 앙드레는 그때까지 아무것도 몰랐지마는
그 바람에 주를 찬송하여
신의 아들 되었으니
선은 선이라 말하지 아니할 수 없도다.

Saint Jean Baptiste ainsi le fit,
Quand l'Agnel de Dieu décela.
En ce faisant, pas ne méfit,
Dont sa voix ès tourbes vola;
De quoi saint Andry Dieu loua,
Qui de lui ci ne savoit rien,
Et au Fils de Dieu s'aloua:
On doit dire du bien le bien.

그대 예수 그리스도에 의하여 보내어진 분이라
가혹한 법에 의하여 죽음이 선고된 자
운명에 의하여 유린당한 자를
이 지상 그대 곁으로 불러들였는데
나는 내가 어떻게 될지 잘 알거니와
나에게 생명이 있음은 신의 덕택이요 그대의 덕택이로다!
그대를 잉태한 어머니에게 축복 있기 바라나니
선은 선이라 말하지 아니할 수 없도다.

Envoiée de Jésus Christ
Rappelez ça jus par deçà
Les pauvres que Rigueur proscrit
Et que Fortune bétourna,
Si sais bien comment il m'en va:
De Dieu, de vous, vie je tien.
Benoît(e) celle qui vous porta!
On doit dire du bien le bien.

여기 신 앞에서 분명히 말하거니와
그대 죽음의 백성이 되는 자를
소생시키고 위안을 주는
강력한 자비를 지니고
어질게 태어나지 아니하였던들
나는 죽은 자와 같았을 것을
그대 있음이 나에게 힘을 주나니
선은 선이라 말하지 아니할 수 없도다.

Ci, devant Dieu, fais connoissance
Que créature fusse morte,
Ne fût votre douce naissance,
En charité puissant et forte,
Qui ressucite et réconforte
Ce que Mort avoit pris pour sien;
Votre présence me conforte:
On doit dire du bien le bien.

여기에서 나는 나의 가난한 힘을 다하여

복종하고자 하거늘
그것은 이성이 권하는 바이라
내 힘을 앗아가는 슬픔도 없고
내 마음 괴롭히는 아무것도 없는데
나는 나의 것이 아니라 그대의 것
권리와 의무가 그렇게 하였으니
선은 선이라 말하지 아니할 수 없도다.

Ci vous rends toute obéissance,

A ce faire Raison m'exhorte,

De toute ma pauvre puissance;

Plus n'est deuil qui me déconforte,

N'autre ennui de quelconque sorte.

Votre je suis et non plus mien;

A ce Droit et Devoir m'enhorte:

On doit dire du bien le bien.

아, 그대 크나큰 자비와 연민
평화의 도래와 문
우리의 과오를 한몸에 도맡은
호의에 찬 관용의 보고
만약 내가 그대를 찬양하지 아니하면
나는 배은망덕한 놈이라 단언하는데
후렴으로 되돌아와서 말하나니
선은 선이라 말하지 아니할 수 없도다.

O grâce et pitié très immense,

L'entrée de paix et la porte,

Somme de bénigne clémence

Qui nos fautes tout et supporte,
Se de vous louer me déporte,
Ingrat suis, et je le maintien,
Dont en ce refrain me transporte:
On doit dire du bien le bien.

공주여, 나는 마음의 頌歌를 바치는데
그대 없으면 나는 아무것도 아니기 때문인즉
그대와 모든 이에게 말하나니
선은 선이라 말하지 아니할 수 없도다.

Princesse, ce los je vous porte,
Que sans vous je ne fusse rien.
A vous et à tous m'en rapporte:
On doit dire du bien le bien.

이 발라드는 약간의 주석을 빌리기만 하면 그렇게 어렵지 않게 이해되는 시이다.

1절 〈어떤 책〉은 누구의 책인지 밝혀져 있지 않다. 앙토니 보나는 그것을 디오니지오스 카토의 《죽음에 대한 斷章》이라고 추정하고 있지만 그 증거는 없다.[2]
2절 〈세례 요한〉은 《신약》 마태 복음 제3장에 자세히 나와 있다.
3절 〈가혹한 법에 의하여〉는 시인 자신에 결부시킬 수 있으나 오히려 일반성으로 해석하는 경향이 오늘날의 추세이다. 〈그대를 잉태한 어머니에게 축복〉은 샤를 도를레앙에 대한 시인의 완곡한 감사의 표시로 볼 수 있다.
5절 〈나는 나의 것이 아니라 그대의 것〉도 같은 맥락에서 이해될 수 있다.

이중의 발라드 II
DOUBLE BALLADE II

그대 훌륭하고 찬양받을 신의 造化
누구도 미치지 못하는
일체의 선과 덕을 부여받고
만에 하나 있을까말까 하는
영혼과 성격을 이어받아
루비나 발레보다 귀한 분,
카토의 글에 의하면
〈자식은 아버지의 발자취를 좇아간다〉 하였도다.

Oeuvre de Dieu, digne, louée
Autant que nulle créature,
De tous biens et vertus douée,
Tant d'esperit que de nature,
Que de ceux qu'on dit d'aventure,
Plus que rubis noble ou balais;
Selon de Caton l'écriture:
Patrem insequitur proles,

분명한 거동 원숙한 태도
凡人의 발육만으로는 미치지 못하는
서른여섯 살이 되어 보이고
어린애 같은 데는 추호도 보이지 아니하는 분,
언젠가 말하고자 하는 바를
나에게 금하는 자 없으리니
그 말을 속담에 비유하면
똑똑한 어머니에 똑똑한 자식이로다.

Port assûré, maintien rassis,
Plus que ne peut nature humaine,

Et eussiez des ans trente six;
Enfance en rien ne vous démène.
Que jour ne le die et semaine,
Je ne sais qui le me défend.
A ce propos un dit ramène:
De sage mère sage enfant.

그러므로 내가 말한 것을 요약하면
〈한 혈통이 높은 하늘에서
보내어졌도다〉로 되나니
그것은 시인의 송가 그대로이기 때문이로다.
슬기로운 카산드라여, 아름다운 에코여,
당당한 쥬디트여, 순결한 루크리스여,
아름다운 디도여, 나는 그대들의 모습을
나의 유일한 귀부인이며 여왕이신 공주에게서 확인하는도다.

Dont résume ce que j'ai dit:
Nova progenies celo,
Car c'est du poète le dit,
Jamjam demititur alto.
Sage Cassandre, belle Echo,
Digne Judith, caste Lucrèce,
Je vous connois, noble Dido,
A ma seule dame et maîtresse.

훌륭한 젊은 아가씨여, 그대에게
영원히 행복한 생을 주시기를 신에게 기원하고
그대를 사랑하는 자 위에
부정한 마음 일지 말기를 기원하는도다.

아, 완벽하고 하자 없는 아가씨여,
신의 뜻에 따라 생명이 다하도록
그대에게 분명히 봉사하고자 하나니
나는 그대의 불쌍한 학생 프랑수아로다.

En priant Dieu, digne pucelle,

Qu'il vous doint longue et bonne vie;

Qui vous aime, ma damoiselle,

Ja ne coure sur lui envie.

Entière dame et assouvie,

J'espoir de vous servir ainçois,

Certes, se Dieu plaît, que dévie

Votre pauvre écolier François.

　1절 〈카토의 글〉은 어디에도 그러한 표현이 없다고 한다. 어쨌든 시인은 〈자식은
아버지의 발자취를 좇아간다〉고 하여 마리의 〈아버지〉를 찬양하고, 다음 절에서는 〈똑
똑한 어머니에 똑똑한 자식〉이라고 하여 마리의 〈어머니〉를 찬양하고 있다.

　2절 〈서른여섯 살〉은, 시인이 왜 3세의 어린애에게 그런 나이를 적용한 것인지 이
해되지 않고 있는데, 부르제가 시인이 공주 마리에게 성모 마리아를 빗대어 이 시를
쓴 것이라고 추정한 사실을 인정한다면, 《신약》 마태 복음의 원형 속에서 그것과 유
사한 표현을 찾을 수 있다고 한다.

　3절 〈시인〉은 물론 베르길리우스를 가리키고 있다. 〈순결한 루크리스〉는 로마 여
자로 예로부터 순결의 귀감으로 불리어 왔다. 그 여자는 로마 영주 타르키누스에게
강간당하자 자결했다고 한다.

　4절 〈그대에게 분명히 봉사하고자 하나니 나는……〉은 서간의 맺는 말로 보면 될
것이다.

1) Lanly, t.II, p.334.
2) Lanly, t.II, p.338.

9

벗들에게 보내는 서간시

EPÎRE A MES AMIS

이 시는 아마도 비용이 1461년 여름 묑 쉬르 루아르 감옥의 토굴에서 벗들에게 구원을 호소하기 위하여 쓴 것이 아닌가 추정된다.

벗들이여, 부탁하나니 적어도 나를
불쌍히 여겨다오, 가련하게 생각해다오!
나는 神意에 따라 운명에 인도된 유적지에서
호랑가시나무나 오월나무 아래가 아니라
토굴 감옥 속에 누워 있도다.
아직 철모르는 젊은이를 사랑하는 아가씨들이여,
투창처럼 빠르고 바늘처럼 예리하게
송아지발 박자를 맞추고
방울처럼 맑은 목청을 울리는 무용가와 곡예사들이여,
이 불쌍한 비용을 여기에 버려두려 하는가?

Ayez pitié, ayez pitié de moi,
A tout le moins, s'il vous plaît, mes amis!
En fosse gis, non pas sous houx ne mai,
En cet exil ouquel je suis transmis

Par Fortune, comme Dieu l'a permis.
Filles aimant jeunes gens et nouveaux,
Danseurs, sauteurs, faisant les pieds de veaux,
Vifs comme dards, aigus comme aiguillon,
Gousiers tintant clair comme cascaveaux,
Le laisserez là, le pauvre Villon?

규칙을 무시하고 제멋대로 노래 부르는 가수들이여,
행동이나 언동이 익살스러운 명랑한 바람둥이들이여,
가짜 돈도 진짜 돈도 없이 돌아다니는 떠돌이들이여,
다소 경망스러운 재사들이여,
너무 꾸물대면 그 사이에 죽어 버릴 것이로다.
레·모테·롱도의 시인들이여,
내가 죽은 다음에 强精劑를 먹이려 하는가!
내가 드러누운 곳은 번개도 선풍도 들어오지 아니하고
두터운 벽으로 눈이 가려져 있도다.
이 불쌍한 비용을 여기에 버려두려 하는가?

Chantres chantant à plaisance, sans loi,
Galants riant, plaisants en faits et dits,
Coureux allant francs de faux or, d'aloi,
Gens d'esperit, un petit étourdis,
Trop demourez, car il meurt entandis.
Faiseurs de lais, de motets et rondeaux,
Quand mort sera, vous lui ferez chaudeaux!
Où gît, il n'entre éclair ne tourbillon:
De murs épais on lui a fait bandeaux.
Le laisserez là, le pauvre Villon?

그러한 비참한 상태에 있는 나를 보러와다오
4분의 1 稅도 10분의 1 세도 면제되고
황제나 왕에게서 어떤 영지도 받지 아니하며
오직 천국의 신에게만 소속되어 있는 귀족들이여,
나는 일요일에도 단식하지 않으면 아니 되고
그 때문에 이는 쇠스랑보다 더 길게 되었는데
과자가 아니라 딱딱한 빵을 먹은 후에
장 속에 냉수를 퀄퀄 부어넣고
탁자도 의자도 없는 땅바닥에 뒹굴고 있도다
이 불쌍한 비용을 여기에 버려두려 하는가?

Venez le voir en ce piteux arroi,
Nobles hommes, francs de quart et de dix,
Qui ne tenez d'empereur ne de roi,
Mais seulement de Dieu de paradis ;
Jeûner lui faut dimanches et merdis,
Dont les dents a plus longues que râteaux ;
Après pain sec, non pas après gâteaux,
En ses boyaux verse eau à gros bouillon ;
Bas en terre, table n'a ne tréteaux.
Le laisserez là, le pauvre Villon?

내가 젊은 늙은이라 부르던 제일인자들이여,
나를 위하여 옥새 찍은 사면장을 얻어내고
바구니 속에 넣어 나를 건져내다오
돼지들도 서로 그렇게 한다는데
한 마리가 울면 무리를 지어 뛰어가는도다.
이 불쌍한 비용을 여기에 버려두려 하는가?

Princes nommés, anciens, jouvenceaux,
Impétrez-moi grâces et royaux sceaux,
Et me montez en quelque corbillon.
Ainsi le font, l'un à l'autre, pourceaux,
Car, où l'un brait, ils fuient à monceaux.
Le laisserez là, le pauvre Villon?

시인이 여기에서 구원을 호소하는 벗들은 아가씨·무용가·곡예사·가수·바람둥이·떠돌이·재사·시인·귀족 등 종글뢰르라 불리는 떠돌이 광대와 방탕한 학생들이다.

1절 〈神意〉는 천국의 신의 명을 말한다. 〈운명〉은 운명의 여신을 가리키는데 그 여신도 神意에 따르지 않으면 안 된다. 〈오월나무〉는 예로부터의 습관에 따라서 5월 1일에 축하 행사를 위하여 집 앞에 세워 놓은 동백나무를 가리킨다. 그런데 그것이 아니라고 힘은 지성의 축제와는 대척적인 지혜 감옥의 정경을 외미한다.

2절 〈레·모테·롱도〉는 모두 14,5세기에 유행한 단시 형식의 서정시로, 악기에 맞추어 불린 것이라고 한다.

3절 〈천국의 신에게만 소속되어 있는 귀족〉은 반어적 의미로 해석하여 거지나 코퀴유 당원이라고 생각되어 왔으나, 최근에는 성직자 내지는 학생을 가리키는 것으로 해석되고 있다. 그러나 진정한 의미의 성직자와 학생은 여기에서 시인이 호소하고 있는 그들하고는 마치 물과 기름처럼 그 성질을 달리한다. 따라서 그것은 방탕한 성직자와 학생이라고 생각하면 된다.

마지막 절 〈제일인자들〉은 각자 자기 나름의 애칭으로 부르던 주장격의 벗들이 아닌가 한다.

10

부르봉 전하에게 보내는 탄원시

REQUETE A MONSEIGNEUR DE BOURBON

이 시는 아마도 비용이 1461년 10월 초순 묑 쉬르 루아르 감옥에서 해방된 직후에 쓴 것이 아닌가 추정된다.

백합 무늬로 장식되는 왕실의 혈통
나의 전하이시며 황공스러운 군주여,
매를 맞아 멍이 들고
고통에 시달린 프랑수아 비용은
그대에게 이 하잘것없는 글로써 탄원하나니
약간 은총의 貸與를 해 주기 바라는도다.
채무의 이행은 모든 법정에서 이루어지리니
返濟에 대한 염려는 하지 말지어다
원금은 물론 이자까지 덧붙일 터인즉
그대의 손실은 다만 기다리는 시간뿐이로다.

Le mien seigneur et prince redouté
Fleuron de lys, royale géniture,
François Villon, que Travail a dompté
A coups orbes, par force de bature,

Vous supplie par cette humble écriture

Que lui fassiez quelque gracieux prêt.

De s'obliger en toutes cours est prêt,

Si ne doutez que bien ne vous contente :

Sans y avoir dommage n'intérêt,

Vous n'y perdrez seulement que l'attente.

그대의 불쌍한 이 사람은 오직 그대밖에는

누구에게도 한푼의 빚도 지지 아니하였도다.

언젠가 대여해 준 6에퀴도

오래 전에 糊口 수단으로 삼았거니와

전부 함께 갚아 드리게 됨은 물론이라

그것은 멀지 아니하여 무난히 이행되리니

파테 근처의 숲에서 밤나무를 발견하고

그 열매가 팔리게 되면

지체도 유예도 없이 반제할 터인즉

그대의 손실은 다만 기다리는 시간뿐이로다.

A prince n'a un denier emprunté,

Fors à vous seul, votre humble créature.

De six écus que lui avez prêté,

Cela piéça il mit en nourriture,

Tout se paiera ensemble, c'est droiture,

Mais ce sera légièrement et prêt;

Car se du gland rencontre en la forêt

D'entour Patay et châtaignes ont vente,

Payé serez sans délai ni arrêt :

Vous n'y perdrez seulement que l'attente.

본성이 고리대금업자인 롱바르인에게
내 건강을 조금이라도 팔 수 있다면
그러한 모험을 시도해 볼 만큼
돈의 궁핍이 내 마음을 움직이고 있도다.
내 저고리에도 허리띠에도
단돈 한푼 매달려 있지 아니하고
아, 신이여! 놀라운 사실은 나무나 돌의 십자가밖에는
정말 내 눈앞에 나타나지 아니하는데
그러나 한번은 진짜 십자가가 나타날 터인즉
그대의 손실은 다만 기다리는 시간뿐이로다.

Si je pusse vendre de ma santé
A un Lombard, usurier par nature,
Faute d'argent m'a si fort enchanté
Qu'en prendroie, ce cuide, l'aventure.
Argent ne pends à gipon n'à ceinture;
Beau sire Dieu! je m'ébahis que c'est
Que devant moi croix ne se comparaît,
Sinon de bois ou pierre, que ne mente;
Mais s'une fois la vraie m'apparaît,
Vous n'y perdrez seulement que l'attente.

완전무결한 선의를 가지신 백합의 군주여,
내 소원이 이루어지지 아니할 때
얼마나 실망할지 그대 아시나이까?
내 마음 잘 이해할 터인즉 부디 도와 주기 바라나니
그대의 손실은 다만 기다리는 시간뿐이로다.

Prince du lys, qui a tout bien complaît,

Que cuidez-vous comment il me déplaît,

Quand je ne puis venir à mon entente?

Bien m'entendez; aidez-moi, s'il vous plaît:

Vous n'y perdrez seulement que l'attente.

여기에서 시인은 부르봉 전하에게 돈의 궁핍을 호소하고 〈약간 은총의 대여〉를 탄원하고 있다. 그것은 시의 내용으로 미루어 보아 아마도 묑 쉬르 루아르 감옥에서 해방된 직후의 일로 보인다. 그리고 이 시의 내용은 약간의 주석을 빌기만 하면 무난히 이해되는 표현들이다.

1절 〈나의 전하〉는 물론 부르봉 전하인데, 시인의 부친 출생지 몽코르비에가 부르보네 주에 있기 때문에 부르봉 전하(장 2세)는 그에게는 나의 전하가 되는 셈이다. 〈매를 맞아 멍이 들고〉는 《유언시》 1절의 〈신산과 고초〉라는 표현을 연상시킨다. 〈고통〉은 《유언시》 12절의 〈고난〉에 해당한다.

2절 〈언젠가 대여해 준 6에퀴〉는 시인이 이전에 대여받은 돈인데 그것이 언제인지는 분명하지 않다. 랑리는 1458년이 아닌가 추정하고 있지만 그 근거는 없다. 〈파테 근처의 숲〉은 로레아 주의 오를레앙에 있는 숲인데 이 탄원시를 썼을 때 시인이 거기에 있었다고 생각하는 것은 반드시 옳다고 할 수 없다. 그것은 클레망 마로가 이미 지적한 바와 같이 파테 근처에는 숲이 없으며, 그리고 거기에서 밤나무 열매인 밤을 발견할 리는 만무하기 때문이다. 다만 시인은 지불이 불가능한 사실을 해학적으로 표현하고 있는 데 지나지 않다.

3절 〈신이여!〉는 사실은 〈돈이여!〉를 의미하는 것이라고 한다. 최근 비용의 《은어시》 연구가 활발하여 시인의 어휘 속에서 은어의 혼합 내지는 이중 묘사가 지적되고 있는데, 신(Beau(x) sire(s) Dieux)은 은어로 금화(Ecus)를 의미한다는 것이다. 〈진짜 십자가〉는 진짜 돈이라는 뜻이다. 당시의 화폐에는 전부 十字의 각인이 찍혀 있기 때문에, 진짜 십자가는 길의 표지의 〈나무나 돌의 십자가〉가 아니라 바로 진짜 금화·은화를 가리킨다.

이 탄원시는 그것으로 끝나지 않는다. 그 이면에는 다음과 같은 추신이 포함되어 있다. 그것은 시인이 얼마나 돈의 궁핍으로 고통을 받고 있는지를 여실히 말해 준다.

탄원시의 이면에
AU DOS DE LA LETTRE

어서 가라 내 글아, 어서 날아가라
너에게는 발도 없고 혀도 없지마는
돈의 궁핍이 나를 이처럼 괴롭히고 있음을
너의 연설로써 보여 주기 바라는도다.

Allez, lettres, faites un saut;
Combien que vous n'ayez pied ni langue,
Remontrez en votre harangue
Que faute d'argent si m'assaut.

시인이 탄원시를 써놓고 그것이 과연 주효할까 하는 초조하고 절박한 심정과, 동시에 그 초조하고 절박한 심정을 해학적으로 달래는 여유가 이 「탄원시의 이면에」잘 드러나고 있다.

11

비용의 마음과 몸의 논쟁시

LE DÉBAT DU COEUR ET DU CORPS DE VILLON

이 시는 묑 쉬르 루아르 감옥의 토굴에서 쓰여진 것으로 추정되고 있다. 따라서 그 제작 연대는 《잡시》「9. 벗들에게 보내는 서간시」와 거의 같은 시기가 아닌가 한다. 그런데 「9.」에서는 비용이 비참한 상황 속에서도 익살을 부릴 만큼 여유가 있음에 반하여 여기에서는 그것이 없으니 철저한 자기 분석으로 일관되어 있다. 그렇기 때문에 앙드레 부르제는 이 시에는 양심의 회오가 암시되어 있고, 그것은 티보 도씨니에 대하여 그 가혹한 태도를 완화시키고자 하는 일종의 자기 고백일지도 모른다고 말한다.

이 시의 형식은 그 이름이 말해 주듯이 시인의 〈마음〉과 〈몸〉이 주고받는 문답식 논쟁으로 이루어져 있다. 그런데 〈몸〉의 경우 그것은 원래 인간의 자연성·본능성이라고 할 수 있지만, 그러나 반드시 신체뿐만이 아니라 靈肉으로 나눌 수 없는 인간성, 즉 시인 자신을 가리키는 말로 이해되어야 한다. 그러므로 그 문답식 논쟁은 시인의 〈마음〉과 〈시인 자신〉의 질의 응답이라고 함이 옳다.

그리고 이 시의 내용은 그렇기 때문에 어디까지나 시인의 자기 비판이라고 할 수 있다. 이 시가 비용이라는 시인을 이해하는 데 아주 중요한 제일의적 의미를 가지는 것도 바로 그 점에 있다.

[몸] 누구 소리인가? [마음] 나야! [몸] 누구? [마음] 자네 마음이야.
　겨우 한올의 가느다란 실에 이어져서

힘도 없거니와 영양도 수분도 없이
구석에 몰린 불쌍한 개처럼
그렇게 홀로 웅크리고 있는 자네 몰골을 보니까.
[몸] 왜 이렇게 되었을까? [마음] 자네의 어리석은 도락 때문이지.
[몸] 그게 어떻다는 건가? [마음] 불쾌하단 말야.
[몸] 가만히 내버려 두게나. [마음] 왜? [몸] 생각해 볼 테니까.
[마음] 그게 언젠가? [몸] 철이 들 때일까.
[마음] 그럼 이젠 아무 말 하지 않겠네. [몸] 나는 그게 좋거든.

Qu'est ce que j'oi? - Ce suis-je! - Ton coeur
Qui ne tient mais qu'à un petit filet:
Force n'ai plus, substance ne liqueur,
Quand je te vois retrait ainsi seulet
Com pauvre chien tapi en reculet.
- Pour quoi est-ce? - Pour ta folle plaisance.
- Que t'en chaut-il? - J'en ai la déplaisance.
- Laisse-m'en paix. - Pour quoi? - J'y penserai.
Quand sera-ce? - Quand serai hors d'enfance.
- Plus ne t'en dis. - Et je n'en passerai.

[마음] 자넨 장래를 어떻게 생각하는가? [몸] 훌륭한 사람이 되는 일야.
[마음] 자네 나이 30일세. [몸] 철이 들 나이이지.
[마음] 그래도 어린애란 말인가? [몸] 아니지.
[마음] 그럼 광기에 사로잡혀 있는가? [몸] 어디가? 목 말인가?
[마음] 전혀 모르는군. [몸] 알지. [마음] 뭘? [몸] 우유 속의 파리 말야.
하나는 희고 하나는 까맣고 큰 차이이지.
[마음] 그게 전부인가? [몸] 논쟁을 원하는가?
부족하다면 다시 시작하겠네.
[마음] 자넨 다 됐어! [몸] 어디까지나 해 볼 테니까.

[마음] 그럼 이젠 아무 말 하지 않겠네. [몸] 나는 그게 좋거든.

- Que penses-tu? - Etre homme de valeur.

- Tu as trente ans - C'est l'âge d'un mulet

- Est-ce enfance? - Nenni. - C'est donc foleur

Qui te saisit? - Par où? Par le collet?

- Rien ne connois. - Si fais. - Quoi? - Mouche en lait;

L'un est blanc, l'autre est noir, c'est la distance.

- Est-ce donc tout? - Que veux-tu que je tance?

Se n'est assez, je recommencerai.

- Tu est perdu! - J'y mettrai résistance.

- Plus ne t'en dis. - Et je m'en passerai.

[마음] 그게 나도 슬프고 자네도 고통스러운 일이지.
지네기 불쌍힌 비보요 미치깡이리면
역시 변명의 여지가 있을 테지마는
자넨 전혀 무관심하고 일체가 하나라 미도 추도 없거나
자갈보다 더 딱딱한 돌대가리라
不運을 명예보다 더 좋아하고 있단 말야!
이 命題에 자넨 어떻게 답하겠는가?
[몸] 죽어 버리면 거기에서 벗어나겠지.
[마음] 아, 이 무슨 손쉬운 일이람! [몸] 이 무슨 슬기로운 선택이람!
[마음] 그럼 이젠 아무 말 하지 않겠네. [몸] 나는 그게 좋거든.

- J'en ai le deuil; toi, le mal et douleur.

Se fusses un pauvre idiot et folet,

Encore eusses de t'excuser couleur:

Si n'as-tu soin, tout t'est un, bel ou laid.

Ou la tête as plus dure qu'un jalet,

Ou mieux te plaît qu'honneur cette méchance!

Que répondras à cette conséquence?

- J'en serai hors quand je trépasserai.

- Dieu, quel confort! Quelle sage éloquence!

- Plus ne t'en dis. - Et je m'en passerai.

[마음] 이 고통은 어디에서 왔는가? [몸] 내 불행에서 왔지.

土星이 나에게 생의 짐을 지웠을 때

그 속에 그 고통을 집어넣은 것 같거든. [마음] 바보 같은 소리.

자넨 운명의 지배자인데 그 종이 되고 있단 말야.

솔로몬이 쓴 책을 읽어보면

「賢者는 星晨과

그 吉凶을 지배하는도다」 하거든.

[몸] 그런 것은 믿을 수 없지. 나는 성신이 만들어 준 그대로일 걸세.

[마음] 무슨 소릴 하는가? [몸] 분명해. 그게 내 신념이니까.

[마음] 그럼 이젠 아무 말 하지 않겠네. [몸] 나는 그게 좋거든.

- Dont vient ce mal? - Il vient de mon malheur.

Quand Saturne me fit mon fardelet,

Ces maux y mit, je le croi. - C'est foleur:

Son seigneur es, et te tiens son varlet.

Vois que Salmon écrit en son rolet;

「Homme sage, ce dit-il, a puissance

Sur planètes et sur leur influence.」

- Je n'en crois rien: tel qu'ils m'ont fait serai.

- Que dis-tu? - Da! certes, c'est ma créance.

- Plus ne t'en dis. - Et je m'en passerai.

[마음] 자네 살고 싶은가? [몸] 신이 살아갈 힘을 주기 바라네!

[마음] 자네에게 필요한 건…… [몸] 뭔가? [마음] 양심의 가책을 느끼고
부단히 읽는 일야. [몸] 뭘? [마음] 학문에 관한 독서 말야.
어리석은 자들에게서 떠나는 일이지. [몸] 좋아, 그렇게 하지.
[마음] 잘 기억해 두게나! [몸] 잘 기억해 두구말구.
[마음] 일이 악화될 때까지 기다리겠단 말인가?
그럼 이젠 아무 말 하지 않겠네. [몸] 나는 그게 좋거든.

- Veux-tu vivre? - Dieu m'en doint la puissance!

- Il le faut…… - Quoi? - Remords de conscience,

Lire sans fin. - En quoi?- Lire en science,

Laisser les fous! - Bien j'y aviserai.

- Or le retiens! - J'en ai bien souvenance.

- N'attends pas tant que tourne à déplaisance.

Plus ne t'en dis. - Et je m'en passerai.

시인은 지금 지하의 깊이 10척이나 되는 토굴에 갇혀 있다. 신체적으로는 기아와
쇠약, 정신적으로는 고독과 고통의 연속적 상태이다. 거기에서 탈출할 가망이 없다
는 것은 절망과 그리고 포기에 다름 아니다. 그때 그의 지성, 즉 마음은 그를 그러한
극한 상황으로 몰고 간 원인을 규명한다. 그것은 그의 〈어리석은 도락〉의 결과이다.[1]
그러한 상황 속에서도 그의 지성은 조금도 흔들리지 않아 옳고 그른 것, 선하고 악
한 것, 그리고 아름답고 추한 것을 구별할 줄 안다. 그것이 여기에서는 우선 반성이
라는 모습으로 나타난다.

그 반성의 결과는 먼저 〈훌륭한 사람〉이 되고자 하는 희망을 가진다는 것, 즉 〈다
시 시작〉하고 〈어디까지나 해 볼〉 각오로써 악에의 저항을 시도하고자 하는 생각을
가진다는 것이다.

그런데 시인 자신, 즉 〈몸〉은 자기의 무관심이 무기력을 낳고 그것이 모든 악의
근원이 되며 옳고 그른 판단을 흐리게 한다는 사실을 잘 알지만, 그러나 그의 생활
에 뿌리내린 타성으로 말미암아 모든 일에 끊고 맺는 분명한 태도를 취하지 못한다.
그의 〈죽어 버리면〉 된다는 생각이 〈어디까지나 해 볼〉 각오를 잠재워 버린다. 그리

하여 갱생에의 희망과 노력이 소중하다는 것을 잘 알면서도 그의 타성은 그를 운명론자가 되게 한다. 일체는 태어나면서 정해져 있는 것이니까, 그는 희망과 노력이 무슨 소용이 있겠는가 하고 그것들을 포기하며 체념해 버린다. 그러나 지성(마음)은 인간의 의지의 힘, 즉 희망과 노력을 주장한다.

그리하여 시인 자신과 시인의 지성과의 문답은 지성의 설득에 따라서 양심의 회오를 맹세하고 어리석음에서 벗어나는 〈독서〉를 약속함으로써 끝나지만, 과연 그것이 지켜지는지의 여부는 그로부터 몇 개월 뒤에 쓰여지게 되는 《유언시》가 말해 준다.

1) 《유언시》 22-28절에서도 그것을 고백하고 있다.

12

問題詩
─운명의 발라드─

PROBLEME
OU
BALLADE DE LA FORTUNE

이 시의 부제는 피에르 자네가 붙인 것이다.

비용은 1462년 11월경, 그러니까 《유언시》를 마치고 얼마 되지 않아 다시 어떤 죄로 체포되어 샤틀레 검찰청에 수감된다. 그때 시인은 나바르 신학대학 절도사건의 분남금 1백20에퀴를 3년 년부 반환의 부내 조선으로 일단 석방되지만, 이 시는 그 수감중에 쓰여진 것으로 추정되고 있다.

시인은 이 시에서 앞의 「논쟁시」의 〈운명〉처럼 자기를 운명의 개척자로 보지 않고 운명의 감수자 내지는 방관자로 자처하며, 반대로 운명의 여신에 의하여 위안을 받는다. 그리고 그의 성향에는 언제나 자기를 신화·전설·역사의 유명한 인물과 대비시켜 생각하는 면이 있는데, 여기에서도 《유언시》의 「이중의 발라드」와 마찬가지로 그러한 면이 드러난다.

나는 그 옛날 학자들에게서 운명이라 불리었거늘
그대 이름도 없는 프랑수아는 나를 파괴자라고 선언하고 명명하는도다
나는 그대보다 뛰어난 사람들을 가난으로 내몰고
석고 가마 앞에서 일을 하거나
채석장을 파는 일을 하여 나날을 보내게 하고 있으니
그대 굴욕의 생활을 하더라도 불평을 하지 말며
그대만이 고통을 받는 것이 아니니 하소연을 하지 말지어다.

그 옛날의 내 행위를 바라보기 원하거니와
수많은 용사들이 내 손에 의하여 굳어져 갔거늘
그들에 비하면 그대는 더러운 하녀만큼도 못하나니
그대 마음 진정하고 잔소리일랑 하지 말기 바라는도다.
내 충고에 따르고 만사를 받아들일지어다, 비용이여!

Fortune fus par clerc jadis nommée,

Que toi, François, crie et nomme murtrière,

Qui n'es homme d'aucune renommée.

Meilleur que toi fais user en plâtrière,

Par pauvreté, et fouïr en carrière;

S'à honte vis, te dois-tu doncques plaindre?

Tu n'es pas seul; si ne te dois complaindre.

Regarde et vois de mes faits de jadis,

Maints vaillants homs par moi morts et roidis;

Et n'es, ce sais, envers eux·un souillon.

Apaise-toi, et mets fin en tes dits.

Par mon conseil prends tout en gré, Villon!

나는 지금으로부터 아득한 옛날에
대왕들에 대항하여 열을 올리고
프리아모스와 그의 全軍團을 섬멸하였는데
탑도 누각도 성채도 그에게는 도움이 되지 못하였으니
한니발도 살아남았겠는가?
나는 죽음에게 명하여 그를 카르타고에서 치게 하였고
아프리카의 스키피오도 멸망시켰고
율리우스 카이사르도 원로원에 팔아넘겼고
폼페이우스도 이집트에서 파멸시켰고
아이송도 바다의 소용돌이 속에 익사시켰고

동문선

언젠가는 로마와 로마인을 불태워 버렸도다.
내 충고에 따르고 만사를 받아들일지어다, 비용이여!

Contre grands rois me suis bien animée,
Le temps qui est passé ça en arrière:
Priam occis et toute son armée,
Ne lui valut tour, donjon ne barrière;
Et Hannibal demoura-il derrière?
En Cartage par Mort le fis atteindre;
Et Scipion l'Afriquan fis éteindre;
Jules César au Sénat je vendis;
En Egypte Pompée je perdis;
En mer noyai Jason en un bouillon;
Et une fois Rome et Romain ardis.
Par mon conseil prends tout en gré, Villon!

알렉산데르도 수많은 싸움에서 피를 흘리고
七星座를 보려고 하였는데
그 육신은 내 손에 의하여 독살되었고
알파자르 왕도 전투중에 목이 떨어져
그의 軍旗 위에 뒹굴었도다.
그것이 내 수법인즉 과거에도 그랬고 미래에도 그러하거니와
그 밖의 다른 원인도 이유도 부여하지 못하리로다.
저 우상 숭배자 홀로페르느가
쥬디트의 검에 찔리어(잠자는 동안에!)
죽은 것도 내 저주 때문이요
압살롬은 어떤가? 도망가는 것을 잡아 교수형에 처하였도다.
내 충고에 따르고 만사를 받아들일지어다, 비용이여!

Alixandre, qui tant fit de hemée,
Qui voulut voir l'étoile poussinière,
Sa personne par moi fut envlimée;
Alphasar roi, en champ, sur sa bannière
Rué jus mort. Cela est ma manière,
Ainsi l'ai fait, ainsi le maintiendrai:
Autre cause ne raison n'en rendrai.
Holofernes l'idolâtre maudis,
Qu'occit Judith(et dormoit entandis!)
De son poignard, dedans son pavillon;
Absalon, quoi? en fuyant le pendis.
Par mon conseil prends tout en gré, Villon!

그러므로 프랑수아여, 내가 말하는 바에 귀 기울이기 바라는도다
내가 천국의 신의 허락 없이 무슨 일이든 할 수 있다면
그대에게도 다른 자에게도. 누더기옷 하나 남지 아니하리니
나는 하나의 악에 대하여 열 배의 악을 행하기 때문이로다.
내 충고에 따르고 만사를 받아들일지어다, 비용이여!

Pour ce, François, écoute que te dis:
Se rien pusse sans Dieu de Paradis,
A toi n'autre ne demouroit haillon,
Car, pour un mal, lors j'en feroie dix.
Par mon conseil prends tout en gré, Villon!

이 시는 그렇게 이해하기 어려운 내용은 아니지만 그러나 약간의 주석의 도움을
필요로 한다.

1절 〈나〉는 운명의 여신 자신이다.

2절 〈프리아모스〉는 트로이 왕으로 헥토르와 파리스의 아버지이다. 〈한니발〉은 카르타고 장군으로 로마와의 싸움에 패하여 기원전 183년에 음독 자살한 인물이다. 〈스키피오〉는 카르타고를 섬멸한 로마 장군으로 기원전 129년에 프톨레마이우스에 의하여 독살되었다고 한다. 〈폼페이우스〉는 페르시아 해전에서 카이사르에게 패하여 이집트로 도망했는데 기원전 48년에 프톨레마이우스에 의하여 피살되었다고 한다. 〈아이송〉은 황금 양털을 손에 넣고 귀환할 때 그의 배 아르고 호가 난파하는 바람에 배의 들보에 깔려 죽었다고 전설은 전한다.(《잡시》 5. 1절) 〈로마와 로마인을 불태워 버렸도다〉 함은 기원 64년 네로 황제가 로마를 전부 불태워 버린 사실을 가리키는 것으로 보인다.

3절 〈七星座〉는 중세에 있어서는 鷄座라고 불리었다고 한다. 알렉산데르 대왕은 하늘에 올라가 우주의 機構를 견문하고자 하는 희망을 갖고 있었다고 전설은 전한다.(알렉산데르 대왕 이야기) 〈알파자르 왕〉은 《구약》 유딧 제1장에 나오는 메데스 왕을 가리킨다. 아시리아의 나브고도노조르 왕(《잡시》 5. 1절)에게 패하여 멸망했다고 한다. 〈홀로페르느〉는 나브고도노조르의 장군으로 페튜리아를 포위 중에 몰래 숨어 들어온 쥬디트(유딧)라는 여자가 권하는 술에 취하여 결국 피살되었다고 한다(《구약》 유딧 제8-13장) 〈압살롬〉은 《잡시》 5. 2절에 이미 나온 인물이다.

13

四行詩

QUATRAIN

클레망 마로는 이 시에 「죽음이 선고되었을 때 비용에 의하여 쓰여진 四行詩」라는 이름을 붙이고 있다.(典據 F와 I)

나는 프랑수아, 그 때문에 고생인지고
퐁투아즈 근처의 파리 태생
여섯 자의 밧줄에 매달리어
내 목은 엉덩이의 무게를 알게 되리로다.

Je suis François, dont il me poise,
Né de Paris emprès Pontoise,
Et de la corde d'une toise
Saura mon col que mon cul poise.

이 시는 주석의 도움을 빌리지 않고도 이해되는 평이한 것이다.

〈나는 프랑수아〉는 나는 프랑스인(Je suis Français)이라는 뜻을 포함시켜 이중적 의미로 사용한 말이다. 〈퐁투아즈〉는 파리에서 서쪽으로 약 35킬로미터 지점에 있는 자그마한 마을인데, 그것을 거꾸로 보아 〈파리 태생〉이라고 익살을 부리고 있다. 그런데 여기에서 중요한 것은 그가 1462년도 다 저물어 가는 어느날 밤 본의 아니게 말려든 사건으로 석방된 지 얼마 되지 않아 또다시 샤틀레에 감금된 점이요, 그리고 파리 태생, 즉 일르 드 프랑스 주 태생이기 때문에 파리 샤틀레에서 재판을 받아야 한다는 점이다. 만약 그가 다른 지방 출신이라면 샤틀레에서 재판을 받지 않아도 된다. 그리고 당시 샤틀레 검찰장관은 로베르 데스투트빌르가 루이 11세에 의하여 좌천되는 바람에 빌리에 드 릴아당의 성주 자크 6세가 임명되고, 그의 형사 대관으로 피에르 드 라 드오르가 지명되어 있다. 그들은 시인에게 있어서 무서운 존재들이다. 사실 그들은 그에게 〈교수형〉을 선고한다. 그렇기 때문에 그는 그것을 〈고생인지고〉 라고 한탄하고 있다. 그리고 〈여섯 자의 밧줄〉은 물론 시인이 교수형에 처해질 때 사용될는지 모르는 것으로, 당시 교수형 밧줄의 길이가 여섯 자로 정해져 있었다고 한다.

14

비용의 墓碑銘
—발라드 형식의 시—

L'EPITAPHE DE VILLON
EN FORME DE BALLADE

클레망 마로는 이 시에 「벗들과 함께 처형되기를 기다리며 자기와 벗을 위하여 쓴 발라드 형식의 묘비명」이라는 이름을 붙이고 있다. 이 시의 부제는 그것을 줄여서 부르게 된 것이 아닌가 한다.

이 「비용의 묘비명」은 그의 시 중에서 가장 많은 사람들에게 불리어진 시의 하나이다.

우리 뒤에 살아남을 동포들이여
우리에게 무정한 마음일랑 품지 마오
가엾은 것들이라 불쌍히 여기시면
신은 그대들에게 이내 은총을 주리로다
그대들은 여기 오륙 명씩 매달린 우리 모습 보나니
포식으로 살찐 육체도
이미 야위고 썩어
앙상한 뼈는 이제 재와 먼지로 변하는도다
누구도 우리 불행 비웃지 말기 바라며
우리 죄 일체의 용서를 신에게 빌어 주오!

Frères humains qui après nous vivez,

N'ayez les coeurs contre nous endurcis,

Car, se pitié de nous pauvres avez,

Dieu en aura plus tôt de vous mercis.

Vous nous voyez ci attachés cinq, six:

Quant de la chair que trop avons nourrie,

Elle est piéça devorée et pourrie,

Et nous, les os, devenons cendre et poudre.

De notre mal personne ne s'en rie;

Mais priez Dieu que tous nous veuille absoudre!

비록 우리는 법에 의하여 처형될 몸이지마는

그대들을 동포라 부른다고 나무라지 말아 주오

인간 누구나 똑똑하지 아니함을

그대들은 알고 있은즉

우리는 이미 죽은 것들이라

성모 마리아의 아들을 향하여

그 은총 언제나 우리에게 내리시고

지옥의 불에서 우리를 보호하게 하여 주오

누구도 생명 없는 우리를 괴롭히지 말기 바라며

우리 죄 일체의 용서를 신에게 빌어 주오!

Se frères vous clamons, pas n'en devez

Avoir dédain, quoique fûmes occis

Par justice. Toutefois, vous savez

Que tous hommes n'ont pas bon sens rassis;

Excusez-nous, puisque sommes transis,

Envers le fils de la Vierge Marie,

Que sa grâce ne sit pour nous tarie,

Nous préservant de l'infernale foudre.

Nous sommes morts, âme ne nous harie,
Mais priez Dieu que tous nous veuille absoudre!

비는 우리를 씻기고 걸러내며
태양은 우리를 말리고 검게 태우는데
까치와 까마귀는 우리 눈을 도려내고
수염과 눈썹을 뽑아 버리는도다.
우리 마음 잠시도 편하지 아니하여
여기저기로 바람이 바뀌면
바람 부는 대로 언제나 흔들리고
골무보다 더 새들에게 쪼이고 있도다
사람들이여, 우리 짝이 되지 말기 바라며
우리 죄 일체의 용서를 신에게 빌어 주오!

La pluie nous a débués et lavés,

Et le soleil desséchés et noircis;

Pies, corbeaux, nous ont les yeux cavés,

Et arraché la barbe et les sourcils.

Jamais nul temps nous ne sommes assis;

Puis ça, puis là, comme le vent varie,

A son plaisir sans cesser nous charrie,

Plus becquetés d'oiseaux que dés à coudre.

Ne soyez donc de notre confrérie;

Mais priez Dieu que tous nous veuille absoudre!

만물을 다스리는 주 예수여,
우리 지옥에 떨어지지 아니하고
거기에 관계 맺어 거래하는 일 없게 지켜 주소서
사람들이여, 이 세상 장난으로 살지 말기 바라며

우리 죄 일체의 용서를 신에게 빌어 주오!

Prince Jésus, qui sur tous a maîtrie,
Garde qu'Enfer n'ait de nous seigneurie:
A lui n'ayons que faire ne que soudre.
Hommes, ici n'a point de moquerie;
Mais priez Dieu que tous nous veuille absoudre!

이 시는 거의 주석의 도움 없이도 이해되는 아주 평이한 것이다.

이 시의 제작 연대는 앞의 「13. 四行詩」와 함께 1462년 말경 샤틀레에 수감되었을 때 쓰여진 것으로 보인다.

그 무렵의 샤틀레는 위에서 본 바와 같이 시인이 방랑생활 전에 알고 있었던 그러한 샤틀레가 아니다. 그전에는 학생들에 대해서는 비교적 관대했지만 이제는 그것이 아니다. 오히려 행실이 좋지 않은 학생과 성직자들에게 여간 가혹하지 않다. 시인에 대한 재판도 아주 가혹하여 물고문을 가한 후 간단히 〈교수형에 처한다〉는 선고를 내려 버린다.

시인은 물론 그 선고에 승복하지 않고 고등법원에 상고하지만 그러나 반드시 승산이 있어서 상고한 것은 아니다. 그렇기 때문에 그동안 죽음의 그림자는 시인의 뒤를 집요하게 따라다닌 것으로 보인다.

그리고 시인은 드디어 죽음에 대한 각오를 하고 마지막 준비를 한다. 그것이 바로 「벗들과 함께 처형되기를 기다리며 자기와 벗을 위하여 쓴 발라드 형식의 묘비명」으로 표현된다. 그것은 결국 〈우리 뒤에 살아남을 동포들〉에 대한 사죄와 동시에 〈우리 죄 일체의 용서를 신에게 빌어〉 주기를 바라는 마지막 하소연이 되고 있다.

15

法廷讚歌
—고등법원에 보내는 탄원시—

LOUANGE A LA COUR
OU
REQUETE A LA COUR DE PARLEMENT

이 시는 시인이 앞에서 본 바와 같이 처형의 순간을 기다리며 악몽 같은 불안과 공포에 시달리고 있는데, 뜻밖의 꿈이 이루어져서 목숨을 구하게 된 기쁨과 보은의 마음을 그대로 표현한 것이다. 그것은 반드시 이루어지리라고 생각하지 않고 낸 상고가 시인이 그렇게도 절실히 바라는 꿈을 실현시켰기 때문이다. 마침내 그는 교수형에서 10년간 파리 추방형으로 감형되어 생명을 구하게 된다.

내 五感 전부
눈이여, 귀여, 입이여, 코여, 촉각이여,
그리고 비난 많은 四肢여,
각자의 위치에서 이렇게 말할지어다
〈지금 여기에 우리를 살아 있게 해 주시는 지고의 법정이여,
그대 우리를 파멸에서 구해 주었도다
혀끝만으로는 그대에게 충분한 찬사를
표현할 수 없나니
우리 모두 말하리로다, 국왕 폐하의 딸이여,
착한 자의 어머니여, 어진 천사의 자매여!〉

Tous mes cinq sens: yeux, oreilles et bouche,

Le nez, et vous, le sensitif aussi,

Tous mes membres où il y a reprouche,

En son endroit un chacun die ainsi:

〈Souvraine Cour, par qui sommes ici,

Vous nous avez gardé de déconfire.

Or la langue seule ne peut souffire

A vous rendre suffisantes louanges;

Si parlons tous, fille du Souvrain Sire,

Mère des bons et soeur des benoîts anges!〉

가슴이여, 그대 마음을 열거나 창에 찔리듯 입을 열지어다,

그리고 저 유태인의 마음을 부드럽게 한

사막의 딱딱한 갈색 바위보다는

적어도 무정한 마음 품지 말기 바라나니

눈물 떨구며 외서 감사할지어다,

부드러운 한숨 쉬는 겸허한 사람의 마음처럼

법정을 찬양할지어다, 그 옛날의 제국에 기원을 가지고

프랑스인의 행복이요 이방인의 支柱요

저 높은 천국에서 만들어진 것이로다,

착한 자의 어머니여, 어진 천사의 자매여!

Coeur, fendez-vous, ou percez d'une broche,

Et ne soyez, au moins, plus endurci

Qu'au désert fut la forte bise roche

Dont le peuple des Juifs fut adouci:

Fondez larmes et venez à merci;

Comme humble coeur qui tendrement soupire,

Louez la Cour, conjointe au Saint Empire,

L'heur des François, le confort des étranges,

Procréée lassus ou ciel empire,
Mère des bons et soeur des benoîts anges!

그리고 내 치아들이여, 각각 움직이기 바라나니
풍금·나팔·종보다 더 강한 소리내어
튀어나와 모두 감사드리고
이제 씹는 일일랑은 근심하지 말지어다,
간장이여, 비장이여, 그리고 지금도 숨쉬는 허파여,
이제 내가 죽게 될지 모른다 깊이 생각할지어다,
그리고 진창 속에 우리를 만드는 곰이나 돼지보다도
더 천하고 더러운 그대 내 육체여,
우리에게 불행이 떨어지기 전에 법정을 찬미할지어다,
착한 자의 어머니여, 어진 천사의 자매여!

Et vous, mes dents, chacune si s'éloche;

Saillez avant, rendez toutes merci,

Plus hautement qu'orgue, trompe, ne cloche,

Et de mâcher n'ayez ores souci;

Considérez que je fusse transi,

Foie, poumon et rate, qui respire;

Et vous, mon corps, qui vil êtes et pire

Qu'ours ne pourceau qui fait son nid ès fanges,

Louez la Cour, avant qu'il vous empire,

Mère des bons et soeur des benoîts anges!

제일인자여, 3일간만 물리치지 말기 바라나니
노자를 마련하고 가족들에게 작별을 고하기 위함이라,
가족들이 아니면 여기서나 환전소에서 돈을 구할 수 없는데
당당한 법정이여, 내 요구 거절 말고 승낙해 줄지어다,

착한 자의 어머니여, 어진 천사의 자매여!

Prince, trois jours ne veuillez m'éconduire,
Pour moi pourvoir et aux miens adieu dire;
Sans eux argent je n'ai, ici n'aux changes,
Cour triomphant, *fiat*, sans me dédire,
Mère des bons et soeurs des benoîts anges!

이 시는 약간의 주석의 도움을 빌리기만 한다면 쉽게 이해될 수 있는 것이다.

1절 〈국왕 폐하의 딸〉, 〈착한 자의 어머니〉, 〈어진 천사의 자매〉 등은 법정을 가리킨다.

2절 〈저 유태인의 마음을 부드럽게 한 사막의 딱딱한 갈색 바위〉라고 함은 《구약》 출애굽기 제17장에 나오는 바위를 가리킨다. 거기에는 다음과 같은 이야기가 나온다. 모세에게 인도되어 가는 유태인늘이 사막에서 살증을 느끼고 물을 마시고자 힌다. 신은 모세에게 지팡이로 바위를 치라고 한다. 그러자 바위에서 물이 흘러나왔다는 것이다.

마지막 절 〈3일간만 물리치지 말기〉를 바란다고 함은 사형에서 10년간 파리 추방형으로 감면된 시인이 형 집행을 3일간 유예해 주기를 법원에 탄원한 사실을 가리킨다. 그것은 약간의 노자를 구하고 〈가족들〉, 즉 늙은 어머니와 은인 기욤 드 비용에게 작별을 고하고 싶기 때문이다.

그리하여 시인은 세 번째 방랑을 위한 약간의 노자를 구하고 가족들이 지켜보는 가운데 1463년 1월 초순 마지막으로 파리를 떠난다. 그때 그는 샤틀레 감옥의 간수 에티엔느 가르니에에게 승리의 기쁨을 담은 시 한 편을 써서 던지고 있다.

16

간수에게 묻는 시
―上告의 발라드―

QUESTION AU CLERC DU GUICHET
OU
BALLADE DE L'APPEL

이 시의 이름은 오귀스트 롱뇽이 붙이고 부제는 클레망 마로가 붙인 것이다.

비용은 샤틀레에서 교수형을 선고받자 그곳의 간수 에티엔느 가르니에에게 상고에 관한 의논을 한 것으로 보인다. 그때 가르니에는 부정적인 답을 한 것 같다. 그러나 시인은 그 부정적인 답을 무시하고 상고하여 결국 승리한다. 이 시의 첫부분은 그 승소에 기뻐하는 시인의 우쭐한 마음이 잘 드러나 있다.

가르니에여, 그대는 내 상고를 어떻게 생각하는가?
내가 영리하였는가 어리석었는가?
짐승도 자기 가죽을 소중히 하나니
억지로 구속하고 억제하며 묶는다면
있는 힘을 다하여 벗어나려 하는 법이로다.
그러므로 그 따위 지리한 설교를
제멋대로 좋아서 나에게 노래할 때
나는 입을 다물고 있었겠는가?

Que vous semble de mon appel,
Garnier? Fis-je sens ou folie?
Toute bête garde sa pel;

Qui la contraint, efforce ou lie,
S'elle peut, elle se délie.
Quand donc par plaisir volontaire
Chantée me fut cette homélie,
Etoit-il lors temps de moi taire?

만약 내가 도살업자 집안 출신인
위그 카페의 자손이라면
저 剝皮場에서 옷을 입힌 채로
나에게 물을 퍼먹이지는 못하였으리라.
그대는 이 은어를 잘 이해하는가?
그러나 속임수를 가지고 그 따위 고통을
제멋대로 나에게 선고할 때
나는 입을 다물고 있었겠는가?

Se fusse des hoirs Hue Capel
Qui fut extrait de boucherie,
On ne m'eût, parmi ce drapel,
Fait boire en cette écorcherie.
Vous entendez bien joncherie?
Mais quand cette peine arbitraire
On me jugera par tricherie,
Etoit-il lors temps de moi taire?

〈상고한다〉 할 만큼
많은 지혜는 내 모자 밑에 없으리라
그대는 생각하고 있었는가?
많은 지혜가 있었구말구 분명히
그렇게 기대하지는 아니하였지마는 말이로다.

공증인 앞에서 〈교수형에 처한다!〉는 선고가
나에게 언도되었을 때 단언하거니와
나는 입을 다물고 있었겠는가?

Cuidez-vous que sous mon capel
N'y eût tant de philosophie
Comme de dire: 〈J'en appel?〉
Si avoit, je vous certifie,
Combien que point trop ne m'y fie.
Quand on me dit, présent notaire:
〈Pendu serez!〉 je vous affie,
Etoit-il lors temps de moi taire?

제일인자여, 만약 내가 벙어리처럼 하고 있었던들
벌써 황천 길을 걸어갔을 터인데
밭에 서 있는 허수아비처럼
나는 입을 다물고 있었겠는가?

Prince, se j'eusse eu la pépie,
Piéça je fusse où est Clotaire,
Aux champs debout comme une épie.
Etoit-il lors temps de moi taire?

이 시도 약간의 주석의 도움을 빌리기만 하면 쉽게 이해되는 것이다.

1절 〈지리한 설교〉(homélie)는 일요일에 사제가 신자들에게 하는 설교를 가리킨
다.

2절 〈도살업자 집안 출신인 위그 카페〉는 은어로, 카페 朝 초대 위그를 가리킨다.
그 후예는 대대로 파리 영주로서 유서 깊은 가문을 유지하고, 광대한 영지의 소유주

로서 거기에 많은 가축을 방목하고 있었을 터이며, 그 가축이 파리 시민의 식량으로 제공되면서 어느 시대부터인지는 모르지만 〈도살업자 집안〉이라는 별명이 붙여진 것이 아닌가 한다.[1]

3절 〈모자 밑〉은 머릿속을 가리킴은 물론이다.

마지막 절 〈황천 길을 걸어갔을 터〉는 직역하면 〈클로테르가 있는 곳에 가 있었을 터〉인데, 그것은 오래 전에 죽었을 것이다의 격언적 표현이다. 클로테르는 메로빙거 왕조의 초대 크로비스 왕의 아들로 558-61년 왕위에 있었던 인물이다. 〈밭에 서 있는 허수아비〉는 물론 몽포콩 형장에서 교수형으로 처형되어 밧줄에 매달린 시체를 가리킨다.

---

1) André Mary, p.123.

맺음말

　1489년 피에르 르베가 〈최초의 비용 시집〉을 간행했을 때 《잡시》에 수록된 시는 전부 7편에 지나지 않았다. 그것은 거기에 수록된 순서에 따르면 「16. 간수에게 묻는 시」·「13. 四行詩」·「14. 비용의 墓碑銘」·「11. 비용의 마음과 몸의 논쟁시」·「15. 法廷讚歌」·「10. 부르봉 전하에게 보내는 탄원시」·「3. 寸言의 발라드」이다.

　그리고 1533년 클레망 마로가 〈비용 시〉의 중흥을 기도하여 그의 시집을 다시 간행했을 때에도 《잡시》에 수록된 시는 역시 그대로 7편에 지나지 않았다.

　그런데 19세기에 접어들면서 〈비용 시〉에 대한 관심이 갑자기 높아지고 비용이 생을 산 15세기 寫本 연구가 활발히 전개되어 〈비용 시〉로 보이는 시들에 관한 탐색이 면밀히 행해진 결과 마침내 현행의 《잡시》 16편이 어느 정도 갖추어지게 된 셈이다. 그러한 탐색 작업에서 누락되어 아마도 많은 자료 속에는 〈비용 시〉들이 숨어 있을 것으로 생각될는지 모르지만, 그러나 그것은 아마도 거의 공허한 바람이라고 해도 무방하다.

　따라서 우리는 〈비용 시〉 거의(《은어시》를 제외하고) 전부가 《유증시》·《유언시》, 그리고 《잡시》 속에 수록되어 있다고 보아 틀림없을 줄 안다.

참고문헌

I. 작 품

André Mary, *François Villon, Oeuvre*, nouvelle édition. Préface, esquisse biographique et bibliographique, par Jean Dufournet. Edition Garnier Frères, Paris, 1970.

André Lanly, *François Villon, Oeuvre. Traduction en français moderne accompagnée de notes explicatives*, 2 vol, Paris, Librairie Honoré Champion, éditeur. 1969.

Jean Dufournet, *François Villon, Poésie*, Préface de Tristan Tzara. Edition établie par Poésie Gallimard. 1973.

Louis Thuasne, *François Villon, Oeuvres*, édition critique avec notices et glossaires, Paris, Picard. 1923, 3 vol.

宋 勉 역, 비용 詩全集 《遺言詩》, 文學과 知性社, 1980.

II. 연구서

André Burger, *Lexique de la langue de Villon, précédé de notes critiques pour l'établissement du texte*, 1957, Librairie E. Droz, Genève.

Auguste Longnon, *Etude biographique sur François Villon*, Paris, H. Menu, 1877.

David Kuhn, *le Poétique de François Villon*, Paris, A. Colin, 1967.

Felix Leccy, *Langue et littérature du moyen âge : étude critique du Testament de Villon*, dans *l'Annuaire du Collège de France*, ann. 48, 1948.

Fernand Desony, *Villon*, Paris, Droz, 1933,. Nouveau tirage en 1947.

G. A. Brunelli, *François Villon*, Milano, marzorati, 1961.

Guillebert de Mets, *Paris et ses historiens*, Paris, Le Roux de Lincy et Tisserand, 1920.

Italo Sicilliano, *François Villon et les thèmes poétiques du moyen âge*, Paris, Armand Colin, 1934.

Ibid., *Mesaventures Posthumes de Maître François Villon*, Edition A. et J. Picard, 1973.

Jean Dufournet, *Recherches sur le Testament de François Villon*, Paris, C.D.U., vol. 3, 1968.

Ibid., *Villon et sa fortune littéraire*, Guy Ducros, Editeur. 1970.

Marcel Schwab, *François Villon*, Paris, J. Dumoulin, 1912.

Pierre Champion, *François Villon, sa vie et son temps*, Paris, Honoré Champion, 2 vol., 1913.

Ⅲ. 기 타

宋 勉, 프랑수아 비용詩硏究序說, 省谷論叢, 1985.

宋 勉, 프랑수아 비용詩硏究 ─《유증시》분석, 延世論叢, 1985.

宋 勉, 프랑수아 비용과《유언시》, 延世論叢, 1989.

宋　勉 (1930-1994)

1930년	강원도 고성군 통천면 장전에서 출생
1941. 4-1945. 3	금강중학교 졸업
1948. 4-1951. 3	메이지대학 전문부 문과 수료
1953. 4-1961. 3	메이지대학 문학부 불문과 졸업(학사시험 합격)
1962. 4-1964. 3	와세다대학 대학원 문학연구과(불문학 전공)
	수사과정 졸업(수사학위 취득)
1964. 4-1967. 3	와세다대학원 문학연구과(불문학 전공)
	박사과정 졸업(박사 후보자 검정 합격)
1977. 10	와세다대학 문학박사 학위 취득
1958. 1-1962. 3	동경 한국학원 중고등부장 겸 교유
1967. 3-1970. 2	고려대학교 문과대학 불문과 강사
1967. 8-1969. 3	이화여자대학교 문리대학 대학원 불문과 강사
1969. 3-1973. 2	이화여자대학교 문리대학 불문과 전임강사, 주교수
1972. 3-1973. 2	연세대학교 문과대학 시간강사
1973. 2-1994. 11	연세대학교 문과대학 조교수, 부교수, 교수
1978. 7-1979. 6	한국불어불문학회 회장

논문: ⟨Bouvard et Pécuchet의 起源⟩(1968) 등 다수
저서: 《프랑스 文學史》(1971) 《플로베르-그 文學思想과 小說美學》(1977)
　　　《플로베르의 形而上學》(1981) 《프랑스 寫實主義文學論》(1984)
　　　《小說美學》(1985) 《프랑수아 비용-그 生涯와 詩 世界》(1991)
역서: 《비용 詩全集 遺言詩》(1980) 등 다수

프랑수아 비용
—그 生涯와 詩 世界—

초판발행:1995년 12월 5일

지은이:宋 勉
펴낸이:辛成大
펴낸곳:東文選
제10-64호, 1978. 12. 16 등록
서울 용산구 문배동 40-21
전 화:719-4015

편집설계:朴芝薰

© 1995, 宋 勉, Printed in Seoul, Korea

ISBN 89-8038-407-6 94860